21世纪卓越人力资源管理与服务丛书

组织行为学

（第6版）

陈国海 ◎ 编著

清华大学出版社
北京

内 容 简 介

"组织行为学"是现代管理科学的一门核心课程。本书研究并回答了工作组织中的个体、群体行为模式是怎样的，它们之间如何互动，个性如何影响工作绩效，如何激励员工，如何应对组织的环境变化进行组织变革等。本书详细论述并分析了组织中的各种现象，其内容包括组织行为学概述，知觉、归因理论与个人决策，个性与心理测验，价值观与态度，激励理论及其应用，群体心理与行为，管理沟通，权力与政治，领导理论，组织文化，组织变革与组织发展，员工心理健康共十二章。

本书语言通畅、条理清晰、结构严谨、例证风趣、体例活泼，既方便教师教学，增加课堂教学气氛，提高教学效果，也方便学生自学，十分适合作为经管类专业的本科教材或者企业员工的自学读物，也适合作为MBA、EMBA和经管类研究生"组织行为学"或"管理心理学"课程的教材或辅助教材。

本书封面贴有清华大学出版社防伪标签，无标签者不得销售。
版权所有，侵权必究。举报：010-62782989，beiqinquan@tup.tsinghua.edu.cn。

图书在版编目（CIP）数据

组织行为学／陈国海编著. —6版. —北京：清华大学出版社，2020.10（2024.9重印）
（21世纪卓越人力资源管理与服务丛书）
ISBN 978-7-302-56515-4

Ⅰ. ①组… Ⅱ. ①陈… Ⅲ. ①组织行为学 Ⅳ. ①C936

中国版本图书馆CIP数据核字（2020）第182543号

责任编辑：邓 婷
封面设计：刘 超
版式设计：文森时代
责任校对：马军令
责任印制：沈 露

出版发行：清华大学出版社
网　　址：https://www.tup.com.cn, https://www.wqxuetang.com
地　　址：北京清华大学学研大厦A座　　邮　　编：100084
社 总 机：010-83470000　　邮　　购：010-62786544
投稿与读者服务：010-62776969，c-service@tup.tsinghua.edu.cn
质量反馈：010-62772015，zhiliang@tup.tsinghua.edu.cn
印 装 者：三河市龙大印装有限公司
经　　销：全国新华书店
开　　本：185mm×260mm　　印　张：27　　字　数：606千字
版　　次：2003年8月第1版　2020年12月第6版　印　次：2024年9月第4次印刷
定　　价：69.80元

产品编号：088460-01

第6版前言

本教材主要为我国全日制普通院校和职业院校经济、管理、心理学专业本科或研究生教学和企业员工自学而作,其结构完整、内容充实、例证丰富、体例活泼、方便教学,每个章节的正文内容除了做到少而精外,还可通过扫描各章节末尾的二维码获取思考练习、录像教学、讨论辩论的内容,以使课堂教学形式多样化,更好地增强师生互动性。本书受到许多高等院校教师、学生和社会读者的喜爱,自2003年8月出版以来,迄今已经是第6版,总发行量近25万册。因为本书每年影响着数以万计的在校大学生、研究生和企业员工,笔者应当履行好自己的社会责任,尽力完善它。为了寻找和发现本书的优点和不足,以便在第6版中扬长避短,笔者在改版之前曾与十多所高校中使用本书的教师进行了面谈或者电话访谈,听取了他们的修改意见和建议。

一、教材特色

本教材力求在以下六个方面做出特色。

(一)内容新颖,科学严谨

本教材尽量反映学科的最新发展动态,反映时代的特色。它融合了作者近年来的研究成果,如管理者气质类型调查、中国主要劳动力价值观调查、集体主义和个人主义价值观、洞察力、内部语言,以及幽默作为个性和领导者的特质;同时吸收和参考了近几年国内外较新的科研成果,如非理性决策理论、互动公平、变革型领导、心理契约、组织承诺、组织公民行为、情绪劳动、积极组织行为学、创业组织行为学。每章正文的理论阐述尽量做到少而精,内容尽量做到与时俱进。第6版的第一章增加了"新型组织行为学的兴起";第三章增加了"韦氏智力测验"和"背景调查在招聘中的应用";第四章增加了"GLOBE团队文化评估的九个维度";第五章增加了"合伙人制激励"和"积分制管理";第八章增加了"组织内的政治行为"。此外,还对每章的例证做了较多更新,替换成了国内知名企业的例证,方便学生理解。

笔者主要做了如下工作,以使本教材更加科学严谨:①每章的后面都附有相应的参考文献,引用的标识是参考文献著作者姓名加上带括号的发表年份。参考文献标明组织行为学的各种理论特别是经典理论以及各种例证、案例及其他资料的出处。②认真梳理了每个章节简明扼要的逻辑结构，根据时代发展现状对部分内容进行了重写。比如，第二章的"个人决策"，第四章的"工作满意度的测量现状"，第六章的"有效团队的特征"，第七章的"跨文化沟通"，第九章的"女性领导""领导的道德""对新型员工和新生代员工的领导"，第十章的"组织文化的影响因素"，第十一章的"组织发展概述"，第十二章的"员工援助计划"。③对每个学科术语进行推敲和认真界定。④每章均有学习目标、引例和本章小结。

（二）例证说明，通俗易懂

本教材在每个章节的正文中都适当采用了一些小例子（用"例证"的专栏标明）来说明相应的概念、原理和方法。这些例证占用了正文的部分版面，内容通俗易懂，旨在介绍企业或者其他组织管理心理和组织行为的某个方面的事件和具体做法，能够较好地帮助学生理解和接受教材所阐述的概念、原理和方法。这些例证对于缺乏企业实践和工作经验的高校学生而言启发很大，对具有一定工作经验的企业员工也有借鉴作用。除介绍外资企业或者跨国公司的例证外，本教材还特别介绍了一些我国本土企业的真实例证。第 6 版中的很多例证与前 5 版有所不同，所以前几版的一些例证可以作为教师的课堂教学资料。

为提高本教材的可读性和易理解性，笔者做了如下两个方面的工作：①对于比较深晦难懂的内容采用浅近的文字加以说明；②请多名同学阅读本书的部分章节，认真听取他们的意见和建议，并据此进行了适当修改。

（三）思考练习，作业布置

本教材为每章都设计了相应的思考练习题，题型包括简答题、是非判断题、单项选择题和多项选择题（这些练习题可通过扫描章后相应的二维码获得）。课堂上，教师可以有效地通过习题检查学生的学习情况，同时也有助于学生自我检查对教材内容的掌握情况。本教材还从理论结合实际的角度设计了作业。教师可布置作业，学生课后完成调研或者作答之后提交评分，作为总评成绩的一部分。本书所有的是非判断题、单项选择题、多项选择题及部分管理游戏的参考答案可通过扫描本书封底后勒口上的二维码获取。

（四）心理测试，管理游戏

本教材为每章都设计了相关的心理测试，供学生自测或教师教学时使用。每种心理测试已尽量注明完成该测试大约需要的时间，师生在使用时可根据实际情况加以选择。本教材提供的心理测试内容比较新颖，已经过测试和修订，具有较好的信度和效度，并尽量提供相应的常模，供解释测试结果时参考。比如，应对幽默量表和60道题"大五"

人格量表。这些量表内容简洁,可操作性强。鉴于篇幅的关系,第 6 版在第 4 版的基础上适当删除或者替换了某些心理测试。

体验教学是管理学科教学的一种重要方法。本教材在贯彻体验教学方式的时候,力求采用游戏、情景模拟、角色扮演、户外拓展等多种形式的身心互动,在教师的引导下让学生充分体悟组织行为学的一些基本原理和规律。本教材尽量为每章设计与本章内容相关的管理游戏,教师可根据场地、器材和时间来灵活选择。如果对教学中使用的某个管理游戏不熟悉,应该认真阅读游戏规则,并且在课前精心准备,如有必要还可进行预演。

(五)案例分析,讨论辩论

本教材中选用的案例主要根据知名企业的案例改编而成,力求简洁短小,每个案例尽量不超过两千字。案例可供课堂或者课后讨论使用。第 6 版保留了第 5 版中的部分案例,增加了一些反映时代特色的知名企业案例或经典案例,囿于篇幅限制,每章仅提供 1 个案例,未保留的前几版中的一些案例仍可以使用。

根据每个章节的热点、难点、兴趣点,还尽可能地为每章提供了讨论辩论题(可通过扫描章后相应的二维码获得),教师授课时可重点围绕这些问题组织学生展开讨论或者辩论。辩论时可将整个班级或者部分同学分为正方和反方两组,教师或者选举出来的学生则作为主席或者协调人。这些讨论题或辩论题还可以放到局域网上,让师生参加线上讨论。

(六)从我做起,学以致用

这一特色主要是针对当前工商管理毕业生"眼高手低""理想化""知行脱节""缺乏实际工作经验"的现状而提出来的。结合本课程,首先是结合大学生生活、学习、实习、社团活动及勤工俭学和高校管理的实际,设计相应的例证、思考练习题和讨论辩论题。思考练习题专门设置了"学以致用"题型,这种题型可以作为学生的课外作业,也可以供课堂讨论。其次是在正文内容上,增加了如何将现有理论和知识应用到实际中的方法指导。比如,第五章的"如何应用内容型激励理论""构建有效的激励系统""激励理论的跨文化适用性",第七章"有效沟通和改善沟通"。其目的是通过这些环节,使学生活学活用,提高他们分析问题和解决问题的能力,提高课程教学和培训的实际效果。

因为版权问题,第 6 版仅提供了一个录像教学(录像教学 6-1:三个和尚的故事)。

二、教材教法

为了帮助教师们更好地使用本教材,特提出如下五点建议,供参考。

(一)坚持少而精的教学原则

本课程教学安排一般每周 2~4 学时,总课时为 36~72 学时。教材共有十二章,内容比较充实和丰富,要在有限的课时内将教材的全部内容讲完确实很难做到。因此,教学时要明确每章的重点和难点,以少而精的教学原则来开展教学工作。按照 1:1 的课外学时比例要求学生完成课后阅读、作业、讨论和拓展训练。本教材的某些内容与其他课程(如"人力资源管理""管理学原理")的内容有所重复,但侧重点有所不同。比如,谈到激励时,重点在于激励理论和实践对于员工心理动机和需求、心理感受(如公平感)、心理期望、行为改变和塑造等的探究;谈到组织文化时,组织文化的心理功能、组织社会化过程和组织公民行为是重点内容;谈到领导理论时,基于行为科学的领导理论是重点内容。为督促和检查学生阅读和自学教材,可采用单元测验(如每 3 章为一个单元)的形式。

随着课程教学改革的深化,减少课时、提倡学生自主学习已经成为一种趋势。为此,可引导学生进入一些辅助网站采取观看教学录像、模拟测试、线上讨论、课外阅读、观看相关微视频等多种形式进行自学。

(二)平衡使用多种教学方法

本教材的一大特色就是提供了可选择的多种教学方法,包括讲授、课堂讨论辩论、案例分析、管理游戏(拓展训练、角色扮演)、心理测验、抽查提问、单元测验、录像教学、课堂展示。一些教学方法本身也有多个选择,比如每章提供 1 道案例分析题、1~2 道心理测试题、1~2 个管理游戏。由于专业背景和经验不同,每位教师均有自己独特的教学风格和偏好。比如,心理学专业出身的教师可能偏好使用心理测验,而管理学专业出身的教师偏好使用案例分析。为达到较好的教学效果,建议教师平衡使用多种教学方法,而不要过多地使用某一种教学方法。

(三)认真做好案例分析

教师在课前可要求学生预习,使学生熟悉案例的背景资料和内容,这样有利于节约课堂讨论时间,提高课堂教学效率。课堂上可让学生自由组合进行讨论,每组的成员最好拥有不同的个性,每组人数限定为 5~6 人为宜,讨论后每组需推选至少 1 名代表发言。对案例分析,尽量要求学生做到:①理论联系案例,运用所学理论分析案例;②紧扣所讨论的问题和案例实际,避免泛泛而谈;③自圆其说,逻辑条理清晰。教师要积极引导学生由脑力激荡(即大家出点子)到评估选择(对各种观点、想法和方案进行评估、批判,选出其中较好的),再到延伸提升(即通过进一步查阅资料、访谈、讨论和交流等方式获取新的信息,使对问题的认识达到螺旋式提升的目的)。教师就每道案例分析题制作相应的 PPT,补充案例描述中缺失的信息,提出案例分析的主要思路和方法,阐述案例分析的基本理论和工具，鼓励学生创新，提出延伸的问题引导学生进一步思考和讨论。

（四）开展小组演讲和调研

小组演讲（Group Presentation）是一种很好的教学形式，可以将班级分为若干小组，教师拟定题目或者由小组自行选定题目，内容和形式根据教学目的可以多样化，如案例讲解、专题内容（如心理契约）讲解、拓展训练、典型例证等。小组成员协作分工，每组限定 10~15 分钟进行演讲。小组演讲有助于培养学生的团队合作精神以及口头表达能力，也有助于对组织行为学领域的某些问题做更深入的了解和探讨，因此特别适合本科生或者硕士研究生的课堂教学。对于有限的课堂时间以及中等规模的班级（30~50 人），建议每组选定的题目要小，做到"小题大做"，每个小组的演讲时间尽量控制在 8~10 分钟。

到学校、企事业、政府调研是将组织行为学课程理论联系实际的重要环节，它有助于学生了解各种组织丰富多彩的管理现状和实际，弥补课堂上感性材料的不足，并深化其对组织行为学理论的认识。可以采用个人或者小组的形式开展调研，评估调研效果的方式是提交调研报告或者案例研究报告。调研的选题可以选择组织行为学领域的一贯和核心问题，如激励机制和方法、领导风格、人与组织的匹配、组织沟通，也可以选择一些热点问题，如金融危机下的裁员心理辅导、雇主品牌危机、知识型员工和新生代员工管理。

（五）理清课程思维方式和课程学习地图

组织行为学课程有其独特的思维方式，那就是组织行为学的一般模型（包括自变量、因变量和协变量之间的关系），它可以帮助我们有效地探讨和构建针对实际案例问题的解决思路和方法。这种思维方式可以贯穿于各章节的教学，引发学生的思考，如要提高领导行为的有效性，领导应当表现出什么样的行为才是恰当的。

此外，有一些主线可以贯穿于各个章节中，因此每个章节并不是孤立的。比如，知觉（个性知觉、人际知觉、团体知觉、政治知觉、领导知觉、组织知觉），管理制度和行为的心理效应以感知规律为基础；又如，个性，它基本上可以贯穿后面的各章，这是因为个性是个体的核心特征，而群体和组织均离不开个体，如不同个性的个体的激励、不同的个性在群体和组织中的作用、不同的个性在权力与政治中的作用、领导特质理论、个性作为组织变革和发展的阻力和助力等。

三、其他事宜

本教材由广东外语外贸大学陈国海教授（博士）独立撰写和统稿。在本教材修改的过程中，以下老师提供了宝贵的意见和建议，甚至提供了部分案例分析题：广东外语外贸大学张兴贵、袁登华，广东金融学院李培祥，成都理工大学周斌，天津外国语学院高嘉勇，华南理工大学广州学院朱江、田在兰，福建工程学院戴雯，中国传媒大学何一冰，桂林理工大学覃燕，湖南科技大学黄甜，内蒙古工业大学李静薇等。另外，广州市八方锦程人力资源服务有限公司、深圳市西点探索教育有限公司等企业提供了例证，戴素强、邓晓雨、罗钰玲、线雪峰、黎思、林焕成等研究助理协助查找资料、画图、校对和排版，并负责制作配套教学资源。在此，我对他们宝贵的建议和热心的帮助表示衷心的感谢。我还要感谢购买和使用本教材的所有教师、学生和读者们，正是你们的支持和鼓励才使得第 6 版有了诞生的机会。

通过访问清华大学出版社网站（http://www.tup.com.cn）和扫描本书封底后勒口的二维码可获取本教材的 PPT 演示文稿。为方便教师教学，节省教师教学备课的工作量，我们特地制作了本教材的配套资料包，内容包括：①教材 PPT；②正文后习题解答；③中英文课程教学大纲；④课程考试大纲；⑤教学进度表；⑥习题题库及解答；⑦考试 AB 卷及解答；⑧教学视频；⑨教学方法指导。如有需要，可与我联系，我的电子邮件地址为 gdhrs@vip.163.com。

由于水平、时间和精力的限制，书中难免会有疏漏和不完善之处，欢迎读者对本教材提出批评与建议。

陈国海
广东外语外贸大学商学院教授
广东省人力资源研究会秘书长
香港大学心理学博士
2020 年 9 月 8 日

目 录

第一章 组织行为学概述 ··· 001
- 第一节 组织行为学的发展 ··· 002
- 第二节 组织行为学的概念、作用和研究方法 ··· 008
- 第三节 积极组织行为学的兴起 ··· 015
- 本章小结 ·· 020
- 案例分析 ·· 020
- 管理游戏 ·· 021
- 心理测试 ·· 022
- 参考文献 ·· 023

第二章 知觉、归因理论与个人决策 ··· 027
- 第一节 知觉与社会知觉 ··· 028
- 第二节 归因理论 ·· 035
- 第三节 洞察力 ··· 038
- 第四节 个人决策 ·· 041
- 本章小结 ·· 048
- 案例分析 ·· 049
- 管理游戏 ·· 049
- 心理测试 ·· 050
- 参考文献 ·· 051

第三章 个性与心理测验 ··· 054
- 第一节 个性与个性理论 ··· 055
- 第二节 个性与职业的匹配 ··· 060
- 第三节 心理测验 ·· 068
- 本章小结 ·· 075
- 案例分析 ·· 076
- 心理测试 ·· 078
- 参考文献 ·· 082

第四章 价值观与态度 084

- 第一节 价值观 085
- 第二节 态度及其改变 091
- 第三节 工作满意度 102
- 第四节 组织承诺 112
- 本章小结 116
- 案例分析 117
- 管理游戏 118
- 心理测试 120
- 参考文献 122

第五章 激励理论及其应用 125

- 第一节 内容型激励理论 126
- 第二节 过程型激励理论 133
- 第三节 激励理论的应用 144
- 本章小结 157
- 案例分析 157
- 管理游戏 158
- 参考文献 159

第六章 群体心理与行为 163

- 第一节 群体的基本概念 164
- 第二节 群体动力 174
- 第三节 团队建设 183
- 本章小结 193
- 案例分析 194
- 管理游戏 195
- 心理测试 196
- 参考文献 201

第七章 管理沟通 204

- 第一节 组织沟通原理 205
- 第二节 群体决策 215
- 第三节 改善管理沟通 224
- 本章小结 236
- 案例分析 236
- 管理游戏 237
- 心理测试 238

参考文献 ⋯⋯⋯⋯⋯⋯⋯⋯⋯⋯⋯⋯⋯⋯⋯⋯⋯⋯⋯⋯⋯⋯⋯⋯⋯⋯⋯⋯⋯⋯⋯⋯⋯⋯ 245

第八章　权力与政治 ⋯⋯⋯⋯⋯⋯⋯⋯⋯⋯⋯⋯⋯⋯⋯⋯⋯⋯⋯⋯⋯⋯⋯⋯⋯⋯⋯ 248

　　第一节　权力 ⋯⋯⋯⋯⋯⋯⋯⋯⋯⋯⋯⋯⋯⋯⋯⋯⋯⋯⋯⋯⋯⋯⋯⋯⋯⋯⋯⋯⋯⋯ 249
　　第二节　政治 ⋯⋯⋯⋯⋯⋯⋯⋯⋯⋯⋯⋯⋯⋯⋯⋯⋯⋯⋯⋯⋯⋯⋯⋯⋯⋯⋯⋯⋯⋯ 255
　　第三节　性骚扰 ⋯⋯⋯⋯⋯⋯⋯⋯⋯⋯⋯⋯⋯⋯⋯⋯⋯⋯⋯⋯⋯⋯⋯⋯⋯⋯⋯⋯⋯ 266
　　本章小结 ⋯⋯⋯⋯⋯⋯⋯⋯⋯⋯⋯⋯⋯⋯⋯⋯⋯⋯⋯⋯⋯⋯⋯⋯⋯⋯⋯⋯⋯⋯⋯⋯ 271
　　案例分析 ⋯⋯⋯⋯⋯⋯⋯⋯⋯⋯⋯⋯⋯⋯⋯⋯⋯⋯⋯⋯⋯⋯⋯⋯⋯⋯⋯⋯⋯⋯⋯⋯ 271
　　管理游戏 ⋯⋯⋯⋯⋯⋯⋯⋯⋯⋯⋯⋯⋯⋯⋯⋯⋯⋯⋯⋯⋯⋯⋯⋯⋯⋯⋯⋯⋯⋯⋯⋯ 273
　　心理测试 ⋯⋯⋯⋯⋯⋯⋯⋯⋯⋯⋯⋯⋯⋯⋯⋯⋯⋯⋯⋯⋯⋯⋯⋯⋯⋯⋯⋯⋯⋯⋯⋯ 273
　　参考文献 ⋯⋯⋯⋯⋯⋯⋯⋯⋯⋯⋯⋯⋯⋯⋯⋯⋯⋯⋯⋯⋯⋯⋯⋯⋯⋯⋯⋯⋯⋯⋯⋯ 276

第九章　领导理论 ⋯⋯⋯⋯⋯⋯⋯⋯⋯⋯⋯⋯⋯⋯⋯⋯⋯⋯⋯⋯⋯⋯⋯⋯⋯⋯⋯⋯ 278

　　第一节　领导概述 ⋯⋯⋯⋯⋯⋯⋯⋯⋯⋯⋯⋯⋯⋯⋯⋯⋯⋯⋯⋯⋯⋯⋯⋯⋯⋯⋯ 279
　　第二节　领导特质理论 ⋯⋯⋯⋯⋯⋯⋯⋯⋯⋯⋯⋯⋯⋯⋯⋯⋯⋯⋯⋯⋯⋯⋯⋯⋯ 282
　　第三节　领导行为理论 ⋯⋯⋯⋯⋯⋯⋯⋯⋯⋯⋯⋯⋯⋯⋯⋯⋯⋯⋯⋯⋯⋯⋯⋯⋯ 287
　　第四节　领导权变理论 ⋯⋯⋯⋯⋯⋯⋯⋯⋯⋯⋯⋯⋯⋯⋯⋯⋯⋯⋯⋯⋯⋯⋯⋯⋯ 290
　　第五节　领导理论的新发展和应用 ⋯⋯⋯⋯⋯⋯⋯⋯⋯⋯⋯⋯⋯⋯⋯⋯⋯⋯⋯ 295
　　本章小结 ⋯⋯⋯⋯⋯⋯⋯⋯⋯⋯⋯⋯⋯⋯⋯⋯⋯⋯⋯⋯⋯⋯⋯⋯⋯⋯⋯⋯⋯⋯⋯⋯ 301
　　案例分析 ⋯⋯⋯⋯⋯⋯⋯⋯⋯⋯⋯⋯⋯⋯⋯⋯⋯⋯⋯⋯⋯⋯⋯⋯⋯⋯⋯⋯⋯⋯⋯⋯ 301
　　管理游戏 ⋯⋯⋯⋯⋯⋯⋯⋯⋯⋯⋯⋯⋯⋯⋯⋯⋯⋯⋯⋯⋯⋯⋯⋯⋯⋯⋯⋯⋯⋯⋯⋯ 304
　　心理测试 ⋯⋯⋯⋯⋯⋯⋯⋯⋯⋯⋯⋯⋯⋯⋯⋯⋯⋯⋯⋯⋯⋯⋯⋯⋯⋯⋯⋯⋯⋯⋯⋯ 305
　　参考文献 ⋯⋯⋯⋯⋯⋯⋯⋯⋯⋯⋯⋯⋯⋯⋯⋯⋯⋯⋯⋯⋯⋯⋯⋯⋯⋯⋯⋯⋯⋯⋯⋯ 308

第十章　组织文化 ⋯⋯⋯⋯⋯⋯⋯⋯⋯⋯⋯⋯⋯⋯⋯⋯⋯⋯⋯⋯⋯⋯⋯⋯⋯⋯⋯⋯ 311

　　第一节　组织文化概述 ⋯⋯⋯⋯⋯⋯⋯⋯⋯⋯⋯⋯⋯⋯⋯⋯⋯⋯⋯⋯⋯⋯⋯⋯⋯ 312
　　第二节　组织文化的作用 ⋯⋯⋯⋯⋯⋯⋯⋯⋯⋯⋯⋯⋯⋯⋯⋯⋯⋯⋯⋯⋯⋯⋯⋯ 322
　　第三节　塑造完善的组织文化 ⋯⋯⋯⋯⋯⋯⋯⋯⋯⋯⋯⋯⋯⋯⋯⋯⋯⋯⋯⋯⋯⋯ 325
　　第四节　组织公民行为 ⋯⋯⋯⋯⋯⋯⋯⋯⋯⋯⋯⋯⋯⋯⋯⋯⋯⋯⋯⋯⋯⋯⋯⋯⋯ 335
　　本章小结 ⋯⋯⋯⋯⋯⋯⋯⋯⋯⋯⋯⋯⋯⋯⋯⋯⋯⋯⋯⋯⋯⋯⋯⋯⋯⋯⋯⋯⋯⋯⋯⋯ 338
　　案例分析 ⋯⋯⋯⋯⋯⋯⋯⋯⋯⋯⋯⋯⋯⋯⋯⋯⋯⋯⋯⋯⋯⋯⋯⋯⋯⋯⋯⋯⋯⋯⋯⋯ 339
　　管理游戏 ⋯⋯⋯⋯⋯⋯⋯⋯⋯⋯⋯⋯⋯⋯⋯⋯⋯⋯⋯⋯⋯⋯⋯⋯⋯⋯⋯⋯⋯⋯⋯⋯ 342
　　心理测试 ⋯⋯⋯⋯⋯⋯⋯⋯⋯⋯⋯⋯⋯⋯⋯⋯⋯⋯⋯⋯⋯⋯⋯⋯⋯⋯⋯⋯⋯⋯⋯⋯ 342
　　参考文献 ⋯⋯⋯⋯⋯⋯⋯⋯⋯⋯⋯⋯⋯⋯⋯⋯⋯⋯⋯⋯⋯⋯⋯⋯⋯⋯⋯⋯⋯⋯⋯⋯ 346

第十一章　组织变革与组织发展 ⋯⋯⋯⋯⋯⋯⋯⋯⋯⋯⋯⋯⋯⋯⋯⋯⋯⋯⋯⋯ 348

　　第一节　组织变革概述 ⋯⋯⋯⋯⋯⋯⋯⋯⋯⋯⋯⋯⋯⋯⋯⋯⋯⋯⋯⋯⋯⋯⋯⋯⋯ 349
　　第二节　组织变革的力场分析 ⋯⋯⋯⋯⋯⋯⋯⋯⋯⋯⋯⋯⋯⋯⋯⋯⋯⋯⋯⋯⋯⋯ 358

第三节　组织发展概述……………………………………………………367
　　第四节　组织发展干预技术………………………………………………370
　　本章小结……………………………………………………………………378
　　案例分析……………………………………………………………………379
　　管理游戏……………………………………………………………………380
　　心理测试……………………………………………………………………381
　　参考文献……………………………………………………………………382

第十二章　员工心理健康……………………………………………………384
　　第一节　员工心理保健……………………………………………………385
　　第二节　员工援助计划……………………………………………………400
　　第三节　员工心理咨询……………………………………………………405
　　本章小结……………………………………………………………………412
　　案例分析……………………………………………………………………413
　　管理游戏……………………………………………………………………414
　　心理测试……………………………………………………………………416
　　参考文献……………………………………………………………………417

第一章
组织行为学概述

学习目标

学完本章后,你应该能够:
1. 了解组织行为学的发展背景;
2. 了解霍桑实验对组织行为学发展的影响;
3. 掌握组织行为学的概念;
4. 了解管理心理学与组织行为学的联系与区别;
5. 掌握组织行为学的研究方法和模型;
6. 了解积极组织行为学和心理资本的概念。

引例

福特的积极心理管理法

福特汽车公司的创始人老亨利的儿子亨利·福特二世对于职工的心理状况十分重视。他曾经在大会上说:"我们应该像过去重视机械要素取得的成功那样,重视人性要素,重视员工的心理状况,让员工以积极的心态面对工作,这样才能解决战后的工业问题。"亨利二世说到做到,他任命贝克为总经理,请他来改变公司职员消极怠工的局面。亨利二世还亲自听取员工的意见,并积极、耐心地着手解决一个个存在的问题,让员工感受到企业的温暖,同时也给予员工袒露心声的机会。亨利二世还和工会主席一道制订了"雇员参与计划",在各车间成立了由工人组成的"解决问题小组",并鼓励员工共同解决问题,以激发员工自我效能感。工人们有了发言权,不但解决了他们自身的问题,更重要的是对整个工厂的生产工作起到了积极的推动作用。

从上述引例我们可以看到,员工的积极心态对于企业的发展有着举足轻重的作用。那么,企业应该如何评估员工的心理状况并采取相应措施来培养员工的积极心态呢?这正是组织行为学需要探讨的一个重要问题。

组织行为学的发展可以追溯到早期的工业心理学,已有逾百年的历史。人际关系理论及行为科学的发展奠定了组织行为学学科形成的基础。从 20 世纪 60 年代作为独立的学科，到 80 年代分化，再到 21 世纪初兴起积极组织行为学，至今其重点关注的问题既有一贯的核心问题，也有一些热点问题。从 20 世纪 70 年代末期到现在，组织行为学在中国得到了一定程度的发展，但与西方发达国家特别是美国相比仍存在一定的差距。组织行为学与管理心理学既有联系，又有区别。对组织行为学的教学和实际应用，应该首先掌握其基本模型。

第一节　组织行为学的发展

自 20 世纪初以来，组织行为学的发展主要划分为以下四个阶段：①以泰勒为代表的经典科学管理理论阶段（1900—1927 年）；②以霍桑实验开始的人际关系理论以及后来的 X 理论—Y 理论阶段（1927—1965 年）；③以权变态度和方法来看待人及其组织行为的阶段（1965—2000 年）；④积极组织行为学和创业组织行为学阶段（2000 年至今）。

一、组织行为学的早期研究

组织行为学得以发展的一个重要原因是心理学在工商业的应用能够有效地提高生产效率。在 19 世纪末至 20 世纪初，提高生产效率成为一个非常突出的社会问题，它主要表现在如下两个方面。

一方面，提高劳动生产率有助于缓解早期工业社会劳资关系的矛盾。在早期的工业社会，成本最小化、利润最大化是资方的目标，而提高工资福利待遇以及改善工作条件是劳方的要求。资方追求利润和效益，劳方期待劳动回报和公平、满足生活和人性方面的需求。随着劳资矛盾的加剧，引发了大规模罢工、工厂关闭甚至流血冲突等，使得劳资双方两败俱伤。在资本主义发展的早期特别是资本的原始积累阶段，劳资矛盾非常突出。解决劳资矛盾的一个重要方法是提高劳动生产效率。劳资双方不应该为争夺少得可怜的、相对固定的利益而无休止地争斗，而应该设法提高生产效率，进而提高产出和利润，提高工资和改善条件。只有这样，劳资双方的日子才能好过。

另一方面，第一次世界大战期间，提高劳动生产率有助于满足军需物资生产的需要。当时各交战国的男性青壮年大量应征入伍。工厂由于缺乏熟练工人，除雇佣大量妇女外，还不得不采取加班加点、延长劳动时间等办法来增加产量。但延长劳动时间增加了工人的疲劳度，还是达不到提高工作效率的目的，这就引发了人们对疲劳的研究，如英国就专门设立了疲劳研究所。

"科学管理之父"泰勒（F. W. Taylor, 1856—1915）最早采用科学方法研究工人的工作效率问题。他在美国伯利恒钢铁厂对工人实行严格管理，并用计件奖励工资激励工人努力生产。他运用"时间—动作分析"的方法进行了大量的试验，提出了"劳动定额""工时定额""工作流程图""计件工资制"等一系列科学管理制度和方法（Taylor, 1964），工人按他设计的工具和操作方法进行劳动，工作效率成倍提高。

被人们称为"工业心理学之父"的雨果·芒斯特伯格（Hugo Münsterberg,

1863—1916)在其1913年出版的具有里程碑意义的《心理学和工业效率》一书中首次明确提出：①如何使人们的智力与其所从事的工作相适应；②在什么样的心理条件下才能从每个人的工作中获得最大和最令人满意的产出；③企业如何去影响工人，以便从他们那里获得最好的结果。

芒斯特伯格的著作得到了莉莲·吉尔布里斯（L. M. Gilbreth，1878—1972）创新思想的补充。吉尔布里斯在其1914年出版的《管理心理学》（1980）一书中想把早期的心理学概念应用到科学管理实践中去。她关注工作中人的因素并强调，在应用科学管理原理时，必须首先看到工人，并且要了解他们的个性和需要。工人很多的不满并不是因为工作的单调，而是因为管理人员对工人的关心不够。她首次提出"管理心理学"的概念，力图把早期心理学的概念应用到管理实践中去，但这在当时并未引起人们足够的重视。

另一位主张把心理学应用到管理方面的重要的早期管理心理学家是沃尔特·斯科特（W. D. Scott，1869—1955），他于1900年获得了心理学博士学位，写过许多关于把心理学概念应用于广告和市场销售方面的书（1908），还包括一些关于有效选拔人才等人事管理实务方面的著作（1961）。

第一次世界大战期间，兵员选拔的需要也推动了组织行为学的发展。各交战国为了有效地使用兵员资源，需要对应征入伍的大量兵员进行甄别和选拔，这有力地推动了心理学的人员测评研究。如第一次世界大战期间，美国就有很多心理学家被征召从事兵员的选拔工作。第一次世界大战之后，心理学家设计的人事测评方法和技术很快就被应用于工业界，成为选拔工人的重要手段。此外，从20世纪20年代起，人们开始逐步认识到心理学在工作环境研究中的作用越来越重要，工业心理学开始兴起。这里所指的工业心理学是指以企业中的人—机关系、人际关系和人—工作环境关系作为研究对象的学科（朱祖祥，2001）。由于工业心理学与组织行为学在内容上相互交叉和渗透，因此工业心理学的兴起和发展极大地促进了组织行为学的发展。

二、霍桑实验的影响

1927—1932年，埃尔顿·梅奥（Elton Mayo，1880—1949）、罗特利斯伯格（F. J. Roethlisberger，1898—1974）和其他一些人在西方电气公司的霍桑工厂进行的实验对组织行为学的发展产生了巨大影响。早在1924—1927年，美国国家研究委员会就与西方电气公司合作开展了一项研究，以确定照明和其他条件对工人和生产率的影响。他们发现，对实验小组的照明，无论是增强还是减弱，生产率都有所提高。在研究人员打算宣布整个实验失败之际，哈佛大学的埃尔顿·梅奥却发现某些不寻常的东西，便和罗特利斯伯格以及其他一些人继续进行研究，可是改变实验小组的照明度，改变休息时间，缩短工作日和变换有鼓励性的工资制度，似乎都不能解释生产率变化的原因。于是，梅奥和他的研究人员得出结论，必定有其他因素在起作用。他们认为，生产率的提高是一些社会因素在起作用，如士气、劳动集体成员之间满意的相互关系（一种归属感）以及有效的管理。这一类的管理工作，要求了解人的行为，特别是集体行为，并且通过这样一些个人之间的处事方法，如激励、劝导、领导和信息交流等方式开展管理工作。上述实验小组所出现的现象，基本上是由于受人"注意了"而引起的，这些现象通称为"霍桑效应"（Mayo，1960；Roethlisberger，1941；Roethlisberger & Dickson，1966）。

霍桑实验及早期人际关系学家提出了许多关于组织中人的行为的概念，其中引人注目之处包括如下 7 个方面：①企业组织不仅是一个技术—经济系统，而且是一个社会系统；②个体不仅受经济奖励的激励，而且受各种不同的社会和心理的影响；③企业中存在着"非正式组织"；④强调"民主"而不是"独裁"的领导模式；⑤强调参与管理，重视在组织等级中的各层次之间建立有效的沟通渠道；⑥管理者不仅需要有效的技术才能，而且需要有效的社会才能；⑦所有的组织成员都可以通过满足某种社会—心理需要来调动工作的积极性。

例证 1-1

霍桑实验中的电话线圈装配工实验

为了研究非正式组织的行为、规范及其奖惩对工人生产率的影响，最主要的一项霍桑实验选了 14 名男工在一间单独的观察室中进行。通过实验，研究者注意到了工人们对"合理的日工作量"有明确的概念，而他们认为的"合理的日工作量"低于企业管理层拟订的产量标准。工人们估计，如果他们的产量超过了那个非正式的定额，工资率就会降低，或者产量定额就会提高；如果他们的产量低于那个非正式的定额，又会引起企业管理层的不满，所以他们就制定了这个非正式的定额，并运用群体的压力使每个工人遵循这个定额。对电话线圈装配工中社会关系分析的结果表明，在组织中存在着两个非正式群体。在非正式群体中有 4 条不成文的纪律：①你不应该干活过多；②你不应该干活过少；③你不应该向监工报告任何有损于同伴的事；④你不应该对同伴保持疏远的态度或者好管闲事。

梅奥等人提出的"人际关系理论"（Human Relations Theory）闻名于世，成为行为科学研究的先声。从此，更多的管理学学者、专家关注并致力于对人的行为的研究，自然科学和社会科学方面不断取得的成果又促进了对该问题的研究进程，从而导致行为科学这一新兴学科在 20 世纪 40 年代末、50 年代初正式形成。1949 年，在美国芝加哥大学召开的一次跨学科的讨论会上，学者们提出了"行为科学"的概念。1953 年，美国福特基金会邀请一些大学的著名学者研讨后，正式把这门综合性极强的学科定名为"行为科学"（Behavior Sciences）。行为科学凭借心理学、社会学、人类学及其他一切与人的行为有关的学科（如政治学、历史学、教育学、生物学、医学、宗教学等）的理论来研究人的各种行为，因而是一门综合性很强的学科，是由相关学科组成的学科群，心理学是其形成的一块重要基石。行为科学的产生和发展促成了行为科学学派的形成。20 世纪 60 年代之后，行为科学进入组织行为的研究阶段，60 年代末开始形成组织行为学。进入 80 年代后，组织行为学又分为宏观组织行为学和微观组织行为学。宏观组织行为学来源于社会学、政治学、经济学，探讨在一定社会经济背景下的组织结构、组织设计、组织变革、组织发展和其他组织行为；微观组织行为学来源于心理学，研究个体的行为、态度、动机与组织系统之间的相互关系和影响。

三、组织行为学在中国的发展

中国是四大文明古国之一,自古以来就创造了许多辉煌灿烂的思想文化,我国有些古代思想中也蕴涵着组织行为学的朴素思想,以春秋战国时孙武所著的《孙子兵法》一书为例,虽然全书以军事谋略为主,却充满了组织行为学的基本原则,如"道者,令民与上同意也,故可以与之死,可以与之生,而不畏危",强调的就是领导与下属上下一心、协调一致的重要性。而道家重要思想"无为而治"更被国外学者视为组织行为学倡导人力资源授权及领导者需要自我控制的基础。在中国文化背景之下的组织行为,"人"被认为只有在社会关系中才能体现,人是所有社会角色的总和,组织中人的行为应当基于社会关系的角度进行分析(冯明,2013)。

虽然中国传统文化蕴涵着丰富的组织行为学思想,但这些思想基本停留在经验和朴素的认识上。组织行为学作为一门独立的学科,是从西方引进的。1935—1937年,周先庚在中央研究院心理研究所与陈立合作,在北平南口机车厂进行了关于职工提合理化建议的调查研究,试图从心理学的角度寻找调动职工积极性的途径。这是中国最早的工业心理实验研究。1935年,中国著名心理学家陈立撰写并出版了《工业心理学概观》一书,第一次从环境、疲劳、休息、工作方法、事故与效率,以及工业组织、激励与动机等重要方面系统论述了中国工业心理学和管理心理学的基本问题。从20世纪50年代开始,中国已逐步开展关于工程心理学和劳动心理学的研究,但管理心理学研究起步较晚。由于"文化大革命"(1966—1976年)的影响,在20世纪60年代,中国学术界对西方正在迅速发展的工业与组织心理学知之甚少。直到20世纪70年代末,中国转向以经济建设为中心,工业部门意识到需要运用心理学的知识调动企业管理者和职工的积极性,心理学界也意识到需要开展有关生产管理中的心理学问题的研究,正是在这种改革开放的形势下,管理心理学才逐步得到发展。1980年,中国心理学会(http://www.cpsbeijing.org)工业心理专业委员会的成立标志着中国组织行为学的起步。中国行为科学学会成立于1985年,实际上是组织行为学会。迄今为止,中国各省市基本上都成立了行为科学学会。

从20世纪80年代开始,中国有两个工业心理学的专门研究机构从事组织行为学的研究。一个是中国科学院心理研究所社会经济与心理行为研究中心(原名工业心理研究室),另一个是浙江大学心理与行为科学学院(前身为杭州大学心理学系),它们均为博士学位授予单位。20世纪90年代之后,随着中国人力资源管理热的兴起,全国许多高校管理学院的部分教师开始从事组织行为学的教学和研究,一批硕士生和博士生以组织行为学领域作为学位论文的课题,如暨南大学以凌文辁教授为学科带头人的团队培养了一批组织行为学博士。另外,从20世纪80年代起,中国一些学者陆续翻译出版了一批在国外比较有影响力的著作,如《组织心理学》(薛恩,1987)、《动机与人格》(马斯洛,2005)、《工业与组织心理学》(麦考密克,伊尔根,1991)以及一些以"管理心理学"和"组织行为学"命名的其他著作。1985年,国内出版了第一部由中国学者编写的管理心理学教材,即卢盛忠编写的《管理心理学》,随后,又出版了许多"管理心理学"和"组织行为学"的相关教材和专著。其中，比较有影响的有苏东水的《管理心理学》（复旦大学出版社，1987），俞文钊的《管理心理学》（甘肃人民出版社，1988），陈立的《工业管理心理学》（上海人民出版社，1988），徐联仓、陈龙的《管理心理学》（光明日报出版社，1988）和王重鸣的《劳动人事心理学》（浙江教育出版社，1988）等。据不完全统计，目前这类著作已逾几百种。美国学者斯蒂芬·P. 罗宾斯的《组织行为学》一书及其衍生作品在国内业界得到了广泛的认可并被作为 MBA、EMBA 教材使用。在组织行为学领域，国内学者也开展了多方面的研究，包括激励、心理测评、岗位胜任特征、工作业绩评价、管理培训与发展、领导的 CPM 理论、变革型领导、管理决策、跨文化管理、组织气氛和组织文化、心理契约、组织公民行为、情绪劳动、积分制管理、员工关怀等，取得了可喜的成绩；近十多年来，一些学者也开始注意到了积极组织行为学的研究（苗青，2004；侯奕斌，凌文辁，2006；曾晖，赵黎明，2007 等）和创业组织行为学（蔡莉，单标安，2013；陈国海，许国彬，2017 等）以及其他新型组织行为学的研究。但是，与西方发达国家，特别是与美国相比，中国的组织行为学研究在从业人员数量、成果数量和创新性、社会影响等方面仍存在一定的差距。

四、组织行为学的新发展

20 世纪 90 年代以来，组织行为学出现了一些新的发展动向，主要表现为传统取向的组织行为学的新发展以及积极组织行为学、新型组织行为学（包括创业组织行为学）的兴起。

（一）传统取向的组织行为学的新发展

传统取向的组织行为学的新发展主要表现为如下四个方面（时勘，卢嘉，2001）。

第一，组织变革与组织发展已成为全球化经济竞争中组织行为学研究的首要问题。随着经济全球化的潮流和经济结构的调整，对企业重组、战略管理、跨国文化管理的研究呈现强劲势头，由于复杂性增加而导致研究的注意力全面转向整个组织层面。这个方面的研究主要探索组织变革的分析框架、理想的组织模式、干预理论以及变革代理人的角色。

与组织变革密切相关的是领导行为研究，受权变理论的影响，先后出现了多种领导理论。在组织变革中，管理决策显得十分重要。目前，在个体层面上，组织行为学比较注重决策和判断中所采用的认知策略和判断决策问题；在组织层面上，组织行为学主要分析不同背景下的决策模式、权力结构和参与体制，并特别重视决策技能的开发和利用。与组织变革密切相关的还有激励机制和企业文化，它们也已成为组织行为学研究的热点。

组织发展是一个应用广泛的行为学知识和技能来获得能力使组织改变并提高效率的过程，包括提高组织的经济效益、雇员满意度和环境可持续性。如今，随着全球化和信息技术的发展对组织发展这一领域的影响越来越大，组织发展开始致力于管理网络空间和面对面的变革过程（Cummings，Worley，2014）。组织变革与组织发展有十分密切的关系，组织发展意味着需要深层次和长期性的组织变革，可以将其看成实现有效组织变革的手段（托马斯，克里斯托弗，2003）。

第二，组织行为学强调对人力资源的系统开发。组织行为学更加注重研究管理者决策、技术创新和员工适应中必须具备的胜任素质，更加关注如何充分利用和开发人力资源，相应地，组织行为学研究由原来的局部、分散转变为整体、系统。目前有关胜任特征评价、个体对于组织的适应性和干预等人力资源问题的研究正向纵深发展。

第三，组织行为学研究更加关注国家目标和国家安全。组织行为学在跨国公司和国际合资公司的比较研究、科技投入的行为研究、失业特别是群体性失业指导研究、劳动力多元化、国家金融安全、人才安全等方面，均取得了客观的经济效益和社会效益。目前组织行为学家把组织作为开放的社会—技术系统来看待和研究，研究领域已突破传统框架，涉及管理培训与发展、工业业绩评价、管理决策、组织气氛和组织文化、组织公民行为、跨文化比较等新领域。

第四，组织行为学研究除秉承强调生产效率的传统之外，更加关注工作生活质量和主观幸福感。组织行为学认为强调生产效率与强调工作生活质量并非相互排斥，且越来越重视有关工作满意度、雇员安全与健康、组织文化、组织承诺、心理契约、压力管理、员工心理援助计划、工作—家庭平衡、幸福感等方面内容的研究。

（二）积极组织行为学的兴起

传统组织行为学更多地关注组织、团队、管理者和员工等负面障碍问题的解决，如研究怎样引导和激励消极、懒惰的员工；研究如何更有效地解决冲突、压力和工作倦怠；研究如何改进不良的态度和对组织变革的抵制。积极组织行为学的提出弥补了传统组织行为学的不足。

积极组织行为学（Positive Organizational Behavior）的理论基础源于积极心理学的研究成果。西方积极心理学的发展始于20世纪60年代，到了20世纪90年代，有关积极心理学的研究成果大量涌现。塞利格曼和希克珍特米哈伊（Seligman & Csikszentmihalyi, 2000）正式提出了积极心理学的概念。受积极心理学理论的影响，路桑斯（Luthans, 2002）提出了积极组织行为学的概念。积极组织行为学的概念一经提出就得到了一些学者的响应，近年来有关积极组织行为学的研究成果开始大量出现。有关积极组织行为学的具体介绍请参见本章第三节的内容。

（三）新型组织行为学的兴起

1. 新型组织行为学的兴起

知识经济的发展在对传统经济模式提出挑战的同时，也对传统经济模式下的组织行为学提出了挑战（龚春，2009）。由于不同的组织有不同的目标、不同的工作类型、不同的人员和不同的文化，组织越来越多地以不同的方式建构（彼得·布鲁克，2006）。企业组织变革产生了适应知识社会、信息经济和组织创新要求的新型组织结构形式，包括团队型组织、虚拟组织、学习型组织、多元化组织、无边界组织、跨文化组织等（刘晓善，2007；柳清瑞，张今声，2002）。组织行为学作为一门应用科学，必须适应这些新型组织的出现。由此，许多新型组织行为学理论，如跨文化组织行为学、学习型组织行为学等应运而生。

此外，美国管理学家伊查克·爱迪思在 1988 年提出了企业生命周期理论。基于该理论，新型组织行为学根据企业组织的发展与成长的动态轨迹的四个阶段，又划分出了更为具体的四个组织行为学研究方向，即创业组织行为学、成长组织行为学、成熟组织行为学和衰退组织行为学。

2. 创业组织行为学的兴起

在 20 世纪 60 年代末开始形成的组织行为学的基础之上，随着 20 世纪 70 年代世界范围内创业活动的蓬勃发展，相关学者开始运用组织行为学来研究创业现象，他们注意到不同的组织制度安排会影响创业活动，因此研究了创业组织与传统组织相比拥有的特性，探析了创业组织中各要素及其相互作用机制对创业活动的影响等。

创业组织行为学在学界的持续关注中逐渐兴起并发展，其研究对象是创业组织中人的行为（指外观的活动、动作、反应或行动）以及组织行为，理论基础来自社会科学、行为科学、管理科学、自然科学等。创业组织中的个体、群体行为模式是怎样的，他们之间如何互动，个性如何影响创业绩效，如何激励创业组织中的员工，如何应对创业组织的环境变化并进行组织变革等是该分支学科的研究重点，在此之上，创业组织行为学所要实现的学术追求和现实目标是通过对创业过程中个体、群体以及组织的研究，揭示其规律，并以此规律指导个体、群体或组织的行为，从而提升创业组织的有效性，提高创业成功率（陈国海，许国彬，2017）。

第二节 组织行为学的概念、作用和研究方法

组织行为学是管理心理学的新发展，它们既有一致性，也存在一定的差别。

一、组织行为学的概念

关于组织行为学的定义很多，本书采用美国学者罗宾斯（1997）的定义。他认为，组织行为学是一个研究领域，它探讨个体、群体以及组织结构对组织内部行为的影响，以便应用这些知识来改善组织的有效性。

与组织行为学密切相关的学科有管理学（包括人力资源管理学、组织管理学）、行为科学（包括心理学、社会学、人类学）、社会科学（包括政治学、经济学、伦理学）等，如表 1-1 所示。

表 1-1 与组织行为学密切相关的学科

学科	具体学科	主要影响和涉及研究领域
管理学	人力资源管理学	员工招聘与选拔、培训与开发、绩效管理、薪酬管理、劳资关系
	组织管理学	组织结构与设计、组织变革与创新、组织发展、组织文化

续表

学　科	具体学科	主要影响和涉及研究领域
行为科学	心理学	激励、领导、知觉、个性、个体决策、工作满意度、态度、工作压力、工作设计
	社会学	制度变迁、群体动力、群体行为、团队建设、沟通、行为改变、态度改变、群体决策
	人类学	价值观、态度、宗教与仪式、社会化、沟通、人体差异、婚姻与家庭、跨文化研究、组织文化、社会分层、政治组织与社会控制
社会科学	政治学	国家与政府、政党与政治团体、政治民主、政治管理与参与、政治文化与发展、国际政治、冲突、组织内权力与政治、劳资关系
	经济学	经济全球化、工作与失业、投资与经济增长、领导有效性、工作绩效
	伦理学	个体道德、道德评价、道德教育、职业精神、组织公民行为、企业社会责任、激励、领导、沟通的伦理问题

组织行为学研究的问题既有一贯的核心问题，也有一些热点问题，在21世纪的今天，组织行为学研究需要应对经济社会转型中的组织变革与发展、人力资源开发与管理、经济心理与国家金融安全、组织文化与学习模式、工作方式变化等问题，但以下四个问题一直是组织行为学研究的核心问题。

（1）人与工作、组织和环境的匹配问题。早期的组织行为学家主要研究人与工作、职业的匹配，组织行为学的研究已从过去的人如何适应机器向机器怎样适合于人转变。近年来，组织行为学家开始注意研究人与组织、环境的匹配问题，其研究结论为人力资源的招聘和选拔、绩效管理提供了有力的理论基础。

（2）组织中的激励问题。过去曾产生了内容学派、过程学派和强化学派等有关激励的理论。此外，与激励问题密切相关的研究是有关工作承诺、心理契约、组织公民行为的研究，主要从工作价值观、职业发展、工作责任心、组织认同和对社会的态度进行研究。

（3）领导科学问题。领导科学主要研究了领导者的个体素质、领导行为、思维方式、实践经验以及领导方法等与领导力和领导效能相关的问题。领导在组织变革和发展中的作用日益受到重视。

（4）幸福人生问题。随着社会经济的日益发展，员工的需求层次日益提高，组织不仅要考虑自身的效率、利润、生存和发展，也要考虑员工的发展和幸福生活。与幸福人生问题有关的研究关注了员工的工作满意度、生活满意度、工作量感知、个人控制/自由感，以及积极情绪与员工在工作场所绩效的关系，甚至涉及员工家庭、子女教育、闲暇。

二、组织行为学与管理心理学的联系与区别

从研究目的、对象、内容和理论来源方面来看，组织行为学与管理心理学有着密切的联系。许多人尤其是西方的一些学者认为，组织行为学就是管理心理学，但二者其实略有不同（Eren, 2001；张昱，1994）。

(一)组织行为学与管理心理学的联系

从组织行为学的发展来看,组织行为学可以看作是管理心理学的新发展(孙彤,1990)。组织行为学与管理心理学在研究目的、对象、内容和理论来源方面是一致的,具体表现在以下几个方面。

(1) 研究的目的相同,即通过对组织中人的心理与行为的研究,揭示其规律,并以此规律指导个体、群体或组织的行为,达到组织的预期目标。

(2) 研究的对象相对一致。组织行为学和管理心理学都把行为与心理作为自己的研究对象。组织行为学在研究一定组织中人的行为特点及其规律时不可避免地会涉及人的心理,管理心理学在研究管理过程中人的心理特点及其规律时又会涉及人的行为。

(3) 研究的内容大同小异。组织行为学与管理心理学研究的内容构架基本相同,如都包括个体问题、群体问题、激励问题、领导问题、组织文化与变革问题等。

(4) 很多理论来源相同。虽然组织行为学的理论来源比较广泛,但很多理论来源与管理心理学的理论来源相同,如心理学、社会学、人类学、教育学、生理学,其中心理学是其主要理论来源。

(二)组织行为学与管理心理学的区别

虽说组织行为学与管理心理学在诸多方面是相同或一致的,但它们还是存在一些差别的。表1-2对这些差别进行了比较。组织行为学与管理心理学的主要区别在于研究对象的不同,前者的研究对象是组织中人的外在、可观测、可开发的行为,而后者的研究对象是组织中人的心理(包括外在、可观测、可开发的行为,也包括内在的,甚至是不可观测、不可开发的行为,如思维、本能)。由此决定了组织行为学的研究成果更为具体、直观、实用,而管理心理学的研究成果则比较抽象、隐晦和理论化。

表1-2 组织行为学与管理心理学的比较

项 目	组织行为学	管理心理学
研究对象	一定组织中人的行为(指外观的活动、动作、运动、反应或行动)	管理过程中各层次人员的心理(感觉、知觉、记忆、思维、情绪、意志、气质、性格等心理现象的总称)
理论基础	社会科学、行为科学、管理科学、自然科学等	心理学、社会学、经济学、教育学、管理学、生理学等
学科性质	行为科学	心理科学
形成背景	1949年"行为科学"一词出现,1953年正式命名 20世纪60年代末开始形成组织行为学; 20世纪80年代组织行为学分为宏观组织行为学和微观组织行为学; 21世纪初兴起积极组织行为学和创业组织行为学	莉莲·吉尔布里斯《管理心理学》(1914)中首次使用"管理心理学"一词; 20世纪20年代和30年代工业心理学与人际关系学说的发展; 莱维特正式使用"管理心理学"(Leavitt, 1958),管理心理学成为独立学科

三、学习和研究组织行为学的作用

学习和研究组织行为学主要有如下六个方面的作用。

（一）有助于强化人性化管理意识，充分调动人的工作积极性

霍桑实验是组织行为学发展史上的一个经典实验，它告诉我们，员工除了物质需求外，还有社会、心理和精神需求，而后者对提高生产效率的作用非常显著。组织行为学的研究正是沿着这种理念和思路，重视对员工工作积极性即激励问题的研究，以充分调动员工的积极性、主动性和创造性。

（二）有助于合理选拔和使用人才，做好个人的职业生涯规划

达到知己知彼的目标和掌握相应的方法是学习和研究组织行为学的重要目标。通过学习和研究相关的人格心理学理论和心理测试，能够帮助自己和他人更好地了解需要、动机、兴趣、理想、信念、世界观、气质、性格和能力。同时，学习和研究组织行为学能够帮助我们掌握"人—工作—组织匹配"的理念和方法，有助于我们合理地选拔和使用人才，并根据组织需要做好个人的职业生涯规划。

（三）有助于改善管理沟通，增强团队的凝聚力

学习和研究组织行为学能够增进我们对个体、群体、团队的性质和特点的认识，帮助我们了解和掌握人际沟通和组织沟通的理论和技能，帮助我们掌握人际冲突处理的策略和方法，运用正式和非正式渠道改善管理沟通。同时，学习和研究组织行为学能够帮助我们了解和掌握高绩效团队的特点和建设方法，以增强团队的凝聚力和战斗力。

（四）有助于提高领导能力和水平

学习和研究组织行为学能够增进我们对领导素质的了解，提高对领导力和领导理论的认识，通过运用科学的领导理论和方法提高领导能力和水平。此外还能够增进我们对领导者和被领导者的互动关系的认识，改善领导者和被领导者之间的关系。

（五）有助于促进组织变革和发展

学习和研究组织行为学能够增进我们对组织、组织设计、组织文化、组织政治、组织变革与发展的特点和规律的认识，这些知识可以帮助我们在组织变革中寻求助力，克服阻力，面对组织变革和发展中的问题，运用组织发展的方法和技术促进组织的发展。

（六）有助于积极心理品质和能力的开发及有效管理

学习和研究组织行为学能够增进我们对积极心理品质（如责任心、乐观、恢复力）的认识和辨别能力，从而有效地对这些积极心理品质进行测量、开发和管理。这些积极心理品质的开发和提升有助于提高员工的工作绩效，促进他们的身心健康。

例证 1-2

苏黎世联邦工业大学为毕业生开设应急的管理心理学课程

当学生毕业走上工作岗位后,立即就会面临人际关系、集体协作、交流技巧、处理压力等诸多问题。为了给他们提供最低限度的"进入准备",苏黎世联邦工业大学开设了一系列管理心理学方面的强化、应急课程。其主要内容涉及时间与压力管理、不同的管理风格、交际技巧、有感召力的公开演讲、顾客关注焦点及高质量服务、谈判技巧和艺术、冲突处理等。这些专题性的强化教学班除要求学生了解重要的原理外,还特别强调能够立刻应用,为此他们设计了大量的实践练习、情景练习,并配有相应的教材。多年来的实践证明,这一做法的确是行之有效的。

四、组织行为学的研究方法与模型

单一的方法和单一的研究存在不足,可能会限制研究结论的解释力和可推广性(张志学,鞠冬,马力,2014)。因此,对组织行为的研究通常是传统方法与现代方法有机结合进行,这些研究方法综合在一起就可以取长补短,成为严密的方法理论(丛德奇,1986)。

(一)研究方法

传统组织行为学家关心的是组织理论内部的逻辑一致性,即设法保证得出的结论是从一系列数据中合乎逻辑地推衍出来的,在大多数情况下,这些数据来自于实验室实验,而不是来自现实的组织及其行为。20世纪30年代至70年代,这种实验室研究方法在组织行为研究中颇为盛行,但到了70年代末至80年代初,组织行为学以实验室实验为基础的传统方法论体系由于脱离实际开始受到人们的质疑,从而引发了组织行为学研究方法转向外部有效性的体系(张钢,1995)。这种以现实有效性为基础的研究方法面向现实的组织,强调研究的现实意义,发展一种直接与现实组织相联系的概念模型和研究方法。其具体研究方法除了实验室实验或现场实验等传统方法外,包括经验总结法、观察法、测验法、准实验方法、案例研究法、现场研究法等。下面对其中几种加以介绍。

1. 实验法

这是研究者有目的地在严格控制的环境中或创造一定条件的环境中,诱发被试验者产生某种心理现象或行为,以研究人的心理活动和行为规律的一种方法。实验法按实验地点的性质可分为实验室实验法和现场实验法。在过去,组织行为学中的一些研究采用实验室实验法,但目前比较多地使用现场实验法。现场实验法主要有如下三个步骤:①进行实验设计,主要包括明确研究目的和假设,确定研究对象,并将其分为实验组和控制组,拟订实验程序;②进行实验,主要观察和收集由自变量引发的心理现象(因变量)等方面的数据;③对从实验组和控制组获得的有关数据进行统计分析,得出结论,并写出实验报告。

2. 经验总结法

这是研究者根据实际工作者的经验,用组织行为学的理论和知识进行归纳、总结的一种研究方法。优秀企业家和管理者在实践中积累了丰富的管理经验,他们的管理经验在媒体上发表后产生了很大的社会影响,但由于他们可能缺乏管理理论包括组织行为学的相关知识,其经验有一定的局限性,从而缺乏普遍意义和推广价值。这就需要组织行为学家与他们合作,开展咨询活动和案例研究,把他们的经验上升为理论,使之科学化,总结后再加以推广。

3. 现场研究法

现场研究是在现有组织的环境范围之内进行的研究,通常与实际工作者合作共同完成。现场研究需要收集大量的资料,其中包括观察者记录的组织成员的行为,组织成员填写的问卷、谈话记录或录音、书面文件,各种有关产量和质量的报表等,通过对这些资料进行整理和内容分析,从而得出相关的结论。

现场研究也包括研究者出于研究目的的挂职行为。研究者以某一层次的真正管理者的身份出现,参与企业的某些实际管理过程,从而在管理一线获得机会,超前识别并解决管理过程中的组织行为问题。

4. 案例研究法

案例研究是对一个或多个组织进行的详尽分析,分为单一案例研究和多重案例研究。多重案例研究将若干案例比较后得出一般性结论,这种方法在于认识和描述不同组织结构中的基本相同点。对这些相同点的收集和分析可以产生一些能够作为预测未来发展的工具而应用于其他类似的或可比较情景的一般结论。可见,多重案例研究法具有比较广泛的实用价值。

5. 测验法

上述各种方法都有可能要结合使用测验法,即采用标准化的心理量表或精密的测量仪器测量被试者有关心理品质的一种方法。运用测验法需要使用标准化的测验工具,这些用文字或图形等表达内容的测验工具称为"量表"。

从目前国际流行的实证研究方法来看,假设和研究中的许多变量需要通过具有良好的信度和效度的量表加以测量。

例证 1-3

Diener 的生活满意度量表

Diener 的生活满意度量表是在 20 世纪 80 年代设计而成的(Diener et al.,1985),被全世界研究人员广泛使用。该表的 Cronbach 信度系数为 0.87。表中有五项,被试者通过对以下 5 点进行自我评估,可以得出个人的生活满意度水平。每项分值为 1 分(完全不同意)到 7 分(完全同意)。

(1)在多数情况下,我觉得我的生活和我认为的理想状况是一样的。

(2)我的生活状况太完美了。

(3)我对于我的生活很满意。

(4)迄今为止我已经得到我在生活中想要得到的最重要的东西。

(5)如果我的生命可以重新来过,我什么都不想要改变。

组织行为学研究的主导方法是量的研究的实验法、测量法、统计模型法等,并长期处于统治地位。近十几年来,组织行为学研究方法的发展出现了两个重要变化:一是随着对人类心理活动脑机制研究的进展,采用神经科学的PET、MEG、SPECT等技术来阐释人类管理心理活动神经机制;二是质的研究方法开始引起组织行为学家的兴趣。质的研究主要包括非反应性研究、观察研究、鉴赏学研究、社区研究、民族学研究、人类种族学研究、人类生活史研究、微观民族志、交流民族志、常人方法学、谈话分析、现象学、后结构主义、新闻调查、传记研究、历史研究、口语史研究、文学批评、哲学研究、内容分析等。

(二)一般模型

组织行为学在以下3个层面上研究一定组织中人的行为:①个体层面:主要研究个性特征、知觉、价值观和态度以及能力对个体行为的影响;②群体层面:主要研究沟通模式、领导方式、权力和政治、群体间关系和冲突水平如何影响个体和群体行为;③组织层面:主要研究正式组织的设计、技术和工作过程、组织文化、工作压力水平等对个体、群体和组织行为的影响。

个体、群体和组织的心理和行为的结果总是通过特定的外部有效性表现出来,从而显示心理和行为(自变量)与行为有效性(因变量)之间的某种因果关系。自变量有时通过中间/中介变量(比如环境、文化差异)影响因变量。

中介变量是自变量对因变量发生影响的中介,通俗地讲,就是自变量通过中介变量对因变量产生作用(卢谢峰 & 韩立敏,2007;Baron& Kenny,1986)。例如,研究发现,自我效能感是外界应激源与职业紧张的重要中介变量,即同样的外界应激源对于自我效能感低的员工会造成更为严重的职业紧张(陆昌勤,方俐洛,凌文辁,2002)。

需要注意的是,中介变量与调节变量、控制变量等概念常常容易被混淆。中介变量是自变量对因变量产生作用的中间条件,而调节变量则是指影响了因变量与自变量之间关系的方向和强弱的第三个变量(温忠麟,侯杰泰,张雷,2005)。控制变量也被称为额外相关变量、无关变量,是实验中除自变量以外对因变量有影响的变量(郭秀艳,杨志良,2005)。

因变量是研究者从自变量出发想要进行解释或预测的变量或主要因素(Kerlinger,1986)。组织行为学中的主要因变量有哪些呢?动机(Motivation)是早期微观组织行为中最为广泛的研究内容,其次是工作态度(Work Attitude)、工作设计(Job Design)、离职(Turnover)和缺勤(Absenteeism),最后是领导力(Leadership)(张志学,鞠冬,马力,2014)。

根据哈克曼(Hackman,1983)对行为有效性(Performance Effectiveness)的研究,如果以下3个标准得到满足,就可以说个体、群体或组织在有效地从事工作:①组织的产出(产品或服务)超过那些接受、评价或使用这种产出的个体或群体所需要的最低质量或数量标准;②从事目前工作的经历有助于提高组织进一步完成新工作的能力;③组织中的人在本组织中工作所获得的经验,有利于他们自身的成长和满足程度的提高。

表现这种行为有效性的指标中比较常见的有:①效果(Effectiveness);②效率(Efficiency);③缺勤(Absenteeism);④离职(Turnover);⑤工作满意度(Job Satisfaction)。效果和效率是两个不同的概念,前者是指方向、目标正确,做正确的事;后者是指快速地实现目标,正确地做事,少走弯路。组织行为学模型就在于通过定量的数学方法揭示个体、群体或组织心理和行为及其行为有效性之间的相互关系(如相关关系或者因果关系)。掌握了这个模型,便可以采用它来分析组织中发生的各种现象,提出可能的应对策略和管理措施以达到相应的目标;也可以利用这个模型对已有的某种现实和现象的合理性提出质疑,并在此基础上有所创新。

例证 1-4

个体的年龄、工龄、性别、婚姻对行为有效性的影响

年龄:年龄大——流动率低,工作满意度高;可避免缺勤率低,不可避免缺勤率高;强调技能的生产率低,强调经验的生产率高。

工龄(任职时间):任职时间长——缺勤率低,流动率低。

性别:女性——顺从权威,缺勤率高;男性——进取心强,成功期望高,工作热情高。

婚姻:已婚——责任感强,缺勤率和流动率低,工作满意度高。

例证 1-5

人格类型和控制源影响工作满意度和心理健康

蒋奖、许燕、周莉(2004)研究探讨了医护人员的人格类型、控制源与工作满意度、心理健康的关系。结果表明,A 型人格者缺乏耐心,有时间紧迫感,有强烈的竞争意识、敌意。与之相对的 B 型人格者则缺乏时间紧迫感,竞争性弱,容易满足。控制源(Locus of Control)表明个体对事件结果与自身行为之间关系的看法。控制源有两种倾向,即内控(Internal Control)与外控(External Control)。内控者倾向于把自己的成功或失败归于个人的能力、人格和努力等,而外控者则将之归于运气、命运和有权力的他人等。本研究的自变量有两个:一个是人格(A 型或者 B 型),另一个是控制源(内控者或者外控者)。因变量也有两个:一个是工作满意度,另一个是心理健康。研究结果表明,医护人员 A 型人格、控制源和工作满意度、心理健康之间均存在极其显著的负相关关系,即越是 A 型人格的医护人员,其工作满意度越低,心理健康水平越差;越是外控的医护人员,其工作满意度越低,心理健康水平越差。当然,这一研究主要建立在对自变量和因变量进行相关分析的基础上,它们之间是否存在因果关系仍有待于进一步证实。

第三节 积极组织行为学的兴起

积极心理学最早是于 20 世纪末在西方心理学界兴起的一股重要的心理学力量,是由美国的心理学家塞利格曼和希克珍特米哈伊（Seligman & Csikszentmihalyi，2000）提出来的，其主张心理学研究的重点要以人们实际的、潜在的、具有建设性的力量、美德出发，倡导以一种积极的方式来对人的心理现象做出新的诠释，从而激发人们内在的积极力量和优秀品质，并在这个过程中寻求帮助人们最大限度地挖掘自身的潜力并获得幸福的途径。积极组织行为学正是在这样一个背景下兴起和发展起来的。

一、积极组织行为学概述

（一）积极心理学的概念和研究领域

1. 什么是积极心理学

"积极"一词是源自日语的汉语外来词，而日语中该词则是意译自英语"positive"，含有"肯定的"和"正面的"的意义。在心理学中，它是指每个人实际的和潜在的能力。希顿（K. M. Sheldon）和劳拉·金（Laura King）对积极心理学的定义如下：积极心理学是一个以人类力量和美德等积极方面为研究内容，以心理学领域目前较为完善、有效的实验与测量方法为手段的心理学思潮。积极组织行为学是致力于研究人的发展潜力和美德等积极品质的一门学科（马甜语，2006，2009）。

2. 积极心理学的研究领域

目前积极心理学的研究领域主要集中在三大方向：主观层面上积极情绪体验研究、个人层面上积极人格特质研究以及群体层面上积极的社会支持系统研究。

（1）积极情绪体验。这个层面主要研究人的积极情绪体验对自身情绪以及行为的影响。Fredrick（2001）提出了"拓展—构建"（broaden-and-build）理论，其研究表明，人类的各种积极情绪并不是截然分开的，而是具有高度的相关性和一致性，往往在体验到一种积极情绪的同时也会体验到其他的积极情绪。看起来相对离散的积极情绪会增强个体瞬时的思想和行动能力，并对指导自己思想和行动的心理资源产生长远的影响。

（2）积极人格特质。人格是一个复杂组织，人格的形成受遗传因素和后天的各种生活经验的影响，它在日常生活中支持着个体的认知、情感和行为。积极心理学的人格理论被称为积极人格理论，积极人格理论认为个体的良好人格并不一定意味着没有心理疾病或任何人格问题。所谓积极人格是指个体能在生活中不断主动追求幸福并时时体验到这种幸福，同时又能使自己的能力和潜力得到充分发挥。

杰克·韦尔奇的积极人格特质

被人们称为"全球第一CEO"的美国通用电气公司前首席执行官杰克·韦尔奇曾有句名言："所有的管理都是围绕'自信'展开的。"韦尔奇的积极人格特质——自信，与他所受的家庭教育是分不开的。韦尔奇的母亲对儿子的关心主要体现在培养他的自信心。韦尔奇从小就患有口吃，经常闹笑话。韦尔奇的母亲想方设法将儿子这个缺陷转变为一种激励。她常对韦尔奇说："这是因为你太聪明，没有任何一个人的舌头可以跟得上你这样聪明的脑袋。"于是从小到大，韦尔奇从心底里相信母亲的话，从未对自己的口吃有过丝毫的忧虑。在母亲的鼓励下，口吃的毛病并没有阻碍韦尔奇在学业与事业上的发展，并且使注意到他这个弱点的人大多对他产生了某种敬意。美国全国广播公司新闻部总裁迈克尔就对韦尔奇十分敬佩，他甚至开玩笑说："杰克真有力量，真有效率，我恨不得自己也口吃。"（杰克·韦尔奇，2010）

(3) 积极的社会支持系统。个体通过增加自身的积极体验有利于其形成积极人格，而积极人格一旦形成，个体也将可能体验到更多的积极体验。积极心理学把那种能够促使个体获得更多积极体验并易于形成积极人格的环境系统称为积极的社会支持系统。

（二）积极组织行为学的概念

组织行为学研究者们早在霍桑实验时代就认识到员工的积极感受与绩效之间的关系，他们发现积极的帮助、正面的影响、员工积极的态度、幽默感均对绩效有显著影响。但尽管如此，组织行为学的研究重点仍然放在对员工的负面障碍问题的解决上，如研究如何更有效地解决冲突、压力和工作倦怠，改进不良态度和对组织变革的抵制；如何激励那些处于边缘状态的、缺乏工作动力的员工等。

而积极组织行为学强调对人类心理优势的开发与管理，将研究重点放在如何采取积极的方法和怎样发挥组织成员优势以提高组织的绩效水平上。对此，路桑斯（Luthans，2002，2007）将积极组织行为学定义为：为提高工作绩效，对心智能力测量、开发及有效的管理，并以员工的积极活力为导向的应用学科。

在管理实践中，对自我效能感（自信）、希望、乐观、主观幸福感和韧性（复原与超越）五种积极心理要素的研究最具有代表性，如表1-3所示。

表1-3 典型的五种积极心理要素

积极心理要素	内涵	名人名言
自我效能感（自信）	在特定情境下，为有效执行任务，个体对于调动积极性、认知资源和开展行动方案的能力的信心	在真实的生命里，每桩伟业都由信心开始，并由信心跨出第一步。 ——奥格斯特·冯·史勒格
希望	个体相信自己能够设置目标，想出如何实现目标的途径，并激励自己去实现目标的一种信念	这世上的一切都是借希望而完成，农夫不会播下一粒玉米，如果他不曾希望它长成种子。 ——马丁·路德·金
乐观	一种倾向于做积极结果预期和积极因果归因的认知特性	快乐不在于事情，而在于我们自己。 ——理查德·瓦格纳
主观幸福感	人们关于自己生活的情感性和认知性的评价	幸福并不在于外在的原因，而是以我们对外界原因的态度为转移。 ——列夫·托尔斯泰
韧性（复原与超越）	面对丧失、困难或者逆境时的有效应对和适应能力	有了坚定的意志，就等于给双脚添了一双翅膀。 ——乔·贝利

二、心理资本及其开发

(一) 心理资本的概念和维度

心理资本的概念最早出现在经济学、投资学和社会学等学科领域的文献中,心理学家们从不同角度定义了心理资本,本书采用路桑斯等人(2004)的定义。他们认为,心理资本是个体积极的心理发展状态,这种状态符合积极组织行为学的标准,能够通过有针对性地投入和开发而使个体获得竞争优势。心理资本强调个体的积极性和优点,关注的重点是个体的心理状态。另外,心理资本还具有投资和收益特性,可以通过对它的投资和开发来改善绩效,进而提升组织的竞争优势。

根据以上的定义和特点,路桑斯等人(2004)在对积极组织行为学研究成果进行归纳总结的基础上,提出心理资本的五个维度,即自我效能感(自信)、希望、乐观、主观幸福感和韧性(复原与超越)。

(二) 心理资本的测量

目前,国外学者对于心理资本测量的研究较多,但由于对心理资本的内涵和结构的理解不同,各测量工具的开发也各有差异。国内对于心理资本的测量研究主要集中在修订国外心理资本量表上,使之向本土化靠拢,如温磊等人(2009)对路桑斯的心理资本问卷(PCQ-24)进行了修订。真正的本土化心理资本问卷的开发很少,目前主要有柯江林和孙健敏等人(2009)以组织雇员为测量对象的"本土心理资本量表",此量表具有良好的信度和效度。总体而言,鉴于心理资本是优势心理能力的核心体,我们不仅应该加强本土化问卷的开发研究,而且也要扩展其研究领域,开发出适用于不同人群的心理资本量表。

目前,心理资本的测量方式主要有以下3种。

(1) 自我报告法,主要通过心理资本测量问卷来收集心理资本状况的资料,也可以采用实验法进行数据采集。

(2) 观察法或专家评价法,主要通过第三方获得被评价者个体心理资本方面的资料。

(3) 结果变量的测量,主要通过测量与心理资本相关的结果变量间接了解心理资本的状况。

(三) 积极心理资本的开发

路桑斯等人(2004)认为,积极心理资本是可投资、可管理的,它并非固定的品质,而是状态,因此可以被开发。

1. 提升自我效能感(自信)

从企业的角度来讲,一方面,企业应该提供一切有利于员工工作成功的支持环境,使员工自我效能感(自信)的提高成为可能。另一方面,企业可以通过开展内部培训会等形式请受人尊敬的和有能力的人对员工进行暗示、评价或劝说,鼓励员工,提高员工的自我效能感和必胜的信心。从员工的角度来讲,员工可以积累成功经验,并通过交流的方式分享他人的成功经验,观察或观摩与自己背景和情形相似的人持续努力后的成功。

2. 树立希望

从企业的角度来讲，企业应该建立目标导向的绩效管理，树立具体的、富有挑战性的、可衡量的组织目标和个人目标。从员工的角度来讲，员工应该扩大与增强所用方法的思维与策略。员工应该确定实现工作目标的途径，明确完成目标的过程中可能遇到的困难与障碍，并制订消除障碍的计划。在实施过程中，每个员工都会得到他人关于如何消除障碍或实现目标的建议，并在这些信息的提示下进一步完善自身的目标计划。通过这种树立希望的练习，员工实现目标的途径能在很大程度上得到扩展，这将有利于削弱障碍对员工心理造成的负面影响，从而保证员工在工作过程中具有明确的目标和较强的意志力。

3. 培养乐观精神

从企业的角度来讲，企业应建立一种和谐、宽容的文化与氛围，时刻鼓励员工积极进取、不怕失败。同时，加强对员工的及时激励，让员工感受到自己的努力受到承认与重视。另外，企业还应注重对员工职业生涯规划的培训，帮助员工更好地规划其职场生涯。从员工的角度来讲，一些研究学者归纳出 3 种培养乐观精神的方法：①宽容过去，即学会重新审视和接受自己过去的失败、错误和挫折。②欣赏现在，即感激和满足于当前生活中积极的一面。③为将来的进步和发展寻找机会，即将未来的不确定性视为发展和取得进步的机会，并采取积极、自信和欢迎的态度来应对。

4. 提升幸福感

从企业的角度来讲，企业应该做到以人为本，实行情感管理。积极组织行为学认为，只有当员工得到尊重、理解、关心和信任的时候，他们才能真正体验到工作的快乐，从而产生幸福感和满足感，最终实现企业的绩效目标。另外，管理者也应加强对员工日常生活和工作的关心，加强企业的内部沟通，建立一个和谐、温暖的工作氛围，满足员工职业归属的需要和自我实现的需要，从而提升员工的主观幸福感。从员工的角度来讲，员工应主动与他人建立和谐的人际关系，加强与他人的沟通，并积极主动地与他人交流自己在工作上的问题，逐渐在企业中寻找到归属感和幸福感。

5. 增强复原力

从企业的角度来讲，企业可以让导师引导员工进行增强复原力的训练。首先，由导师要求员工将可利用的资源尽量完整地列举出来，同时及时补充其没有列出的资源，并要求员工尽可能地利用这些资源。随后，让员工尽可能地预测实现目标的过程中可能会遇到的障碍，并制订规避障碍的计划。最后，让员工对自己在面对逆境时可能产生的想法和情感进行批判性反思，并思考如何基于多种资源和选择，采取最合理的方法来克服逆境，最终达到目标。

从员工的角度来讲，也可以通过"增加资源、规避风险、干预影响过程"的思路来提高自身的复原力。员工一方面要做好资源准备，并预测将会遇到的障碍，做好规避障碍的计划；另一方面要做好思想准备，培养不怕困难的精神，以积极的心态对待工作上的挑战。

本章小结

- 组织行为学的发展主要分为四个阶段：以泰勒为代表的经典科学管理理论阶段（1900—1927年）；以霍桑实验开始的人际关系理论以及后来的X理论—Y理论阶段（1927—1965年）；以权变态度和方法来看待人及其组织行为的阶段（1965—2000年）；积极组织行为学和创业组织行为学阶段（2000年至今）。
- 组织行为学是一个研究领域，它探讨个体、群体以及组织结构对组织内部行为的影响，以便应用这些知识来改善组织的有效性。
- 组织行为学与管理心理学既有联系，又有区别。
- 组织行为学的主要研究方法包括实验法、经验总结法、现场研究法、案例研究法和测验法等。
- 组织行为学的一般模型是指个体、群体和组织的心理和行为的结果总是通过特定的外部有效性表现出来，从而显示心理和行为（自变量）与行为有效性（因变量）之间的某种因果关系。
- 积极组织行为学是指为提高工作绩效，对心智能力测量、开发及有效的管理，并以员工的积极活力为导向的应用学科。
- 心理资本是指个体积极的心理发展状态，这种状态符合积极组织行为学的标准，能够通过有针对性地投入和开发而使个体获得竞争优势。
- 心理资本的五个维度：自我效能感（自信）、希望、乐观、主观幸福感和韧性（复原与超越）。

案例分析

荷 米 公 司

荷米公司是一家非常与众不同的企业。20世纪20年代中期，年轻的德普瑞从他的继父荷米那儿借了一笔钱，买下了星光家具公司。为了表达自己对继父的感激之情，德普瑞将公司改名为荷米公司。

作为一名企业主和管理者，德普瑞早期经营和控制企业的方式与那个时代的其他人没什么不同，把工厂里的工人看作是没有个性也没有姓名的机器，直到年仅42岁的工人米莱特在工作中意外死亡。因为米莱特是因公死亡，德普瑞感到有必要去看望、安慰一下米莱特的家人。在拜访过程中，米莱特的妻子给他读了一些诗歌，德普瑞被这些诗的优美和高雅深深打动，当他询问诗人的名字时惊异地发现竟然是死去的米莱特。

这件事对德普瑞产生了巨大的影响。他第一次意识到，他的雇员们不是机器，而是有着情感、才能的有血有肉的人。他当场决定改变自己的管理思想和管理方式并下决心去了解他的工人们及其潜质和才干。他还宣称，管理层不是一个特殊的阶层，管理应当使每个人都参与其中并为之做出贡献。

因此，荷米公司成为世界上第一批提供雇员股份并采用分红激励计划的公司之一，这种方式激发了员工的参与积极性。此外，公司还努力保持贯通整个组织的开放的沟通渠道。

德普瑞把这个传统先后传给了两个儿子。两个儿子不但接受并保持了这个传统，而且还进一步发展了评价、鉴别雇员的方法。公司在原来的基础上开拓了办公商务家具市场，取得了在本行业中排名第二的好成绩。

但是不管荷米公司有了怎样的发展，在公司中，人始终处于中心位置。例如，对于新员工的评价标准是基于他们的个人特质和与他人合作的倾向，而不仅是侧重于他们的技术熟练程度或资历。荷米公司的每个人都对如何处理问题有发言权，但在大多数的领域中，管理人员拥有最终的决策权。例如，当德普瑞听到一位工人抱怨有两名生产管理者被不公正地解雇后就开始进行调查，最终得出结论，确实发生了不公正解雇的事情。他不仅召回了被错误解雇的生产管理者，而且还要求那位做出解雇决定的董事辞职。

因为荷米公司的许多业务同计算机行业紧密相连，因此在 20 世纪 80 年代计算机行业降到低谷时，荷米公司也经历了销售大滑坡。但是公司的雇员们没有因此而被裁减，公司管理层也没有失去与人的价值和潜能不可分割的文化。从困境中解脱出来后，荷米公司显得比以往更强大了。（卢盛忠，2003）

问题讨论：

1. 荷米公司重视每位员工的价值有没有组织行为学的理论依据？
2. 你如何评价德普瑞对不公正解雇问题的解决方式？
3. 如何在"鼓励员工参与"同"削弱管理者的权威"之间创造最佳的平衡？

管理游戏

1-1 我 的 期 望

在任何时候，只有知道对方到底想要什么，才能很好地做到有的放矢，更好地满足对方的需要，这个游戏就通过教师与学生之间的沟通说明这一问题。

参与人数：集体参与

时间：10 分钟

场地：室内

道具：纸笔，"我的期望"卡

应用：教学刚开始前的沟通与交流

游戏规则和程序：

1. 给每个学生发一张"我的期望"卡，给他们两分钟时间，让他们讲今天来这里上课的目的是什么，他们想要从这个课程里面得到什么。
2. 接下来让大家分享一下他们来这里的目的，选出最有代表性的问题等。

讨论：

1. 大家分享一下彼此来此学习的目的，这个游戏对于以后的教学有什么好处？

2. 这种方式还可以用在什么地方？

"我的期望"卡

姓名：_____
学号：_____
我的期望：
1. _____
2. _____
3. _____
4. _____
5. _____
6. _____
7. _____
8. _____

1-2 宏伟蓝图

目的：团队协调、分工合作、激发潜能

参与人数：不限

道具和程序：白纸 50 厘米×60 厘米、彩笔 12 色，根据人数设定数量，以不等着用为宜

游戏规则：

1. 将全体学生按每组 5～8 人分成若干组，每组一张白纸。
2. 每组将对未来的想象用笔画在纸上，未来都体现在完整河流及其地带的一部分。画画过程中，每组可派人员适当沟通。
3. 所有组的画拼在一起，要构成一条完整的河流及其地带。

回顾与分享：

1. 分享活动中团队合作过程（如解决冲突、协调、合作）。
2. 如何实现宏伟蓝图？

心理测试

1-1 PCQ-24 心理资本问卷

下面有一些句子，它们描述了你目前是如何看待自己的。对于这些描述，请采用下面的量表判断你同意或者不同意的程度。

1	2	3	4	5	6
非常不同意	不同意	有点不同意	有点同意	同意	非常同意

1. 我相信自己能分析长远的问题，并找到解决方案
2. 与管理层开会时，在陈述自己工作范围之内的事情方面我很自信
3. 我相信自己对公司战略的讨论有贡献

4. 在我的工作范围内，我相信自己能够帮助公司设定目标/目的
5. 我相信自己能够与公司外部的人（比如，供应商、客户）联系，并讨论问题
6. 我相信自己能够向一群同事陈述信息
7. 如果我发现自己在工作中陷入了困境，我能想出很多办法来脱困
8. 目前，我在精力饱满地完成自己的工作目标
9. 任何问题都有很多解决方法
10. 眼前，我认为自己在工作上相当成功
11. 我能想出很多办法来实现我目前的工作目标
12. 目前，我正在实现我为自己设定的工作目标
13. 在工作中遇到挫折时，我很难从中恢复过来并继续前进。（R）
14. 在工作中，我无论如何都会去解决遇到的难题
15. 在工作中如果不得不去做，可以说，我也能独立应战
16. 我通常能对工作中的压力泰然处之
17. 因为以前经历过很多磨难，所以我现在能挺过工作上的困难时期
18. 在我目前的工作中，我感觉自己能同时处理很多事情
19. 在工作中，当遇到不确定的事情时，我通常期盼最好的结果
20. 如果某件事情会出错，即使我明智地工作，它也会出错。（R）
21. 对于自己的工作，我总是看到事情光明的一面
22. 对于我的工作未来会发生什么，我是乐观的
23. 在我目前的工作中，事情从来没有像我希望的那样发展。（R）
24. 工作时，我总相信"黑暗的背后就是光明，不用悲观"

注：R 代表该题需要反向计分，即 7 分减去原得分。

该问卷为路桑斯开发的 PCQ 问卷（2008），此问卷每题最大值 6 分，共 24 道题。整体问卷总评最大值 144 分，问卷值越大，代表被访者的心理资本越高，越有助于发挥其工作上的主观积极性，更好地完成工作绩效，创造更多的工作价值。

该问卷在中国某大学的教师中做过测试（赵正艳，臧维，2005），样本数为 322 份，样本群体的平均心理资本值为 107.25，最小值为 51，最大值为 137，总体数据中的众数是 117，中位数是 108。

参考文献

[1] BARON R M, KENNY D A. The moderator-mediator variable distinction in social psychological research: conceptual, strategic, and statistical considerations[J]. Journal of personality and social psychology, 1986, 51(6): 1173.

[2] CUMMINGS T G, WORLEY C G. Organization development and change[M]. Bostm: Cengage learning, 2014.

[3] DIENER E, EMMOS R A, LARSEN R J, GRIFFIN S. The satisfaction with life scale [J]. Journal of personality assessment, 1995, 49 (1): 71-75.

[4] EREN E. Organizational behavior and management psychology[J]. Istanbul, betaşyayınları, extended, 2001.

[5] FREDRICK B L. The role of positive emotions in positive psychology: the broaden and build theory of positive emotions [J]. American psychologist, 2001, 56 (3): 218-226.

[6] GILBRETH L M. The psychology of management: the function of the mind in determining, teaching, and installing methods of least waste[M]. New York: Sturgis & Walton, 1914; Reprinted in Spriegel and Myers, 1980.

[7] HACKMAN J R. Doing research that makes a difference//EDWARD L. Doing research that is useful for theory and practice[M]. San Francisco: Tossey Bass, 1983.

[8] KERLINGER F N. Foundations of behavioral research[M]. 3rd ed. Fort Worth: Holt,Rinehart & Winston, Inc, 1986.

[9] LEAVITT H J. Managerial psychology: an introduction to individuals, pairs, and groups in organizations [M]. Chicago: University of Chicago Press, 1958.

[10] LUTHANS F. The need for and meaning of positive organizational behavior[J]. Journal of organizational behavior, 2002 (23): 695-706.

[11] LUTHANS F. Psychological capital: developing the human competitive edge[M]. Oxford University Press, 2007.

[12] MAYO E. The human problems of an industrial civilization[M]. New York: Viking Press, 1960.

[13] MÜNSTERBERG H. Psychology and industrial efficiency[M]. London: Constable, 1913.

[14] ROETHLISBERGER F J, WILLIAM J D. Management and the worker: an account of a research program conducted by the western electric company, hawthorne works, Chicago [M]. Cambridge, Mass.: Harvard University Press, 1966.

[15] ROETHLISBERGER F J. Management and morale [M]. Cambridge, Mass.: Harvard University Press, 1941.

[16] SCOTT W D. Personnel management: principles, practices, and point of view[M]. 6th ed. New York: Mcgraw-hill, 1961.

[17] SCOTT W D. The psychology of advertising: a simple exposition of the principles of psychology in their relation to successful advertising[M]. Boston: Small, Maynard, 1908.

[18] SELIGMAN M E P, CSIKSZENTMIHALYI M. Positive psychology: an introduction [J]. American psychologist, 2000, 55 (1): 5-14.

[19] TAYLOR F W. Scientific management: comprising shop management; the principles of scientific management; testimony before the special house committee[M]. New York: Harper & Row, 1964.

[20] 彼得·德鲁克. 面向新型的组织[J]. 东方企业家, 2006（2）：110-111.

[21] 陈国海，许国彬，徐樟良，等．创业组织行为学[M]．北京：清华大学出版社，2017．

[22] 丛德奇．组织行为学的研究方法[J]．管理现代化，1986（1）：37-38．

[23] 冯明．组织行为学[M]．北京：科学出版社，2013．

[24] 龚春．浅析知识经济时代的到来给组织行为学带来的挑战[J]．商场现代化，2009，10（575）：203-203．

[25] 郭秀艳，杨志良．实验心理学[M]．北京：人民教育出版社，2005．

[26] 侯奕斌，凌文辁．积极组织行为学内涵研究[J]．商业时代，2006（27）：4-7．

[27] 杰克·韦尔奇．杰克·韦尔奇自传[M]．曹彦博，译．北京：中信出版集团，2010．

[28] 柯江林，孙健敏，李永瑞．心理资本：本土量表的开发及中西比较[J]．心理学报，2009，41（9）：875-888．

[29] 柳清瑞，张今声．网络经济时代的组织变革与创新[J]．中国软科学，2002（4）：38-41．

[30] 刘晓善．基于后现代组织理论的成本管理研究[D]．成都：西南财经大学，2007．

[31] 卢盛忠．管理心理学[M]．杭州：浙江教育出版社，1985．

[32] 卢盛忠．管理心理学实用案例集粹[M]．杭州：浙江教育出版社，2003．

[33] 卢谢峰，韩立敏．中介变量、调节变量与协变量——概念、统计检验及其比较[J]．心理科学，2007，30（4）：934-936．

[34] 陆昌勤，方俐洛，凌文辁．组织行为学中自我效能感研究的历史、现状与思考[J]．心理科学，2002，25（3）：345-346．

[35] 路桑斯．心理资本[M]．李超平，译．北京：中国轻工业出版社，2008．

[36] 马斯洛．动机与人格[M]．许金声，等，译．北京：中国人民大学出版社，2005．

[37] 马甜语．积极心理学：理念、视野及动向[J]．赣南师范学院学报，2006，27（1）：30-34．

[38] 马甜语．积极心理学及其应用的理论研究[D]．长春：吉林大学，2009．

[39] 麦考密克，伊尔根．工业与组织心理学[M]．卢盛忠，译．北京：科学出版社，1991．

[40] 苗青．组织行为积极转型：卢瑟的启示[J]．人类工效学，2004，10（1）：53-55．

[41] 时勘，卢嘉．管理心理学的现状与发展趋势[J]．应用心理学，2001，7（2）：52-56．

[42] 斯蒂芬·P．罗宾斯．组织行为学[M]．孙健敏，等，译．北京：中国人民大学出版社，1997．

[43] 孙彤．组织行为学教程[M]．北京：高等教育出版社，1990，221．

[44] 托马斯·卡明斯，克里斯托弗·沃．组织发展与变革精要[M]．李创锋，等，译．北京：清华大学出版社，2003．

[45] 王重鸣．管理心理学[M]．北京：人民教育出版社，2004．

[46] 温磊，七十三，张玉柱．心理资本问卷的初步修订[J]．中国临床心理学杂志，2009（2）：148-145．

[47] 温忠麟,侯杰泰,张雷. 调节效应与中介效应的比较和应用[J]. 心理学报, 2005(2).

[48] 薛恩. 组织心理学[M]. 余凯成,译. 北京:经济管理出版社,1987.

[49] 张钢. 论组织行为学研究方法的转向[J]. 浙江大学学报(社会科学版),1995(1):34-39.

[50] 张昱. 论组织行为学与管理心理学的区别和联系[J]. 中南财经大学学报,1994,2:115-122.

[51] 张志学,鞠冬,马力. 组织行为学研究的现状:意义与建议[J]. 心理学报,2014,46(2):265-284.

[52] 曾晖,赵黎明. 组织行为学发展的新领域——积极组织行为学[J]. 北京工商大学学报(社会科学版),2007,22(3):84-89.

[53] 朱祖祥. 工业心理学[M]. 杭州:浙江教育出版社,2001.

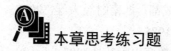

本章思考练习题

思考练习题

第二章
知觉、归因理论与个人决策

学习目标

学完本章后，你应该能够：
1. 掌握知觉的特点；
2. 了解影响知觉的因素；
3. 了解社会知觉的常见错觉；
4. 掌握归因的基本理论；
5. 了解洞察力的本质；
6. 了解个人决策过程模型；
7. 掌握有限理性判断的三种常见启发式；
8. 掌握前景理论的主要假设；
9. 了解个人决策风格。

引例

他给你留下的印象怎样

一位研究者曾经做过这样一项研究：分别让两组大学生看完图 2-1 所示的照片后，用文字写下他们各自的印象。其中一组被试学生的大体描述是自负、凶残、工于心计，从深陷的双眼可以看出其内心的仇恨和冷酷无情，突出的下巴表明了他不达目的决不罢休的决心……另一组被试学生的描述是坚毅、智慧、进取、百折不挠，深陷的双眼表明他的思想的深度和探索未知世界的热忱，突出的下巴表明他具有克服困难和无畏而前的决心……

你一定觉得奇怪，为什么针对同一张照片形成的印象竟会有如此大的差异？原来，在试验之前，研究者向第一组被试学生介绍说，这是一名制造了多起恐怖活动的恐怖组织头目；而向第二组被试学

图 2-1 他给你留下的印象是怎样的

生介绍说,这是20世纪一位伟大的心理学家。仅仅因为一句不同的介绍语,却导致人们对同一个人产生如此不同的印象。

引例说明,暗示对人们的知觉会产生重要的影响。人的行为的产生有赖于个体对其所在环境的理解和判断,而这种理解和判断是通过知觉作用产生的。人的知觉直接影响人的心理状态和行为。因此,在管理中要研究和预测人的行为,必须了解人的一般知觉过程及其规律,尤其是知觉在社会交往、归因和个人决策中的作用。

第一节 知觉与社会知觉

知觉(Perception)必须建立在感觉的基础之上,但又与感觉不同,它是对事物诸种属性的综合反映。在任何组织和机构中,社会知觉对个体判断和决策均具有至关重要的作用。

一、知觉

知觉是个体为了对自己所在的环境赋予意义而解释感觉印象的过程。知觉和感觉的区别在于感觉是对于对象个别属性(如颜色、气味等)的反映,而知觉则是对于对象的各种不同属性的总和以及它们之间相互联系的反映。感觉是知觉的基础。

知觉具有整体性、理解性、相对性和恒常性四个基本特征。

(一)整体性

知觉的整体性是指根据知觉对象的特点将其感知为具有一定结构的整体形象。就对象的特点来说,制约知觉整体性的有连续、接近、封闭、相似等因素。

(1)连续性规律:将对象看成是有连续性的事物的倾向,如将图2-2看成是一条连续的曲线。

(2)接近性规律:空间上彼此接近的部分易被作为整体来感知,如将图2-3看成是由(a)和(b)两个部分组成。

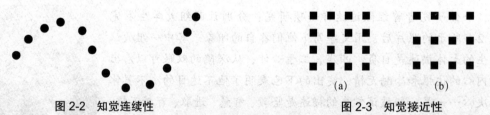

图2-2 知觉连续性　　　　　　　图2-3 知觉接近性

(3)封闭性规律:视野中封闭的曲线容易组成图形,如将图2-4看成是封闭的区域。

(4)相似性规律:视野中相似的部分容易组成图形,如将图2-5中"×"归为一类,将"○"归为另一类,竖着往下看比横着看觉得舒服一些。

图 2-4　知觉封闭性　　　　　　　　图 2-5　知觉相似性

（二）理解性

知觉的理解性是指以过去的知识和经验为依据，力求对知觉对象做出某种解释，使它具有某种意义。我们可能尝试赋予图 2-6 一定的意义，将它看成是有一个人在骑马。知觉的理解性与言语指导（暗示）有密切的关系，它能使知觉过程更加迅速，映像更加完整。比如，在感知轮廓不清的图形时，描述的作用显示得最为充分，看天上的云，有人说它像什么，就会越看越觉得像别人所说的。

（三）相对性

知觉的相对性是指根据事物之间的相对关系进行反映。图形与背景之间的关系就是知觉的相对性的典型表现。图 2-7 是一个例子，当我们将白色当图形、黑色当背景时，我们看到三个人头；当将黑色当图形、白色当背景时，我们只看到一个人头。

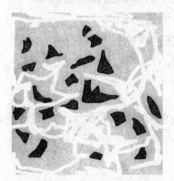

图 2-6　知觉理解性　　　　　　　　图 2-7　图形与背景的关系

（四）恒常性

知觉的恒常性是指知觉条件发生变化时，知觉映像仍保持不变，包括知觉对象的亮度、形体、大小、颜色等方面的恒常性。如无论是强光下还是阴暗处，我们总是把煤看成黑色，雪是白色，实际上强光下煤的反映光亮远远大于暗光下雪的反映光亮，这就是亮度恒常性。人的听知觉、味知觉、嗅知觉、触知觉也有凭经验保持相对不变的心理倾向。由于知觉的恒常性，人们在环境发生变化时，仍然能够正确地认识客观世界。

二、影响知觉的因素

影响知觉的因素包括知觉者因素、知觉对象因素和情景因素。

（一）知觉者

知觉者因素包括知觉者的态度、价值观、动机、需要、兴趣、经验、期望、个性特点。实验表明,知觉结果受知觉者的生理、需要、动机和过去经验的影响。

关 注 点

让 23 个经理人员(财务、销售、技术人员、后勤等)阅读一份介绍一家钢铁厂全面情况的材料,阅读后要求他们写出各自认为最主要的问题。这 23 个经理人员中,有 6 个负责销售,5 个负责生产,4 个负责财务,8 个负责其他部门。结果每个人所写的主要问题都是与自己所负责业务有关的问题,而没有反映这家钢铁厂的全貌。这种只见树木不见森林的现象常常导致不同部门之间的相互指责。(苏东水,2004)

(二)知觉对象

知觉对象因素包括运动、新奇、对比、声音、背景、临近、大小、重复等。

(1) 大小法则:尺寸、空间越大,则越容易引起注意、重视。比方说,一个高大醒目的广告比普通小广告更引人注意。

(2) 强度法则:强度越高,则越容易被感知。

(3) 对比法则:与背景相反和出乎人们意料之外的事物最容易被感知。

(4) 动感法则:活动的事物比静止的事物更易于被感知。

(5) 重复法则:经常重复的事物比只出现一次的事物更容易被感知。

(6) 新颖法则:新颖、新鲜的事物容易被感知。

(三)情景

情景因素包括时间、工作环境和社会环境。人的知觉总离不开一定的情景,也离不开对当时情景的分析。

情景对自我知觉的影响

曾经有人在企业中做过这样一个实验,设计了四种情景,让工人们解释在每种情景下积极工作或者能够坚持工作的动机。第一种情景是给予很高的报酬,但工作比较单调乏味;第二种情景是报酬并不是很高,但工作很有趣味;第三种情景是报酬不高,工作也很乏味;第四种情景是报酬很高,工作也很有趣。在第一种和第二种情景中,绝大多数工人都能够解释自己积极工作的原因,指出在第一种情景中之所以积极工作是因为有很高的报酬,在第二种情景中是因为工作很引人入胜。但在第三种和第四种情景下,工人们对于自己仍能够坚持或者积极工作的原因往往不能做出正确的解释。

三、知觉的防卫机制和错觉

(一)知觉的防卫机制

知觉的防卫机制是指为了防止自己受到威胁性刺激的侵扰,人们自动地抑制对它们的知觉和反应的倾向。如果某些刺激使我们产生很大的精神压力，我们会将它们从大脑中排除出去，或者延迟对它们的识别。有实验表明，人们对"跳舞""儿童""火炉""音乐"等中性词的识别时间比较短，而对"强奸""淫妇"等"猥亵"词的识别时间比较长（郑雪，1995）。

例证 2-3

推销员的自我防御

销售经理经常抱怨推销员不愿打"对方反应冷淡"的电话，推销员不是说自己工作太忙，就是说还有更好的生意，或者说还需赶做一些报告。这样的推销员是因为懒惰，还是为了逃避威胁，又或许是无意识地进行自我防御？如果推销员这样做是为了自卫，经理可采用两种方法来改变这种情况：一是教导推销员不要惧怕这类电话，学会应对；二是对推销员施加压力，使推销员无法推脱这类电话。

（二）错觉

错觉是指一种不正确的、被歪曲了的知觉。产生错觉的原因主要有知觉者生理和心理的状况以及知觉对象和背景的特点。知觉者在过度疲劳、饮酒过度、出现幻觉或被催眠等状态下容易产生错觉。将知觉对象和背景的特殊性作用于正常人，导致其知觉能力受限也可能导致错觉的产生。错觉的种类很多，常见的有大小错觉、形状错觉、方向错觉、承重错觉、倾斜错觉、运动错觉、时间错觉等。图2-8画出了一些常见的错觉情形。

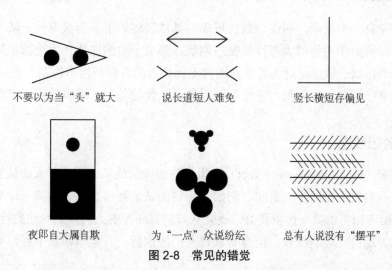

图 2-8 常见的错觉

在管理和产品设计中，人们可以巧妙地利用错觉来达到预期的目的。比如，Apple公司推出的iPhone便通过有意地缩小边缘部件的尺寸来突出屏幕尺寸的大小，这便是采用了大小对比有意营造出面积大小的错觉。在营业厅的墙壁上镶上镜面，既可以让消费者产生"面积错觉"，觉得营业厅宽敞，又可以美化购物环境。在水果、糕点柜台上斜置镜子，可以使商品显得丰满。又如，在设计化妆品的包装瓶时，可设计成圆形、扇形、葫芦形、梯形等，尽管瓶内容量相当，消费者却会认为有的装得多，有的装得少。再如，在制定商品价格时，日用品可采用小数定价法，宁可定价9.98元，而不定价10元，这样可以让消费者觉得便宜、实惠；为高档商品定价则可采取整数定价的做法，如定价5 000元，而不定价4 998.97元，这样可使消费者觉得商品高档、贵重。

四、社会知觉

社会知觉的概念由美国心理学家布鲁纳于1947年首次提出。社会知觉是指个体对社会环境中有关个人、他人以及团体特性的知觉。社会知觉包括对他人的知觉、人际知觉、角色知觉和自我知觉。社会知觉不仅取决于被感知的个人、群体本身，也取决于感知者的目的、态度、价值观和过去的经验。在任何组织和机构中，人际知觉对个体判断和决策具有至关重要的作用。

例证 2-4

人际敏感性

有时问题很简单，做出错误的判断只是缺乏对他人的敏感。有位工头曾向笔者抱怨他的手下的行为如何古怪。一次工头对他的一个手下说："嘿，小伙子，过去把它抬起来！"这位员工竟然恼怒地嚷道："不要叫我'小伙子'，我有名字！"工头无法理解，一位年纪轻轻的员工怎么会为这样一个"完全合理的称呼"发火呢？

人际知觉有一个规律，叫作一致性规律，具体表述如下：当获得关于某个人少量的信息资料后，就力图对他的大量特性做出判断，形成一致的印象。对物的认知允许事物的各种特性不协调一致，而对人的认知通常不允许人的各种特性不协调一致。

社会知觉中存在各种偏见，主要有首因效应、晕轮效应、近因效应、定型效应和投射效应五种。

（一）首因效应

首因效应（First Impression Effect）是指最先的印象或第一印象对人的认知具有强烈的影响，它一般发生在陌生人之间。例如，招聘面试、新官上任等的第一印象都至关重要。若某人给人留下的第一印象良好，就会从好的方面影响人们今后对他的行为的看法，即使他后来表现得比较差一点，也容易取得人们的谅解；若第一印象不好，要改变就相当费力。

管理者在看待员工时，要尽量避免受第一印象的影响而产生错误的看法。新上任的领导者应注意给员工留下良好的第一印象，若一开始就留下一个坏印象，即使以后通过长期交流也许会有所转变，不过仍会造成一些损失，从而影响上下级关系和工作的正常开展。

例证 2-5　求职面试的第一印象

一家日资企业准备招募一位模具车间主管,一位各方面都比较符合应聘条件的求职者来参加面试。那天他身着羊绒大衣,戴着金丝边眼镜,衣冠楚楚地出现在日籍主考官面前。看着他,主考官满腹狐疑地问道:"今天这位莫不是来应聘节目主持人的?"其实,除了服装之外,求职者身上的饰物、随身携带的包袋也都会反映出他对所申请工作的理解和体会,并对主考官的判断产生影响。(刘大卫,2007)

(二)晕轮效应

晕轮效应(Halo Effect)是指对一个人某种特性形成好或坏的印象之后,人们倾向于据此推论这个人其他方面的特性,即"抓住一点,不顾其余",如"一白遮百丑"。

美国心理学家阿希(Asch,1952)曾做过一个实验:他给被试者一张列有五种品质(聪明、灵巧、勤奋、坚定、热情)的表格,要求被试者想象一个具有这五种品质的人,结果被试者普遍把具有这五种品质的人想象为一个友善的人。然而,他把这张表格中的"热情"换为"冷酷",再要求被试者根据这五种品质(聪明、灵巧、勤奋、坚定、冷酷)想象出一个合适的人时,却发现被试者普遍推翻了原来的形象,而产生了一个否定的、完全不同的形象。

表 2-1 列出了根据照片上人的相貌的美丑,人们对他们相应特性的评估,说明了人们受晕轮效应的影响,一般认为"漂亮的就是好的""丑的就是不好的"。

表 2-1　相貌的美丑对认知产生的晕轮效应

特性的评定	刺激人具备的特性		
	相貌丑	相貌一般	相貌漂亮
人格的社会合意性	56.31	62.42	65.30
刺激人的婚姻能力	0.37	0.71	1.70
刺激人的职业地位	1.70	2.02	2.25
刺激人做父母的能力	3.91	4.55	3.54
刺激人社会和职业上的幸福	5.28	6.34	6.37
刺激人总的幸福状况	8.83	11.60	11.60
结婚的可能性	1.52	1.82	2.17

注:数值越大,刺激人就越具备表中的特性。人格的社会合意性,即社会对其人格的期待和喜欢的程度(Dion & Walster,1972)

(三)近因效应

近因效应(Recency Effect)是指最后给人留下的印象有强烈的影响,它一般产生于熟悉者之间。例如,当发现一个平时表现不错的人犯了某种错误后,人们往往会把问题看得比较严重,甚至夸大错误,并否定他以往的一贯表现。又如,一个平时表现一般的人突然做了一件好事,人们往往会对其刮目相看,并肯定他以往的一贯表现。近因效应掩盖甚至否定对一个人的一贯了解,从而影响对人的全面认识。

(四)定型效应

定型效应(Stereotype Effect)是指对某个群体形成的一种概括而固定的看法,又称刻板印象。人们头脑里存在的定型效应是多种多样的,按年龄、性别、职业、国籍等划分形成不同的定型效应。定型效应有时是人们认识某一交往对象的捷径,不失为人类智慧的一种表现,但可能看不到人的复杂性,以致对人的行为品质做出错误的评价和判断。

性别角色刻板印象(Gender-role Stereotype)是指人们对于男人和女人在行为、人格特征等方面的期望、要求和一般看法。秦启文和余华(2001)的调查结果表明,所有被试者对男人和女人的正负刻板印象按选出形容词次数的百分比最高的前五位排序,如表 2-2 所示。

表 2-2 对男人和女人正负刻板印象的前五位人格特征形容词

排序	对男人的刻板印象				对女人的刻板印象			
	重要的人格特征	百分比/%	不应有的人格特征	百分比/%	重要的人格特征	百分比/%	不应有的人格特征	百分比/%
1	有创造力的	78.01	斤斤计较的	18.24	自立的	46.04	见钱眼开的	27.15
2	有幽默感的	61.54	目光短浅的	16.90	善良的	42.71	依赖性强的	20.72
3	自立的	46.39	欺软怕硬的	16.12	贤淑的	36.07	斤斤计较的	18.64
4	乐观的	37.83	优柔寡断的	14.70	温柔的	33.14	自卑的	15.09
5	精干的	31.68	自卑的	14.70	文雅的	32.57	挥霍的	10.72

王总为何选择第二家

王总是一家公司的经理,他选中了两家公司,打算沟通成为合作伙伴的事宜,他们约好了时间和地点进行谈判。第一家公司来谈判的老板穿得很随意,脸上总带着笑容,有时嘻嘻哈哈地扯些没边际的话语。第二家公司的老板穿得很正式,在谈合作问题的时候也是十分严肃认真,考虑了各方面的因素。虽然第一家公司比第二家公司更具实力,但王总还是选择了第二家公司。

(五)投射效应

投射效应(Projection)是指由于自己具有某种特性或者想法,因而判断他人也一定会有与自己相同的特性或者想法。在现实生活中,投射有两种既典型又对立的表现形式:①有些人总是从好的方面来解释别人的言行及需要,认为世上尽是好人;②有些人总是从坏的方面来解释别人的言行及需要,认为世上尽是坏人。当一个人感知他人时,如果受到投射的干扰,其认识、判断和看法往往从"是这样""一定会这样"等心理倾向出发,把他人的特性强行纳入自己既定的框架中,按照自己的思维方式加以理解,从而导致主观臆断并陷入偏见的泥潭。

在谈论别人或与自身无关的事情的时候,人们更乐于说出自己的真实想法,推测别人这样做或那样做的原因。其实,通过投射效应,个人很多的真实想法都会表露出来,许多心理测验正是运用了这个原理。

第二节 归因理论

社会知觉和自我知觉都涉及解释行为的原因和意义的问题。自20世纪60年代以来,许多学者致力于探讨行为的因果关系,进行行为原因的归属即归因理论(Attribution Theory)的研究。

一、归因的概念

归因是指人们对别人或自己的行为进行分析,解释和推测其原因或者动机的过程。海德(Fritz Heider,1896—1988)是第一位提出归因理论的学者。他认为,归因理论包括3个步骤:①对行为的知觉;②对行为意图的判断;③对个性的归因。事实上,在现实生活中人们经常在做各种归因工作。人们对周围发生的一些事情总要问"为什么会这样"以探究其原因。例如,总经理在会议上大发雷霆的主要原因是什么?通过推测和查找原因,分析其影响及其意义,判断行为的性质,进而预测将来的发展。这种通过对因果关系的认知,解释各种行为和现象、分析人的动机与行为的归因过程,对于认识他人、认识自我、改善管理、教育职工等都具有重要的应用价值。

归因理论研究的基本问题主要有3个:①因果关系归属,即对人的心理活动以及行为的原因进行归属;②社会推论问题,即对行为者的心理特征和个性差异做出推论;③未来行为预测,即根据人们过去的行为,预测在今后有关情境中比较有可能表现出来的行为。

例证 2-7

为什么要存钱

当问到为什么要存钱时,人们的答案各种各样。有的说"谈恋爱存钱买礼物""为准备结婚存钱""存钱买房、买车",有的说"存钱作为教育经费""把钱存起来以备不时之需""投资"等。(吴宣劭,2016)

二、归因的类别

行为产生的原因很多,海德把行为产生的原因划分为两大类,即内因和外因。内因又称为个人倾向归因,即归于主观条件,如个体的人格、道德品质、态度、动机、能力、努力程度等;外因又称为情境归因,即归于环境因素,如宏观的大势、社会舆论、奖惩、运气、工作难度等。

凯利(H. H. Kelly)发展了海德的理论(Kelly,1967)。他认为,说明行为的原因可以使用如下3种不同的解释:①归因于从事该行为的人;②归因于行为者的对手;③归因于行为产生的情境。例如,主管甲批评了下属乙,就可以进行三种归因:①归因于下属乙本人的责任心不强、懒惰;②归因于主管甲平时对人刻薄,爱批评人;③归因于情境因素(如任务难度较大)使主管甲误解了下属乙。这三种可能性都存在,问题在于找出哪个是真正的原因。

例证 2-8

斯奈德的实验

斯奈德邀请一部分被试者参加赛跑,另一部分被试者观看赛跑。赛后请参加赛跑的被试者解释自己成败的原因。结果,胜利者把自己的成功归因于内在因素,诸如赛跑的技术等;失败者则把自己的失败归因于外部因素,如运气不好等。而观看赛跑的人则认为,胜利者的成功是由于运气等外在因素,失败者则是败于技术差等内在因素。(刘玉梅,2011)

三、归因的参照点

凯利认为,要找出行为产生的真正原因,可使用下面3个方面的信息作为归因的参照点,即一致性、一贯性和特殊性。

(1)一致性,是指行为者的行为是否与其他人的行为相一致。如果每一位主管都批评下属乙,则主管甲的行为是一致性高;如果只有主管甲一个人批评了下属乙,则认为一致性低。

(2)一贯性,是指行为者的行为表现是否与其平时的行为相一贯。如果主管甲总是批评下属乙,则认为一贯性高;反之,则认为一贯性低。

(3)特殊性,是指行为者的行为指向是否具有持续性。如果主管甲每次批评人总是针对下属乙进行,则认为特殊性高;如果主管甲不只批评下属乙一人,且经常批评别的下属,则认为特殊性低。

如此根据这3个参照标准的不同组合,则可以做出判断,如表2-3所示。因为凯利强调了上述3种信息的重要性,所以他的理论又称为三度理论。

表2-3 主管甲批评下属乙的归因

组合情况	提供的信息			归因类别	判断结论
	一致性	一贯性	特殊性		
1	低	高	低	归于行为者本身	主管甲爱批评人
2	高	高	高	归于行为对象	下属乙表现不好
3	低	低	高	归于情境	具体情境使主管甲误解了下属乙

四、对成功与失败的归因

维纳（B. Weiner）等人运用海德的归因理论对成功与失败的归因问题进行了研究（Weiner，1974）。他认为，成功或失败可以归因于四个方面的因素，即努力、能力、任务难度和机遇。这四个因素又可按照三个维度即内因—外因、稳定—不稳定、可控—不可控进行归类，如表2-4所示。

表2-4 成败归因的三个维度

三个维度	因素归类	
内外因	内因 -- 外因	
	努力、能力	任务难度、机遇
稳定性	稳定 -- 不稳定	
	能力、任务难度	努力、机遇
可控性	可控 -- 不可控	
	努力	任务难度、机遇、能力

对成功与失败的原因做不同的归因判断，可能产生不同的结果和影响。如果把成功归结为内部因素（努力、能力），则很有可能使人感到满意和自豪；而把成功归结于外部因素（任务容易、机遇好），则可能使人产生惊奇和感激的心情。如果把失败归结于内因（努力不够、能力不足），可能使人产生内疚和无助感；而把失败归结于外因（任务困难、运气不好），则可能使人气愤、产生敌意。如果把成功归结于稳定性因素（任务容易、个人能力强），则可能提高今后工作成功的信心；把成功归结于可控性因素（努力），则可能提高努力的积极性；而把成功归结于不稳定且不可控的因素（运气好），则可能使人产生侥幸心理，对提高积极性没有多大作用。把失败归于稳定性因素（任务难、能力差），则可能降低以后工作的积极性；而归因于不稳定因素（运气不好、努力不够），可能减少失败带来的挫折感，提高以后工作的积极性。

综上所述，了解人的归因倾向和规律，正确地进行归因，有助于人们对成功的经验和失败的教训进行合理分析和总结，从而达到增强自信心、激发努力动机、提高工作积极性的目的。

例证 2-9

领导归因模型

米切尔、格林和伍德（Mitchell, Green & Wood, 1981）的领导归因模型（Leadership Attributional Model）指出，领导者对下属行为原因的解释，尤其是对下属工作绩效的归因影响着管理措施的采用。例如，归因时，领导者会先观察下属的绩效，然后试图理解为什么下属的绩效符合、超过或低于期望和要求。由于低绩效是管理控制中比较敏感的问题，领导者会格外认真地进行归因分析。领导者将根据一致性、一贯性和特殊性三类信息对低绩效进行内因和外因的区分，并根据区分的结果采取相应对策。领导者对下属的归因经常犯基本归因错误（Fundamental Attributional Error），即个体在对他人的行为进行归因时，倾向于低估外在因素的影响，高估内部因素的影响。

米切尔和伍德（1980）曾经研究了护理主管对护士工作差错的归因过程，指出如果护理主管认为护士的工作差错或事故源于缺乏努力与责任，将会采取斥责和惩罚措施；如果认为差错源于能力不够，将会提供更多的详细指导。相反，如果认为护士的工作差错是由于外在因素，如工作条件太差、劳动设备陈旧等造成的，将会采取其他的应对措施，如改善工作环境，增添新的工具、设备，改变工作日程等。

第三节 洞 察 力

中国人具有内省、直觉及整体思维的特点，建立在知觉基础之上的洞察力可谓这些特点的集中表现。本节主要介绍洞察力的概念与人际洞察力。

一、洞察力的本质

长久以来，人们一直对洞察力的本质有着浓厚的兴趣（Sternberg & Davidson，1995）。所谓洞察力就是运用直觉和综合分析能力对事物间的因果关系或本质进行认识和判断的能力。与心理学研究的"顿悟"（Insight）或平时所讲的"悟性"的含义大体相同。

韦尔奇刻板印象用人

韦尔奇是一位管理大师，他曾自称在通用的最大贡献就在于他为通用招聘了一批精兵强将。所以在我们的印象中，韦尔奇是一位"看相"大师，什么样的人他只需瞄一眼就能判断出是否符合要求。但事实绝非如此，他经常凭应聘者的外表、学历、掌握的语言种类等外观条件来决定是否聘用。他招营销人员时常凭容貌、口才等指标选择；他十分偏爱有多个学位的员工，因为他认为有多个学位的人普遍学习能力强，却忽视了这类人往往对一件事不够专心的缺点。他总是凭着自己的偏好来选择他所用的人，为此犯下的最大错误是让一个曾在通用电气做业务的"外人"来做集团的副董事长。他选择这个人仅仅因为他曾在一次部长级会议上被这位员工的演讲技巧所折服，但是韦尔奇后来发现此人并不适合他所担任的职位，最后不得不解雇他。（黄快生，晏国祥，2005）

曾国藩的洞察力

某日，李鸿章带了三个人去拜见曾国藩（李是曾的学生），请曾国藩给他们分派职务。恰巧曾国藩散步去了，李鸿章示意那三个人在厅外等候，自己去了里面。不久，曾国藩散步归来，李鸿章禀明来意，请曾国藩考查那三个人。曾国藩摇手笑言："不必了，面向厅门、站在左边的那位是个忠厚人，办事小心谨慎，让人放心，可派他做后勤供应一类的工作；中间那位是个阳奉阴违、两面三刀的人，不值得信任，只宜分派一些无足轻重的工作，担不得大任；右边那位是个将才，可独当一面，将大有作为，应予重用。"

李鸿章很是惊奇，问："还没用他们，大人您如何看出来的呢？"

曾国藩笑着说："刚才散步回来，在厅外见到了这三个人。走过他们身边时，左边那个态度温顺，目光低垂，拘谨有余，小心翼翼，可见是一个小心谨慎之人，因此适合做后勤供应一类只需踏实肯干、无须多少开创精神和机敏的事情。中间那位，表面上恭恭敬敬，可等我走过之后，就左顾右盼、神色不端，可见是个阳奉阴违、机巧狡诈之辈，万万不可重用。右边那位，始终挺拔而立，气宇轩昂，目光凛然，不卑不亢，是一位大将之才，将来成就不在你我之下。"

曾国藩所指的那位"大将之才"，便是日后立下赫赫战功并官至台湾巡抚的淮军勇将刘铭传。（佚名，1999）

二、人际洞察力

人际洞察力是指在人际交往过程中对他人的动机、个性、行为及其原因的正确认识与准确判断。根据洞察力的三元观点，人际洞察力所涉及的过程包括选择性编码、选择性合并和选择性比较三个过程。

（一）选择性编码

选择性编码（Selective Encoding）是指从一堆信息中选出有关信息。有意义的问题通常给我们呈现大量信息，但其中只有部分信息与我们的问题解决和判断有关。在人际交往过程中，我们需要对他人做出各种各样的判断，由此必须找出支持我们的判断的关键事实。如果做不到这一点，就会导致做出错误的判断，或者根本做不出判断。

例证 2-12

我是骗子吗

笔者曾经赴南京参加一次学术会议，顺道访问了南京成功培训学院。第一次去的时候，刚好院长出差未回，院长助理和《成功》杂志社的一位老编辑接待了我。聊了十几分钟，院长助理因刚来上班三个多月，业务还不熟悉，无法回答我提出的一些专业问题，因此我就先告辞了，说等院长回来后再前来拜访。当时我并没走开，而是在走廊里看他们学院的介绍。就在这时，我就听到屋里老编辑对院长助理说，刚才来的那个人可能是骗子。我吃了一惊，悄悄地走了。细想起来，可能是自己穿了从地摊上"捡"来的一套西服让别人看成是骗子了。过了两天，打听到院长回来之后，我第二次去拜访，院长很热情地接待了我。两人谈了很久，很投缘，甚至还谈到了合作事宜，中午院长还请我一起用餐。临走的时候，院长送我到电梯门口，我跟院长说了第一次拜访时的事，院长解释说，他们肯定是误会了，以貌取人。第二次拜访时，我的穿着打扮与第一次完全一样，但老编辑与院长为什么会做出如此两种截然相反的判断呢？

（二）选择性合并

选择性合并（Selective Combination）是把原来看似彼此独立的信息合并成一个整体，这个整体与原来的各个部分相不相似皆可。表 2-5 中每行中列有相应年代的带有特色的名字，各自都是彼此独立的信息，将每行综合起来看，表 2-5 就成了我们了解社会变化的一面镜子。

表 2-5 时代沉积相（高振东）

出生年份	姓　　名			
1948 年以前	贾得宝	孙发财	姚有禄	詹天佑
1949—1950 年	郑解放	叶南下	秦建国	向天明
1951—1953 年	司卫国	邓援朝	朱抗美	瞿停战
1954—1957 年	刘建设	申互助	童和平	时志方
1958—1959 年	孟跃进	潘胜天	戴红花	王铁汉
1960—1963 年	任坚强	冯抗洪	齐移山	赵向党
1964—1965 年	高学锋	钱志农	艾学雷	方永进
1966—1976 年	董文革	张要武	房永红	洪卫兵
1977—1983 年	韩振兴	李跃华	宋富旺	彭文明
1983—1988 年	张　伟	王　芳	李　娜	张　敏
1989—1990 年	刘倩云	汪紫菱	费云帆	张云飞
1990—1999 年	张馨月	刘诗诗	王　静	李　杰
2000—2010 年	朱　婷	俊　杰	雨　欣	紫　萱
2011—2019 年	梓　涵	宇　轩	一　诺	浩　宇

（三）选择性比较

选择性比较（Selective Comparison）是把新获得的信息与过去已有的信息进行比较，如通过类比找到共同特征就是选择性比较的一个例子。图 2-9 说明了目前个别政府官员升职靠行贿，个别歌星和讲师并非靠自身的才艺和辛勤劳动获得掌声，而是靠乞讨，与乞丐的行为完全一样，显得非常可怜。

图 2-9 乞讨

例证 2-13

洛克菲勒的洞察力

1857 年 8 月 27 日，在美国宾夕法尼亚州的泰特斯维尔钻出了第一口油井，于是引发了石油热，成千上万的人涌向该地勘探石油，顷刻间井架林立。1862 年的一天，洛克菲勒来到石油城泰特斯维尔巡视，打算加强石油开采力度。他漫步市场时，无意中发现原油过剩，而精炼的石油价高且缺货。这一意料之外的现象引起了他的高度重视，诱发了他的新的判断，一个新的念头产生了：世界需要的不是原油，而是精炼的石油。经营炼油业用不着冒多大的风险，是一本万利的买卖。于是，当人们热衷于石油钻探的时候，洛克菲勒却毅然决定从事炼油业了。1870年1月，洛克菲勒为在激烈的竞争中取胜，又把原有的炼油厂合并，决定组成标准石油公司。从此，世界经济史上最强大的垄断组织悄悄地诞生了。到1877年，他的石油公司就控制了世界90%的石油市场，成为当时第一个十亿富翁。令人惊叹的是，使这位精明而有远见的企业家成功地实现了经济战略转移的，却是他在一个意外的新情况下由于敏锐的洞察力而做出的一个正确的判断！（张福墀，郭玉芹，1997）

第四节　个人决策

为了有效达到组织目标，决策居于十分重要的地位。西蒙曾指出："管理就是决策。"管理的一个重要职能就是决策。本节主要探讨个人决策的过程模型、影响个人决策的因素以及如何避免个人决策的失误。

一、个人决策的概念与影响因素

（一）什么是个人决策

所谓个人决策，就是指在面临某种问题的情况下，个人为了实现某种目标，在两个以上的备选方案中选择一个方案的分析判断过程。组织中的个体都要做出决策，高层管理者要决定设置什么样的组织目标，提供什么样的产品或服务，如何建构最佳的公司总部，在哪里建一个新厂等；中低层管理者要决定生产日程安排，选择新员工，合理分配薪水的增长。非管理层的员工所做出的决策同样影响到他们的工作和他们为之工作的组织。近年来，越来越多的组织把与工作相关的决策权授予非管理层的员工，这些权力在过去只有管理者才拥有。因此，个人决策成为组织行为中非常重要的内容。

（二）影响个人决策的因素

斯蒂芬·P. 罗宾斯（Stephen P. Robbins, 2016）在讨论影响人们决策的因素及人们的决策在多大程度上受到错误和偏见的影响时，把影响个人决策的因素归为个体差异和组织限制两大类。前者包括知觉、思维方式、气质与性格、情绪与情感，后者则包括绩效评估、奖励体系、正式规则和传统惯例。

1. 个体差异

影响个人决策的个体差异因素包括个人的知觉、思维方式、气质与性格、情绪与情感4个方面。

（1）知觉。决策方案的制定、选择及实施过程均受到决策者知觉过程的影响。首先，是否存在问题和是否有决策的必要是一个知觉问题。其次，决策者的知觉过程会影响其对信息的获取、解释和评估，因此，不恰当的知觉可能使决策者错失与问题有关的信息从而影响方案的制定。同时，由于对信息的过滤、加工和解释的不同，知觉还会影响决策者对方案的评价与选择。

（2）思维方式。思维贯穿于决策的整个过程，对决策有着最直接的影响，而且决策本身也是一个思维过程，良好的决策思维是进行有效决策的前提和关键。决策思维主要表现为对问题认识的全面性、客观性，对信息掌握和判断的正确性与深刻性以及思维的系统性等，它们都直接关系到决策的正确性。

（3）气质与性格。个人的决策行为往往与其气质和性格相联系。首先，个人的决策行为受气质的影响。其次，个人的决策行为受性格的影响。

（4）情绪和情感。决策还会受到决策者的情绪和情感的影响。情绪和情感作为心理活动的组织者，影响着其他的心理过程，包括促成知觉选择、监视信息的变化、影响工作记忆和思维活动等。因此，对于决策者，应努力克服消极的情绪，培养和激发良好的情绪。

2. 组织限制

处于组织之中的个人做出决策时不可避免地会受到组织本身的限制，决策者要调整自己的决策，从而与组织的正式规则保持一致，回应组织对绩效评估和奖励体系的要求，并符合组织规定的时间限制。过去的组织决策也会作为前提条件约束当前的决策（斯蒂芬·罗宾斯，2016）。

（1）绩效评估。管理者在做决策时会强烈地受到评估标准的影响。如果分公司经理相信，只要他没有听到消极意见，他负责的这个工厂就是状况最好的，那么，当我们看到工厂管理者花大量时间以确保负面新闻不传入老板的耳朵时，就不会感到奇怪了。

（2）奖励体系。组织中的奖励体系也会影响到决策者，它通过个人的收入状况向决策者表明什么样的选择是有利的。如果组织奖励的是风险厌恶，那么管理者更可能做出保守的决策。

（3）正式规则。除了极少数组织，几乎所有的组织都设立了规章制度、操作秩序以及其他规范，以保证员工行为的规范化和标准化。但是，这样做的同时也限制了决策者的选择权，以至于常常有人说："我的工作没有选择的自由。"

（4）传统惯例。决策不会凭空做出，各种决策之间有着承前启后的联系。实际上，把个体的决策视为决策流中的一点更为准确。过去做出的决策总是影响着当前的选择。去年给出的预算数目是决定今年预算的一个最主要的因素，这已然成为一种常识。

例证 2-14

英国石油公司的企业文化影响了管理者的决策

英国石油公司在打造钻探历史上最深的油井之一的时候，管理者决定只使用一根钢护筒，而不是使用广为推荐的两根或两根以上。为确保油井在打到更深的时候不偏转方向，最好使用 21 根扶正器，而英国石油公司的管理者决定只用 6 根。他们也没有检查井底水泥是否坚固，而是仅依赖于防喷器作为保障。大多数石油公司通常将防喷器作为附加的保障措施,但英国石油公司的做法很冒险,冒险文化无法促进管理者采取更为谨慎和耗时的方法。英国石油公司的企业文化影响了管理者的决策,进而导致了灾难性的墨西哥湾深水地平线钻井平台爆炸和石油泄漏事故。(理查德·L. 达夫特,2017)

二、决策过程模型

对个人决策的基本假设主要包括纯理性人和有限理性人两种。

(一)基本假设I——纯理性人

自亚里士多德所处的时代开始,哲学家就认为人是理性动物,其行为是由理性驱使的,只有在特殊情况下,如疲劳、醉酒和愤怒时,人们的决策和思维才会是非理性的。该模型认为正常的人具有合理的推理能力,掌握了规范化的理智和决策原则,这些理性的决策原则表现在人们的思想和行动上。传统经济学秉承理性人的学说,承认"经济人"的假设,认为人类为个人利益所驱使,决策者基于所掌握的信息做出全面的权衡,做出最优的抉择。

纯理性人的基本假设如下:

(1)决策者是追求最大限度的组织目标的完美有理性的人;

(2)决策者拥有为做出最好的决策所必需的正确的全部信息;

(3)决策者只找出那些能写成线性形式的、具有一个或一组目标的问题的最佳值;

(4)所有决策者在做出抉择时,能够以相同的态度来运用信息。

在企业中,早期的决策主要凭管理者的直觉常识进行判断。一个理性决策者的决策过程模型如图2-10所示:在识别某一问题时,开始寻找信息。这类信息说明了问题的性质,并提出选择方案。通过对这些选择方案的认真评价,选出最佳方案贯彻执行。然后对实施过程进行监控、评价、纠偏,以保证决策目标的实现。如果在实施过程中的任何一个环节出现困难,要及时反馈有关信息,必要时可重新开始或再循环。

然而,认为决策者是纯理性人的假设存在很大的缺陷。纯理性人的原型是经济人,经济人在现实生活中是不存在的。纯理性人的基本假设具有以下两个明显的局限性。

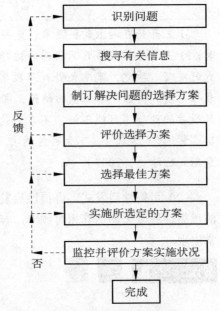

图2-10 理性决策过程模型

(1)不考虑决策者个人的知觉、个性差别、动机和学习等心理因素对决策的影响。

(2)人在客观上存在着有限合理性,以及个人认识和客观条件的限制。

(二)基本假设II——有限理性人

诺贝尔经济学奖获得者赫伯特·西蒙(Simon,1972)考虑到人的心理因素在经济行为中的作用,提出了"有限理性"理论。他曾指出,经营者表现出有限理性而非纯理性。换句话说,当他们试图理性地行动时,他们会受到获得信息和加工信息的能力方面的限制。另外,时间限制和政治考虑(如需要取悦于组织中的其他人)也会束缚人按理性行动。

心理学家丹尼尔·卡纳曼(Daniel Kahneman)获得了2002年诺贝尔经济学奖,他遵循1978年诺贝尔经济学奖获得者赫伯特·西蒙的有限理性理论和启发式的思想,认为人们在不确定性世界中做判断依赖于有限的启发式,并提出了三种常见的启发式:代表性、可得性以及锚定和调整。卡纳曼发现人类的决策行为常常是非理性和有偏差的,这与传统经济学理论(期望效用理论)的预期不符,而且这种偏差是有规律的。他提出前景理论以解释人类在不确定条件下的判断和决策行为。他获得诺贝尔经济学奖是因为他"把心理学的,特别是关于不确定条件下人的判断和决策的研究思想应用到了经济科学中"(周国梅,荆其诚,2003)。

1. 不确定性判断:启发式与偏见

(1)代表性启发式。代表性启发式是指人们倾向于根据样本是否能代表(或类似)总体来判断其出现的概率,对于代表性越高的样本,就判断其出现的概率越高。

例证 2-15

中奖的概率

小王开始在网上购买股票,先买了5只不同的股票,但每只股票到手后都狂跌。这时,小王准备购买第6只股票。他想,既然前5只股票都不尽如人意,第6只股票应该更好些吧。毕竟,概率表明6只股票中应该有1只是好的。多数人依赖自己的直觉和代表性启发式得出了不正确的结论,即认为连续6次都"背运"的机会极低,因此,第6只股票的业绩不可能不好。不幸的是,这一逻辑忽略了这样的事实,即我们虽然连续5次"背运"(这本身是不太可能的),但第6只股票的业绩与前5只股票的业绩无关。(马克斯·巴泽曼,2007)

(2)可得性启发式。可得性启发式是指人们倾向于根据客体或事件在知觉或记忆中的可得性程度来评估其相对频率,容易感知到的或容易回想起的客体或事件被判定为更常出现。

例证 2-16

神州行品牌宣传

运营商在进行3G营销中,对于自身各个品牌的定位明确,而且强化自身优点和特色。例如,通过电影明星葛优,神州行的"神州行 我看行"宣传语,将神州行服务好、资费低、便捷的特点传播开来,对客户进行启发式宣传,使用户能容易地对运营商进行评价,从而选择相应品牌。(陈德华,唐守廉,2010)

(3) 锚定和调整启发式。锚定和调整启发式是指在判断过程中，人们最初得到的信息会产生"锚定效应"，人们会以最初的信息为参照来调整对事件的估计。

例证 2-17

三 碗 水

三个大碗，第一个碗盛热水，第二个碗盛温水，第三个碗盛冰水，然后，把一只手浸入热水中，另一只手浸入冰水中，浸入30秒，等实验者的手已经适应了水温，把在热水中的手浸入温水中，5秒后，再把冰水中的手也浸入温水中。这时，绝大多数人的感觉是先前浸在热水中的手会告诉自己这碗温水是凉的，而先前浸在冰水中的手会告诉自己这碗水是热的。（苏同华，2006）

与丹尼尔·卡纳曼同一时期的另一位心理学家波罗·斯洛维克（Paul Slovic）提出了情绪启发式（李爱梅，高训浦，田婕，2009）。他认为，个体的头脑中有一个"情绪库"（Affect Pool），里面存有各种各样的正性的或负性的情绪标签，所有进入人们头脑中的表征都会被赋予一个情绪的标签，情绪标签的强度随着头脑中的表征而各有不同。在决策过程中，情绪标签可以作为许多重要判断的线索。相比较去权衡每一个选项的正反两面或者从记忆中提取相关的例子的方式，运用一个整体的、更容易获得的情绪标签可能会更容易或更有效率，尤其是当所要做的判断是复杂的，或者是心智资源受到限制的时候。大脑的这种走捷径的活动方式称为情感启发式。

2. 前景理论的假设

前景理论的假设主要包括回避损失、参照依赖和捐赠效应。

(1) 回避损失。回避损失（Loss Aversion）是指损失的效用要比等量收益的效用得到更大的权重。

例证 2-18

计 划 选 择

由于受市场变化和金融海啸的威胁，某 CEO 遭遇了一个两难问题。他的财政顾问告诉他要采取行动，否则公司的3个制造厂就得倒闭，6 000名员工就会失业，并提交了两个计划：

计划 A：执行该计划必定可以保存一个工厂，保留2 000名员工。

计划 B：执行该计划有1/3的概率可以保留全部3个工厂和6 000名员工，但是另外2/3的概率则是全部工厂倒闭以及全部员工失业。

上述两个计划可以从损失的角度改写为：

计划 C：执行该计划必定损失两个工厂，损失4 000名员工。

计划 D：执行该计划有2/3的概率损失全部3个工厂和6 000名员工，但是另外1/3的概率则没有任何工厂倒闭，也没有任何员工失业。

从客观的以及传统的期望效用理论的观点来看，这4个计划可以导致相似的结果。

但实验结果表明，在计划A和B中，大多数人倾向选A，表现出为获益而回避风险；而对于计划C和D，大多数人倾向选D，表现出为回避损失而冒风险。可见，从收益和损失两种不同的角度提出问题，可以导致截然不同的结论。人们对损失更关注，以至于宁愿冒险去回避损失。（周国梅，孙宇浩，傅小兰，2003）

（2）参照依赖。参照依赖（Reference Dependence）是指人们对资产的变化比对净资产更敏感，因此人们根据参照点来定义价值，而不是根据净资产本身。

依赖参照的选择

让两组不同的被试者分别回答下列两组问题。

第一组：假设你现在已经有1 000美元，除了你所拥有的之外，现在你可以在下面两项中选择一项。

A：必定获得500美元；

B：50%的可能获得1 000美元，50%一无所得。

第二组：假设你现在已经有2 000美元，除了你所拥有的之外，现在你可以在下面两项中选择一项。

A：必定获得500美元；

B：50%的可能获得1 000美元，50%一无所得。

在第一组中，84%的被试者选A。第二组中，69%的被试者选B。对于被试者可以获得的净收益来说，两个问题都是一样的。然而由于两组被试者的参照点不同，被试者的选择也会不同。第一组被试者以已拥有的1 000美元为参照，选择比较保守；而第二组被试者以2 000美元为参照，倾向于选择冒险。可见，可以通过改变人们的参照点来改变其行为。（周国梅，荆其诚，2003）

（3）捐赠效应。捐赠效应（Endowment Effect）是指对于获得的自身财产之外的东西，人们倾向于给予更高的评价。

免费试用

近年来，许多网站纷纷推出了免费试用活动，通过给消费者提供免费产品进行试用，企业在实现引流的同时获取了试用者的口碑，很好地解决了初期口碑营造的难题。在免费试用活动中，申请者首先填写个人信息和试用申请，商家从申请者中选择一定数目的中标者向其派发试用产品，试用中标者进行产品体验后，填写产品试用报告，完成试用过程，试用产品无须退还。产品试用报告便是产品试用过程中形成的网络口碑，对消费者和商家都起着非常重要的作用。现有的免费试用平台大致可以分为两类：第一类是第三方试用平台，如阿里试用和试客联盟。在这类试用平台上，商家和平台进行合作，派发免费试用产品,这些产品不一定是新产品,主要是通过试用活动吸引消费者关注,达到促销和引流的目的。第二类是在线品牌社区试用平台,如小米社区和海尔社区。在线品牌社区是消费者之间建立的,以探讨品牌相关信息、分享使用体验、相互提供帮助为诉求的网上平台。在线社区的试用活动中,商家会提供试用产品,根据试用者提供的试用报告进一步改进产品,制定下一步的运营策略。(李杨等,2019)

例证 2-21

买卖杯子

将被试者分为三组,假如给第一组被试者每人一个杯子,第二组被试者则什么都不给,第三组被试者可以选择要杯子还是要等量的钱。结果发现,第一组拥有杯子的被试者期望以不低于7.12美元的价格卖出杯子,而第二组被试者则期望以不高于2.87美元的价格得到杯子,第三组被试者对杯子的估价是3.12美元。对此结果的解释是,拥有杯子的被试者,因为对于获得的本来非自身财产的杯子的评价更高,不想放弃,所以对杯子的估价更高。(周爱民,张荣亮,2005)

三、个人决策风格

如前所述,个性心理特征影响个人决策行为。有的人倾向于以更加理性的方式做出决策,有的人更倾向于凭直觉做出决策。个体在决策行为中所表现出来的不同倾向就是个人决策风格(朱秀峰,2015),不同风格的决策表现出决策者不同的心理特征。

(一)最优化型决策风格

具备最优化决策风格的决策者在决策过程中,力求"稳扎稳打",习惯于"三思而后行",会把所有可能的备选方案都逐一加以分析评价,探索采用它们后可能导致的一切后果并加以权衡比较,再从中选出收益最大的,这可以最大可能地实现既定目标。这种决策风格富有分析性,在做出结论之前,决策者要进行多种多样的准备活动,慎重地权衡各种决策方案以及其实施后的利弊得失。这样理想化的决策风格实际上需要大量的时间和成本,在现实中难以实现。在现实中可以采用近似最优化的方法,尽可能地推敲各主要备选方案。

(二)寻求满意型决策风格

寻求满意型决策风格要求决策者选出一种可行又可以接受的实现目标的方案,但不会考虑所有的可能方案,最终并不追求最优,只要求现实可行,能解决问题,且相对令人满意。在实际使用中,采取的是试用、试点的方法去落实具体决策内容,再通过实际效果进行后续评估的判断。换而言之,这种决策风格体现出的是强烈的结果和效用指向,更能在操作中贴合实际。

(三)渐进型决策风格

具备渐进型决策风格的决策者,不是直接做最终决定和选择,而是渐进式地先找到初步的改变现状的方案，做出第一步决策后，再对其后果及下一步进行评估，以此出发去研究后续的决策。这种决策风格的优点是精确度较高，在渐进式中探索最终解决问题的方案，在这个过程中决策者能根据环境中的不确定因素对决策进行及时调整，适用于长时间、大范围的重大决策，但不适合突发性、紧急性的问题决策。

例证 2-22

董明珠的决策风格

众所周知，格力在董明珠强势风格的领导下节节攀升，一跃成为家电行业的龙头老大，迅速成为世界著名的民族品牌。然而，目前的格力内部却暗藏动乱。除了历史遗留下来的股权争夺问题，股东们对于领导人董明珠的强势风格也从未停止诟病，这一点尤其是在她执意推出格力手机并受挫后达到了顶峰。最近，一向过度自信的董明珠又强势出击，提出了一系列的决策方案，将目光投向于格力毫不擅长的产业领域。但这一次，却遭到了股东的强烈反对。2016 年 10 月 28 日，在格力的临时股东大会上，因为提议收购珠海银隆被否，董明珠在股东大会上当场发飙，该事件一度成为资本市场上热议的话题，而股东与董明珠的矛盾也达到白热化的状态；而早在 2016 年 10 月 18 日，珠海国资委就曾下发任免通知，宣告董明珠卸任格力集团董事长一职，遏制了其发挥集团决策的控制权，但接任人选却迟迟没有落实。另外，根据 2016 年财报显示，美的的净利润绝对额和增长率均超过格力，一跃成为家电行业的龙头老大，格力退居第二。可以说，目前的格力正处在一个内忧外患的环境当中，而面对这一复杂的内外部局势，格力的处境颇为尴尬。（张丹，2017）

本章小结

- 知觉是个体为了对自己所在的环境赋予意义而解释感觉印象的过程。知觉具有整体性、理解性、相对性和恒常性四个基本特征。影响知觉的因素包括知觉者因素、知觉对象因素和情景因素。
- 社会知觉是指个体对社会环境中有关个人、他人以及团体特性的知觉。社会知觉包括对他人的知觉、人际知觉、角色知觉和自我知觉。社会知觉中存在各种偏见，主要有首因效应、晕轮效应、近因效应、定型效应和投射效应五种。
- 归因是指人们对别人或自己的行为进行分析，解释和推测其原因或者动机的过程。行为产生的原因可划分为两大类，即内因和外因。
- 人际洞察力是指在人际交往过程中对他人的动机、个性、行为及其原因的正确认识与准确判断。人际洞察力涉及选择性编码、选择性合并和选择性比较三个过程。
- 个人决策是指在面临某种问题的情况下，个人为了实现某种目标，在两个以上的备选方案中选择一个方案的分析判断过程。影响个人决策的因素比较多，主要有知觉、思维方式、气质与性格、情绪与情感、绩效评估、奖励体系、正式规则和传统惯例。

- 个人决策过程的纯理性人假设认为正常的人具有合理的推理能力,掌握了规范化的理智和决策原则。
- 个人决策过程的有限理性人假设认为,人们表现出有限理性而非纯理性。当他们试图理性地行动时,他们会受到获得信息和加工信息的能力、时间限制和政治考虑等方面的限制。卡纳曼提出了三种常见的启发式:代表性、可得性以及锚定和调整;斯洛维克提出了情绪启发式。
- 个人决策风格有三种:最优化型、寻求满意型和渐进型。

案例分析

你会继续投资吗

假如你是一家医药公司的总裁,正在进行一个止痛药项目的开发,项目启动了很久,已经投入了 500 万元,若再投资 50 万元,产品就可以正式上市了。这时你忽然获悉,另外一家医药公司刚刚开发并生产出了性质、功能和你的计划产品几乎完全一样的新止痛药,现正在做市场宣传。因此,不考虑已有的投入,如果继续进行这个项目,公司有很大的可能性(约为 90%)会再损失 500 万元,有很小的可能性(约为 10%)会盈利 2 500 万元。你会继续投资该项目还是现在放弃?(邵希娟,黎嘉平,2005)

问题讨论:

1. 请问你是继续投资还是放弃投资?为什么?
2. 请用前景理论对小组成员的个人决策做分析。

管理游戏

2-1 设身处地

图 2-11 是一幅图。假如你的同学(同事/下属)坐在你的对面,你将这幅图放在你们之间,你能将对方看到的图画出来吗?能画得好,说明你很善于观察和洞察他人的需要和行为。

2-2 九点问题

由个人独立完成。假如某学生已经了解如何完成该活动,请暂不作声。

图 2-12 是九点。只用四条连续相接的直线(每条直线必须相连,而且不能重叠),将这九个点连接起来,画的时候笔不能离开纸面,要求一气呵成。

讨论:

1. 是什么让你找不到问题的答案?
2. 是什么妨碍你更快地解决问题?

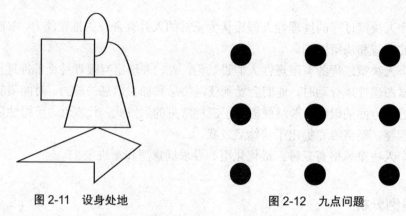

图 2-11　设身处地　　　　　　图 2-12　九点问题

2-1　归因方式测验

指导语：请回答以下每个陈述在多大程度上符合你的情况：1=非常不符合；2=不符合；3=有点不符合；4=介于符合与不符合之间；5=有点符合；6=符合；7=非常符合。所需时间约 10 分钟。

1. 能够得到想要的东西是因为自己的努力。
2. 订计划的时候相信自己能够让它发挥作用。
3. 喜欢带有运气的游戏，而不是纯粹需要技术的游戏。
4. 只要下定决心，就能学会几乎所有的东西。
5. 自己的专业成就完全取决于努力工作和能力。
6. 通常不设定目标，因为自己很难最终实现它们。
7. 竞争不能使人变得优秀。
8. 人们通常靠运气获得成功。
9. 在所有的考试或竞争中，想知道自己与别人相比做得怎样。
10. 认为干一些对于自己来说太难的事情没有意义。

记分：将第 3、6、7、8、10 题进行反向记分（即 1=7，2=6，3=5，4=4，5=3，6=2，7=1），然后将所有陈述的分数相加，得一个总分。

解释：研究者选取了一个大学生样本，平均分是：男生 51.8 分，女生 52.2 分，标准差均为 6.58 分，59 分以上为得分高者，得分越高，表明你是内控的，越相信自己能够把握自己的成功。如果远远高于平均值，说明你会奖励自己的成功，并为自己的失败负责。46 分以下者为得分低者，低分者表明你是外控的，你倾向于相信外在因素决定你的成功，比如更强有力的人或者机遇决定着在你身上发生的事情。

资料来源：佚名. 你的自控能力如何[J]. 人力资源，2003（12）：63.

讨论：举一个在自己身上发生的经历（成功或失败），谈谈你是如何对成败进行归因的，并与其他同学分享。

2-2 决策类型量表

目的：此量表在于帮助你评估自己的决策偏好类型，如表 2-6 所示。

表 2-6 决策类型量表

陈 述 内 容	完全同意	同意	一般	不同意	完全不同意
1．我更多地依靠事实而不是本能做出决策	5	4	3	2	1
2．用逻辑和系统方法做决策，我感到更为舒心	5	4	3	2	1
3．做决策时我依靠直觉而非其他东西	5	4	3	2	1
4．做决策时感觉到决策的正确性比其合理的理由对我来说更重要	5	4	3	2	1
5．即使事实表明选择是对的，我也不会做出在感觉上不对的选择	5	4	3	2	1
6．我的决策通常涉及细心的事实分析和权衡决策标准	5	4	3	2	1
7．做决策时，我相信我的内在情感和反应	5	4	3	2	1
8．我做出的最好决策是基于对事实信息的仔细分析	5	4	3	2	1

指导语：表 2-6 中是描述个体做出重要决策的 8 种陈述。请标明你对每个陈述同意或不同意的程度。如实回答以便更好地了解自己的决策类型。做完后按后面的方法记分。时间约需 5 分钟。

记分：理性决策类型得分：1、2、6、8 项陈述内容得分之和。直觉决策类型得分：3、4、5、7 项陈述内容得分之和。得分越高，说明该类型的倾向性越明显。

讨论：根据自己的决策类型（理性决策类型还是直觉决策类型），分享一个自己日常生活中个人决策的例子（比如，报考大学和专业、参加社团）。

参考文献

[1] ASCH E SOLOMON．Social psychology[J]．American journal of sociology, 1952, 35(6): 101-101.

[2] DION K B, WALSTER E．What is beautiful is good[J]．Journal of personality and social psychology, 1972, 24 (3): 285-290.

[3] HEIDER F．The psychology of interpersonal relations[M]．New York: John Wiley & Sons, 1958.

[4] SIMON A HERBERT．Theories of bounded rationality[J]．Decision&organization, 1972, 1(1): 161-176.

[5] KAHNEMAN D, TVERSKY A. Subjective probability: a judgment of representativeness[J]. Cognitive psychology, 1972, 3: 430-454.

[6] KAHNEMAN D, TVERSKY A. On the psychology of prediction[J]. Psychological review, 1973, 80: 237-251.

[7] KAHNEMAN D, TVERSKY A. Prospect theory: an analysis of decision under risk[J]. Econometrica, 1979, 47: 313-327.

[8] KELLY H H. Attribution theory in social psychology//LEVINE D. Nebraska symposium on motivation[M]. Lincoln: University of Nebraska Press, 1967.

[9] MITCHELL T R, GREEN S G, WOOD R E. An attributional model of leadership and the poor performing subordinate: development and validation//STAW B, CUMMINGS L L. Research in organizational behavior[M]. 3rd ed. New York: JAI Press, 1981: 197-234.

[10] STERNBERG R J, DAVIDSON J E. The nature of insight[M]. Cambridge, MA.: MIT Press, 1995.

[11] WEINER B. Achievement motivation and attribution theory[M]. Morristown, N. J.: General Learning Press, 1974.

[12] 陈德华，唐守廉．基于行为经济学的移动通信 3G 营销研究[J]．技术经济与管理研究，2010（S2）：83-85.

[13] 高振东．时代沉积相[N]．讽刺与幽默，1983-06-05.

[14] 黄快生，晏国祥．成功韦尔奇的管理昏招[J]．中国中小企业，2005（8）：16-17.

[15] 李爱梅，高训浦，田婕．生态理性视角下风险决策的情绪机制研究[J]．统计与决策，2009（3）：63-65.

[16] 理查德·L．达夫特．组织理论与设计 [M]．王凤彬，石云鸣，张秀萍，等，译．12 版．北京：清华大学出版社，2017

[17] 李扬，严建援，秦芬，等．在线品牌社区免费试用贡献的影响因素研究[J]．运筹与管理，2019，28（12）：185-193.

[18] 刘大卫．求职面试 500 句应对制胜策略[M]．上海：华东师范大学出版社，2007.

[19] 刘玉梅．管理心理学理论与实践[M]．上海：复旦大学出版社，2011.

[20] 马克斯·巴泽曼．管理决策中的判断[M]．杜伟宇，李同吉，译．6 版．北京：人民邮电出版社，2007.

[21] 秦启文，余华．性别角色刻板印象的调查[J]．心理科学，2001（5）：593-594.

[22] 邵希娟，黎嘉平．决策中的非理性行为[J]．企业管理，2005（12）：30-32.

[23] 斯蒂芬·罗宾斯．组织行为学[M]．孙健敏，王震，李原，译．16 版．北京：中国人民大学出版社，2016.

[24] 苏东水．管理心理学[M]．4 版．上海：复旦大学出版社，2004.

[25] 苏同华．行为金融学教程[M]．北京：中国金融出版社，2006.

[26] 吴宣劭．懂得存钱[J]．中国工会财会，2016（10）：53.

[27] 佚名．慧眼识才[J]．领导文萃，1999（11）：130.

[28] 张丹．性格色彩学视角下管理者过度自信对财务决策的影响——以格力为例[D]．杭州：浙江工商大学，2017．

[29] 张福堙，郭玉芹．企业家精神：现代企业家成长论[M]．北京：企业管理出版社，1997．

[30] 郑雪．生态文化与感知觉[J]．前沿，1995（5）：15-20．

[31] 周爱民，张荣亮．行为金融学[M]．北京：经济管理出版社，2005．

[32] 周国梅，荆其诚．心理学家 Daniel Kahneman 获 2002 年诺贝尔经济学奖[J]．心理科学进展，2003（1）：1-5．

[33] 周国梅，孙宇浩，傅小兰．卡尼曼对经济的贡献[J]．科技文萃，2003（04）：45-46．

[34] 朱秀峰．组织行为学[M]．北京：北京师范大学出版社，2015．

本章思考练习题

思考练习题

第三章
个性与心理测验

学习目标

学完本章后，你应该能够：
1. 了解个性的基本概念和理论；
2. 掌握四种气质类型；
3. 了解AB型性格；
4. 掌握个性与职业匹配的理论；
5. 掌握霍兰德职业人格类型；
6. 了解常用心理测验及其应用。

引例

任正非与华为

1987年，华为以两万元人民币起家，十几个人创业，没有技术，没有产品，是典型的"二道贩子"，倒买倒卖交换机。但那时，任正非就提出，"20年之后，世界通信行业三分天下，华为将占一份"。他还和员工们说："你们未来要买个阳台大的房子，因为你将来的钱将用麻袋装。"今天，华为已经成为全球通信行业的领导者。

忧患不等于悲观，悲观主义者更多是在杞人忧天，尤其会扩大化对灾难的幻想，不敢冒险，这种情况在任正非身上几乎看不到，乐观才是他个性中的主基调。

世博会时，华为一名员工陪同任正非的小学和中学同学参观时，曾问老任小时候是个什么样的人，他的一个同学说，他是一个邋遢但成天笑呵呵的人。

任正非常说一句话：要做一个幸福的人首先是不抱怨、不回忆；其次是适应环境。人很难做到不抱怨，更难做到不回忆。什么叫不回忆？就是不为过去的成功沾沾自喜，也不对过去的失败喋喋不休。

任正非把股份分给了近七万人，自己只留1.4%，战胜自我是一件不容易的事情，没有一个宏大的理想，是很难做到的。无须讳言，绝大多数企业家都以赚钱为目标，唯有少数企业家认为赚钱不是唯一的目标,甚至在一定程度上不是他根本的目标,他们有比赚钱更宏大的理想。

组织领袖有一些非常重要的核心特征,就是具备强大的信念、充沛的激情、坚定的意志力、乐观乃至于天真,这些特征在任正非身上表现得尤其明显。

可以说,如果任正非不是一个坚定的,甚至"不可救药"的乐观主义者、理想主义者,就不会有华为的今天。华为的文化同样是一种英雄精神主导的文化。(田涛,李传涛,2013)

引例中任正非乐观、低调、充满理想主义的个性和态度决定了他的领导风格,今天"狼性"华为的成就带有领导者强烈的个人色彩。

个性决定行为,组织中的每个人由于受各种因素的影响,会形成不同的个性倾向和心理特征。因此,了解员工的个性心理特征(包括气质、性格、能力)是安排岗位和工作、说服教育和调动员工积极性的基础。迄今为止,标准化和本土化的一些心理测验可用于诊断和测查员工的个性心理特征。心理测验在企业管理中的应用越来越广泛。

第一节 个性与个性理论

个性与日常生活中所谈的性格有所不同,性格只是个性的一个组成部分。个性的结构主要由个性倾向性与个性心理特征组成。个性倾向性主要包括需要、动机、兴趣、理想、信念和世界观等,这些都是人们进行活动的基本动力。个性心理特征主要包括气质、性格、能力。本章主要探讨个性心理特征。个性倾向性将在第四章和第五章中加以讨论。

一、个性

个性是指个体的比较稳定的、经常影响个体的行为并使个体和其他个体有所区别的心理特点的总和。影响个性形成的因素主要包括遗传、环境和情景。个性受基因的影响很大,有的人天生开朗,有的人生来忧郁,这些说法有一定的科学依据。基因学家在实验中取得大量的证据证明:类似抑郁等负性情绪的发生具有重要的遗传学基础(刘迪迪等,2018)。表3-1列出了常见的一些性格表现与基因之间的关系。

表3-1 性格与基因的关系

性格表现	受基因影响程度/%
外向(急躁、和蔼、喜欢引人注目)	61
保守(尊敬传统和权威、守纪律)	60
忧郁(易忧伤、灰心、感情脆弱、敏感)	55
创新(喜欢在更高的层次思考问题)	65
孤僻(爱独处,总感到被人利用,为生活抛弃)	55

续表

性 格 表 现	受基因影响程度/%
乐观（自信、愉快、快乐）	54
谨慎（逃避风险，宁可费事也要求平安）	51
好斗（爱实施暴力，爱报复）	48
事业心强	46
条理性强	43
热情好客	33

环境对性格形成的影响很大。其中，饮食对人的性格有一定的影响，如湖南人好吃辣，所以湖南妹子又称辣妹子，他们与海南、广东、福建的女孩相比，遇事比较有主见，脾气比较刚烈，这可能跟她们长期吃辣的食物有关（田海波，唐明德，彭喜春，2010），表3-2列出了一些食物与性格之间的关系。

表3-2 食物与性格的关系

喜欢的食物	性 格 特 点
大米	自得其乐，但不太爱帮助别人
生冷食物	对大自然有浓厚的兴趣，性格坚强、冷酷，有暴力倾向
辣椒	遇事有主见，吃软不吃硬，性格坚强
糖	脾气比较暴躁

此外，情景因素对性格表现也有一定的影响。比如，性格内向的人在安全、愉快、轻松、热闹的气氛下有时也会变得开朗、爱笑、外向。

例证 3-1

马云的个性气质

马云从小性格坚强、勇敢、不服输，他虽然个头儿小，但打起架来却不看对方块头大小，从不怕个头儿大的，"因为我人小，所以人家不防你，所以你进攻要速度快。"这些打架的经历和学问形成了马云性格中争强好胜、不惧怕强者的特点，这些性格特点在马云的企业经营中都可以看出来：在创办中国黄页时，不怕和电信公司的直接竞争；在创办阿里巴巴时，不怕已有的竞争者，最后做成全球最大的B2B网站；在创办淘宝时，C2C市场已经有了一个绝对的强者——易趣，但淘宝依然强势进入，用了不到两年的时间成为与易趣势均力敌的市场对手。（刘世英，彭征，2006）

二、个性的理论

个性的理论分为两大类，即类型理论和特质理论。

（一）类型理论

个性的类型理论就是将人的个性加以类型化。四种气质类型以及 A 型、B 型性格就是典型的个性类型理论，下面对它们分别加以介绍。

1. 四种气质类型

沿用古希腊医生希波克拉底（Hippocrates，公元前 460 年—公元前 377 年）的划分方法，可将气质分为多血质、胆汁质、黏液质和抑郁质四种基本类型，以下为它们的具体特点。

（1）多血质：感受性低而耐受性较高，不随意的反应性强；具有可塑性和外倾性；情绪兴奋性高，外部表露明显，反应速度快而灵活。

（2）胆汁质：感受性低而耐受性较高，不随意的反应性弱，反应的不随意性占优势，外倾性明显，情绪兴奋性高，抑制能力差；反应速度快，但不灵活。

（3）黏液质：感受性低而耐受性高，不随意的反应性和情绪兴奋性均较弱；内倾性明显，外部表现少；反应速度慢，具有稳定性。

（4）抑郁质：感受性高而耐受性低，不随意的反应性弱；严重内倾；情绪兴奋性高而体验深，反应速度慢；具有刻板性，不灵活。

表 3-3 列出了上述四种气质类型的特点。

表 3-3 四种气质与神经类型的行为特点

气质与神经类型	内、外向	情绪稳定性	行 为 特 点
胆汁质（兴奋型）	外向	不稳定	暴躁、好动、攻击、兴奋、善于社交、冲动、乐观、积极
多血质（活泼型）	外向	稳定	有领导能力、无忧无虑、灵活、活泼、逍遥自在、敏感、健谈、开朗、社交型的
黏液质（安静型）	内向	稳定	被动、谨慎、有思想、温和、能控制、可信赖、脾气好、安静
抑郁质（抑制型）	内向	不稳定	寂静、不善社交、保守、悲观、严肃、刻板、焦虑、忧虑

四种典型气质类型的人在遇到放在公园凳子上的帽子被他人坐扁时，会出现不同的反应和表现：第一种情形，大发雷霆，属外向与不稳定，这种人有攻击性，表现出不安和暴躁，属胆汁质；第二种情形，若无其事，属内向与稳定，表现出小心，镇定有控制力，属黏液质；第三种情形，如丧考妣，属内向与不稳定，表现出易怒、严厉、悲观，属抑郁质；第四种情形，一笑置之，属外向与稳定，表现出随便、活泼、健谈，属多血质。

2. A 型性格和 B 型性格

有些人总愿意从事高强度的竞争活动，并长期有时间紧迫感，这些人就拥有 A 型性格（Type A Personality，见本章末尾的心理测试）。A 型性格者总是不断驱动自己要在最短的时间里做最多的事，并对阻碍自己努力的其他人或事进行攻击。在竞争日趋激烈的社会，这种特点被高度推崇，直接影响到个体的物质利益的获得。

A 型性格表现为如下 5 个方面：

（1）运动、走路和吃饭的节奏很快；

（2）对很多事情的进展速度感到不耐烦；

（3）总是试图同时做两件以上的事情；

（4）无法处理休闲时光；

（5）着迷于数字，他们的成功是以每件事中自己获益多少来衡量的。

与 A 型性格相对应的是 B 型性格（Type B Personality），B 型性格者很少因为要从事不断增多的工作或要无休止地提高工作效率而感到焦虑。

B 型性格表现为如下 4 个方面：

（1）从来不曾有时间紧迫感以及其他类似的不适感；

（2）认为没有必要表现或讨论自己的成就和业绩，除非环境要求如此；

（3）充分享受娱乐和休闲，而不是不惜一切代价地实现自己的最佳水平；

（4）充分放松而不感到内疚。

A 型人常处于中度至高度的焦虑状态中，他们不断给自己施加时间压力，总为自己设定最后期限，这些特点导致了一些具体的行为结果。比如，A 型人是速度很快的工人，他们对数量的要求高于对质量的要求。从管理角度来看，A 型人表现为愿意长时间从事工作，但他们的决策欠佳也绝非偶然，因为他们做得太快了。因为 A 型人关注的是数量和速度，常常依赖自己过去的经验解决当前面对的问题，因此很少有创造性。对于一项新工作或项目，需要专门时间来开发解决它的具体办法，但 A 型人却很少能分配出这种时间。他们很少根据环境的各种挑战改变自己的应对方式，因而他们的行为比 B 型人更易于预测。

在组织中，A 型人和 B 型人谁更容易成功？尽管 A 型人工作十分勤奋，但 B 型人常常占据组织中的高层职位。最优秀的推销员常常是 A 型人格，但高级经营管理人员却常常是 B 型人格。为什么？答案在于 A 型人倾向于放弃对质量的追求，而仅仅追求数量，然而在组织中，晋升机会常常授予那些睿智而非匆忙、机敏而非敌意、有创造性而非仅有好胜心的人。

例证 3-2

皮尔·卡丹的果断性格

服装设计师皮尔·卡丹认为自己个性中的"当机立断，迅速决定"是他能够取得成功的重要本钱。他说："请不要这样浪费自己的时间。"凡是接触过卡丹的人都不难发现，他的工作始终是以快速、方便的步伐进行，从不吞吞吐吐、优柔寡断，但又绝非草率从事。深思熟虑与当机立断在他身上体现得是那样协调与完美，体现了 A 型性格与 B 型性格的完美结合。他几乎在所有国家和地区都开设了分公司，分公司在全球超过 10 000 家，仅巴黎一个城市就有 300 多家，员工超过 20 万人。他拥有 6 座陈列馆，还拥有一个私人码头。他的职业生涯被称为"皮尔·卡丹帝国"，而他就是这个"帝国"里的君王。（蔡践，2008）

（二）特质理论

个性的特质理论认为人的行为不受其类型所制约，而是由个人在一定程度上都有的各种稳定的特质所决定。特质是指个人有别于他人的特性，这些特性是较为永久一致的。这里以卡特尔16种个性特质为例加以说明。

由美国心理学教授卡特尔（Raymond Bernard Cattell，1905—1998）编制的卡特尔16种个性因素问卷（The Sixteen Personality Factor Questionnaire，16PF）被认为是最典型的因素分析个性问卷，在临床、工商业、政府部门及教育方面有着广泛的应用，特别是在人才选拔、就业指导及心理咨询方面具有较高的使用价值。

卡特尔16种个性特质包括以下内容：

A．乐群性	B．聪慧性	C．稳定性	E．恃强性
F．兴奋性	G．有恒性	H．敢为性	I．敏感性
L．怀疑性	M．幻想性	N．世故性	O．忧虑性
Q1．实验性	Q2．独立性	Q3．自律性	Q4．紧张性

各项心理特质高、低分者呈现的特征，如表3-4所示。

表3-4 卡特尔16种心理特质的特征

心 理 特 质	低分者特征	高分者特征
A．乐群性	缄默、孤独	乐群、外向
B．聪慧性	迟钝、学识浅薄	聪慧、富有才识
C．稳定性	情绪激动	情绪稳定
E．恃强性	谦虚、顺从	好强、固执
F．兴奋性	严肃、审慎	轻松、兴奋
G．有恒性	权宜、敷衍	有恒、负责
H．敢为性	畏缩、退却	冒险、敢为
I．敏感性	理智、着重实际	敏感、感情用事
L．怀疑性	信赖、随和	怀疑、刚愎
M．幻想性	现实、合乎成规	幻想、狂放
N．世故性	坦白、直率、天真	精明能干、世故
O．忧虑性	安详、沉着、有自信心	忧虑、抑郁、烦恼多端
Q1．实验性	保守、服膺传统	自由、批评激进
Q2．独立性	依赖、随群附众	自主、果断
Q3．自律性	矛盾冲突、不明大体	知己知彼、自律严谨
Q4．紧张性	心平气和	紧张困扰

第二节 个性与职业的匹配

个性与职业的匹配问题是早期组织行为学家研究的一个重要课题。20世纪60年代，霍兰德（John L. Holland）提出的个性与工作匹配理论认为，人的人格类型、兴趣与职业密切相关，每个人都有自己独特的能力模式和人格特征，每个人格特征的人都可以找到适合自己的职业（Holland, 1959）。自20世纪80年代以来，研究者们开始由原来的个性与职业的匹配问题研究逐步拓展到个性与组织类型、环境的匹配问题研究。

工作效率与人的个性特点密切相关。在一项对800名男性的追踪研究中发现，160名成就最大与160名成就最小的人相比，在智力方面没有什么差距，而他们的个性特点却有很大差异（赵慧军，1999）。美国学者的另一项研究的结论则是，个人的工作效率与其毕业学校的名望并不相关，而他的心理特点（如信念、态度与个性）等却重要得多。正是因为个性在预测工作效率、离职等个体和组织行为方面的有效性，有关个体、个性与工作、职业、组织、环境之间的匹配问题和理论（Personality-person Job-organization Fit Theory）受到了组织行为学家的关注。

例证 3-3

技术员与商务代表

陈波从某高校机械专业毕业后，找到了一家企业做技术支持的工作。几年过去了，虽然他全身心投入工作，业绩却一般，而同时进公司的其他同事却得到了提升。在朋友的建议下，他做了一次性格测试，结果显示他比较擅长与人打交道，更适合做类似销售或经纪人之类的工作。随后他跳槽到一家机械公司做商务代表，将他的专业和特长相结合，最大限度地发挥了自己的优势。（许明月，2010）

一、气质与职业的匹配

根据各种气质的特点以及职业要求，可以找到气质与职业之间的匹配关系，如表3-5所示。

表3-5 气质与职业选择

类别	气质			
	多血质	胆汁质	黏液质	抑郁质
气质特点	活泼、好动、敏感	热情、直率、外露、急躁	稳重、自制、内向	安静、情绪不易外露、办事认真
适合的职业	政府及企事业管理者、外事人员、公关人员、驾驶员、医生、律师、运动员、公安侦察员、服务员等	导游、推销员、勘探工作者、节目主持人、外事接待人员、演员等	外科医生、法官、财会人员、统计员、播音员等	机要员、秘书、人事、编辑、档案管理员、化验员、保管员等

续表

类别	气质			
	多血质	胆汁质	黏液质	抑郁质
不适合的职业	单调或过于细致的职业	长期安坐的细致工作	创业或环境不断变化的职业	热闹、繁杂环境下的职业

陈国海（2002）采用 60 道题的自陈式气质类型调查表，对广东省 80 多家公司的 225 名企业管理者（其中男 132 人、女 93 人）进行了问卷调查，结果表明：管理者气质类型主要分布为略偏多血质（占 27.1%）、多血—黏液混合（占 23.1%）、胆汁—多血混合（占 10.2%）、略偏黏液质（占 9.3%），上述这几种气质类型的管理者占了总人数的 69.7%，没有一个典型抑郁质的管理者。男女管理者气质类型分布的总体差异不大，具体结果如表 3-6 所示。

表 3-6 管理者气质类型分布（N=225）

气质类型	总人数	占总数的比例/%	男性	占男性总数的比例/%	女性	占女性总数的比例/%
典型胆汁质	1	0.4	1	0.8	0	0
典型多血质	8	3.7	5	3.8	3	3.2
典型黏液质	3	1.3	2	1.5	1	1.1
典型抑郁质	0	0	0	0	0	0
略偏胆汁质	7	3.1	5	3.8	2	2.1
略偏多血质	61	27.1	39	29.5	22	23.7
略偏黏液质	21	9.3	15	11.4	6	6.5
略偏抑郁质	5	2.2	1	0.8	4	4.3
胆汁—黏液混合	7	3.1	5	3.8	2	2.1
胆汁—多血混合	23	10.2	9	6.8	14	15.1
胆汁—抑郁混合	3	1.3	2	1.5	1	1.1
多血—黏液混合	52	23.1	32	24.2	20	21.5
多血—抑郁混合	5	2.2	4	3.0	1	1.1
黏液—抑郁混合	11	4.9	4	3.0	7	7.5
胆汁—多血—黏液混合	8	3.7	4	3.0	4	4.3
胆汁—多血—抑郁混合	5	2.2	2	1.5	3	3.2
多血—胆汁—黏液—抑郁混合	2	0.9	1	0.8	1	1.1

续表

气质类型	总人数	占总数的比例/%	男性	占男性总数的比例/%	女性	占女性总数的比例/%
多血—黏液—抑郁混合	3	1.3	1	0.8	2	2.1
合计	225	100	132	100	93	100

根据表 3-6 可以得出如下 3 点结论。

（1）典型胆汁质和抑郁质气质类型的人不适宜做管理者。这是因为前者表现为鲁莽、易激动、脾气急躁、不能控制自己等，后者表现为沮丧、抑郁、孤僻、行动迟缓等。

（2）多血质、黏液质，或多血—黏液混合、胆汁—多血混合气质类型的人比较适合做管理者。这是因为，多血质类型者兴奋占优势，对外反应快，能够控制自己，具有平衡外向性，其机敏而均衡的气质特点有利于生产经营管理。黏液质类型者具有平衡内倾性，这种气质也是管理者所不可缺少的。多血—黏液混合型气质的管理者兼有多血质和黏液质气质类型的优势，胆汁—多血混合气质类型的管理者区别于胆汁质类型的管理者，其热情的性格能够得到有效控制而保持适当的均衡，活跃务实，有助于他们成为有效的管理者。

（3）现实中还是存在少量典型胆汁质和抑郁质类型的管理者（约占 5.7%）。这部分管理者对自己是否胜任目前的管理工作基本上持否定的态度，他们走到管理岗位可能是受到任人唯亲、资历、机遇等因素的影响。

二、性格与职业的匹配

性格是个体对现实稳定的态度和习惯性的行为方式。性格与气质存在很大的区别，表 3-7 对性格与气质之间的差别做了比较。

表 3-7 性格与气质对比表

性 格	气 质
后天形成的，可以改变的	先天的遗传素质，比较稳定的
内容侧重于社会意识，有好坏之分	内容侧重于生理意义，无好坏之分
有阶段性，没有性格相同的人	无阶段性，有气质相同的人

（一）霍兰德职业人格类型

美国著名心理学教授约翰·霍兰德（John Holland）提出的个性与工作匹配理论具有广泛的社会影响。该理论认为，人的人格类型、兴趣与职业密切相关，兴趣是人们活动的巨大动力，凡是具有职业兴趣的职业，都可以提高人们的积极性，促使人们积极地、愉快地从事该职业（HOLLAND，1959）。据此理论，其编制了霍兰德职业兴趣测验。该测验能够帮助被试者发现和确定自己的职业兴趣和能力专长，从而科学地做出求职择业的决策。

霍兰德的职业选择理论是以对以下6种不同类型的人物及特性的分析为根据的。

(1) 现实型(R)：喜欢做使用工具、实物、机器或与物有关的工作；具有手工、机械、农业、电子方面的技能；爱好与建筑、维修有关的职业；脚踏实地，实事求是。

(2) 研究型(I)：喜欢各种与生物科学、物理科学有关的活动；具有极好的数学和科学研究能力；爱好科学或医生领域里的职业；生性好奇，勤奋自立。

(3) 艺术型(A)：喜欢不受常规约束，以便利用时间从事创造性的活动；具有语言、美术、音乐、戏剧、写作等方面的技能；爱好能发挥创造才能的职业；天资聪慧，创造性强，不拘小节，自由放任。

(4) 社会型(S)：喜欢参加咨询、培训、教学和各种理解、帮助他人的活动；具有与他人相处共事的能力；爱好教师、护士、律师一类的职业；乐于助人，友好热情。

(5) 企业型(E)：喜欢领导和左右他人；具有领导能力、说服能力及其他一些与人打交道所必需的重要技能；爱好商业或与管理人员有关的职业；雄心勃勃，友好大方，精力充沛，信心十足。

(6) 常规型(C)：喜欢做系统地整理信息资料一类的事情；具有办公室工作和数字方面的能力；爱好记录、整理文件、打字、复印及操作计算机等职业；尽职尽责，忠实可靠。

图3-1所示为霍兰德职业兴趣六边形。

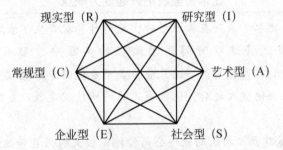

图3-1 霍兰德职业兴趣六边形

霍兰德认为，每个人都是这6种类型的不同组合，只是占主导地位的类型不同。他还认为，每一种职业的工作环境也是由6种不同的工作条件所组成，其中有一种占主导地位，占主导地位的职业个性取向在很大程度上影响着工作绩效。一个人的职业是否成功，是否稳定，是否顺心如意，在很大程度上取决于其个性类型和工作条件之间的适应情况。霍兰德职业人格能力测验就是通过对被试者在活动兴趣、职业爱好、职业特长以及职业能力等方面的测验，确定被试者上述6种类型的组合情况（对R、I、A、S、E、C 6个方面的得分从大到小排序，排在首位的就是被试者的占主导地位的类型），并根据其个性类型寻找适合被试者的职业。表3-8列出了每种类型职业人格相应的职业范例。此外，一个人的多种职业个性取向越相似（指几个职业个性取向按R→I→A→S→E→C→R循序相邻），在职业选择时的心理冲突就越少。

表 3-8　霍兰德职业人格类型

类　　型	偏　　好	个 性 特 点	职 业 范 例
现实型（R）	需要技能、力量、协调性的体力活动	害羞、真诚、持久、稳定、顺从、实际	机械师、钻井操作工、装配线工人、农场主
研究型（I）	需要思考、组织和理解的活动	分析、创造、好奇、独立	生物学家、经济学家、数学家、新闻记者
艺术型（A）	需要创造性表达的模糊且无规则可循的活动	富于想象力、无序、杂乱、理想、情绪化、不实际	画家、音乐家、作家、室内装饰家
社会型（S）	能够帮助和提高别人的活动	社会、友好、合作、理解	社会工作者、教师、议员、临床心理学家
企业型（E）	能够影响他人和获得权力的言语活动	自信、进取、精力充沛、盛气凌人	法官、房地产经纪人、公共关系专家、小企业主
常规型（C）	规范、有序、清楚明确的活动	顺从、高效、实际、缺乏想象力和灵活性	会计、业务经理、银行出纳员、档案管理员

例证 3-4

比尔·盖茨把兴趣变为职业

微软公司创始人比尔·盖茨在青少年时代就对计算机产生了浓厚的兴趣。他在中学时免修了一些课程，将这些时间用于编程的实践中。职业心理学家 Siobhan Hamilton-Phillips 指出："即使作为一名儿童，盖茨也能够专心地做一些特别的事情，并从中找到乐趣。因此在他成人之后，他拥有足够的情绪稳定性以支撑他的工作，并使他成功。"

盖茨在 17 岁时就建立了自己的软件公司，他以极大的兴趣和热情投入软件设计中，简直达到废寝忘食的程度，经常一头扎进工作室里通宵达旦，每周工作 72~90 小时，与他一起工作的人都说他是世界上最忙的企业主管之一。盖茨说："我每天早上一醒来，只要想到我所做的工作和开发的技术将会影响人类的生活，就会无比兴奋和激动"。也正是比尔·盖茨本人的工作态度，使得员工的工作热情受到了极大鼓舞，微软公司很快就成为全球最大的计算机软件提供商，盖茨本人也在 38 岁时成为亿万富翁。（陶小江，2014）

（二）管理者的性格类型

1. 俞文钊教授的研究

俞文钊（2002）曾对 12 个工厂的 144 位企业管理者（男占 80%，女占 20%）采用卡特尔 16 种人格因素量表和 Y-G 性格测验量表进行了调查。Y-G 性格测验量表测试的 5 种典型的性格类型及其特点表 3-9 所示。

表3-9　5种典型的性格类型及特点（Y-G性格测验量表）

类型	名称	情绪	社会适应状况	向性	特点
A	平均型	平均	平均	平均	智力平常，精力、体力、毅力、能力都中等，不引人注目
B	不稳定积极型	不稳定	不适应	外向	与周围人的关系不融洽，其行为常引起人们的注意和议论，容易出现异常行为
C	稳定消极型	稳定	适应	内向	常处于被动状态，温顺
D	稳定积极型	稳定	适应	外向	人缘好，有组织领导能力，是活跃务实的类型
E	不稳定消极型	不稳定	不适应	内向	好独立思考，有钻研性但不善于交际，内倾性明显，容易患神经症、身心疾病

采用Y-G性格测验量表调查的结果表明：D型性格类型的领导者占54.2%，C型占20.8%，A型占17.7%，混合型占7.3%，B、E型一个也没有。可见，企业领导者的主要性格是D型，不宜选B、E型性格的人担任领导。

采用卡特尔16种人格因素量表调查的结果表明，企业中层管理者与一般工人在下面4种特质方面存在显著差异：①缄默、孤独与乐群、外向；②情绪激动与情绪稳定；③权宜、敷衍与有恒、负责；④专业而有成就。翟洪昌和许铎（2000）的研究表明，自律性是选拔管理人员的重要个性特征，而且管理人员的级别越高，自律性越强。管理人员必须善于控制自己的情绪和行为。

2. 不同类型管理者性格类型的比较

有学者曾采用卡特尔16种人格因素问卷对北京市各类企业中从事组织人事工作、营销管理工作和财务工作的共计248人进行了个性测查，结果表明：上述三个职业群体的个性结构有许多共同之处，如都有较高的稳定性、有恒性和自律性。但他们之间的差异也是显而易见的，人事管理者和营销管理人员更加外向、开朗，而财会人员则比较内向、严谨，这明显反映了职业特点，即人事工作和营销工作更多是以人为对象，而财会人员每天面对的更多是数据。另外，测验结果还反映了人事管理者讲实际、工作原则性强而不留情面，有保守倾向；营销人员冒险敢为，有广泛的社会联系；而财会人员则有细心敏感、独立性较高的个性特征（赵慧军，1999）。

三、能力与职业的匹配

能力是与顺利地完成某种活动有关的心理特征，包括智力、性向和成就三种。智力是指个人的一般能力；性向是指个人可以发展的潜在能力；成就是指个人通过教育或培训在学识、知识和技能方面所达到的较高水平。

（一）智力与工作难度的匹配

智力的测量通常可以采用韦氏成人智力量表（Wechsler Intelligence Scale，WAIS）和比纳智力量表，也可采用冯德利克（Wonderlic）人事测验。其中，冯德利克人事测验

（Wonderlic Personnel Test，WPT）包括 50 个项目，分别测量言语、数字和空间能力，其形式有很多种，适用于不同类型的人员，测试程序比较简单，效率比较高，并能用于团体测验。

智力的个别差异在一般人口中所占的比例呈常态曲线分布，即两头小、中间大。表 3-10 是特尔曼在 1937 年统计的韦氏（WAIS）智商分类表。

表 3-10　韦氏（WAIS）智商分类表

智商	占人口的百分比/%	类别
130 以上	2.2	非常优秀
120～129	6.7	优秀
110～119	16.1	中上（聪明）
90～109	50.0	中等
80～89	16.1	中下（迟钝）
60～79	6.7	临界迟钝
60 以下	2.2	智力缺陷

任何工作都有相应的智力要求，智力低将不能适应有较高难度的工作。有一个研究初步测算了不同职业从业人员的智商：专业人员 120 分，半专业人员 113 分，工商企业职工 108 分，技术人员 104 分，半技术人员 96 分。而智商高者从事难度不高的、缺乏挑战性的工作，也会导致其工作漫不经心或不耐烦。

例证 3-5

马云的智商与成功并非成正比

少年马云考了两年才考上一所极其普通的高中，其中一次数学得了 31 分；第一次高考，数学只得了 1 分；第二次考了 19 分，这三份大考成绩单能够准确地反映他的学业水平：学习成绩差，偏科严重。他的数学老师曾绝望地说："马云，你的数学真是无可救药，如果你能考过 60 分，我的余字倒着写！"后来，他踌躇满志地想考北京大学，但第一次高考数学成绩只考了 1 分，第二次考了 19 分，考了 3 次才考上一所不起眼儿的大学。由此可见，马云的智商并非比一般人高出很多。

2017 年，马云成为中国首富，被年轻人膜拜为"创业教父""电子商务之父"。在当年一次峰会上他自己曾承认："我个人智商不高。"虽然有谦虚成分，但马云也间接表示，对成功而言，智商并不是决定因素，找到适合自己的职业才是最重要的。（冀晓萍，2015）

（二）能力与职业的匹配

根据英国心理学家斯皮尔曼（Charles Spearman，1863—1945）1904 年提出的能力的二因素结构理论，人在顺利完成某项任务时，必须既具有一般能力，又具有特殊能力（Spearman，1904）。一般能力是指在很多种基本活动中表现出来的能力，如观察力、记忆力、抽象概括能力等。特殊能力是指出现在某些专业活动中的能力，如数学能力、音乐能力、专业技术能力等。某种一般能力在某种活动领域得到特别的发展，就可能成为特殊能力的组成部分。而特殊能力在得到发展的同时，也发展了一般能力。员工除了需要具备一般能力之外，还必须具备从事该职业的特殊能力，即职业能力。有些企业在招聘和选拔人才的过程中通过业务能力考试来考查应聘者的职业能力。

每个人的能力有差异，管理者必须根据每个人的能力特点来安排他们的工作。

例证 3-6

杨振宁的成功

著名科学家杨振宁当年出国留学时为了给实验物理学极其薄弱的祖国尽自己的一份力，曾选择在费米门下从事实验物理研究。不过可惜的是，杨振宁并不十分擅长于实验操作。初到芝加哥大学实验室工作的近二十个月中，他的物理实验进行得非常不顺利，做实验时常常发生爆炸，以至于当时实验室里流传着这样一句笑话：哪里有爆炸，哪里就有杨振宁。杨振宁不得不痛苦地承认，自己的动手能力比别人差。后来，在另一位导师泰勒的劝说下，杨振宁决心从事考验动脑能力的理论物理研究，而思考正是他的特长。事实证明，杨振宁的选择是正确的，他最终在粒子物理学、统计力学和凝聚态物理等理论物理研究领域做出了里程碑式的贡献，并获得了1957年的诺贝尔物理学奖。（李险峰，2012）

（三）胜任力与职业匹配

胜任力又称为胜任特征，指能将某一工作（或组织、文化）中有卓越成就者与表现平平者区分开来的个人潜在特征，它可以包括动机、特质、自我形象、态度或价值观、某领域知识、认知或行为技能（Spencer，1993）。胜任力可以被可靠测量，企业一般通过建立胜任力模型并进行应用以筛选员工。冰川模型是描述胜任力的通用模型，其可用来分析个人跟职业的匹配程度，从而做出正确的职业选择。冰川水上部分代表表层的特征，如知识、技能等。水下部分代表深层的胜任特征，如社会角色、价值观、自我定位、个性特点、内驱力和社会动机等，这些是决定人们的行为及表现和区分不同职业要求的关键因素。

例证 3-7

公文箱处理

西方国家的一些企业近年来建立了许多评价中心（Assessment Centre），运用多种测试方法进行管理能力测试，以帮助企业选拔管理人才。其中有一种情景模拟法——"公文箱处理"，要求被试者作为某一级管理者，在一定时间（20、30或65分钟）内处理好10件或15件公文，包括电话记录、会议记录、电报、信件、上级指示、备忘录、请示报告、调查报告、人事档案和财务报表等。每件公文测试1~3项能力。根据被试者排序是否合理、授权是否恰当、掌握会议的能力、分析与处理问题的能力、文字与口头表达能力等综合评分。使用该方法选拔管理人员的效果良好，据统计分析，正确性可达 76%。

美国电话电报公司曾对几百名管理人员候选人进行测试，随后将结果密封，8 年后在直接提升的经理中核对，有 64% 在预测之内。齐克洛斯公司测试一批销售经理，总共花了 34 万美元，而增加的收益达 490 万美元。（向志文，2005）

第三节 心理测验

近年来，随着个性特征的信息在员工招聘、选拔、工作绩效预测等方面的广泛应用，组织行为学对于个性模型的研究从 20 世纪 90 年代以来又趋于活跃。国家人事部有关部门已在公务员考试和企业咨询中采用了心理测验。据吴杲（2011）对 83 家分别来自江苏、浙江、上海、广东、安徽、江西、山东、河北、天津等省市的企业的调查，有 25 家企业（30.1%）表示采用了心理测验的方法，采用的心理测验主要有：16PF（10 家）、IQ（7 家）、韦氏成人智力量表（4 家）、Holland 职业兴趣测试（4 家）、大五人格测验（3 家）、MBTI（3 家）。随着国内心理测验工具的成熟和管理的日益规范，将会有越来越多的企业使用心理测验，而且网上测验（Web Test）已经随网络技术和人员招聘中的网上申请的发展而得到快速发展。

一、常用的心理测验

心理测验（Mental Test）是心理测量的工具，心理测量在心理咨询中能够帮助当事人了解自己的情绪、行为模式和人格特点。常用的心理测验包括韦氏智力测验、迈尔斯—布里格斯类型指标测验、"大五"个性因素模型、加州心理测验、投射测验、创造力测验、卡特尔 16PF、霍兰德职业人格测验、九型人格等。

（一）韦氏智力测验

韦氏智力量表（Wechsler Intelligence Scale，WAIS）由美国心理学家韦克斯勒（D. Wechsler）编制，是迄今为止最权威和应用得最广泛的儿童智力量表之一，其适用对象为 6~16 岁的儿童。

量表中设计了 12 个分测验，用来测量儿童的各种能力。这 12 个分测验分为言语量表和操作量表两部分。言语量表包括常识、背数、词汇、领悟、算术、相似，操作量表包括图片排列、积木图案、拼图、填图、译码、迷津测验。每个分测验题目的编排由浅到深，言语测验和操作测验交叉进行，使整个测验生动有趣，富于变化，有利于儿童使用。几十年来，韦氏儿童智力量表对普通教育，尤其是对特殊教育领域内各类儿童的测查、诊断、安置、干预和治疗一直发挥着极其重要的作用（曹洪健，周楠，2011）。

施测须知：
(1) 测试过程中可以鼓励做题兴趣、努力程度，但不对答案做评价；
(2) 言语测验和操作测验交替进行；
(3) 背数和迷津属于备用测验；
(4) 总测验时数为 55~80 分钟，一般一次完成，如确有困难，可一周内分两次进行；

(5) 实足年龄应准确计算；
(6) 施测环境要标准；
(7) 常识、相似、词汇、领悟等项目需写下答案；
(8) 适用对象为6~16岁儿童。

（二）迈尔斯—布里格斯类型指标测验

迈尔斯—布里格斯类型指标测验时主要采用 MBTI 量表。MBTI 量表（Myers-Briggs Type Indicators）是目前世界上应用最为普遍的个性评价工具，在国外，每年有数百万人都在接受 MBTI 测验。近些年，MBTI 专家在原始工具基础上，相继开发出十余种版本的量表，其理论基础日趋深厚，评估结果也愈加个性化。也正因此，该量表越来越广泛地被应用于自我了解和发展、职业发展和指导、组织发展、团队组建、管理和领导培训、人际关系咨询、教育及课程发展等方面。

最初的 MBTI 量表是由美国学者伊莎贝尔·迈尔斯（Isabel Myers）与她的母亲凯瑟琳·库克·布里格斯（Katherine Briggs）在荣格分析心理学内外倾向性格和思想基础上发展起来的，她们认为人的心理可以通过4个双极维度描述：

(1) 外向型（E）—内向型（I）：表示获得与运用能量的方式；
(2) 感知型（S）—直觉型（N）：表示收集与获取信息的方式；
(3) 思考型（T）—感觉型（F）：表示做出决策的方式；
(4) 判断型（J）—认知型（P）：表示组织生活的方式。

4个维度，两两组合，共有16种人格类型，个人的性格靠近哪个维度组合，就意味着个体会有哪方面的偏好（McCrae，Costa，1989）。比如说，直觉思维类（NT）的人天生有着好奇心，喜欢幻想，有独创性、创造力、洞察力，有兴趣获得新知识，有较强的分析问题、解决问题的能力，他们是独立的、理性的、有能力的人。大多数 NT 类型的人喜欢物理、研究、管理、电脑、法律、金融、工程等理论性和技术性强的工作。有研究表明，成功企业家的特征之一是直觉思维型（NT）个性。对苹果电脑公司、联邦快递公司、本田汽车公司、微软公司和索尼公司等公司的13位企业家（创始人）的调查表明，他们全部为直觉思维型个性。"外向—直觉—思考—认知"类型和"外向—感知—思考—认知"类型的管理者的工作绩效比较高。

例证 3-8

IBM 公司的说服游戏

IBM 公司曾经要派一批人去印度开展工作，由于对印度缺乏了解和文化上的偏见，几乎没有人愿意去。于是，相关部门就对候选人性格类型进行了针对性研究，对不同类型的候选人制定了不同的说服方案。比如，对于 ENTJ（外向思考带内向直觉型）的人就用晋升、加薪和新工作富于挑战性来吸引他们。对于 ISFP（内向情感带外向实感型）的人就动之以情、晓之以理，向他们表明印度的工作将在很大程度上体现出他们的价值，并许诺提供最自由的工作空间让他们充分发挥，同时向他们暗示，有机会领略印度灿烂的古代文明是一种难得的人生体验。由于充分研究了候选人的性格特质，说服工作进展得非常顺利，人事部门出色地完成了这次原本被认为不可能完成的任务。而且，被派往印度的人中大部分在到达印度之后，不仅在工作上有很大的进步，而且也庆幸地认为，前往印度的选择是自己人生中最为成功的决定之一。（袁希，2004）

（三）"大五"个性因素模型

"大五"个性因素模型（Big Five Factor Model）最初由突普斯和克里斯特（Tupes & Christal，1961）提出。该模型认为，任何个体都存在着五个相对显著、独立而且稳定的个性因素。这五个因素包括精力充沛、情绪稳定、相容协同、责任意识和文化修养。后来的学者们一般将个性的五大因素做了如下命名。

（1）情绪稳定性。该因素既包括个体的坚定、稳健、冷静、情绪稳定这一极端到焦虑不安、担心、情绪化、情绪波动的另一极端，也包括神经过敏。

（2）外向性。该因素既包括个体爱交际、乐群、武断这一极端到安静、保守、谦恭、退让的另一极端，也包括友善、社会化、支配、权力欲、社会能力。

（3）经验开放性。该因素最显著的特征是创造力、想象力、广泛的兴趣和勇敢。

（4）宜人性。该因素既包括同情、合作、好脾气、热情这一极端到坏脾气、不高兴、不愉快、冷淡的另一极端，也包括信任、攻击性、喜欢、友好地顺从。

（5）责任意识。该因素既包括努力工作、勤劳、负责这一极端到任性、不负责和懒惰的另一极端，也包括可信赖、成就欲、自我控制与冲动、野心与慎重、约束和工作。

"大五"个性因素可用图 3-2 表示。1990 年以来，"大五"个性因素模型在我国也得到了验证，成为得到普遍认可的一种个性结构理论。研究表明，"大五"个性因素与工作绩效有着较为密切的关系。本章末附有简明的 60 道题"大五"人格问卷。

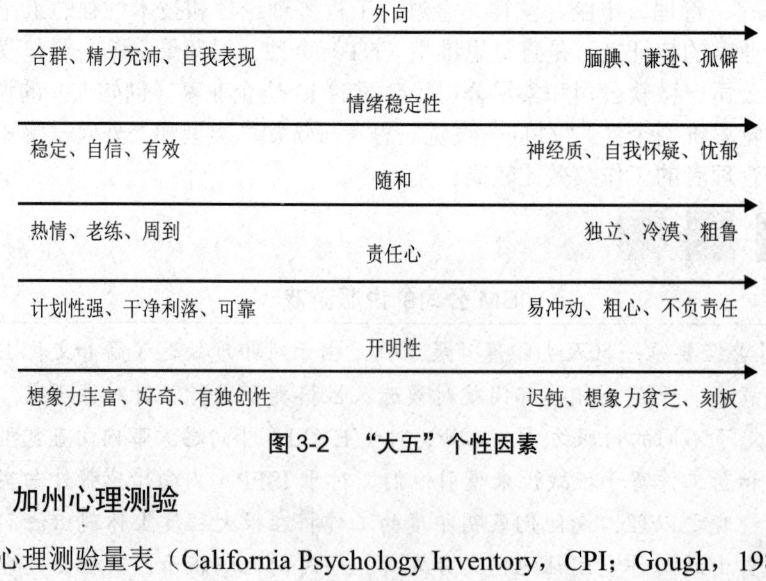

```
                          外向
合群、精力充沛、自我表现  ───────────►  腼腆、谦逊、孤僻
                        情绪稳定性
稳定、自信、有效         ───────────►  神经质、自我怀疑、忧郁
                          随和
热情、老练、周到         ───────────►  独立、冷漠、粗鲁
                          责任心
计划性强、干净利落、可靠 ───────────►  易冲动、粗心、不负责任
                          开明性
想象力丰富、好奇、有独创性───────────►  迟钝、想象力贫乏、刻板
```

图 3-2　"大五"个性因素

（四）加州心理测验

加州心理测验量表（California Psychology Inventory，CPI；Gough，1987）由美国加州大学的心理学教授高夫（H. G. Gough）编制，共包括 480 个是否型的问题，由 18 个

分量表构成。这 18 个分量表按所测查的个性心理特征又可分为四大类：①考查人际关系适应能力；②涉及社会化、成熟度、责任心及价值观念的测量；③考查成就能力与智能效率；④涉及个人的生活态度和倾向。该测验主要考查人与社会相关的各个方面，从人与社会的交往中了解个体的特点。

（五）投射测验

投射测验（Projective Test）是给被试者呈现一种模棱两可的情景、图片或陈述，要求被试者尽快做出解释反应，被试者在回答或解释反应过程中往往会投入自己的思想、态度、愿望、价值观和情感，测试者据此分析了解被试者的个性特征。目前应用得比较广泛的投射测验有罗夏克墨迹测验和主题统觉测验。

（1）罗夏克墨迹测验（Rorschach Inblot Technique）由瑞士精神病学家罗夏克（Hermann Rorschach，1884—1922）于 1921 年提出。该测验通过让被试者解释一套用墨迹组成的图形，进而推论被试者的个性特征，如图 3-3 所示。

（2）主题统觉测验（Thematic Apperception Test）又称 TAT 测验，它是由美国心理学家于 1930 年提出的个性测量方法。测验时，向被试者呈现一套反映不同情景的图片，要求其用 5 分钟看完一张图片并讲出一个故事或发表自己的意见。测试者运用一定技术分析故事或见解，推论被试者的个性特点，如图 3-4 所示。

图 3-3　罗夏克墨迹测验例图

图 3-4　主题统觉测验例图

二、心理测验在管理中的应用

心理测验在管理中的应用主要表现在员工的招聘、人才的培育、心理健康测查以及潜能开发等人力资源管理方面。

（一）心理测验在公务员考试中的应用

公务员考试形式包括笔试、面试、心理测试等方面，其通过一系列的测验以衡量和评价应试者的知识、能力、专业水平以及心理素质等是否符合国家公务员要求（熊珂，2016）。心理测验在公务员考试中的应用主要有三个特征，一是其信度和效度都比较高。目前，一些省份在公务员录用考试的心理测验中使用的量表都是在世界上长期使用后得出明确结论的著名量表。二是采取的手段比较新颖。目前心理素质测验主要采取心理问卷的方法，既便于操作又有固定的标准。三是测验的标准化较高，心理测验与物理测量一样，都是根据一定的法则将某种物质属性表示成数字，同时又都有严格标准的测试方案，从而最大限度地排除无关因素的干扰，使测试结果准确、标准而且可以相互比较。心理测验能对人的心理素质进行科学而准确的评估，为择优录用提供了客观有效的依据，它已经成为国家选拔公务员的常规办法。目前，越来越多的国企和事业单位也开始运用心理测验进行人才选拔和人事决策（孙天威，2009；王晓霞，2012）。

（二）心理测验在企业网上申请中的应用

随着国内心理测验工具的成熟和管理的日益规范，越来越多的企业开始使用心理测验，而且网上心理测验已经随着网络技术的发展和线上招聘渠道的兴起得到越来越广泛的应用。目前有许多国内知名企业，如腾讯、宝洁、京东、恒大在应聘人网上投递简历后，会根据不同的职业选拔需要，要求应聘者进行相应的线上心理测试，心理测试结果将作为企业筛选应聘者的一个重要参考因素。例如，企业利用智力量表测验中的言语测验，测量管理、销售人员的言语理解和与人沟通的能力；利用人格因素调查问卷，如卡特尔的测试问卷、明尼苏打多项人格问卷（MMPI）、艾森克人格问卷（EPQ）、"大五"人格测验等，测查候选人的人格特质，为其进行职业类型匹配度确认；利用投射测验可以考查应聘者的工作动机和与工作有关的生活态度。用人单位的网上招聘工作往往因其无法对应聘者进行深入全面的了解而深受诟病，企业使用线上心理测验进行辅助，使得线上招聘的科学性、准确性和公正性都有了大幅度提升。

（三）诚信测验在招聘和选拔中的应用

诚信测验（Integrity Test）成为继能力和个性测验后在人员选拔事务中必不可少的测验。由于中国社会信用体系尚未完全建立，假文凭、假学历、假资历等现象时有发生，因此应聘者的诚信问题成为许多企业在人才招聘过程中遇到的一个主要问题。对此，企业应适当采取一些防范措施：①选择合适的招聘队伍，有经验的面试官可能对应聘者的假文凭、夸大其词、撒谎等行为比较敏感且能够做出辨别。②建立规范而科学的招聘系统。③精心设计面试问题，有时可采用出其不意的压力面试，如问："你为何找不到工作？"面试官对应聘者回答这一问题时的欺骗行为极为敏感，你应该直截了当，眼睛看着对方。有专家警告说，如果应聘者思考的时间超过了一分钟，那么应聘者很有可能是在撒谎。④采用多种甄选方法，进行多方印证和比较。⑤开展背景调查和履历分析，有时可通过信函、电话、走访、上网等方式来查阅应聘者的相应资料。⑥增加网络招聘行为的成本。⑦设定试用期。迄今为止，中国尚未编制出科学的诚信测验量表。

（四）背景调查在招聘中的应用

背景调查就是企业人力资源部门通过各种正常的、合法的、合理的方法和渠道，对应聘人员的工作经历、教育背景、品质、兴趣、薪资等情况进行暗中调查，以获得应聘人员的背景资料的相关信息，并对获得的信息与应聘人员所提供的简历、面谈介绍以及职位信息进行对比，以成为企业人力资源管理者对员工聘用的参考依据，为人才决策提供重要的证据材料（杨贵芳，2011）。

由于中国目前的法律没有明确地对企业背景调查的权利和义务进行界定，候选人对公司的背景调查结论持不同意见时有可能会诉诸法律。因此实际应用中，企业在开展背景调查前要获得候选人的理解、支持和书面知情同意书，要避免涉及个人隐私问题。其次，企业在背景调查过程中要保持严谨和客观的态度，妥善处理背景调查的结果，并且注意完善背景调查的各种制度和流程，保留各种书面资料。

例证 3-9

冒名顶替 211 毕业生应聘企业高管

候选人在应聘某公司时，告知 HR 自己毕业于国内某 211 大学。HR 觉得候选人面试表现不错，拟定录用。由于候选人应聘的岗位属于高管级别，在发送正式 offer 前，根据公司要求需要对候选人进行背景核查。于是，HR 向候选人索要其个人学历证明，证书上显示候选人的毕业院校确为国内某知名 211 大学。后在背调时发现，候选人毕业证书属实，且证书上的姓名与候选人的一致，但在仔细比对中发现候选人的出生日期和毕业照片与身份证上的有所差异。HR 对这一现象提出疑问，候选人辩解是学校将其出生日期和照片弄错。为了防止出现错误，背调公司又通过联系学校相关部门进行多方确认，均证实候选人并非该校毕业生，而是套用他人证书，冒名顶替，实际证书所属人只是刚好与候选人同名同姓而已。（供稿：广州市八方锦程人力资源有限公司，2020）

（五）笔迹分析在招聘中的应用

笔迹就是书写者利用书写工具在书面上留下的痕迹，是书写动作的特点呈现，反映了一个人书写习惯的特殊性。笔迹分析假定在不同的情况和环境下，人们的笔迹有一个可靠的模型。笔迹分析的基本内容主要包括以下七个方面：书面整洁、字体大小、字体结构、笔压轻重、书写速度、字行平直、通篇布局。进行笔迹分析时可按上述层面分别分析，然后进行综合判断。笔迹特征分别对应以下心理含义（王晓霞，2012）。

（1）笔迹压力。笔迹压力对应着精力能量、意志力、控制力、决策力、影响力等。笔压重通常代表书写者精力充沛、意志坚定、强势、主观、固执、务实等；笔压轻通常代表书写者细腻、敏感、灵活、善变、不自信、务虚等。

（2）书写速度。书写速度对应着思维与行动的反应速度、积极程度、灵活度、忍耐力等。速度快通常代表书写者思维敏捷、动作迅速、注重效率、急躁、易冲动等；笔速慢通常代表书写者谨慎、平缓、安逸、有耐心、犹豫等。

（3）线条形态。线条形态对应着心态和思想、行为风格。通常横画上倾代表积极，而下斜预示消极；撇捺伸长舒展代表开放洒脱，而短小紧缩代表拘谨内敛；直线条多通常代表书写者直爽、利落、讲原则；曲线条多通常代表书写者灵活、随和、善变通。

（4）字体大小。字体可以视为心理能量的容器。字体大通常代表书写者的性格趋于外向、开朗、思维宏观、不拘小节、不够精细；字体小通常代表书写者性格趋于内向、谨慎、专注、耐心、思维微观、善于分析、心胸不宽、斤斤计较。

（5）字体结构。字体结构可以反映书写者的思维类型和水平、生活态度、行事风格、审美能力等。字体结构严谨，通常代表书写者有较强的逻辑思维能力、思虑周全、谨慎内敛、循规蹈矩、缺少魄力和创造力等；字体结构疏朗，通常代表书写者开朗、豁达、思维宏观、不拘小节、不求精确、不够严谨等。

（6）字阵特征。字阵包括字距行距、字行平直度等。其中，字行平直度反映书写者的态度和情绪特征。字行平直，通常代表书写者控制力好，情绪平稳；字行略上倾，通常代表书写者积极向上，有进取精神；字行下倾，通常代表代表书写者看问题较实际、容易悲观、有消极心理；字行起伏，通常代表书写者情绪不稳定，随物喜随己悲，心理调控力弱。

（7）通篇效果。通篇整体可反映书写者的全局观以及仪表举止是否得体。书面干净整洁，通常代表书写者举止大方、行为得体、干净整洁、注重形象、自尊心强；书面凌乱、有多处涂抹现象，通常代表书写者性格散漫、不拘小节、不修边幅等。

许多西方国家，如德国 80%的公司，法国、瑞士 70%以上的公司，以色列 50%以上的公司，日本、美国、意大利等国的许多公司在人员招聘时常常会聘请笔迹专家对应聘者的笔迹进行分析，以便更好地判断应聘人员的性格、协调能力和身体状况。但笔迹分析技术在我国的发展相对比较晚，20 世纪 80 年代以后，有关笔迹学的报道才逐渐开始出现在报刊上。近年来，我国关于笔迹与人格的相关研究数量偏少，笔迹分析在招聘上的应用也较少。

三、使用心理测验应注意的问题

为准确地了解个体的个性特点，必须正确地使用心理测验，否则，运用不当不仅不能有效地了解个体的个性特点，相反还可能造成不良的后果。为使心理测验能够最大限度地发挥其功效，使用心理测验应注意以下 4 个问题。（田禾，廖倩倩，2009）

1. 正确认识心理测验的作用

要正确地使用心理测验技术，首先要端正认识态度。不少人过分夸大和迷信心理测验的作用，形成"万能论"和"唯测评论"。诚然，心理测验是了解个体个性特点的重要手段，是诊断、招聘和选拔、决策的重要工具，较之以往的"学历+工作经验"的人才选拔方法更具科学性、准确性和客观性，但它也存在一定的局限性。心理测验通过间接测量和取样的方法推论出人的特质，不可避免地会存在误差。并且，不同的心理测试测评方法所依据的理论基础不尽相同，每个理论都会存在一个"脆弱的前提假设"，这也加大了测试结果的不确定性。因此，当使用心理测验时，我们应当认识到，心理测验同其他任何一种人才测评工具一样，都是决策的辅助性工具，其分析结果不能作为唯一依据来使用。

2. 科学选择心理测验的方法

心理测验有优劣之分。目前网上流行着不少改编的趣味性心理小测试，这些测试虽然满足了普通大众的娱乐性需求，但其编制过程不一定科学和权威，并不适合于正规用途。此外，心理测试种类繁多，测试方向、功能和效果也各不相同，我们应当根据实际和需要，采用按照科学方法编制的、经过标准化程序处理的心理测验。心理测验软件必须通过专家鉴定为科学有效并配有使用手册，方可使用。

3. 选择专业的心理测验人员

心理测验是一项专业技术很强的工作，需要有经过专门培训并有丰富实践经验的专业人员进行操作。国外心理测评的从业人员都要经过专门的培训，而且至少要具备心理学专业本科学历，并取得执业资格方可上岗，而目前我国心理测试从业人员数量较少，从业人员的素质也参差不齐。有许多非测验专业的人士也大量使用心理测验，而不考虑自己是否具有相关心理学理论的知识背景，也不考虑心理测验编制的原理、心理测验的优点和缺点、使用心理测验应注意的问题等。这种知其然不知其所以然的做法可能会导致测评结果的失真。只有由专业人士施测，才能把误差控制在最小的范围内，才能提高测试结果的可靠性。

4. 慎重解释与使用测验结果

在心理测试结果解释的过程中，主试有时候会忽略实测过程中可能产生的误差，有的人可能还会因主观因素而曲解分数，从而对被试者产生不好的影响。心理测验的结果是否真实有效受到很多因素的制约，并不是一测就"灵"，往往需要多次反复测量，并采用多种测量方法相结合的形式，才能在一定程度上揭示人的心理特征。另外，被测人员可能会事先揣摩测评人员的测评意图，进而按照测评人员所期望的要求作答，从而导致测评结果的不真实。由此可见，对心理测验的结果不能过于依赖，需要慎重解释与使用。

本章小结

- 个性是指个体的比较稳定的、经常影响个体的行为并使个体和其他个体有所区别的心理特点的总和。
- 个性的理论可分为个性的类型理论和个性的特质理论。个性的类型理论就是将人的个性加以类型化，而个性的特质理论认为人的行为由个人在一定程度上都有的各种稳定的特质所决定。
- 个性与职业存在匹配关系。个性与职业的匹配问题研究已经逐步拓展到个性与组织类型、环境的匹配问题研究。
- 气质分为多血质、胆汁质、黏液质和抑郁质四种基本类型。气质与职业之间存在匹配关系。
- 霍兰德职业人格包括六大类，即现实型（R）、研究型（I）、艺术型（A）、社会型（S）、企业型（E）、常规型（C）。人们选择职业时需要参考自己的职业兴趣和职业人格。
- 任何工作都有相应的智力要求，智力低将不能适应有较高难度的工作。
- 能力分一般能力和特殊能力。员工除了需要具备一般能力之外，还必须具备从事该职业的特殊能力，即职业能力。
- 心理测验是心理测量的工具，心理测量在心理咨询中能够帮助当事人了解自己的情绪、行为模式和人格特点。它是了解个体个性特点的重要手段，是诊断、招聘和选拔、决策的重要工具。

- 常用的心理测验主要包括韦氏智力测验、"大五"个性因素模型、迈尔斯—布里格斯类型指标测验、霍兰德职业人格测验、加州心理测验、卡特尔16PF、九型人格等。

案例分析

乔布斯——有缺口的完美人生

完美，是乔布斯喜欢的词语，是他毕生的追求、成功的秘诀。在产品设计上，乔布斯精确到每一个细节，甚至要求工程师把没人会拆开看的机箱电路板设计得漂亮、吸引人；研发iPhone时，设计团队尝试过数百种不同的手机外壳；而等到"侵略了整个地球"的iPhone 4，乔布斯更是规定，主要零件的间距不能大于0.1毫米，这是为了避免打电话时夹到头发。心理学家说，每个锱铢必较的完美主义者都有一颗充满控制欲的心，每个控制狂都有一个自恋的灵魂。

一、一切从被收养开始

乔布斯从没说过自己具体在哪年哪月哪天、以怎样一种方式知道了自己的身世。乔布斯的亲生父母在即将读研时生下了他，却无力抚养。一对蓝领夫妻收养了这个男婴，并给他取名为史蒂夫·乔布斯。

在乔布斯还不知道自己是个养子时，收养的心理印记就早已烙在他的身上。童年时，他是个爱哭、孤僻的孩子，被同学欺负了，就躲在角落里悄悄地流眼泪。直到乔布斯成了叱咤风云的苹果"帮主"，他的不少工作伙伴仍然用"少言寡语、孤僻"来评价他。但成年的乔布斯不再相信眼泪，他选择了一条更为坎坷的逃避之路。

1977年，乔布斯22岁，苹果公司正式成立。就在这一年，乔布斯的女友布里南怀孕了。乔布斯不怎么喜欢这个"惊喜"，建议布里南堕胎，但布里南不同意。1978年，乔布斯的第一个女儿丽莎诞生，但他拒绝承认。即使亲子鉴定显示他的确是丽莎的亲生父亲，乔布斯仍然奋力否认，甚至不惜牺牲自己的名誉和尊严，在法庭上说："我没有生育能力，不可能生出这个孩子。"直到1980年，乔布斯才承认了丽莎的身份。

那两年，没人明白乔布斯究竟在想什么。他不承认丽莎，却又把新研发的电脑命名为"丽莎"。或许，曾被亲生父母遗弃的乔布斯在用这种方式拒绝长大，他拒绝的不是丽莎，而是成为父亲的事实。

接下来的10年里，乔布斯继续保持着混乱的男女关系，直到1991年，36岁的他才算真正拥有了家庭。

二、"我最重要"的感觉

乔布斯永远也不会忘记，自己是个养子。终其一生，这个一出生就被抛弃的男人都像个孩子一样，追求着"我最重要"的感觉。

苹果公司成立的那天，斯蒂夫·沃兹被推选为1号员工，乔布斯是2号。沃兹是乔布斯多年的合作伙伴，更是苹果电脑的设计者。即使如此，"2"的感觉仍让乔布斯不爽，于是他抗议了一番，然后给了自己一个让人无奈又好笑的称呼：0号员工。

乔布斯喜欢车，但从不上牌照。他"拉风"地对警察强调："我是名人，每天都会被人偷掉车牌，还不如不装。"一度，乔布斯爱上一款保时捷表，一旦有人夸他的表好看，他就当场送给对方，过一会儿又"变"出一块戴在手上。原来，这块价值 2 000 美元的手表他一买就是一箱，送一块，再戴一块。他视金钱如粪土，只要能引人关注。

所有老板都热衷于经营形象，乔布斯却说："让慈善见鬼去。"乔布斯的熟人这样评价他："乔布斯把主要的精力都放在提高自己的生活质量上，以便自己潜心研究、发明创新，然后直接（通过雇用员工）或间接（用产品改善大众的生活质量）地影响更多人。"这就是乔布斯的慈善逻辑：我不给你钱，我用我的重要性来改变你。

三、改变与控制

乔布斯说，活着就是为了改变世界。

1978 年，在苹果公司首次举办的化装晚会上，23 岁的乔布斯扮演了耶稣，或许这就像个人生预言：我是最重要的上帝，我可以改变世界，也可以控制世界。

他做到了，他改变了全世界对科技的认知与审美，没人能跟得上他超前的眼光和步伐，但前提是：一切尽在掌握之中。

乔布斯严格地控制着他创造的世界。他是个只吃鱼肉和素食的人，于是苹果的食堂里就弥漫着豆腐的味道。保密是苹果公司"最苛刻，甚至带有些侮辱性"的政策：员工一旦泄密必遭解雇，哪怕是无心说漏嘴；公司内有无数摄像头监控员工的工作情况；新产品必须蒙上黑布，揭开黑布的时候必须打开红色警示灯；甚至，高管会故意在公司内散布错误信息，测试泄密的可能性。

控制，在苹果的产品上展露无遗。苹果的产品缺少开放性和兼容性，永远是完美而封闭的：不开放的系统，没有兼容性的蓝牙设备，用户甚至不能更换电池。乔布斯用他的产品告诉你：我可以给你最好的世界，但你必须放弃其他的一切。

乔布斯对自己的舆论形象也严加控制。他曾亲自打电话给坚持发稿的记者："夜里别自己骑自行车出门，小心被撞死！"对于报道了自己诸多私生活信息的八卦记者，他禁止苹果员工与其说话；未经他"官方授权"的《乔布斯传记》的作者被他大加封杀。2008 年起，乔布斯的癌症恶化，他终于"授权"了"官方"自传的采访和出版，这或许是他对死后舆论的最后一次有效控制。

四、粗暴与善解人意

乔布斯是全世界最善解人意的产品设计者。数十年来，"用户体验"一直是苹果最重要的追求目标。但乔布斯的这份善解人意却很少能惠及身边人生活中，他经常漠视他人感受，是个粗暴的自恋者。

他亲生父母所生、27 岁时相认的胞妹莫娜在第三部小说《一个凡人》中描写了一个抛弃女儿的自恋狂企业家，对他人的愿望和想法丝毫不予考虑，人生目标是"这个星球因为他的诞生而从此改变"。大家都知道这位主人公的原型是谁。

乔布斯是个爱用"咆哮体"的老板。在公司里，他动辄怒吼："你们这群笨蛋！""废物""饭桶"都是他经常用的词。

乔布斯的合作伙伴曾这样评价他："在他的世界里，只有黑与白。"终其一生，乔布斯都像个孩子，二元地分化着世界。被他"鉴定"为"坏人"的人，只有被他羞辱、鄙视的份儿。（李小昼，2011）

问题讨论：

1. 请你简要概括乔布斯的性格特征。
2. 乔布斯的性格特征对他的管理风格有何影响？
3. 为什么乔布斯能够让苹果手机风靡全球？

心理测试

3-1 你是A型人格吗

指导语： 在下列各特质中，你认为哪个数字最符合你的行为特点？本测验约需5分钟。

1. 不在意约会时间　　1 2 3 4 5 6 7 8　　从不迟到
2. 无争强好胜心　　　1 2 3 4 5 6 7 8　　争强好胜
3. 从不感觉仓促　　　1 2 3 4 5 6 7 8　　总是匆匆忙忙
4. 一时只做一事　　　1 2 3 4 5 6 7 8　　同时要做好多事
5. 做事节奏平缓　　　1 2 3 4 5 6 7 8　　节奏极快（吃饭、走路等）
6. 表达情感　　　　　1 2 3 4 5 6 7 8　　压抑情感
7. 有许多爱好　　　　1 2 3 4 5 6 7 8　　除工作之外没有其他爱好

记分： 累加7个问题的总分，然后乘以3。分数高于120分，表明你是极端的A型人格。分数低于90分，表明你是极端的B型人格。

分数	人格类型
120以上	A+
106～119	A
100～105	A-
90～99	B
90以下	B+

讨论： 大家分享自己的分数，举例说明自己的A型或者B型性格在现实生活和学习中有何表现，最后请班上典型的A型或者B型性格者分享他们的事例。

3-2 60道题"大五"人格问卷

下面列出了一些描述您在日常生活行为和态度的说法，请认真阅读每一句话，并表明您对该说法的赞同或不赞同的程度。请尽可能根据您的实际情况对它们做出诚实、客观的回答。使用下面的量表，并在相应的数字上画圈。时间需要15～25分钟。

	1 完全 不同意	2 不太 同意	3 有些 同意	4 同意	5 完全 同意
1. 我无忧无虑	1	2	3	4	5
2. 我喜欢周围人多	1	2	3	4	5
3. 我不喜欢想入非非	1	2	3	4	5
4. 我尽量对我所遇到的任何人以礼相待	1	2	3	4	5
5. 我将自己的物品保持得干干净净且井井有条	1	2	3	4	5
6. 我常常感到不如别人	1	2	3	4	5
7. 我很容易大笑	1	2	3	4	5
8. 我发现哲学争论很无聊	1	2	3	4	5
9. 我经常同我的家人和同事争吵	1	2	3	4	5
10. 我比较善于安排将事情按时做完	1	2	3	4	5
11. 当我压力重时就会感到要身心崩溃	1	2	3	4	5
12. 我并不认为自己的心情非常愉快	1	2	3	4	5
13. 艺术和自然界的各种状态常激起我的好奇心	1	2	3	4	5
14. 有人认为我自私且以自我为中心	1	2	3	4	5
15. 我并不是一个做事很有条理的人	1	2	3	4	5
16. 我很少感到孤独或愁闷	1	2	3	4	5
17. 我的确喜欢与人交谈	1	2	3	4	5
18. 我认为,让学生听一些有争议的演讲只会使他们迷惑不解或产生误导	1	2	3	4	5
19. 我宁愿与他人合作,也不与他们竞争	1	2	3	4	5
20. 我努力把分给我的任务尽心尽职地去做好	1	2	3	4	5
21. 我经常感到紧张而且神经过敏	1	2	3	4	5
22. 我喜欢付诸行动的过程	1	2	3	4	5
23. 诗歌对我的影响很少或者根本没有什么影响	1	2	3	4	5
24. 我常会怀疑别人的用意	1	2	3	4	5
25. 我有明确的目标,并且按部就班地朝着它们努力	1	2	3	4	5
26. 我有时感到自己毫无价值	1	2	3	4	5
27. 我往往喜欢单独做事情	1	2	3	4	5
28. 我经常品尝一些新的外来食品	1	2	3	4	5

续表

	1 完全 不同意	2 不太 同意	3 有些 同意	4 同意	5 完全 同意
29. 我认为,如果你不防备,大多数人就会利用你	1	2	3	4	5
30. 在静下来工作之前,我会浪费很多时间	1	2	3	4	5
31. 我很少感到惧怕或焦虑不安	1	2	3	4	5
32. 我常常感到自己精力充沛无比	1	2	3	4	5
33. 我极少注意到不同的环境所引起的情绪或感觉上的变化	1	2	3	4	5
34. 我认识的大多数人都喜欢我	1	2	3	4	5
35. 我为达到自己的目标做不懈的努力	1	2	3	4	5
36. 我常常为人们对待我的方式而感到气愤	1	2	3	4	5
37. 我是一个快活、充满激情的人	1	2	3	4	5
38. 某些音乐能够引发我无限的想象	1	2	3	4	5
39. 有些人认为我冷漠无情且斤斤计较	1	2	3	4	5
40. 一旦我开始从事某件事,我一定坚持把这件事情做完	1	2	3	4	5
41. 一旦事情变糟,我常常会失去信心并且想放弃	1	2	3	4	5
42. 我并不是一个乐观派人物	1	2	3	4	5
43. 有时候当我在阅读诗歌或欣赏文艺作品时,我会激动不已	1	2	3	4	5
44. 我这人任性,不轻易改变自己的态度	1	2	3	4	5
45. 有时候,我不能做一个像我应该做到的那样可靠的人	1	2	3	4	5
46. 我很少感到悲伤或沮丧	1	2	3	4	5
47. 我的生活节奏很快	1	2	3	4	5
48. 我对探索宇宙或人类的本质根本没有多大兴趣	1	2	3	4	5
49. 我一般情况下会周密思考并为他人着想	1	2	3	4	5
50. 我是一个办事效率高并且总把自己的工作完成的人	1	2	3	4	5
51. 我常常感到孤立无援,并且希望有其他人来解决我面临的问题	1	2	3	4	5
52. 我是一个很活跃的人	1	2	3	4	5

续表

	1 完全 不同意	2 不太 同意	3 有些 同意	4 同意	5 完全 同意
53. 我的求知欲望十分强烈	1	2	3	4	5
54. 如果我不喜欢别人，我就会让他们知道	1	2	3	4	5
55. 我从不感到自己做事有头绪	1	2	3	4	5
56. 有时我感到难为情，以至于自己想躲起来	1	2	3	4	5
57. 与其领导别人，不如走我自己的路	1	2	3	4	5
58. 我很喜欢理论或抽象的概念	1	2	3	4	5
59. 如果需要的话，我会利用别人来达到自己的目的	1	2	3	4	5
60. 我力求使自己做的每一件事情精益求精	1	2	3	4	5

（Costa & McCrae，1992）

记分：

神经质（12题）：1*，6，11，16*，21，26，31*，36，41，46*，51，56。分数越高，情绪越不稳定。

外向性（12题）：2，7，12*，17，22，27*，32，37，42*，47，52，57*。分数越高，性格越外向。

经验开放性（12题）：3*，8*，13，18*，23*，28，33*，38，43，48*，53，58。分数越高，性格越开明，态度开放，容易接受新事物。

宜人性（12题）：4，9*，14*，19，24*，29*，34，39*，44*，49，54*，59*。分数越高，性格越随和。

责任意识（12题）：5，10，15*，20，25，30*，35，40，45*，50，55*，60。分数越高，责任意识越强。有关上述五个维度内容的详细解释见正文。

其中带"*"号的题为反向记分题，即6减去所圈到的数字。将各子量表相应题目的得分相加即为该子量表的得分。对388名大学教师的测试结果表明，各子量表的项目内部一致性系数（Cronbach alpha）介于0.67~0.83，说明这些子量表的信度可以接受（Chen & Watkins，2010）。对283名大学生的测试结果表明，各子量表的项目内部一致性系数介于0.64~0.85，神经质的均值和方差为29.6±4.6（20.4以下为典型低分，38.8以上为典型高分），外向性34.9±4.0（26.9以下为典型低分，42.9以上为典型高分），经验开放性40.1±3.7（32.7以下为典型低分，47.5以上为典型高分），宜人性39.4±4.5（30.4以下为典型低分，48.4以上为典型高分），责任意识36.4±3.9（28.6以下为典型低分，44.2以上为典型高分）。在各个子量表上，男女不存在显著的性别差异。

 参考文献

[1] GOUGH H G. CPI, California psychological inventory[kit][M]. Palo Alto, California: Consulting Psychologists Press, 1987.

[2] HOLLAND J L. A theory of vocational choice[J]. Journal of counseling psychology, 1959, 6, 35-44.

[3] MCCRAE R R, COSTA P T. Reinterpreting the myers-briggs type indicator from the perspective of the five-factor model of personality[J]. Journal of personality. 1989

[4] SPEARMAN C. General intelligence, objectively determined and measured[J]. American journal of psychology. 1904(15): 201-293

[5] SPENCER J L, SPENCER S M. Competence at work: models for superior performance [M]. New York: John Wiley & Sons, Inc, 1993.

[6] TUPES E C, CHRISTAL R E. Recurrent personality factors based on trait ratingsUSAF ASD Tech. Rep. No. 61-97. Lackland Air Force Base, TX: U.S. Air Force, 1961.

[7] 蔡践. 性格决定成败[M]. 北京：中国长安出版社，2008：139.

[8] 曹洪健，周楠. 韦氏儿童智力量表与特殊儿童测查：挑战、改革与发展[J]. 中国特殊教育，2011（06）：17-23.

[9] 陈国海. 企业管理者气质类型分布调查[J]. 中国人力资源开发，2002（10）：61-64.

[10] 刘世英，彭征. 谁认识马云[M]. 北京：中信出版社，2006.

[11] 李小昼. 乔布斯——有缺口的完美人生[J]. 婚姻与家庭，2011（12）：26-27.

[12] 李险峰. 探析著名科学家杨振宁的成功之道[J]. 兰台世界，2012（34）：101-102.

[13] 刘迪迪，王美萍，陈翩，等. COMT 基因 Val158Met 多态性与抑郁的关系[J]. 心理科学进展，2018，26（08）：1429-1437.

[14] 孙天威. 公务员面试过程中的心理素质评估[J]. 理论界，2009（3）：212-213.

[15] 陶小江. 怎样培养出工作狂[J]. 企业管理，2014（06）：34-35.

[16] 田禾，廖倩倩. 人力资源管理中心理测验技术应用的思考[J]. 华中农业大学学报（社会科学版），2009（03）：45-48.

[17] 田海波，唐明德，彭喜春. 饮食习惯与性格相关性研究综述[J]. 按摩与康复医学，2010（15）：31-32.

[18] 田涛，李传涛. 任正非："不可救药"的乐观主义者[J]. 商周刊，2013（07）：24-26.

[19] 王晓霞. 笔迹分析技术在招聘中的应用研究[J]. 人口与经济，2012(S1)：33-34.

[20] 吴昊. 中国企业人员测评技术的应用：现状和思考——以制造企业为例[J]. 南京理工大学学报（社会科学版），2011，24（01）：47-53

[21] 冀晓萍. 马云：一个"差生"的成长记录[J]. 人民教育，2015（10）：68-71.

[22] 许明月. 人力资源管理心理学[M]. 北京：经济科学出版社，2010：96.

[23] 向志文. 现代企业管理人才测评研究[D]. 武汉：武汉科技大学，2005.

[24] 熊珂. 我国公务员考试制度研究[J]. 低碳世界，2016（10）：237-239.

[25] 杨贵芳. 背景调查在企业招聘中的应用[J]. 现代商业，2011（24）：93.

[26] 俞文钊. 管理心理学[M]. 上海：东方出版中心，2002.

[27] 袁希. 从 MBTI 看 IBM 管理实践[J]. IT 时代周刊，2004（14）：77-78.

[28] 翟洪昌，许铎. 管理人员个性的因子分析及其科学评价问题的研究[J]. 心理科学，2000，23（2）：211-214.

[29] 赵慧军. 不同职业者的个性模式及其测评——个性轮廓匹配法的应用[J]. 中国人力资源开发，1999（05）：32-34.

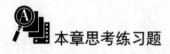

本章思考练习题

思考练习题	讨论辩论题

第四章
价值观与态度

学习目标

学完本章后,你应该能够:
1. 了解价值观的类型;
2. 掌握态度改变理论;
3. 了解态度对组织行为的影响;
4. 掌握工作满意度调查的方法;
5. 了解组织承诺的概念。

引例

宜家集团价值观

宜家创始人——英格瓦·坎普拉德的生活极其简朴,比如乘飞机总是坐经济舱,在自助餐厅将自己的口袋塞满盐袋、胡椒粉,20年来一直开着那辆1993年款的沃尔沃汽车,从不穿西装,没有昂贵的腕表……因此,他节俭的美德也同样影响着全球最大的家具用品零售商——宜家集团(中国商界,2019)。宜家集团的价值观里便包括了成本意识和简单,认为应该尽可能地让多的人拥有一个成本较低、美观实用的家,同时也鼓励"做自己,脚踏实地,不拘礼节,实事求是"。此外,宜家的价值观里还囊括了团结、关怀人类和地球、更新和改善、与众不同而又意义非凡、承担责任、以身作则。例如,宜家长久以来使用的可再生材料制作的购物袋、收集废弃的聚乙烯薄膜,经过加过后将其作为新产品制作的"原材料"。由此看来,这种做法也体现出了宜家的经营理念——为大众创造更加美好的日常生活。长期以来,宜家一直致力于为老百姓提供种类繁多、美观实用、物美价廉的产品,以帮助普通大众创造美好生活。在员工管理制度方面,宜家鼓励员工尝试不同的角色,员工可以根据自己的兴趣和对未来的目标自行规划职业发展道路,许多员工在整个工作过程中会在不同部门、不同岗位之间转换,以发现最适合自己的岗位,从而发挥更大的作用。正因为如此,宜家中国的总体流动率不到 15%,而《2012—2013

年中国零售行业人力资源管理蓝皮书》显示，中国零售业人员平均流失率为30%~40%。从企业文化到员工管理，宜家集团的价值观一直被各界各业称赞以及学习。从1943年创办到2017年，宜家已成为全球最大的家具用品零售商，销售包括宜家办公系列、宜家家具零售系列、宜家餐饮家具系列三个系列的9 500款产品，销售总额达到287亿欧元（高霞，2017）。

（资料来源：宜家职业发展——IKEA 宜家家具[EB/OL]. [2020.02.28]. https://www.ikea.cn/ms/zh_CN/this-is-ikea/the-ikea-concept/index.html.）

引例中，宜家的经营理念、员工管理等方面都受到其价值观的影响，并且在这一基础上不断开拓创新，为企业持续发展注入新动力。价值观差异和态度差异是个体差异的重要方面。价值观和态度是构成个性倾向性的重要组成部分，对人们的行为具有重要的影响作用，对组织管理具有重要的意义。对企业来说，员工的价值观和态度在很大程度上决定了一切。企业宜定期开展调查，了解员工的价值观和态度（包括工作满意度、组织承诺），以便整合组织价值观和员工价值观，提高员工的工作满意度和组织承诺，进而提高工作绩效。

第一节 价 值 观

个体对客观事物，如工作、金钱、感情，均有自己的衡量标准，这些客观事物对个体而言，有轻重主次之分。价值观不是与生俱来的，而是在后天生活和工作的环境中逐步形成的，一旦形成，就具有相对稳定和持久的特点。

一、什么是价值观

价值观（Values）代表一系列基本信念和看法：从个体或社会的角度来看，某种具体行为模式或存在的最终状态比与之相反或不同的行为类型或存在状态更可取（罗宾斯，2016）。价值观是个体对客观事物的综合态度，能够直接影响个体对事物的看法和行为。价值观如同一个总指挥，支配着个体的需要、动机乃至行为。价值观影响个体的人际关系，影响个体的决策，影响对个体及组织的成功的看法。

二、价值观的类型

价值观按内容、表现形态可分成不同的类别，奥尔波特、罗克奇、格雷夫斯和霍夫斯泰德等学者分别对它进行了分类。

（一）奥尔波特的价值观分类

奥尔波特（G. W. Allport, 1897—1967）将事物的价值分为六种，即经济的价值、理论的价值、审美的价值、社会的价值、政治的价值和宗教的价值，相应地，也将人们的价值观分为六种（Allport, 1931），如表4-1所示。

表4-1 奥尔波特的六种价值观

类型	价值观特点
经济型	强调有效和实用
理论型	重视以批判和理性的方法寻求真理
审美型	重视外形与和谐匀称的价值
社会型	强调对人的热爱
政治型	重视拥有权力和影响力
宗教型	关心对宇宙整体的理解和体验的融合

（二）罗克奇的工具与目的价值观

罗克奇（M. Rokeach，1918—1988）设计了罗克奇价值观调查问卷（Rokeach Value Survey；Rokeach，1973，1983），如表4-2所示，它包括两种价值观类型，每一种类型有18项具体内容。第一种类型称为目的价值观（Terminal Values），指的是一种期望存在的最终目的，它是一个人希望通过一生而实现的目标；第二种类型称为工具价值观（Instrumental Values），指的是偏爱的行为方式或实现终极价值观的手段，主要表现在道德和能力两个方面。

表4-2 罗克奇的价值观

目的价值观	工具价值观
舒适的生活（富足的生活）	雄心勃勃（辛勤工作、奋发向上）
振奋的生活（刺激的、积极的生活）	心胸开阔（开放）
成就感（持续地贡献）	能干（有能力、有效率）
和平的世界（没有冲突和战争）	欢乐（轻松愉快）
美丽的世界（艺术与自然的爱）	清洁（卫生、整洁）
平等（兄弟情谊、机会均等）	勇敢（坚持自己的信仰）
家庭安全（照顾自己所爱的人）	宽容（谅解他人）
自由（独立、自主选择）	助人为乐（为他人的福利工作）
幸福（满足）	正直（真挚、诚实）
内在和谐（没有内心冲突）	富于想象（大胆、有创造性）
成熟的爱（性和精神上的亲密）	独立（自力更生、自给自足）
国家的安全（免遭攻击）	智慧（有知识的、善于思考的）
快乐（快乐的、闲暇的生活）	符合逻辑（理性的）
救世（救世的、永恒的生活）	博爱（温情的、温柔的）
自尊（自重）	顺从（有责任感、尊重的）

续表

目的价值观	工具价值观
社会承认（尊重、赞赏）	礼貌（有礼的、性情好）
真挚的友谊（亲密关系）	负责（可靠的）
睿智（对生活有成熟的理解）	自我控制（自律的、约束的）

（三）格雷夫斯的价值观等级类型

格雷夫斯（C. W. Graves，1914—1986，参见 http://clarewgraves.com）在对企业组织各类人员进行大量调查的基础上，按表现形态将价值观划分为由低到高的七个等级类型（Graves，1970），即反应型、部落型、自我中心型、坚持己见型、玩弄权术型、社交中心型、存在主义型，如表4-3所示。有调查表明，企业员工的价值观分布在第二级到第七级之间。就管理人员而言，属于第四级和第五级的人占多数，但随着时代的发展，属于第六级和第七级的管理人员会越来越多。

表4-3 格雷夫斯价值观的七个等级类型

级 别	类 型	价值观特点
第一级	反应型	并没有意识到自己和周围的人是作为人类而存在的，他们总是照着自己基本的生理需要做出反应，而不顾其他任何条件。这种人非常少见，相当于婴儿
第二级	部落型	依赖性，服从于传统习惯和权势
第三级	自我中心型	信仰冷酷的个人主义，爱挑衅，比较自私，主要服从于权力
第四级	坚持己见型	对模棱两可的意见不能容忍，难以接受不同的价值观，希望别人接受他们的价值观
第五级	玩弄权术型	通过戏弄别人，篡改事实以达到个人目的，积极争取地位和社会影响
第六级	社交中心型	把被人喜爱和与人善处看得重于自己的发展，受现实主义、权力主义和坚持己见者的排斥
第七级	存在主义型	能高度容忍模糊不清的意见和不同观点的人，对制度和方针的僵化、空挂的职位以及权力的强制使用，敢于直言

（四）霍夫斯泰德的民族文化价值观维度

荷兰社会学家吉尔特·霍夫斯泰德（G. H. Hofstede）提出的一种由五种文化维度组成的框架（Hofstede，1980），可以用来比较民族文化的价值观。

（1）权力距离（Power Distance）维度指某一社会中地位低的人对于权力在社会或组织中不平等分配的接受程度。各个国家由于对权力的理解不同，在这个维度上存在着很大的差异。欧美人不是很看重权力，他们更注重个人能力，而亚洲国家由于体制的关系，多注重权力的约束力。

（2）不确定性规避（Uncertainty Avoidance）维度指一个社会受到不确定的事件和非常规的环境威胁时是否通过正式的渠道来避免和控制不确定性。回避程度高的文化比较重视权威、地位、资历、年龄等,并试图以提供较大的职业安全,建立更正式的规则,不容忍偏激观点和行为,相信绝对知识和专家评定等手段来避免这些情景。回避程度低的文化对于反常的行为和意见比较宽容,规章制度少,在哲学、宗教方面容许各种不同的主张同时存在。

(3) 个人主义/集体主义(Individualism and Collectivism)维度是衡量某一社会总体是关注个人的利益还是关注集体的利益。个人主义倾向的社会中,人与人之间的关系是松散的,人们倾向于关心自己及小家庭;而具有集体主义倾向的社会则注重族群内关系,关心大家庭,牢固的族群关系可以给人们持续的保护,而个人则必须对族群绝对忠诚。

(4) 男性化与女性化(Masculinity and Femininity)维度主要看某一社会代表男性的品质,如竞争性、独断性更多,还是代表女性的品质,如谦虚、关爱他人更多,以及对男性和女性职能的界定。男性度指数的数值越大,说明该社会的男性化倾向越明显,男性气质越突出;反之,则说明该社会的女性气质突出。为了消除性别歧视,这一维度也被称为生活数量与生活质量。有的文化强调生活数量,该种文化的最大特征就是过度自信和物质主义,因此代表男性气质;而生活质量重视人与人之间的关系,因此代表女性气质。

(5) 长期取向和短期取向(Long-term and Short-term Orientation)维度指的是某一文化中的成员对延迟其物质、情感、社会需求的满足所能接受的程度。这一维度显示有道德的生活在多大程度上是值得追求的,而不需要任何宗教来证明其合理性。长期取向指数与各国经济增长有着很强的关系。

(五) GLOBE 团队文化评估的九个维度

从 1993 年开始,"全球领导与组织行为有效性"(Global Leadership and Organizational Behavior Effectiveness,GLOBE)的研究项目一直进行着有关领导与民族文化的跨文化调查,根据来自 62 个国家的 825 个组织的数据,针对民族文化的差异,该团队确认了以下九个维度(巢莹莹,2016)。

(1) 决断性维度:是指一个社会鼓励人们竞争、对抗、不妥协、自我肯定,而不是谦虚、平和的程度。该维度与霍夫斯泰德的生活数量维度相对应。

(2) 未来取向维度:是指一个社会鼓励和奖励未来取向行为(如做出规划、投资未来、延迟满足)的程度。该维度与霍夫斯泰德的长/短期取向相对应。

(3) 性别差异维度:是指一个社会性别角色差异的程度。这与霍夫斯泰德的男性化与女性化维度相对应。

(4) 不确定性规避维度:一个社会对社会规范和程序的依赖,以降低对于未来事件的不可预知性。这与霍夫斯泰德的界定相同。

(5) 权力距离维度:一个社会中,成员预期权力分配的不平等程度。这与霍夫斯泰德的界定一样。

（6）个人主义/集体主义维度：是指个体受到社会公共机构的鼓励而融入组织与社会群体当中的程度。这一概念与霍夫斯泰德的界定一致。

（7）组内集体主义的维度：是指社会成员对于小群体（诸如家庭、亲密朋友圈、所在的组织）成员身份的自豪程度。

（8）绩效取向的维度：是指一个社会对群体成员的绩效提高或绩效优异给以鼓励和奖赏的程度。

（9）人本取向的维度：是指一个社会对于公正、利他、慷慨、关怀、对他人友善等的个体给予鼓励和奖励的程度。

对 GLOBE 维度与霍夫斯泰德的维度进行对比，可以发现前者是后者观点的扩展而不是替代。GLOBE 的研究进一步证实了霍夫斯泰德的五个维度依然有效，不过它还加入了其他一些维度，而且提供了每个国家在各个维度上的最新测量数据。

三、中国当今劳动力的价值观

随着我国经济水平的提高和人民生活条件的改善，人们更加关注对健康的投资。考虑到这方面的价值观，某些经营管理者就可以开设一些健身活动场所，以满足人们的需求，同时也为企业增加效益提供了可能性；"00 后"新生代员工更乐于以对某领域的深刻见解和成果定义自我，即懂即自我。表 4-4 列出了中国不同时期劳动力的一些主要价值观。

表 4-4 中国当今劳动力中占主导地位的价值观

阶　　段	进入劳动力领域的时间	现在大概年龄	占主导地位的价值观
崇拜主义	新中国成立初期	65～80 岁	忠诚、爱国、热情、服从、崇拜、勤劳、刻苦、诚实、节省
文化大革命	"文革"时期	50～65 岁	猜疑、知识系统性不够、明哲保身、压抑、稳重、谨慎、踏实
文化精英主义	20 世纪 80 年代	35～50 岁	好学、忠诚、诚实、传统、成功、负责、健康
物质主义	20 世纪 90 年代	小于 35 岁	灵活、对组织忠诚度减弱、享受、竞争、思考、好学、成就、独立
享乐主义	21 世纪（90 后）	21～30 岁	享受、好玩、灵活、好学、旅游、创业、冒险
享乐主义	21 世纪（00 后）	16～20 岁	懂即自我、现实、关怀、平等、包容、适应

四、企业的三种经营管理价值观

经营管理价值观是对经营管理好坏的总的看法和评价。一个企业总是在一定的社会文化氛围中运作的，其行为总是受到该文化氛围的制约与影响，并形成一整套特定的价值观和价值系统。作为企业对某种特定的行为方式所存在的基本信念，企业价值观在整个企业运作中起着至关重要的作用。企业主要有三种经营管理价值观，即最大利润价值观、企业价值最大化价值观和企业价值—社会效益最优价值观。表 4-5 对上述三种经营管理价值观做了比较。

表 4-5　三种经营管理价值观的比较

比较方面	最大利润	企业价值最大化	企业价值—社会效益最优
一般目标	最大利润	令人满意的利润水平加上其他集团的满意	利润只是一般手段,只具有第二位的重要性
指导思想	个人主义、竞争、野心勃勃	混合的,既有个人主义,又有合作	合作
政府的作用	越少越好	虽然不好,但不可避免,有时是必要的	企业的合作者
对职工的看法	只是一种手段,只有经济的需要	既是手段,也是目的	本身就是目的
领导方式	专权方式	开明、专制和民主混合	民主、高度的参与式
股东的作用	头等重要	主要的,但其他集团也要考虑	并不比其他集团更重要

企业经营管理价值观与企业经营行为有直接关系,它决定着企业行为的选择和结果。研究者对美国、日本、印度、澳大利亚的两千多名经理的价值观进行了评估。结果表明,高盈利者一般都重视生产率、能力、进取心、创造性、竞争和变革等观念,低盈利者则重视服从、安排、信任、遵从、社会福利等观念。

随着企业内外经营环境的变化,企业经营价值观会发生相应的变化。根据罗伯特·海和爱德·格雷的研究,美国企业的经营价值观从20世纪初的追求利润最大化,到20世纪30年代起追求满意的利润水平,再发展到70年代兴起的生活质量哲学(吕伟峰,2007)。生活质量经营哲学对员工的基本看法是企业员工的利益与企业的利益是一致的。企业的人力资源比金钱和技术更为重要,员工的尊严应受到保护。这也就是说,美国企业经营价值观经历了由利润最大化,到利润—价值最大化,再到价值最大化的发展过程。

例证 4-1

腾讯"用户第一"的经营理念

腾讯公司成立于1998年11月,是目前中国最大的互联网综合服务提供商之一,也是中国服务用户最多的互联网企业之一。成立二十多年以来腾讯一直坚持"用户第一"的理念,维护用户利益,保持对用户需求的敏感,重视用户消费体验,注重培养用户的满意度和忠诚度。在企业管理方面,腾讯也秉持着"关心员工成长,强化执行能力,追求高效和谐,平衡激励约束"的管理理念。

2019年11月,马化腾在发给腾讯全体员工的邮件中,更新了其使命愿景和价值观。其使命愿景是"用户为本,科技向善",而其价值观为"正直、进取、协作、创造"。马化腾表示"我们抠细节、勤迭代,抱着'不辜负用户,与用户做朋友'的信念创造了QQ。由此开始,腾讯一步一步走到今天。正是因为恪守了'用户为本''一切以用户价值为依归'的理念,在过去21年中,无论面对怎样的迷茫与取舍,腾讯都始终坚守这个信念,走在正确的路上。"对此,腾讯会坚定地传承下去。

(资料来源:腾讯21岁生日宣布企业文化3.0:用户为本 科技向善[EB/OL].[2019-11-11]. https://tech.sina.com.cn/i/2019-11-11-doc-iicezuev8669118.shtml.)

第二节 态度及其改变

员工会自觉在态度之间以及态度与行为之间寻求一致性,这就是态度的一致性规律。如出现失调的情况,员工会采取一定的措施和方法使之重新趋于平衡,减少内心冲突。员工态度调查可以帮助管理者掌握员工具体的态度资料,以便预测员工的行为。态度调查的结果常常出乎管理者的意料。

一、什么是态度

态度是指主体对特定对象做出价值判断后的反应倾向——要么喜欢,要么不喜欢。态度包括认知、情感、行为三个成分。"老板很有魄力,非常随和"是某员工对老板态度的认知成分。"我很钦佩我的老板"是该员工对老板态度的情感成分。"我愿意与我的老板一起讨论事情,有时也开开玩笑"是该员工对老板态度的行为成分。

与工作相联系的态度主要有三种,即工作满意度(Job Satisfaction)、工作参与(Job Involvement)、组织承诺(Organizational Commitment)。工作满意度是指个人对其所从事工作的一般态度;工作参与是指个体在心理上对自身工作的认同程度,认为自身的绩效水平对自我价值的重要程度;组织承诺是指员工对于特定组织及其目标的认同,并且希望维持组织成员身份的一种状态。

二、态度对组织行为的影响

人们常说,态度决定一切。作为一种心理和行为反应倾向,态度对人的行为有着重要的影响作用。在组织管理中,工作态度之所以重要,是因为它能影响到组织中员工的行为。态度对组织行为的影响主要体现在以下四个方面。

(一)态度影响认知

个体的认知会影响态度的形成,而态度一旦形成就具有稳定性,会对个体的认知产生反作用,这种反作用可以是正向的,也可以是负向的。正确的价值观会产生积极的态度,这种态度会对个体的社会认知产生积极影响,但是如果形成的态度使人产生心理反应的惰性(对态度对象产生了僵化、刻板的态度),就会妨碍社会认知的准确性,容易产生偏见,最终导致判断失误。不科学的态度会导致偏见和成见。所谓偏见,是指个体对人、事、物或者某种现象等的缺乏事实依据的态度。偏见可以是肯定的态度也可以是否定的态度。成见也是一种不正确的态度,是社会刻板印象的一种表现形式,表现在思想认识、情绪情感、行为习惯、种族、宗教、阶级和习俗等方面(朱秀峰,2015)。

(二)态度影响工作效率

工作态度和工作效率的关系非常复杂。布罗伊菲尔德和克罗克特经过40年的研究发现:对工作感到满意、持积极态度的职工,其工作效率可能很高;而对工作不满意、持消极态度的职工,其工作效率也可能很高。显然,工作态度与工作效率之间不存在显著的相关关系,这其中的原因主要有两个:其一,对某些职工来说,提高工作效率并非他们的直接目标,而是借以达到其他目标的手段,因此无论他们喜不喜欢工作,仍会以很高的效率完成工作;其二,在群体压力的作用下,对工作满意、效率过高的职工会以降低工作效率来排除压力,而对工作不满意的人也会提高效率以与群体中大多数人保持一致。

(三)态度影响学习效果

人们在接受某种新知识时,对其内容的吸收和记忆会受到个体态度的影响。如果所学知识与个体原来所持观点及兴趣一致,个体必然对之抱有好感,注意力集中,思维活跃,易于理解、吸收、记忆,学习效果也好;反之,则引不起个体的学习兴趣,学习效果也不好。

(四)态度影响忍耐力

加拿大心理学家兰波特对一批大学生的耐痛忍耐力进行测定,通过实验发现,个体对其所属群体的认同感和效忠心越强,其忍耐力就越高。同样的道理,一个职工如果热爱所属企业,热爱本职工作,就会比别人具有更强的忍耐力和吃苦精神,能够承担更艰苦而繁重的工作。

三、态度改变的理论

态度改变的理论主要包括海德(Heider)的认知平衡理论、费斯汀格(Festinger)的认知失调理论、凯尔曼(H. C. Kelman)的态度转变与形成三阶段论、墨菲(G. Murphy)的沟通改变态度理论和预言实现改变态度理论。

(一)海德的认知平衡理论

海德(1958)认为,我们的认知对象包括世界上的各种人、物、事、概念等,这些对象有的互不相关,有的互相联结。海德将构成一体的两个对象的关系称为单元(unit);将对于每种认知对象的感情和评价(喜恶、赞成、反对)称为情绪。当对一个单元内两个对象的看法一致时,其认知体系呈现平衡状态;当对两个对象有相反看法时,就产生不平衡状态。海德强调一个人(P)对某一认知对象(X)的态度,常受他人(O)对该对象态度的影响,即海德十分重视人际关系对态度的影响力。

海德认为若P、O、X三者关系相一致,则P、O、X体系呈均衡状态,由此海德根据P、O、X三者的情感关系推导出八种模式,如图4-1所示。其中四种是平衡的,四种是不平衡的。海德认为,人类普遍地有一种平衡、和谐的需要,一旦人们在认识上有了不平衡和不和谐性,就会在心理上产生紧张和焦虑,从而促使他们的认知结构向平衡与和谐的方向转化。

由图4-1可以看出:处于平衡状态的三角形三边符号相乘必为正,而处于不平衡状态的三角形三边符号相乘必为负。例如,P为职工,O为受尊敬的领导,X为拟开发的新项目。P主张开发新项目X,听到O赞同,则其认知体系为平衡状态;若听到O表示不赞成开发新的项目 X，则其认知体系呈现不均衡状态。应对不均衡状态的方法有以下 3 种：①迎合领导的意见，接受领导的劝说，改变态度（将 P—X 关系变为"—"）；②坚持己见，改变对领导的评价，对领导的尊敬态度有所改变（将 P—O 关系变为"—"）；③P 也可能保留自己的主张，但内心矛盾，认知体系仍处于不平衡状态之中。

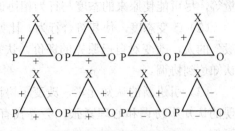

图 4-1　海德平衡理论示意图

平衡理论的用途在于使人们以"最小努力原则"来预计不平衡所产生的效应，使个体尽可能少地改变情感关系，以恢复平衡结构。

（二）费斯汀格的认知失调理论

认知失调理论是社会心理学家费斯汀格于 1957 年提出的。费斯汀格认为，认知失调的基本单位是认知，它是个体对环境、他人及自身行为的看法、信念、知识和态度（Festinger，1957）。认知可以分为两类：第一类是有关行为的，如"我今天去郊游"；第二类是有关环境的，如"天下雪"。而认知结构由诸多基本的认知元素构成，认知结构的状态也就自然取决于这些基本的认知元素相互间的关系。

费斯汀格将认知元素间的关系划分为以下 3 种。

（1）不相关。此时两种认知元素间没有联系，如"我每天早上七点钟吃早饭"与"我对足球不感兴趣"。

（2）协调。此时两种元素的含义一致，彼此不矛盾，如"我是一个品德高尚的人"与"我做了一件帮助他人的事情"。

（3）不协调。此时"如果考虑到这两个认知元素单独存在的情况，那么一个认知元素将由其反面而产生出它的正面……假如从 Y 产出非 X，那么 X 和 Y 就是不协调的"。例如，"我是一个品德高尚的人"与"我做了一件损人利己的事"，这两者就是不协调的。

在费斯汀格看来，认知失调理论研究的只是认知元素间的后两种关系（即"协调"与"不协调"），并且把注意力重点放在不协调关系上。不协调有程度上的差别，这取决于两个因素：其一，认知对于个人的重要性，不协调认知的重要性越大，它可能造成的不协调程度也就越大；其二，不协调认知数目与协调认知数目的相对比例，可用认知公式来表示

$$\text{不协调程度} = \frac{\text{不协调认知项目的数量} \times \text{认知项目的重要性}}{\text{协调认知项目的数量} \times \text{认知项目的重要性}}$$

认知不协调是一种不愉快的情感体验，具有动机的作用，会驱使个体设法减轻或消除不协调状态。在解决认知不协调的问题上，费斯汀格提出了以下 3 种途径。

（1）改变行为，使对行为的认知符合态度的认知。比如，某人想得到一等奖金（原来的态度），自己付出了很大的努力（原来的行为），但未能达到目的。在这种情况下，主体可能引进某种新的认知元素，如强调客观条件不佳、工作难度太大、有新的竞争力

量等，尽可能使原来的态度与行为相协调。这样，两个认知元素便协调起来。

（2）改变态度，使其符合行为。比如，认为"自己比别人能力强"，而绩效评估"一般"的人，改变对自己原先的评价，认知到自己的能力不过是中等或者中等偏下，这样认知达到协调。

（3）引进新的认知元素，改变不协调的状况。比如，个体为了缓解在吸烟问题上出现的认知不协调和心理紧张，会寻找有关吸烟不会致癌，甚至反而对身体有些益处的事例。

由上可见，费斯汀格的认知失调理论同海德的认知平衡理论的基本假设是一致的。但是，前者强调个体通过自我意识调节达到认知平衡，而后者更着重于人际关系对认知平衡的影响。二者各有特点，可以相互补充，都有参考和应用的价值。

认知失调理论的实验

E. 阿伦森和贾德森·米尔斯进行过这样的实验：让女大学生自愿参加一个讨论性心理的团体。让1/3的女生经历一个漫长而严格的争取入会的检测选拔程序、1/3的人经历一个缓和的程序，另外1/3的人则未经任何程序就允许其加入该团体。然后让所有人听同样的"讨论会发言"（一段录音），其结果是：经历严格考验的1/3的人认为这一讨论是有价值和有趣的，而那些稍花力气或未花力气的人则认为该讨论浪费时间、枯燥乏味。这是因为付出努力者在心理上要为自己付出的努力辩解，否则就会产生认知失调。

企业在开展提高员工技能和生活素质的讲座和培训时发现，在自愿参加和免费的前提下，报了名但后来因各种原因未到场的人往往很多，所以一些企业开始采用报名和交押金的做法。如报了名，培训不到场或中途退场的话，押金充公或者捐赠给希望工程。这是管理自愿参加培训的好办法。（朱长丰，2007）

（三）凯尔曼的态度转变与形成三阶段论

心理学家凯尔曼通过研究提出，态度的形成过程主要经历了三个阶段：服从、同化和内化。服从又称为顺从，这是态度转化的第一阶段，即一个人从表面上转变了自己的观点，这是个体在遭受外部压力的情况下造成的。同化则是个体自愿地接受他人的观点、信念、态度与行为，使自己的态度与他人的态度相接近。内化是一个人从内心深处相信和接受他人的新观点，而彻底转变自己的态度，这意味着把他人的新观点、新思想接纳入自己的价值体系，使之成为自己态度体系中的一个有机组成部分。

（四）墨菲的沟通改变态度理论

沟通改变态度理论起源于心理学家墨菲关于对黑人态度的研究。他选择了一批白人作为被试者，随机把他们分为两组：实验组和控制组，并用瑟斯顿量表法对他们进行态度测量，证实他们对种族歧视的态度大体相同。随后，让实验组看宣传黑人成功事迹的电影、电视和画报，控制组则不参加这种活动。结果发现，实验组对黑人的态度发生了显著的改变，而控制组的态度则没有变化。

第四章 价值观与态度

（五）墨菲的预言实现改变态度理论

预言实现改变态度理论即别人的预见以及由此而采取的对待方式会影响个体的心理。称赞和鼓励会诱发个体上进的动机；经常遭受指责、歧视，会导致个体消极、自暴自弃。用公式表示为

$$员工的行为 = f(管理者的期望 \times 对待方式)$$

罗森塔尔效应

1968年，美国心理学家罗森塔尔（R. Rosenthal）在加利福尼亚的一所小学做了一个著名实验。他先故意对1~6年级的学生做了一次智力测验，然后随意从每班抽出3名学生，共18人，将他们的名字写在一张表格上并交给校长，极为认真地说："这18名学生经过科学测定，智商很高。"事过半年后，罗森塔尔又来到该校，发现这18名学生的确表现超常。这就是自我预言的实现。教师由于受到心理学家的有意影响，对那些原本可能智力平平的学生产生了积极良好的期望，而这种良好期望会促使教师对他们做出更积极的教育行为，自然有利于学生的发展，最终结果是心理学家罗森塔尔预言的实现。（吴东林，2011）

四、影响员工态度转变的因素

为了有效地转变员工的态度，管理者需要了解影响员工态度转变的因素。影响员工态度转变的因素有两个方面，即外部因素和内部因素。外部因素主要包括人际影响、企业内部的信息沟通、企业文化的影响等因素；内部因素主要包括员工对工作已有的认知态度、需要、个性心理特征等因素（葛少虎，2012）。

（一）外部因素

1. 人际影响

苏联著名的心理学家维果茨基认为，人之所以会改变自己，是因为以他人作为参照系来对照自己的行为。员工身边人员（如上级领导、同事、下属、客户等）的观点、态度等都对其自身态度转变有着重要的影响。

2. 企业内部的信息沟通

企业内部的信息沟通是影响员工态度转变的一个重要因素。信息沟通包括对每一个员工进行信息传递和对所有员工进行信息传递。企业内部的信息传递方式、选择的传递技术对改变员工态度具有重要的影响。

3. 企业文化的影响

企业文化是指一个企业内形成的独特的文化现象、价值观念等。员工的态度会受到企业文化的影响和制约，作为企业的一员，必须维护和遵守企业的规章制度、价值观念、道德观念等企业文化。

（二）内部因素

1. 员工对工作已有的认知态度

员工对原先态度对象的认知越深刻，态度的转变就越困难。若员工只有意念而未采取行动，则其态度较容易改变；而既有意念又有行动，态度则较难改变；若不仅有意念而且又做公开表态，其态度会有更大的抗拒性，极难改变。因此，要针对员工的原有态度强度采取适当的方法来改变它。

2. 员工的需要

员工的需要是能够随着时间的改变而改变的，如果当前的态度无法满足员工的需要，他便会转变态度以满足需求。而若转变之后的态度能够满足员工的需求，并能消除由行为的内驱力而引起的紧张状态，员工在情感上就比较容易接受，形成积极的态度，从而使原有的态度得到转变；反之，员工便会形成消极的态度，不利于原有态度的转变。

3. 员工的个性心理特征

员工的气质和性格对员工态度的转变有着重要的影响。一般认为，气质为胆汁质、多血质的员工，态度转变比较容易，而黏液质、抑郁质的员工，态度转变比较难；性格外向的员工比性格内向的员工，态度转变更容易些。一般情况下，低自尊、低智力、低自信者易被说服。

例证 4-4

由感激到失望——一个员工对公司领导态度的转变

某公司职员小燕在博客中写道，公司领导曾承诺将上海市中心的两套房子租给小燕及其同事，这样他们每个月在房租上的开支便可以减少一半，这一举措让小燕非常感激。可在一周后，小燕再问领导要钥匙时，领导却闪烁其词。后来她从同事那里得知，领导已经把房子租给别人了。这件事情让小燕对公司和公司领导很失望，她认为公司领导在行动时应该真正做到一言既出、驷马难追，这样才能提高员工对公司的忠诚度，让员工努力为公司创造更高的价值。基于中国组织情境下受到遵从权威等传统文化的影响，领导对员工的态度行为存在重要影响。因此，组织管理者与员工在人际社会交往过程中需要注意采取尊重、平等的态度，确保组织员工形成较高的互动公平感知，以帮助员工形成积极正向的工作态度。（朱朴义，2015）

（资料来源：由感激到失望——一个员工对公司领导态度的转变[EB/OL]. [2007-9-17]. http://blog.sina.com.cn/s/blog_4130522201000amc.html.）

五、转变员工态度的方法

员工态度的转变需要一个过程。在管理中，要使员工的态度发生转变，管理者要有耐心，不能有一蹴而就的思想。与员工建立和保持沟通是成功改变员工态度的关键，此外，还必须注意转变员工态度的方式方法。这里主要介绍宣传法、员工参与法、组织规范法。

（一）宣传法

1. 宣传法概述

宣传法就是借助一定的手段（如简报、局域网、广播、讲座等）把信息传递给员工，改变他们的原有态度以形成新态度的方法。宣传分为单向宣传和双向宣传。单向宣传是由管理者向员工宣讲事情有利（或不利）的一面；双向宣传是管理者与员工相互沟通，既讲事情有利的一面，也讲事情不利的另一面。双向宣传往往被看作是更公正、偏见更少的讲评，会减少人们的对抗心理或防御心理，从而更易于说服员工；而单向宣传往往会被看作是有偏见的，从而增强员工的抵制心理。因此，同时提出正反两种观点，而后强调自己见解的正确性和重要性，则更具有影响力。对于文化程度高者而言，双向宣传更有效；对文化程度低者而言，单面宣传容易改变其态度。另外，当员工与管理层的观点一致或对问题不熟悉时，单向宣传的效果更好；如果员工与管理层的观点不同，对问题又较为熟悉，那么双向宣传要比单向宣传更为有效。

此外，适当的恐惧唤起有助于改变员工的态度。在运用恐惧唤起手段进行宣传时，一般可采用中等强度的恐惧。

例证 4-5

恐吓戒烟法

国外一家公司考虑到员工健康和预防火灾，用各种形式宣传吸烟的害处，劝诫员工不要吸烟。半年后，收效甚微。后来董事会开会决定，准备采用惊吓手法，即到处张贴血淋淋的脑部照片和展示血管内脂肪累积及肺内肿瘤的图片，让烟民目睹吸烟对身体造成的伤害。半年后，员工的健康水平有了一定程度的提高，许多员工也对戒烟开始持积极态度。（朱长丰，2007）

在宣传的过程中，既可以借助理性说服，也可以借助感情的唤起来影响员工，做到晓之以理、动之以情。一般地，能够唤起人们感情的宣传能更好地改变员工的态度。管理者的权力和威望对员工态度的转变有着重要的影响。

2. 宣传过程中的心理效应

宣传过程中常见的心理效应包括权威效应、名片效应和"自己人"效应。

（1）权威效应。所谓权威效应，是指因宣传者的威望而产生的使受宣传者无保留地接受宣传信息及观点的影响力与效果。霍夫兰德（C. Hovland）曾经以大学生为实验对象，将其分为两组，施以同样的宣传。但对一组大学生说宣传者是一位威望很高、备受人们尊敬的人，而对另一组则说宣传者是一个普通人。实验结果显示，前者中有23%的人转变了态度，后者中转变态度的人数不足7%，这说明有崇高威望的宣传者发出的信息具有强烈的心理影响力。

（2）名片效应。所谓名片效应，是指宣传者在论述自己的基本观点前，先表明自己在许多问题上与受宣传者持一致的意见，造成宣传的观点与受宣传者已有的态度相近、有共同之处的印象，从而使受宣传对象更容易接受所宣传的观点。事先已有共同见解可以减少对立情绪，削弱受宣传者对宣传观点的挑剔态度，便于求同存异。

(3)"自己人"效应。宣传者与宣传对象间之间的任何相似之处（职业、民族、籍贯、经历、学历、研究领域等）都会增强宣传的效果，因为相似之处会使人产生认同的趋向，把对方看作"自己人"，从而缩短心理距离，这就是"自己人"效应。

例证 4-6

顺丰是如何"护犊子"的？

公司如何看待发生在员工身上的问题是公司如何对待员工的重要体现。2019年，顺丰的"护犊子"行为受到了外界网友的一致认可。

2019年4月，顺丰快递员在派送过程中与小轿车发生剐蹭，结果被车主辱骂且连抽耳光。事发当天，顺丰官方微博就对快递员被打事件做出回应：我们的快递员小哥是二十几岁的孩子，他们不论风雨寒暑穿梭在大街小巷，再苦再累也要做到微笑服务，真心希望发生意外时大家能够相互理解，首先是尊重。我们已经找到这个受委屈的小哥，顺丰会照顾这个孩子，请大家放心。与此同时，顺丰总裁王卫也发声了："我王卫向所有朋友声明！如果不追究到底，我不配做顺丰总裁。"顺丰的回应一方面体现出企业勇于承担责任的良好形象，另一方面也增加了员工对于企业的信任度和忠诚度。让员工知道发生困难时，公司与他们肩并肩，公司会是他们最强有力的靠山。

（资料来源：顺丰是如何留住自己的员工？[EB/OL]. [2019-12-30]. http://www.hrsee.com/?id=1288.）

（二）员工参与法

员工参与法即员工通过参与活动与他人进行交往，并在交往中受到他人的启发和教育，从而转变自己的态度。沟通对员工态度转变的影响起着重要的作用。新生代员工的民主参与意识较强，这种方法在培育和转变新生代员工的态度方面尤其有效。

在现实管理工作中，一些组织和领导会应用"角色扮演法"来转变员工的态度，如一些工厂让工人轮流担任质量督导员，或开展"一日厂长"等活动，这对于强化职工的质量意识，引导职工关心企业、积极参与企业的管理活动起到了很好的作用。

福特汽车公司的员工关系管理

全员参与生产与决策制度是福特公司职工管理方法中最突出的一点。"参与制"最主要的特征是将所有能够放在基层的管理权限全部下放，对职工报以信任的态度并不断征求他们的意见。公司赋予员工参与决策的权力，缩小职工与管理者之间的距离，职工的独立性和自主性得到了尊重和发挥，积极性也随之高涨，这使管理者无论遇到什么困难，都可以得到职工的广泛支持。同时，这种职工参与管理的形式在某种程度缓和了劳资双方势不两立的矛盾冲突，改变了管理阶层与工人泾渭分明的局面，大大减轻了企业的内耗。

（资料来源：福特汽车公司的员工关系管理[EB/OL]. [2016-10-21]. http://www.hrsee.com/?id=300.）

例证 4-8

鞍钢的"一日厂长制"

近年来,鞍钢化工总厂进行管理创新,建立了"一日厂长制"。首先,在制度上做到规范,即建立"一日厂长"活动制、"一日厂长"活动反馈制、"一日厂长"报告制、"一日厂长"奖励制。其次,"一日厂长"们还有四项权力,即参加总厂各种会议的权力、对各方面工作提出意见和建议的权力、对车间和科室工作进行检查的权力以及向厂长建议对集体和个人进行奖励和处罚的权力。"一日厂长"活动对推进企业民主管理产生了很大作用。著名劳动模范李晏家当上"一日厂长"时,提出运焦皮带钢制增面辊设计不合理,使用周期短,既影响焦炭运输生产,又浪费原材料,是一项老大难问题,他建议用橡胶增面辊代替钢制辊。工厂十分重视他的意见,实施后,仅材料费每年就节约47万元。(姜甲生,1999)

(三)组织规范法

每个人都处于一定的组织中,组织的准则、价值、规范化的规则都可以有效地影响人的态度。组织规范法就是利用群体规范的强制力、约束力,或者采用一定的行政手段、经济手段和规章制度,迫使员工了解管理者发出的信息,促使其逐步改变态度的一种方法。员工可能开始是在压力强制下被迫地去接受规定,随着时间的推移,他们会变得越来越习惯,进而越来越自觉,以至于改变原来的态度。

例证 4-9

华为军队般的企业纪律

华为,1987年年底创办于中国深圳,是全球领先的高科技公司之一。作为一家无背景、无资源、资本缺乏的民营企业,其三十年来的飞速发展为西方人所震惊。其背后除了任正非所坚持的"狼的文化"之外,还有他一贯坚持的军队般的企业纪律。在三十多年的发展中,华为企业管理的军事化特征极为明显,如"农村包围城市"发展战略、高度集权式管理结构、对抗练兵式的员工培训手段等。

华为在针对研发人员的保密措施方面也很严格:上班时不能连接互联网,不能在公司收发与工作无关的邮件,而邮件由公司网络安全部门监控,所有邮件都能被看到。另外,电脑的USB接口都是封死的,不允许共享任何可能泄密的文档,不允许安装任何与工作无关的软件。在业余时间,华为员工不能进行唱KTV、打麻将等娱乐活动,更严禁赌博。冰冻三尺非一日之寒,华为今天取得的成就也绝非一日之功,是华为所有员工用超出其他人几倍的努力取得的,华为的发展也是我国改革开放以来,优秀企业崛起的一个缩影。(张雪峰,2012)

六、员工态度调查

员工态度调查就是管理者为了解员工与工作有关的态度所做的认真的、系统的调查。

员工态度调查一般具有如下3种作用。

（1）测量，即帮助管理者客观、准确地了解员工的工作动机和士气以及关于企业发展、工作本身及工作效率等方面的关键性问题。

（2）沟通，沟通为员工提供了倾诉个人情感、信仰和观念的机会，使员工可以利用这样的机会表达他们的工作诉求，同时也为管理者提供了向员工表达关心的机会。

（3）管理过程，即调查结果可以帮助企业发现问题，纠正失误。

进行员工态度调查时，经常调查的问题是员工对工作的满意度、工资和福利、主管的工作和对企业整体的态度。态度的测量和调查方法主要有问卷法（量表法）、面谈法、行为观察法。问卷法通常采用标准的量表（如工作满意度量表）进行。员工态度调查以纸笔问卷调查形式最为普遍，随着互联网技术的发展，网上调查正逐步兴起。

（一）问卷法

1. 员工态度问卷调查的步骤

员工态度问卷调查主要包括如下5个步骤：

（1）准备阶段：调查者确定要调查的问题并设计问卷；

（2）问卷填写阶段：调查者发放并回收问卷；

（3）问卷分析阶段：调查者分析数据，得出结论，写出结果报告；

（4）追踪阶段：调查者组织员工分析数据得出调查结果并提出相应的改革建议；

（5）庆祝阶段：调查者报告调查工作的情况和根据建议所做的相应改革的结果。

2. 坐标法和句子完成法

坐标法和句子完成法是常见的两种问卷法。

（1）坐标法。坐标法主要用来测量人们赞成或反对某一问题的程度。程度可以分为三等到十一等（奇数），常用的是五等。

例如，有人提议本厂与××厂联营，你认为如何？

a. 坚决支持　　　　　　b. 支持　　　　　　c. 无所谓

d. 反对　　　　　　　　e. 坚决反对

对收集到的信息进行处理，填入表4-6中。

表4-6　态度坐标测量处理表

项　目		有人提议本厂与××厂联营，你认为如何？	人　数	所占比例/%
反应		坚决支持		
		支持		
		无所谓		
		反对		
		坚决反对		
合计				

据表 4-6 可以清晰地看到，对这个建议持积极态度的有多少人，持消极态度的有多少人，这对于了解员工的态度并做出正确的决策是十分有意义的。

（2）句子完成法。句子完成法是事先准备好一些与你想了解的内容有关的未完成句子，让员工把句子写完，从中反映出员工对某一事物的态度。

这种方法的主要优点是员工不易隐瞒自己的真实态度，而缺点是分析起来有一定困难。

下面是一些未完成句子的例子：

a. 工作意味着……
b. 如果工厂倒闭，我……
c. 我一个人工作时……
d. 大家认为我……
e. 我在厂里感到……
f. 领导待我……
g. 我们厂的产品……
h. 我的工作环境……
i. 家庭对我来说……
j. 工厂对我来说……

（二）面谈法

面谈法是了解员工态度的主要方法，主要有各种会议、现场谈话、离职面谈。面谈要长期坚持，必要时可形成制度，要虚心听取员工的建议和意见并反映在决策上。企业应客观评价员工离职、"跳槽"行为，由此引起对自身不足的警觉，通过恳请批评寻找缺点。

例证 4-10

松下与离职员工的面谈

日本松下公司的电器产品以精工制作、品质优良而行销于世界各地，公司总经理松下幸之助却冷静地把注意力集中在听取逆耳之言上。他对待"跳槽"员工的态度就表现了这种愿望，松下认为"跳槽"的员工总是希望到更高、更强的企业就职，是有进取心的优秀员工，他们往往已经发现了松下公司的某些弊端。为此，松下总经理对主动脱离该公司另谋高就的员工不仅一律热忱欢送并表示祝贺，还十分诚恳地请求他们留下批评意见。在曾跟随他 26 年的后藤清一离开公司时，他以一个多小时的时间认真倾听后藤的见解。松下公司的许多决策就是根据"跳槽"员工临别时留下的意见重新修正的。（袁丁，1995）

（三）行为观察法

行为观察法是指调查者深入现场观察员工的行为，根据员工的言语、表情及行为表现来推断其对某事物的态度。这种方法由于在使用时可以不被员工发现，故可以比较准确地收集资料。

近年来，随着科技的发展，许多企业使用新技术和新方法进行员工问卷调查，表4-7对多种员工态度调查方法做了比较。

表 4-7　员工态度调查方法比较

方　法	特　点	优　点	缺　点
小组面谈	员工用自己的话表达感觉，调查者通过提问了解员工要表达的意思	尤其适用于探测性地了解问题的深度和广度，对问题的感觉和感觉的强度；也用于问卷设计的初稿阶段和为了澄清某些问题而进行的问卷调查结果的追踪	所获信息可能不能准确地反映被调查群体的整体态度；如果被调查群体差异较大，需要组织数个面谈小组
计算机调查	员工使用计算机或网络回答问题	有趣，参与率高，可查出员工回答自相矛盾的问题并加以解决	只能调查那些能接触并使用计算机或网络的人
互动电话调查	员工拨通一个800电话号码，由一个事先录好的电话录音指导员工就相应的问题按相应的电话键作为回答；员工有机会录下自己的评论意见	数据收集快捷方便；可避免单个数据输入时需要的开销和错误；参与率高	无法控制员工拨打电话的次数
内向电话调查	员工拨通一个800号码，由一名问讯者回答电话，提问调查问题，并将数据输入计算机	速度快，准确度高	无法控制员工拨打电话的次数；需要足够的问讯者；数据收集的人力成本高
外向电话调查	问讯者给员工打电话进行调查	参与率高；可以控制被调查者的参与次数；能够测量特殊的员工群体；效率高、准确度高	有些员工不接电话或不能接电话；保密度低；数据收集的人力成本高
观察法	调查者深入现场观察	准确度高	有些态度和行为难以观察；速度慢，数据收集的人力成本高；行为与态度并非一对一关系，有效性比较差

第三节　工作满意度

工作满意度是员工态度的重要组成部分。一些跨国公司在进行顾客服务研究时，已渐渐从研究外部顾客的满意度转向研究内部顾客的满意度，即研究员工的满意度。联邦快递公司表示，"无法想象一个连内部顾客都不满意的企业如何能够提供令人满意的服务给顾客"，该公司研究后发现，当内部员工满意度达到85%的时候，公司的外部顾客满意度可达95%，由此可见员工满意度的重要性。

一、工作满意度的概念与内容

工作满意度是指个人对其所从事工作的一般态度,这种态度不仅会影响组织行为,甚至会影响员工的身体健康。塞尔斯(Sales,1969)的一项研究表明,员工完成一小时的实验工作,血液中胆固醇的含量与其对任务的喜爱程度呈负相关趋势。

一般认为,工作满意实际上是几种相关的态度,所以,当我们说满意时,必须明确"对什么满意"。研究表明,以下5个方面的内容是工作中最重要的特征,人们会对它们有情感上的反应。

(1)工作本身。员工所从事的工作的有趣程度,提供进一步学习的机会和承担更多的责任。

(2)报酬。所得到的报酬多少、报酬的公平性和支付报酬的方式。

(3)升职机会。升职的现实可能性。

(4)上司。上司的技术和管理能力,上司对员工及其利益的关心程度。

(5)同事。同事友善,有技术、有能力和支持合作的程度。

尽管工作的其他方面也很重要,但上述5个方面在评价组织中的工作态度时最为常用。

二、影响工作满意度的因素

影响工作满意度的因素很多,既包括员工自身的因素,如员工的年龄、职业阶层、受教育年限,也包括工作和环境因素,如工作环境、组织规模、领导类型和工作性质。下面分别介绍员工的年龄、职业阶层、受教育年限以及组织规模、领导类型和工作性质对工作满意度的影响。

(一)年龄

关于年龄与工作满意度之间的关系,大致有如下三种观点(洪岑,2009)。

第一种是比较典型的观点,即Herzberg等学者提出的"U"线理论,该理论认为,员工一般都是刚开始对工作比较满意,然后随着工作时间的增加,工作满意度会下降,然后到年龄比较大的时候,工作满意度才会再次逐步上升。

第二种观点认为,工作满意度与年龄呈线性关系,即当年龄增加的时候,工作满意度也随之增强。

第三种观点认为,工作满意度和年龄基本上是呈正向线性关系的,而后到某个阶段时开始逐步转为负向。

(二)职业阶层

员工的职业阶层越高,满足度越高,如表4-8所示,职位层级较高的员工对自身的工作满意度较高,而职位层级较低的职业,如服务工人、作业员等,这些群体的工作满意程度甚至呈负数,最低为-42%。当问及:假如有机会让你重新选择职业,你还会选你现在所从事的职业吗?调查结果如表4-9所示。可见,白领员工更多地选择同类工作,而蓝领员工则较少选择同类工作。造成此类现象的主要原因在于工作条件随着阶层提升而得到改善，与此同时，工资福利也会有所提高，从而增加了满意度。但更重要的是，高职业阶层的工作能够充分发挥人的才能，使人得到自我实现的机会。

表 4-8 职业阶层与工作满意度

职 业 团 体	样 本 人 数	平均满意度/%
专业技术人员	323	25
管理者、官员、店主	319	19
推销人员	112	11
工匠、班组长	270	8
服务工人	238	−11
事务人员	364	−14
作业员	379	−35
非农业工人	72	−42

表 4-9 在选择职业时，人们仍然计划选择同类工作的比例

层 次	职 业 团 体	比例/%
白领	公立大学教授	93
	数学家	91
	物理学家	89
	生物学家	89
	化学家	86
	公司律师	85
	学校负责人	85
	律师	83
	新闻工作者	82
	教会大学教授	77
	私人律师	75
	白领工人	43
蓝领	熟练的印刷工人	52
	报社工人	42
	熟练的汽车工人	41
	熟练的钢铁工人	41
	纺织工人	31
	蓝领工人	24
	不熟练的钢铁工人	21
	不熟练的汽车工人	16

(三)受教育年限

一些调查发现,员工的受教育年限与工作满意度也有很大关系,如图 4-2 所示,图中的曲线走向呈 U 字形,从中可以反映出受教育年限和员工工作满意度的关系并不是简单的正比或反比关系,而是呈现出下降再上升的趋势,即当员工的受教育年限较低时,工作满意度会相对偏高;相比之下,中等教育年限的群体的工作满意度最低;当受教育年限不断增加后,员工的工作满意度也会大幅度增加。

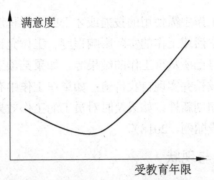

图 4-2 受教育年限与工作满意度的关系

例证 4-11

雇用保安和空姐

美国建立第一个农业大工厂时,首先要雇用一批保安人员。因为当时劳动力过剩,工厂制定雇用保安人员的最低标准为高中毕业生,并具有三年工厂保卫的经验。但按这个标准雇用的保安人员工作后,感到农业工厂的保安工作(只检查进出门的证件)单调、乏味,表示无法容忍,因而对工作漠不关心、不负责任,而且离职率很高。后来工厂雇用只受过四五年初等教育的人来担任这个工作,他们对工作满意、责任心强、工作负责,缺勤率、离职率很低,保卫工作做得很出色。

相似的例子还有,中国台湾长荣航空公司只招收应届高中毕业生当空姐。为什么不招收本科毕业生呢?这是因为本科毕业生的志向比较高,让她们在空中"端盘子"服侍人,怕她们做不好。长荣航空公司开风气之先,将航空服务人员交由日本航空公司代为培训,并招募被称为"养成宝宝"的高中应届毕业生为空中服务人员,她们需要接受六个月的养成教育。这一措施大大提高了公司的服务品质。年轻漂亮的空服人员在飞机将要着陆时,向乘客 90° 鞠躬致意,亲切的笑容和认真的态度赢得了广大乘客的称赞。(孙泽厚,罗帆,2003)

(四)组织规模

组织规模越大,员工满意度越低。组织规模扩大而满意度降低的原因是,在规模较大的单位,人员较多,许多活动被"肢解"。由于沟通协调不畅,一般职工很难参与到最高决策中去,人和人之间的人情味也会大幅度地减少,解决问题的层次太多、太繁杂。

（五）领导类型

领导的类型包括变革型、交易型、放任型等。一般来说，变革型的领导能够对员工的工作态度产生积极影响。因为变革型领导能够指明组织的奋斗目标和发展方向，阐明工作的重要性，能够给下属以有效的激励。在这种领导风格下，员工会感到自己是被重视的、是组织中真正的一分子，这会大大提高他们的工作积极性和满意度。

（六）工作性质

工作本身的性质包括工作中需使用的技能或才干的多样程度、工作范围的覆盖程度或复杂程度、工作对他人的生活或工作的实际影响程度、工作允许个人独立及自由发挥的程度、员工能及时明确获悉自己所从事工作的结果等。如果某项工作具备前三点性质，员工会觉得从事这项工作能够成长并实现自我价值；如果在工作中有较大的自由裁量权，员工会更愿意发挥主观能动性和创新性；如果及时对员工的工作效果予以反馈，他们就能根据反馈情况及时改进工作（成丽丽，2018）。

三、工作满意度的测量与现状

（一）工作满意度量表

在今天的组织中最常见的对态度的调查内容主要集中在工作满意度上。测量工作满意度可以诊断组织中潜在的问题，找到出勤率和离职率波动的原因并估计组织变化对员工的影响，促进上下级沟通。

工作满意度调查常用量表主要包括工作描述指数量表、洛克的工作满意度量表、明尼苏达满意问卷、面孔量表、波特需求满意度调查表。

1. 工作描述指数量表

最常用的工作满意度测量量表是工作描述指数（Job Description Index）量表，由史密斯等人（Smith，Kendall & Hulin，1969）编制。该量表描述五个方面的内容，即工作、监督、报酬、晋升、同事，每项内容含有若干个问题，用"是"与"否"进行回答。

2. 洛克的工作满意度量表

洛克提出的工作满意度量表共分为 9 个分量表（特定维度）、36 个问题，每个分量表对应 4 个相应的问题，每个问题分 6 级回答。该量表的 9 个特定维度及其描述如表 4-10 所示。

表 4-10 工作满意度的 9 个维度

一般类别	特定维度	维度的描述
事件或条件		
1. 工作	工作本身	内在的兴趣、多样化、学习的机会、困难、工作量、成功的机遇、对工作流程的控制等
2. 奖励	报酬 晋升 认可	数量、公平或公正报酬的根据 机会、公正 表扬、批评、对所做工作的称赞

续表

一般类别	特定维度	维度的描述
事件或条件		
3. 工作背景	工作条件	时数、休息时间、工作空间质量、温度、通风、工厂的位置等，福利退休金、医疗和生活保险计划，每年的假期、休假等
人物		
1. 自己	自己	价值观、技能和能力
2.（公司内的）其他人	监督管理	管理风格和影响、技能的熟练程度、行政管理技能等
	同事	权限、友好、帮助、技术能力等
3.（公司外的）其他人	顾客	技术能力、友好等
	家庭成员（洛克未提到）	支持、对职务的了解、对时间的要求等以职位而定，例如学生、父母、投票人等
	其他	

3. 明尼苏达满意问卷

简式的明尼苏达满意问卷（Minnesota Satisfaction Questionnaire，MSQ）共有20个题目，涉及一般满足、内在满足、外在满足等部分，包括对报酬、升职机会、同事等的满意度和认识等。每题后的满意度分为5级回答，累加结果并与常模进行比较。该量表的复杂式为100个题目。

4. 面孔量表

面孔量表（Kunin's Faces Scale）是库宁（T. Kunin, 1955）创造的一种满意度评价方法，也从五个方面评价，只不过答题不用文字，只要求在一系列不同情绪的面孔上进行选择，该量表已得到进一步的发展（如 Dunham & Herman, 1975）。

5. 波特需求满意度调查表

波特需求满意度调查表（Porter's Need Satisfaction Questionnaire，PNSQ；Porter，1961）主要适用于管理人员。需求满意度调查的提问集中在管理工作的具体问题和异议上，PNSQ的每一项有两个问题：一个是"应该是"；另一个是"现在是"。抽样中的每项得分是员工对"应该是"所选择的数值减去员工对"现在是"所选择的数值的差，离差越大，说明员工对工作中的这一方面越不满意。

采用量表评价工作满意度具有简洁、高效、适用性强、信息量大等特点。当然，也有一些研究指出，人们总是自觉或不自觉地扭曲他们认为对自身不利的信息，而夸大他们认为对自身有益的信息，同时所有员工对量表内容的理解也并非完全一致，从而会影响调查结果的有效性。

（二）工作满意度测量的程序

工作满意度测量一般可每年进行一次，也可1~3年做一次。杜汉和史密斯（Dunham & Smith，1979）提出的测量步骤如下：①是否有进行员工态度调查的必要？②对象是什么？③材料和用途的确定；④设计调查；⑤组织调查；⑥处理结果；⑦使用结果；⑧善后工作。对于收集的资料可以经常进行比较，也可以立刻反馈去解决问题，更可以进行社会总体调节。

（三）员工工作满意度的现状

2018年世界大型企业联合会（The Conference Board）报告显示，51%的美国员工对2017年自身职业表示满意，这是2005年以来该机构调查得到的最高满意度。报告同时显示，年收入7.5万美元以上员工的薪资满意度为58%，而年收入7.5万美元以下员工的薪资满意度只有29.4%。可见，随着时代发展，工作满意度的总体水平也在发生变化。有调查表明，产生不满的原因由于工作性质、年龄等不同而存在差异。青年工人不满的原因主要是个人期望不符合现实；受过太高的教育，显得"能力过剩"；反对独裁式领导。无法改变目前的地位、宣传媒介的轻视、工作乏味和工资下降是蓝领工人不满的主要原因。而对中层管理者而言，缺乏参与决策的机会、个人地位不稳固、职业缺乏保障及权力减少是令他们最为不满的因素。

改革开放以来，中国服务业有了长足的发展，服务行业的员工普遍对于行业/企业的发展感到满意，但是对于工作回报、工作环境及企业管理等几个维度则满意度较低（孙铁邦，2014）。

同时，一项关于中小型企业员工满意度的调查显示，自我实现、物质需求、安全需求、社交需求、尊重需求五个维度中，只要提高其中一个维度的满意度，其他维度的满意度也会相应地得到提高。而当前中小型企业在满足员工自我实现、物质、安全、社交需求方面的措施还不够完善，因此中小型企业应采取一定措施解决该问题（王家庭，李和煦，2019）。

如今，"90后"成为进入职场的主力军，"90后"对工作的需求及满意度同样值得关注。一项对"90后"工作满意度的调查显示，"90后"员工对所属企业的群体关系氛围较为满意，在人际关系交往方面也处理得比较好；而对工作所得到的回报满意度较低，说明"90后"员工认为薪酬发展方面达不到他们的理想状态。为保证企业持续健康地良性发展，建议企业人力资源管理者从改善工作环境、坚持能岗匹配、完善薪酬体系等方面提高"90后"员工的工作满意度（曾卉，刘洪江，2019）。

（四）员工敬业度调查

敬业度是与工作相联系的一种积极状态——员工愿意为了工作付出积极的努力（Biggs, Brough, Barbour, 2014）。员工的工作满意程度与敬业度紧密相连，根据北森人才管理研究院发布的《2018—2019中国企业敬业度报告》显示，2018—2019年中国企业员工敬业度水平为62.46%，与2017—2018年度相比变化不大，两年内员工整体敬业水平相对稳定。在层级的对比分析结果中，中高层管理人员表现了尤为突出的敬业度水平（80.79%），相比之下，一线员工的敬业度仅为60.84%，其敬业状态需要管理者的更多关注；从学历角度看，不同群体的敬业水平随着学历的提升而持续走低，即高学历员工的敬业度更低，且不同群体间的敬业度差距较大。与此同时，越来越多的"95后"进入职场，他们有想法、爱自由、敢想敢说，被称为企业中"最难管理"的员工群体。因此，总体上看，"95后"的敬业度水平偏低，在留任意愿上与整体的差距最大（-9.1%）。

（资料来源：《2018—2019中国企业敬业度报告》[EB/OL].[2019-11-25].https://www.useit.com.cn/thread-25472-1-1.html.）

四、员工如何表达他们的不满

员工可以通过各种方式来表达自己的不满。按"建设性/破坏性"和"积极性/消极性"两个维度可将员工表达不满的方式分为四种，即退出、建议、忠诚、怠工（罗宾斯，2016），如图4-3所示。

图4-3 对工作不满意的反应

1. 退出（Exit）

退出指调动、离职或辞职。调动和离职不仅会使组织遭受经济损失，增加人事成本，还会引发各种不利影响，如造成士气低落，使工作绩效水平下降。

2. 建议（Voice）

建议指员工采取积极性和建设性的态度试图改善目前的环境，包括提出改善工作的建议，主动与上级讨论问题和组织某些形式的工会活动。

3. 忠诚（Loyalty）

忠诚指员工消极但乐观地期待环境的改善，面临外部压力时为组织说好话，相信组织和管理层会做出正确的决策和做"正确的事"，组织环境会逐步改善。

4. 怠工（Neglect）

怠工指员工消极地听任事态发展，结果是问题不仅得不到解决，甚至更坏。怠工包括长期缺勤和迟到，降低努力程度，增加错误率，消极怠工，甚至出现偷盗的行为。缺勤是工作不满意的突出表现。美国每年因为缺勤造成的经济损失大约为260亿美元，加拿大因为缺勤造成的经济损失在60亿美元左右。缺勤和工作满意度之间的相关系数常为0.3~0.5。在恶劣环境（如暴风雪）下仍坚持出勤的职工的工作满意度很高，相关系数为0.8~0.9。

五、如何提高员工满意度

所谓员工满意战略，是指以员工满意为核心，最大限度地满足员工的合理需要，激发员工的积极主动性和能动性，提高全员的运作能力，从而推动企业发展的战略。企业的灵魂是员工，员工出色的工作表现才能促成企业的良好运作，企业因此才能具有足够的竞争力而立足于市场,才能得以长足发展。员工满意战略的实质就是通过企业自身建设满足员工的需要。要满足员工的需要必须树立"以人为本"的企业文化价值观,具体要做到以下7个方面。

1. 尽量满足员工的合理需要

把员工的需要同企业的目标有机结合起来,尽量满足员工的合理需要。

2. 让员工参与企业决策

让员工参与企业的决策,使其有主人翁的意识和责任感及对企业的归属感,如日本一些公司的决策往往不是由主管一个人完成的,而是强调集体决策。

3. 让员工有满足感

鼓励员工提出合理化建议,管理人员帮助实现,以满足员工的自我成就感。随着科技和生产力的发展,人们的需求也上升到了较高层次,员工作为企业的主人有自己的想法与目标,他们希望能够发挥价值,而让员工自主完成价值创造能够使他们获得成就感与满足感,从而觉得自己所做的工作是有意义的,从而提升员工的满意度。

4. 为员工营造一个良好的工作环境

良好的工作环境分为两个方面:一方面是硬环境,主要是指功能全面、用途明确、安全性好、风格新颖的工作和休息环境;另一方面是软环境,主要指文化环境、人际环境等。

5. 实行走动管理

管理人员实行走动管理(Management By Walking Around,MBWA),经常与职工自由交谈,保持上下沟通,促进了解,消除误解。所谓走动管理,是指高层管理人员走出办公室,通过直接的面对面谈话,向组织中的其他人学习,如图4-4就是其中一个典型例子。

图4-4 管理人员实行走动管理

当多伦多太阳印刷公司(Toronto Sun Publishing Corporation)要交付出售时,前CEO波罗·高菲(最前面)将信息直接带给员工——与其发送备忘录或电子邮件,不如直接将消息告诉他们。由于公司出售是件一石激起千层浪的事情,因此波罗·高菲直接走出办公室向员工传递这个消息,并听取员工的反馈。通过直接对话,高层管理者为员工提供情感支持,并接受更多的直接反馈。

6. 重视员工培训

提高人的素质是"以人为本"的核心内容,现代企业只有不断提高员工的素质,才能不断发展;只有具备高素质的员工,企业才能出一流的技术、一流的质量和一流的产品。

例证 4-12

屈臣氏的员工培训

为保证整个连锁机构的顺畅运作,令所有政策适时落实到位,让新老员工能及时了解公司战略部署,屈臣氏的管理层非常重视培训这项任务。

(1)新员工入职培训。所有新员工经过应聘入职后,都必须到屈臣氏总部进行为期两天的企业文化培训,然后将这些员工安排到各个门店进行为期一周的基本操作训练。新员工经考核合格后才允许正式上岗服务。

(2)管理人员培训。屈臣氏会定期对店面的营运管理层进行培训,包括常规的培训以及战略培训,管理人员都必须经历"基本督导技巧""促销管理"等专业培训,并且要熟读共有上下册两部的《屈臣氏营运手册》。

(3)各门店的日常培训在屈臣氏也是非常重要的一项工作,如员工之间的交叉培训,各个部门互相介绍自己部门的新商品信息,让所有员工了解商品的知识,以便向顾客介绍。另外,门店培训员会向员工讲解一些专业知识以及向药房的药剂师讲解专业知识,这些都是非常重要的培训环节。

(4)培训员培训。各门店的培训员要定期到总部进行专业知识培训,这有利于贯彻执行公司的培训工作。

(5)门店主管、经理培训。门店主管、经理除了要定期进行业务知识培训外,还要参加屈臣氏每月举行两次的促销活动。由于每次都有相关的主题,为了让各门店在促销活动、卖场布置、商品陈列、促销要点方面切实按公司的要求做到统一,各门店经理在促销开始前都要去参观样板店。

(案例来源:屈臣氏员工培训大全[EB/OL]. [2016-02-18]. http://guanli.1kejian.com/ziyuan/qiyepeixun/153812.html#down_1.)

7. 建立精神激励机制

员工是"社会人"而不是"经济人",因此对员工的激励既要做到物质上的奖励,也要给员工精神上的荣誉感。在物质激励基础上创建适合企业特点的企业文化,营造一种充满精神激励的工作环境,其内容主要包括目标激励、榜样激励、情感激励、竞争激励和道德激励等。

第四节 组织承诺

组织承诺通常是指员工对组织及其目标的认同感,以及对组织的归属感。组织承诺代表了员工对组织的忠诚度。高组织承诺意味着员工希望保持组织成员的身份;低组织承诺的员工则倾向于与组织隔离。组织必须采取一定的措施提高员工的组织承诺。

一、组织承诺的概念和内容

艾伦和梅耶(Allen & Meyer,1991)认为,组织承诺(Organizational Commitment)是个体体现出的一种对组织的感情倾向,以及对离开组织造成损失的认知和对组织应负的道德责任。他们将组织承诺划分为三个维度,即感情承诺(Affective Commitment)、规范承诺(Normative Commitment)、继续承诺(Continuance Commitment)。

(一)感情承诺

感情承诺是指个体对其所在组织的感情依恋、认同和投入度,是指个体对组织的积极情感,包括认同组织的价值和目标、为自己是组织的一员而感到自豪、愿意为组织利益做出牺牲等。个体对组织所表现的忠诚和为组织努力工作主要是由于其对所在组织有深厚的感情,而非物质利益的驱使。

(二)规范承诺

规范承诺是指个体基于义务和社会责任而继续留在组织内工作的认知。个体在社会化的过程中,不断地被灌输和强调一种观念或规范,即忠诚于组织是会得到赞赏和鼓励的一种恰当行为,以至于个体在内心中产生顺从这种规范的倾向。

(三)继续承诺

继续承诺是指个体对离开组织所导致损失的认知而不得不继续留在该组织内的一种意愿,这种承诺建立在物质利益基础之上,具有浓厚的交易色彩。员工进入一个组织,有着维持生活、提升自我、获取成就等方面的期望和需要。员工通过为组织努力工作,使这些需要得到满足。比如,获得良好的报酬和退休金,掌握专门的技术和技巧,在组织中形成的人际关系和所具有的资历、地位。近二十年来,出现了一个与组织承诺有关的概念——职业承诺(Professional Commitment)。职业承诺又称专业承诺,是指由于个体对特定职业或专业的认同和情感依赖,对职业或专业的投入和对社会规范的内化而导致的不愿变更职业或专业的程度。简单地说,职业承诺是个体对职业的忠诚,组织承诺是个体对组织的忠诚。

通过对中国企业员工的组织承诺进行研究,凌文辁、张治灿、方俐洛(2001)发现,中国员工的组织承诺包括五个维度的内容,形成了一个五因素模型,如表4-11所示。五因素模型表明,员工之所以会留在组织中是因为感情承诺、理想承诺、规范承诺、经济承诺和机会承诺五个因素的作用，即员工之所以留在组织中，是因为他们对组织有心理上的依附感、经济上的依赖、期望的满足、其他机会的缺失以及他们觉得自己应该留在组织中。

表4-11 中国员工组织承诺的五因素模型

因　素	包　含　内　容	影　响　因　素
感情承诺	• 对组织认同，感情深厚 • 愿意为组织的生存与发展做奉献，甚至不计较报酬 • 在任何诱惑下都不会离职、跳槽	• 对领导的信任度 • 来自组织的生活支持 • 领导的团体维系行为 • 组织的可依赖性
理想承诺	• 重视个人的成长，追求理想的实现 • 关注个人的专长在该组织中能否得到发挥 • 组织能否提供各项工作条件和学习提高及晋升机会，以利于实现理想	• 员工的社会公平交换水平 • 员工对同事的满意程度 • 员工所处团体的集体工作精神
规范承诺	• 对组织的态度和行为表现均以社会规范、职业道德标准为准则 • 对组织有责任感，对工作、对组织尽自己应尽的责任和义务	• 对领导的信任度 • 来自组织的工作支持 • 受教育程度 • 职位 • 领导的工作向导行为 • 对工作的满意度
经济承诺	• 因担心离开组织会蒙受经济损失，所以才留在该单位	• 工龄 • 对领导的信任度 • 员工的社会公平交换水平
机会承诺	• 留在这个组织的根本原因是找不到其他更满意的组织 • 因自己技术水平低，没有另找工作的机会	• 对报酬的满意度 • 来自组织的生活支持 • 组织的可依赖性 • 员工的社会公平交换水平 • 对组织的总体满意度 • 受教育程度 • 年龄 • 改行的可能性

二、影响组织承诺的主要因素

根据组织承诺水平的因素来源，国内外学者将影响组织承诺的主要因素分为三类，即环境因素、组织和工作因素以及个体因素（蓝红星，马玲，2008）。

（一）环境因素

员工及其所在组织所处的环境状况对员工的组织承诺水平存在如下3个方面的影响：①从劳动力市场看，失业率的高低决定了个人就业机会的多少，失业率与员工的组织承诺水平正相关；②从社会文化角度看，在主张创业、冒险、单干的社会文化中，员工的组织承诺水平较低；③从行业性质看，人才竞争激烈的行业中，员工的组织承诺较低，同行的人才争夺使得员工更换工作的收益提高，推动员工在行业内部流动。

（二）组织和工作因素

1. 组织变革

在组织变革的环境（如公司合并、裁员）中，员工通常会担心自己的发展前途以及是否会被解雇，其组织承诺较低。

2. 组织特性

企业效益和发展前景、薪酬福利、企业领导的能力和素质、组织文化、管理运行机制、组织中的公平性和支持性将直接影响到员工的组织承诺。一项关于企业文化对员工组织承诺影响的研究显示，在以员工为导向的组织中，因为组织重视员工的发展，能够为员工的知识共享和知识转移提供信任、尊重和支持性氛围，而且组织中的公平程序和分配原则能够为员工提供可以安心工作的职业环境，也会正向影响员工的组织承诺（张玮，2015）。

3. 职业工种

工作相对稳定、没有多大风险、劳动负荷不是很大，且工作经历愉快的情况下，员工的组织承诺较高；相反，对于工作环境恶劣、风险较大的工作，员工的组织承诺较低。

4. 人际关系

员工长期在单位工作和生活，其身边人员（如上级领导、同事、下属、客户等）的观点、意见、态度等都对其自身态度的转变有着重要的影响。如果组织中员工之间、员工与上司之间合作得非常愉快、气氛融洽，且员工之间的沟通无障碍，则员工的组织承诺较高。

5. 工作投入

工作投入程度高的员工对他们所做的工作有强烈的认同感，并且十分在意他们所做的工作类型。这是因为，员工一旦在他们所工作的岗位上经历了认真学习、艰难适应的过程，便会对所从事的工作和岗位产生依恋感，使他们工作起来积极主动，甚至热爱、迷恋自己的工作，则组织承诺较高。

（三）个体因素

个体因素根据影响组织承诺水平的个体特征来源，可以分为3类。

1. 年龄和工作年限

工作年限越短、年纪越轻，员工的继续承诺越低，而流动率越高。工作年限长的员工，对工作的投入度更高，在自己工作领域已经拥有了一定地位和取得了成就，对自身工作有较大的满意度，因此组织承诺也就更高。

例证 4-13

"80后"和"90后"员工的组织承诺对比

调查表明，"80后"员工比其他年代的员工对于企业薪资福利的牢骚更多，一旦这种不满情绪得不到缓解，他们就会动摇而选择离开、另谋高就，具体表现为"80后"跳槽、辞职率高（刘红霞，2010）。而"90后"新生代认为创造性、独特、挑战对他们来说最重要，他们追求新鲜感、多样性和挑战性，直接体现在：组织和管理者越注重个体的内在价值，员工的组织承诺、工作绩效、组织公民行为就越显著，其行为对组织就越有利，离职倾向也就越低，有利于组织留出人才。（覃芳，2018）

2. 性别

一项对知识型员工的调查研究显示，女性的职业生涯管理和组织承诺水平比男性低。一方面是由于处于26～35岁的女性一般都以家庭为重，从而导致她们忽略职业生涯管理。另一方面，从用人单位的角度来说，男性更容易成为用人单位的培养目标，他们能够获得很多的发展机会，因此男性的组织承诺就更高（梁青青，2017）。

3. 婚姻

研究显示，已婚员工的组织承诺明显高于未婚员工，其离职率也低于未婚员工，这可能是因为相比未婚员工，已婚员工面临的经济压力更大，同时承担的责任也更多，相应地，责任感会更强，因此对企业的组织承诺也会更高（谢智红，2009）。

三、组织承诺的作用

组织承诺对组织的重要性日益显著，在某种意义上，组织成员的组织承诺水平代表了组织的凝聚力和竞争力，其作用主要表现在如下三个方面（王颖，张生太，2008）。

（一）组织承诺对降低员工离职率的作用

如今，研究者们越来越认同用组织承诺描述员工的工作态度，并将它作为联结工作满意度和离职行为的中介变量，组织承诺被认为是离职率的良好预测指标。

为降低员工的离职率，基于组织承诺，至少有如下3种主要措施：①加强员工与企业匹配来提高员工的感情承诺水平；②强化企业薪酬激励来提高员工的继续承诺水平；③遵守企业职业规范来提高员工的规范承诺水平。

（二）组织承诺对组织公民行为的促进作用

组织公民行为是员工在自己的角色之外对组织额外的贡献，因此，只有更高组织承诺（特别是感情承诺）的员工才会有更多的组织公民行为。组织中感情承诺高的员工在心理上会觉得应该完成的任务更多，更容易主动接受指派的工作，而且对他们来说，投入地去完成工作基本上是无须考虑的，如主动帮助新员工和同事、对顾客更加热情负责。

（三）组织承诺对工作绩效的影响

感情承诺对工作绩效表现出显著的影响，继续承诺和规范承诺对员工的工作绩效并没有影响。

四、增强组织承诺的方法

组织承诺对于企业组织的重要性越来越明显，所发挥的作用也是越来越大，尤其在当前伴随新技术成长的"80后""90后"群体逐渐成为职场主力军的情况下,企业组织更需要提高对员工组织承诺的关注力度,提高员工的组织承诺。

1. 建设员工导向型的企业文化

在员工导向的企业文化下,组织往往关注员工的需求,重视员工关系,为员工创造舒心的工作环境,帮助员工发展。组织积极建设员工导向型组织文化,关注新生代员工的发展,可增进员工对组织的认同,使其对组织产生深厚的感情,愿意为组织的生存和发展做贡献。

2. 做好员工职业生涯管理

随着接受过高等教育的员工越来越多,员工对工作的需求也越来越多。因此,组织可针对员工的职业追求,为其设计职业发展规划,提供职位信息、工作条件以及学习提高的机会,畅通职业晋升渠道等。

3. 丰富新生代知识型员工的工作内容,改善工作环境

"80后""90后"员工大都不喜欢循规蹈矩的工作,组织可通过工作再设计,使其工作内容更加丰富化,增加工作的自主性、挑战性和反馈性,赋予员工更多的控制权、决定权、知情权等。

4. 增强责任感教育

责任感作为一种内驱力,决定着员工的工作投入和绩效产出,最终影响组织的竞争力。组织应通过对员工进行责任感教育,使其感到自己肩上责任的重大,形成正确的职业观念,主动、自觉地在本职岗位上努力工作,全身心投入,爱组织如家,忠诚于组织,从而调动其工作的积极性和主动性(王立君等,2019)。

 **本章小结**

- 价值观代表一系列基本信念和看法:从个体或社会的角度来看,某种具体行为模式或存在的最终状态比与之相反或不同的行为类型或存在状态更可取。
- 奥尔波特将事物的价值分为六种:经济的价值、理论的价值、审美的价值、社会的价值、政治的价值和宗教的价值。
- 罗克奇的工具与目的价值观:目的价值观是一种期望存在的最终目的,它是一个人希望通过一生而实现的目标;工具价值观是偏爱的行为方式或实现终极价值观的手段,主要表现在道德和能力两个方面。
- 格雷夫斯将价值观划分为由低到高的七个等级类型,即反应型、部落型、自我中心型、坚持己见型、玩弄权术型、社交中心型、存在主义型。
- 霍夫斯泰德提出的五种文化维度是:权力距离、不确定性规避、个人主义/集体主义、男性化与女性化、长期取向和短期取向。
- 态度是指主体对特定对象做出价值判断后的反应倾向,包括认知、情感、行为三个成分。
- 态度会影响员工的认知、工作效率、学习效果和忍耐力。

- 态度改变的理论主要包括海德的认知平衡理论、费斯汀格的认知失调理论、凯尔曼的态度转变与形成三阶段论、墨菲的沟通改变态度理论和预言实现改变态度理论。
- 宣传法、员工参与法、组织规范法是转变员工态度的三种主要方法。
- 员工态度调查的方法：问卷法、面谈法和行为观察法。
- 工作满意度是指个人对其所从事工作的一般态度，这种态度不仅会影响组织行为，甚至会影响员工的身体健康。
- 工作满意度调查常用量表主要包括工作描述指数量表、洛克的工作满意度量表、明尼苏达满意问卷、面孔量表、波特需求满意度调查表。
- 组织承诺是个体体现出的一种对组织的感情倾向，以及对离开组织造成损失的认知和对组织应负的道德责任。
- 中国员工的组织承诺包括感情承诺、理想承诺、规范承诺、经济承诺和机会承诺五个因素。

 案例分析

价值两亿美元的工作态度

2004年年底，国际航空联盟决定在亚洲遴选一座有超级吞吐能力且在软硬件上都过硬的机场，作为国际客运及货运的航空枢纽，成为各个国际航班的中转站。选定后的这个航空枢纽预计年乘客运输量在3 000万人次以上，货物吞吐量达200万吨。如果哪家机场能幸运地最终入选，那么每年在收取停机费以及提供其他机场服务等方面就将会有近两亿美元的收入。

此消息一出，亚洲各国机场纷纷摩拳擦掌，积极申报参与竞争。最终，中国的浦东机场、日本的成田机场、马来西亚的吉隆坡机场以及韩国的仁川机场从众多申报者中脱颖而出。

接下来，国际航空联盟的官员们开始对这4家机场展开调研，逐一打分。很快，凭借着机场现有的吞吐能力和未来已定下的扩建规模，浦东机场和地处东北亚交通网中心的仁川机场进入了最后的决赛圈。

决赛争夺得尤为激烈，因为在各项硬件条件上，浦东和仁川不相上下，现在就看谁的软件服务更胜一筹了。

国际航空联盟的几个官员乔装成一个个普通的乘客，开始偷偷地到两家机场"明察暗访"，在登机以及乘坐的过程中，两家机场都给予了同样的规范化服务，难分伯仲。

但是接下来，等暗访的官员们下了飞机，去到行李区取自己的行李箱时，却发现从仁川机场取到的箱子非常干净，几乎是一尘不染，但在浦东机场取到的箱子却显得有些脏兮兮的，有一个官员的箱子甚至无缘无故地新增了一道裂纹，好像是被摔过。

官员们开始了现场调查，他们发现在下行李时，当行李箱从滑梯上滑下来后（注：当时机场有专门工作人员帮着下行李，与今天的自助式不同），仁川机场的地勤工作人员面带微笑，小心翼翼地接过行李箱，然后用一块抹布将整个箱子从上到下认真地擦了一遍，然后才将其小心、认真地摆放到行李车上，等着乘客来取。整个过程，工作人员不仅是全身心一丝不苟地投入，而且还是发自内心的喜爱和热爱自己的工作。

在浦东机场，官员们却发现了另一番景象：当行李箱滑下来后，地勤工作人员接到后，随意地使劲将其往放在一旁的行李车上一扔，发出"轰"的一声响。有时没扔准，行李箱掉了出来，他们则显得很不耐烦，恨不得上前踹上一脚。工作中，他们脸上的表情很麻木，感受不出一点对这份工作的喜欢和享受。

官员们随即又询问了几名来取自己行李的乘客，他们都是每周至少要来浦东机场乘坐一次航班的商务人士，官员们提出了问题："你们随身的行李箱，因为损伤一般多长时间需要更换一次？"得到的回答是："一年，最多一年半。"

3个月后，结果出来了，浦东输给了仁川。为何是仁川而不是浦东？国际航空联盟给出的解释是这样的：我们不能把每年200万吨乘客携带的货物交给一群不热爱自己工作的人来随心所欲地处理，这不符合亚洲中心空港的气质，也不符合每年近3000万人次乘客的心愿！

当浦东机场的管理人员得知自己败给对手的真正原因时，追悔莫及。虽然他们表示一定会立即整改，然而一切都晚了，不仅没能拿到每年近两亿美元的收入，而且为迎接检查所做的一切投入和努力都付之东流。

事实证明，国际航空联盟的决定是正确的，在之后由日内瓦国际机场协会于2006年和2007年进行的调查中，仁川国际机场连续两年获得"全球服务最佳机场"第一名。（牧徐徐，2011）

问题讨论：

1. 根据价值观和态度的相关理论对国际航空联盟的决定进行分析。
2. 这个案例带给我们什么启发？

 管理游戏

4-1 价值观大拍卖

目的： 协助学生澄清自己的价值观
形式： 全体参与
时间： 50分钟
道具： 价值观项目表，A4纸
场地： 室内
游戏程序：

1. 活动前教师先制作"价值观项目表"（见表4-12），并将这些项目另书写于板报上。

表 4-12　价值观项目表

项　　　目	优先级	预估价格	成交价格
1. 使世上的人对待他人正如个人希望的方式			
2. 有 100 万元给世界上需要的人			
3. 有机会成为你所喜欢的那个学科/专业最优秀的学生			
4. 有 1 年可以尽量做个人爱做的事			
5. 有 1 年做全世界最聪明的人			
6. 有 1 粒使人说实话的药丸			
7. 有机会完全自主			
8. 有一屋子的钱			
9. 有机会当地方行政长官（如某市市长）			
10. 被班上每个人喜爱			
11. 在世界上最美的地方有座房子			
12. 有机会成为世界上最吸引人的人			
13. 有机会健康地活到 100 岁			
14. 有颗药丸可以解决你担心的问题			
15. 有座藏有你喜爱的书的图书馆			

2. 教师发给每位学生一张"价值观项目表"及一张 A4 纸。

（1）教师请学生将 A4 纸做成总金额为 10 000 元的纸钞，面额为 5 000 元、2 000 元、1 000 元及 500 元（亦可为其他面值，只是单位愈小，所花时间愈多），张数不限，但总金额必须为 10 000 元。

（2）请学生预想：若 10 000 元代表人的一生的所有时间和精力，他会花多少钱来买"价值观项目表"的哪些项目？教师可给 5 分钟，让学生在"价值观项目表"上进行估算。

3. 教师的身份转成银行，担任拍卖的工作（拍卖工作亦可让学生轮流担任）。

（1）教师说明拍卖规则（如可不可向银行借款或可不可以将买到之"物品"转卖等）。

（2）进行拍卖。

回顾与分享：

1. 拍卖完毕，学生分组讨论或在班级里分享自己在此活动中的心得。

2. 教师说明价值观对个人的发展与人际关系有极大的影响，因此，认清自己的价值观，可增强自己对人、事的辨别与决策能力。而此活动亦可看到个人是属于敏锐果断、眼明手快或是优柔寡断、犹豫不决的个性。

3. 你是否买到自己认为最重要的价值观项目？

（1）如果是，买到时的心情如何？

（2）如果不是，因何故没有买到，没有买到的心情如何？

(3) 你最想买的项目是什么？其背后隐含的价值观为何？为什么它对你而言那么重要？

4. 有些人什么都没有买到，为什么？

5. 参与拍卖活动时，你的心态如何？

(1) 你所买的项目是否都是你喜欢的？还是在赌气或不得已的情况下买的？

(2) 在拍卖过程中，你的心情是紧张的？兴奋的？还是……

 心理测试

4-1 价值观

这份评估表（见表4-13）可以帮助你更好地理解你自己的重要的个人价值观（库克，2004），它应该由个人完成。然后，其结果可作为开展团队/班级讨论的基础。本测验约需25分钟。

价值观是我们去发现值得做和有意义的事情的原则，它能够指引我们该做什么，如何去做。从表4-13中选出10种对你来说是很重要的价值观，然后利用所提供的等级表，按照优先顺序对它们进行排列。你也可以为列表添加其他价值观，并根据需要将其纳入你的选择中。

表4-13　66种价值观

1. 有职责		19. 协作	
2. 优秀		20. 健康	
3. 成就		21. 共性	
4. 名声		22. 帮助他人	
5. 进步		23. 能力	
6. 家庭		24. 帮助社会	
7. 冒险		25. 竞争	
8. 快节奏		26. 诚实	
9. 威信		27. 创造力	
10. 经济回报		28. 独立	
11. 人道主义		29. 以顾客为导向	
12. 舒适		30. 内部融洽	
13. 环境保护		31. 果断	
14. 自由		32. 正直	
15. 挑战		33. 效率	
16. 友谊		34. 智慧	
17. 变革		35. 平等	
18. 乐趣		36. 参与	

续表

37. 道德		52. 稳定性	
38. 知识		53. 权力	
39. 领导能力		54. 地位	
40. 信仰		55. 压力	
41. 爱		56. 刺激	
42. 名誉		57. 私密	
43. 忠诚		58. 时间	
44. 责任心		59. 提拔	
45. 意义		60. 信任	
46. 安全		61. 质量	
47. 开诚布公		62. 多样性	
48. 服务		63. 认可	
49. 和平精神		64. 独立工作	
50. 慢节奏		65. 人际关系	
51. 个人发展		66. 与他人合作	

注：如果你还有其他价值观，请补充到表格中。

将你选出的 10 种价值观填入表 4-14 "价值观"栏中，赋予每种价值观一个编号。其他两列先空着（以后再处理），先直接进入下一个等级表的操作。

表 4-14　10 种价值观

编　号	价值观（填入）	A 栏 被选择的总次数	B 栏 排序（1～10）
1			
2			
3			
4			
5			
6			
7			
8			
9			
10			

现在请你完成下面的等级表（见表 4-15）。你需要将每一种价值观和其他九种价值观依次做比较，以决定在每两种价值观之间你更偏向于哪一种（在每一空格中圈出它的标号）。比如，第一个格是让你在价值观 1 和 2 之间做一个选择。

表 4-15　等级表

1　2								
1　3	2　3							
1　4	2　4	3　4						
1　5	2　5	3　5	4　5					
1　6	2　6	3　6	4　6	5　6				
1　7	2　7	3　7	4　7	5　7	6　7			
1　8	2　8	3　8	4　8	5　8	6　8	7　8		
1　9	2　9	3　9	4　9	5　9	6　9	7　9	8　9	
1　10	2　10	3　10	4　10	5　10	6　10	7　10	8　10	9　10

当你完成选择后，统计一下你圈中每一种价值观的次数，这就是你给它分配的优先权值。将其填入表 4-14 的 A 栏中。

然后，在表 4-14 的 B 栏中安排各价值观的优先等级。

将优先权值最大的价值观（A 栏中最高的数值）安排为 1 号，将优先权值最小的价值观（A 栏中最低的数值）安排为 10 号。

问题讨论：

1. 与团队中其他成员讨论你的发现，请比较自己的 10 个价值观与别人的有何不同。

2. 假如前 5 个价值观存在很大的不同，请尝试说服对方接受自己认为的比较重要而对方不这样认为的价值观。接下来让对方说服自己，并考虑一下别人的价值观是否值得尊重？

3. 自己的 10 个价值观与自己的社交风格（见第三章讨论辩论题）有何联系？

参考文献

[1] 宜家之魂的缔造者：英格瓦·坎普拉德[J]. 中国商界，2019（10）：112-115.

[2] 高霞. 宜家中国员工低离职率现象研究——以宜家家居天津门店为例[J]. 当代经济，2017（07）：60-61.

[3] 斯蒂芬·罗宾斯，蒂莫西·贾奇. 组织行为学[M]. 孙健敏，王震，李原，译. 16 版. 北京：中国人民大学出版社，2016.

[4] ALLPORT G W. Study of values: a scale of measuring the dominant interests in

personality[M]．Boston: Houghton Miffin, 1931.

[5] ROKEACH M．The nature of human values[M]．New York: Free Press, 1973.

[6] ROKEACH M．Rokeach value survey[M]．Palo Alto, California: Consulting Psychologists Press, 1983.

[7] GRAVES C．Levels of existence: an open systems theory of values[J]．Journal of humanistic psychology, 1970 (10): 131-154.

[8] HOFSTEDE G H．Culture's consequences: international differences in work-related values[M]．Beverly Hills, California: Sage Publications, 1980.

[9] 巢莹莹．组织行为学[M]．上海：同济大学出版社，2016.

[10] 吕伟峰．上海国际机场股份有限公司人才激励机制研究[D]．北京：中国人民大学，2007.

[11] 朱秀峰．组织行为学[M]．北京：北京师范大学出版社，2015.

[12] HEIDER F．The psychology of interpersonal relations[M]．New York: Wiley, 1958.

[13] LEON FESTINGEr．A theory of cognitive dissonance[M]．American: Stanford University Press,1957.

[14] 朱长丰．组织行为学[M]．杭州：浙江大学出版社，2007.

[15] 吴东林．略论罗森塔尔效应的价值及应用[J]．现代教育科学，2011（12）：7-8.

[16] 葛少虎．组织管理中转变员工态度的路径研究[J]．北方经济，2012（22）：95-96.

[17] 朱朴义．可雇佣性对员工态度行为作用机制研究[D]．武汉：华中科技大学，2015.

[18] 姜甲生．让职工当"一日厂长"好[J]．经贸导刊，1999（08）：32.

[19] 张雪峰．军事化管理在企业中的实践研究——以华为公司为例[D]．上海：上海交通大学，2012.

[20] 袁丁．从松下对"跳槽"员工的态度说起[J]．决策与信息，1995（10）：32.

[21] 洪岑．工作满意度的研究现状述评[J]．社科纵横，2009，24（10）：86-88.

[22] 孙泽厚，罗帆．管理心理与行为学[M]．武汉：武汉理工大学出版社，2003.

[23] 成丽丽．员工工作满意度浅析[J]．企业改革与管理，2018（21）：101-102.

[24] SMITH P C, KENDALL L M, HULIN C L. The measurement of satisfaction in work and retirement: a strategy for the study of attitudes[M]．Chicago, I．L.: Rand McNally, 1969.

[25] DUNHAM R B, HERMAN J B．Development of a female faces scale for measuring job satisfaction[J]．Journal of applied psychology, 1975 (60): 629-631.

[26] PORTER L W．A study of perceived need satisfaction in bottom and middle management job[J]．Journal of applied psychology, 1961 (45): 1-10.

[27] DUNHAM R B, SMITH F J, BLACKBURN R S．Validation of the index of organizational reactions with the JDI, the MSQ, and Faces Scales[J]．Management journal, 1977, 20 (3): 420-432.

[28] 孙铁邦．传统服务业基层员工满意度现状研究[J]．合作经济与科技，2014（13）：99-100.

[29] 王家庭,李和煦. 中小企业员工满意度对职业变动倾向的影响研究[J]. 产业创新研究,2019(08):15-21.

[30] 曾卉,刘洪江. 基于"90后"员工工作满意度问卷调查的人力资源管理探析[J]. 经营与管理,2019(09):76-78.

[31] BIGGS A, BROUGH P, BARBOUR J P. Strategic alignment with organizational priorities and work engagement: a multi-wave analysis[J]. Journal of organizational behavior,2014, 35(3):301-317.

[32] MEYER J P, ALLEN N J A. A three-component conceptualization of organizational commitment[J]. Human resource management review, 1991 (1): 61-89.

[33] 凌文辁,张治灿,方俐洛. 中国职工组织承诺研究[J]. 中国社会科学,2001(2):90-102.

[34] 蓝红星,马玲. 员工组织承诺及其人力资源提升策略探析[J]. 经济研究导刊,2008,28(9):106-107.

[35] 张玮. 组织文化对员工职业成长与组织承诺的影响研究[D]. 北京:北京交通大学,2016.

[36] 刘红霞. "80后"与"80前"员工组织承诺的比较研究[J]. 中国青年研究,2010(05):69-73.

[37] 覃芳. 90后新生代员工工作价值观研究[D]. 南宁:广西大学,2018.

[38] 梁青青. 知识型员工绩效影响因素的实证研究——基于职业生涯管理、组织承诺与敬业度的视角[J]. 技术经济与管理研究,2017(05):65-69.

[39] 谢智红. 民营企业员工组织承诺影响因素及实证[J]. 四川理工学院学报(社会科学版),2009(05):87-91.

[40] 王颖,张生太. 组织承诺对个体行为、绩效和福利的影响研究[J]. 科研管理,2008,29(2):142-148.

[41] 王立君,马建军,白晓君,等. 基于组织承诺理论的新生代知识型员工管理策略[J]. 经济师,2019(11):17-18.

[42] 牧徐徐. 价值2亿美元的工作态度[J]. 现代阅读,2011(10):72.

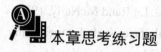

本章思考练习题

思考练习题　　讨论辩论题

第五章
激励理论及其应用

学习目标

学完本章后，你应该能够：
1. 掌握内容型激励理论；
2. 掌握过程型激励理论；
3. 了解企业激励系统的构建；
4. 掌握激励理论的应用。

引例

西门子的薪酬激励

西门子是一家业务涉及工业、能源、基础设施和城市、医疗四个领域的高科技跨国公司，其业务遍及全球 190 多个国家，在全世界拥有大约 600 家工厂、研发中心和销售办事处，职员人数超过 40 万，是知名的世界 500 强企业。2013 年，西门子在中国的总营收达到 61.4 亿欧元，其全球化战略发展顺利，在众多企业中独占鳌头。观其发展过程，不可小视薪酬管理在其中发挥的重大作用。

在一般人看来，外企的薪酬一定会比其他类型的公司高出很多，然而西门子公司却没有盲目地遵循这个所谓的标准，它有着自己特有的薪酬发放标准。该公司的薪酬包含两个方面：工资和福利。

其一，工资。西门子公司的信条是"工作出色的人应该多拿工资"。它确定工资的标准包括 4 个方面：①一致性，即对员工的考核标准具有一致性；②对外竞争性，即与其他公司的相同职位相比具有竞争性，借以吸纳人才；③员工贡献得到较好反映，即不会对员工的贡献视而不见，而会按照员工的表现来发放工资；④具有说服力、敢于公开，这是与现今各行各业工资保密准则完全不同的，工资的公开引发了员工间竞争的动力。以这四个标准发放工资，确保了工资的公平性，同时还能吸引人才，一举两得。

其二，福利。西门子公司除了为员工提供基本的"四金"保障、年终奖励，还为员工提供了各类商业保险等福利套餐以及弹性福利计划，根据员工需求发放福利。丰厚的福利给员工提供了全方位的保障，使员工的忠诚度得以提高，员工离职率在这样的高福利下几乎为零。（蒋素梅，2014）

引例说明了薪酬激励对提高生产效率所起到的重要作用。所谓激励，就是激发员工的工作动机，调动其工作积极性，促使他们有效地完成组织目标和任务。内容型激励理论探讨什么需要能够调动人的积极性；过程型激励理论探讨在满足需要过程中应当怎样引导，以发挥其最大效用。从20世纪60年代至今，激励问题一直是企业管理研究的热点。

第一节 内容型激励理论

内容型激励理论是围绕如何满足员工的需要进而调动其工作积极性开展研究，也称需要理论，在这方面比较成熟的理论主要有马斯洛的需要层次论、赫兹伯格的双因素理论、阿尔德弗的ERG理论和麦克利兰的需要理论。

一、马斯洛的需要层次论

马斯洛（A. H. Maslow，1908—1970）的需要层次论认为，员工是被一种想满足内在需要的愿望所驱使而行动的。马斯洛在其《人类动机理论》（1943）一书中提出了"需要层次"的概念并指出了5个需要层次，如表5-1所示。

表5-1 马斯洛的五个需要层次的内涵及外延

需 要 层 次	需 要 名 称	基 本 因 素	具体的组织因素
1	生理	空气 食物 房屋 性欲	保暖和空气调节 基本工资 食物 工作条件
2	安全	安全 保障 胜任 稳定	安全的工作条件 福利 普遍增薪 工作保障
3	归属	伙伴关系 感情 友谊	领导质量 和谐的工作团体 同事间的友谊
4	尊重	承认 地位 自尊 被尊敬	工作头衔 奖励工资的增加 同事/领导的认同 工作本身 负有责任

续表

需要层次	需要名称	基本因素	具体的组织因素
5	自我实现	成长 成就 晋升	有挑战性的工作 创造性 组织内晋升 工作中的成就

按对个体的重要程度,马斯洛的五个需要层次按以下顺序级排列。

1. 生理需要

生理需要是人类维护自身生存的最基本要求,即原始需求,包括食物、水、房屋、睡眠、走动、性生活等。

2. 安全需要

安全需要是指人类要求保障自身安全,摆脱失业、财产损失、身体受伤等威胁的需要。在金融危机和经济低迷的情况下,这种需要表现得尤为明显。

例证 5-1

科学有序抓好疫情防控与复工复产

2020年年初,新冠疫情发生后,德鲁尼迅速启动"全国经销商千万大驰援"帮扶计划,计划投入一千万元,以货款、补贴、工资等形式帮助各级经销商减少因疫情带来的仓储、人力、成本等方面的经营压力,同时通过遍布全国各地的两千多家韩氏、德鲁尼品牌专卖店,持续向抗疫一线输出各类板材、辅料等医疗机构建设必需原材料,捐赠饮用水、食物等生活必需品。随着新冠疫情的进一步发展,2月17日,该公司在江苏省邳州市新型冠状病毒肺炎疫情防控应急指挥部现场捐赠现金100万元,用于新冠肺炎防治工作。

为了保障国内市场的订单供应,满足终端消费者的消费需求,在有效可控的安全防护下,该公司全力推动企业复工复产,部分车间已经开始正常运行。在开工前,防疫应急小组从大年三十便开始对企业厂区、办公室、车间、食堂、卫生间等区域进行重点消毒;上班时,防疫应急小组对进入公司的车辆进行消毒,并进行每日三次的厂区消毒工作;上班前、午餐后、下班前,每天三次测量体温,做好实时监控,让员工放心工作;企业食堂餐具进行严格消毒,实行分时、分段、分餐制度。在一系列防控措施的保障下,经过邳州市防疫、市场监督、安监、环保等相关部门的现场指导、检查,德鲁尼各车间井然有序开始复工生产。

(资料来源:德鲁尼:科学有序抓好疫情防控与复工复产[EB/OL]. [2020-3-3]. http://finance.ifeng.com/c/7uXYWovwE4D.)

3. 归属需要

归属需要是指人们具有进行社会交往和归属某种群体的需要。例如,情感(如友情、亲情)、人际交往、归属感等。当生理和安全需要相对满足后,归属需要就突出起来。

例证 5-2

京东一线员工的归属感

2017年，京东商城已经成为国内最大的互联网零售商之一。2017年6月，京东集团创始人兼董事长刘强东在集团13周年庆致全体员工信的开头，特别感谢了10万名一线员工。

京东集团十分强调家庭式的情感激励，这对于70%出身于农村的一线员工十分有效，迅速提高了10万名一线"兄弟"的满足感和工作热情。京东集团十分注重一线员工的情感需求，要求对员工要有家人般的关心和兄弟姐妹一样的感情。为了使一线员工能安心工作，京东除为员工提供了翻倍的工资和奖金外，还额外提供了"子女团聚补贴"，支持一线员工将子女和家人接到身边过年，并给每个孩子补贴3 000元。京东集团还很重视一线员工子女和的教育问题，通过成立集团幼儿园，解决员工的子女托管问题；在宿迁签约引进了江苏省顶级中学建立分校区，解决员工孩子的教育问题。这样的激励无疑大大提高了一线员工对公司的归属感和认同感，也使员工更加放心地在公司努力工作。（李虹呈，罗利，2017）

4. 尊重需要

尊重需要包括自尊和受人尊重两个方面。自尊意味着在现实环境中希望有实力、有成就、能胜任和有信心，以及"要求独立和自由"；受人尊重是指"要求有名誉或威望"，获得别人对自己的尊重、赏识、关心、重视或高度评价。

5. 自我实现需要

自我实现需要是指促使个人的潜能得以发挥，希望自己越来越成为心中所期望的人物，完成与自己能力相称的一切事情。

马斯洛认为，上述五种需要基本上反映了在不同文化环境中人类共同的特点：人类的基本需要是由低级到高级、以层次形式出现的，当某一层次的需要得到相对满足时，其激发动机的作用随之减弱或消失。已被满足的需要，不会再发挥较大的激励作用。组织应善于发现每个员工的优势需要，并随员工需要结构的变化来采取相应的管理措施。

随着时代的发展，世界范围内企业员工的需要层次普遍提高。戴维斯（K. Davis）根据马斯洛的需要层次论对美国工人优先需要变化的估计如表5-2所示。

表5-2 对美国工人优先需要变化的估计

年 份	需 要 种 类				
	生理需要/%	安全需要/%	社会需要/%	尊重需要/%	自我实现需要/%
1935	35	45	10	7	3
1995	5	15	24	30	26

近年来，随着中国经济的快速发展，中国职工的需要正在由生存型需要向享受型、发展型和自我价值实现需要转变，与老一代员工（如20世纪80年代和90年代进入劳动

力市场)相比,新一代员工更强调成长、享受、发展和自我价值实现的需要。这种需要变化在城市中表现得更加明显,现在的中国人讲究吃得营养、住得宽敞、穿得漂亮、用得高档,更重要的是追求职业发展的高度和自我价值的实现。根据智联招聘发布的《2018应届毕业生就业力调研报告》显示,2018 年大学应届毕业生已经不再将待遇作为评价工作的最重要标准,而是更加注重自我价值的实现。调查报告显示,2018 应届毕业生选择"实现个人价值"的人数是选择"挣钱"的近两倍。41.70%的应届毕业生认为,找工作时最看重的因素是"工作是我实现个人价值的重要部分",26.97%的应届毕业生认为"工作必须符合我的兴趣,做人开心最重要"。由此可见,在越来越多的"95 后"眼中,一份好工作的核心标准不再是"钱多事少离家近",而是实现自我价值、符合个人的兴趣爱好。

二、赫兹伯格的双因素理论

"激励—保健因素"(Motivation-Hygiene Factors)即双因素理论,是赫兹伯格(Herzberg,1923—2000)和他的助手们在匹兹堡心理研究中心的工作成果。20 世纪 50 年代后期,他们访谈了该地区 9 个企业的 200 多名工程师和会计师,采用"关键事件法"(Critical Incident Method)要求被访者回答两个问题:①什么时候你对工作感到特别满意?②什么时候你对工作感到特别不满意?

(一)激励与保健因素

赫兹伯格等人(Herzberg,Mausner & Snyderman,1959)在《工作激励》一书中提出了"双因素理论"的基本观点,称能促使人们产生工作满意感的因素为激励因素,称能促使人们产生不满意感的因素为保健因素。激励因素是指与工作内容紧密相关的因素,这类因素的改善会使人们产生工作满意感,缺乏这类因素则使员工感到"不满意";保健因素是指与工作环境相关的因素,这类因素的满足会使员工感到满意,如得不到改善,则会引起员工对工作的不满。激励因素与保健因素的具体区别如表 5-3 所示。

表 5-3 激励因素与保健因素的区分情况

项 目	激 励 因 素	保 健 因 素
起源	人类形成的趋向	动物生存的趋向
特征	性质上属于心理方面的 长期满足 满足或没有满足 重视目标	性质上属于生理方面的 短暂满足 不满足或没有不满足 重视任务
满足和不满足的源泉	工作性质(对个人来说主要是内部的) 工作本身 工作标准	工作条件(对个人来说主要是外部的) 工作环境 非个人标准
显示出来的需要	成就 成长 责任 赏识	物质 社交 身份地位 方向、安全 经济

续表

项　目	激励因素	保健因素
具体内容	工作上的成就感 工作中得到认可和赞赏 工作本身的挑战意义和兴趣 工作职务上的责任感 工作的发展前途 个人成长、晋升的机会	公司（企业）的政策和行政管理 技术监督系统 与高级主管之间的人事关系 与同级之间的人事关系 与下级之间的人事关系 工作环境或条件 薪酬 个人的生活 职务、地位 工作的安全感

（二）工作扩大化、丰富化和轮换

双因素理论实际上说明了对员工的激励可分为内在激励和外在激励。内在激励是员工从工作本身得到的满足，如对工作的爱好、兴趣、责任感、成就感等，这种满足能促使员工努力工作，积极进取。外在激励是指外部的奖酬或员工在工作以外获得的间接满足，如劳动保险、工资等，这种满足有一定的局限性，它只能产生少量的激励作用。这是因为，员工除了物质需要以外，还有精神需要，而外在激励或保健因素难以满足员工的精神需要。管理者若想持久而高效地激励员工，必须注重工作本身对员工的激励。首先，改进员工的工作内容，进行工作任务再设计，实行工作丰富化，从而使员工能从工作中获得成就、实现成长。其次，对高层次的管理者来说，应该简政放权，实施目标管理，减少过程控制，扩大干部和员工的自主权和工作范围，并敢于给予干部和员工富有挑战性的工作任务，使他们的自身优势得到充分发挥。最后，对员工的成就要及时给予肯定、表扬，使他们感到自己受到重视和信任。

科学管理的原则是提倡劳动分工，这种分工以系统的工作分析为基础，具有高度的控制性。它促进了专业化：你不会，我会；你不能，我能。但是，厌烦和工作的重复会使员工产生对工作的不满意。为使员工满意，双因素理论提倡工作扩大化（Job Enlargement）、工作丰富化（Job Enrichment）以及工作轮换制（Job Rotation），对企业管理实践影响深远。通过工作扩大化、工作丰富化和工作轮换制的实行，员工的缺勤、早退及辞职现象将有所减少。

工作扩大化是指只向员工提供更多同样的工作。工作丰富化是指通过"垂直"的工作扩展，实现员工对更大范围工作的控制，意味着更多的技能、更大的自主性和更重要的意义，有时为做到工作丰富化，员工需要具备更多的技能，如此企业就必须给员工提供足够的培训。工作轮换制主要是指员工在一定时间内轮换一项新工作，使其不会对工作产生厌倦感。

例证 5-3

YG公司工作丰富化实践

YG公司是山东一家专业生产建材钢化玻璃的微型企业。该公司订单很多，但也像广大小微企业一样，存在生产工人短缺的问题。虽然常年招工，却难以招来和留住新员工。

员工士气低落,怠工和人员流失现象此起彼伏,生产任务因此常常不能如期完成。

为此,该公司首先分析出了问题产生的主要原因,即福利待遇满意度较低、作息制度满意度较低、员工和谐度较低和员工缺乏组织参与感。

为了解决上述问题,该公司根据赫兹伯格的双因素理论,运用工作丰富化方法,以降低企业员工不满足感和提升其满足感为目标,采取了以下措施:

(1) 结合各工作岗位,重新设计薪酬方案;
(2) 各部门人员进行重组;
(3) 打包拨付薪酬给各班组,由班组员工自行协商分配;
(4) 实行弹性作息制度。

以上措施执行了几个月后,员工收入大幅提高,不满足感骤降;员工参与度高、归属感增强;员工情绪稳定,人才得以保留;公司生产效率显著提高,劳资双方实现双赢。(刘金城,2013)

三、阿尔德弗的 ERG 理论

美国耶鲁大学教授阿尔德弗 (Alderfer, 1940—) 于 1969 年提出了一种新的需要层次理论 (1972)。他把人的需要归纳为生存需要 (Existence)、关系需要 (Relation) 和成长需要 (Growth)。由于这三种需要的英文单词第一个字母分别是 E、R、G,因此该理论被称为 ERG 理论。其中,生存需要 (E) 是指维持人的生命存在的需要,相当于马斯洛需要层次论中的生理需要和安全需要,包括衣、食、住以及组织为使员工得到这些因素而提供的手段。关系需要 (R) 是指个体对社交、人际关系和谐及相互尊重的需要,相当于马斯洛需要层次论中的归属需要和尊重需要。这种需要通过工作中和工作以外与其他人的接触和交往得到满足。成长需要 (G) 是指个人要求得到提高和发展,取得尊重、自信、自主及充分发挥自己能力的需要,相当于马斯洛需要层次论中的尊重需要和自我实现需要。这种需要通过发挥个人的潜力和才能得到满足。

与马斯洛的需要层次论不同的是,ERG 理论认为,需要的满足既可以是在满足了较低层次需要之后继续追求较高层次需要的满足,也可以在较高层次需要未能满足时,退而求其次,转为满足较低层次需要。生存、关系、成长这三种需要的内在联系如图 5-1 所示。

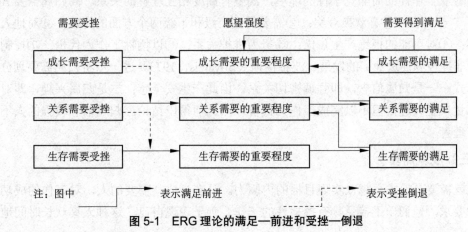

图 5-1 ERG 理论的满足—前进和受挫—倒退

以下为余凯成（2001）总结的 ERG 理论的三大规律。

（1）"愿望加强"律。各个层次的需要得到的满足越少，则满足这种需要的渴望就越大。满足生存需要的工资越低，人们越渴望得到更多的工资。对于地位卑微、处境差、常受歧视的人，他们得到他人尊重的需要最强烈，因而对他人的态度最敏感。

（2）"满足前进"律。较低层次的需要得到越多的满足，则该需要的重要性就越差，满足高层次需要的渴望就越大。比如，人们生存需要的满足程度越高，渴望满足关系需要和成长需要的程度就越高。

（3）"受挫回归"律。当较高层次的需要遭受挫折、得不到满足时，人们就会退而求其次，即对较低层次需要的渴求就越大。例如，某人想通过承担挑战性的工作来满足其成长需要，若由于领导不信任等外部原因而不能如愿，那么他就会转而寻求更好地满足其关系需要或生存需要，以达到心理平衡。

四、麦克利兰的需要理论

麦克利兰（D. McClelland）将人的高级需要分为权力需要（Need Power，N-power）、归属需要（Need Affiliation，N-aff）和成就需要（Need Achievement，N-ach），并以成就需要为主导（McClelland, et al., 1953）。以下为这三种需要的具体内容。

（一）权力需要

权力需要是影响和控制他人的欲望。具有较高权力需要的人对影响和控制别人表现出很大的兴趣，这种人总是追求领导者的地位。组织中管理者的权力可分为两种：①个人权力：追求个人权力的人表现出来的特征是围绕个人需要行使权力，在工作中需要及时的反馈和倾向于自己亲自操作；②职位权力：职位权力要求管理者与组织共同发展，自觉地接受约束，从体验行使权力的过程中得到一种满足。

（二）归属需要

归属需要是指建立友好和亲密的人际关系的欲望。具有高归属需要的人会努力寻求友爱、喜欢合作性的而非竞争性的环境，渴望有高度相互理解的关系。高归属需要者具有如下 7 个特征：①喜欢被夸奖；②需要得到上级和下级两个方面的肯定；③对他人非常敏感；④对可能的拒绝产生焦虑；⑤努力维护关系；⑥以牺牲工作为代价；⑦控制成员，而非提拔和促进他们的发展。波雅伊斯（Boyatzis，1973）进一步将归属需要划分为两种形式：一是归属信念，即强调密切关系，由此产生安全感；二是归属兴趣，即对别人的感觉产生兴趣，但不以完成工作为代价。由此他得出结论：归属信念较强的人不适合做管理者。

（三）成就需要

成就需要是追求卓越以实现目标的内驱力。具有高成就需要的人，对工作的成功有强烈的要求，他们乐于接受具有挑战性的工作，善于表现自己。这种人喜欢长时间地工作,即使失败也不过分沮丧。具有高成就需要的人通常具有下列4个特点:①事业心强,比较实际,敢冒一定程度的风险;②有较高的实际工作绩效,要求及时得到工作的信息反馈;③一旦选定目标,就会全力以赴地投入工作,直至成功地完成任务;④把个人成就看得比金钱更重要,从成就中得到的鼓励超过物质鼓励的作用,把报酬看作是对成就的一种承认。

研究表明,成功的领导者具有较高的权力需要以及较低的归属需要,他们属于人际影响能力强,而不是支配能力强的人。一般认为,地位高的领导对下级具有支配性,但麦克利兰的研究证明,事实并非如此。他分析了领导者的讲话录音,如丘吉尔和肯尼迪对学生的讲话,随后发现,这些人并不是去支配他人,而是在提高他们的听众对权力的感受,让听众也感到自己很有权力。一家大规模的美国公司在对一些人进行了持续8~16年的追踪研究后发现,具有这种领导激励模式的管理者比其他管理者的晋升速度更快(周斌,2004)。

五、如何运用内容型激励理论

若想恰当地应用内容型激励理论至少应包括以下四个步骤。

第一步,了解和调查员工的需要。途径包括平时的观察、谈话、座谈会、建议会、问卷调查、培训等。员工的需要是多方面的,要尽可能地做到比较全面、客观、深入地了解,必要时列出员工的主要需要清单。

第二步,分类整理员工的需要。员工的需要也许很多,但经过分析后可以归类,可根据实际将需要分为普遍需要和个别需要,合理需要和不合理需要,能够满足的需要、暂时不能够满足的需要以及不能够满足的需要,也可依据内容型激励理论对需要进行分类,如马斯洛的五种需要层次。

第三步,对员工进行解释和说服教育。对员工的不合理需要、暂时不能够满足的需要以及不能够满足的需要,必须结合企业实际和条件对员工进行必要的解释、引导和说服教育,讲明需要为什么不合理,需要为什么暂时无法满足,为什么要延迟对需要的满足以及哪些需要永远不可能被满足。

第四步,逐步满足员工合理、可行的需要。对合理、可满足的需要也要分类排序,分清轻重缓急,特别是对广大员工普遍关注的需要,可结合企业实际和条件逐步予以满足。

第二节 过程型激励理论

过程型激励理论着重对行为目标的选择,即对动机的形成过程进行研究,主要包括弗鲁姆的期望理论、亚当斯的公平理论、洛克的目标设置理论以及波特和劳勒的激励过程模型。因为心理契约是一种没有充分表达出来的心理期望,因此将心理契约放在期望理论后面一起介绍。

一、期望理论与心理契约

（一）弗鲁姆的期望理论

期望理论（Expectancy Theory）由弗鲁姆（Vroom，1964）提出。该理论认为，个体努力的程度取决于个体行为对可能带来的工作绩效的期望程度以及因绩效而获得组织的奖赏对个体的吸引力。

在任何组织中，员工都会注意以下 3 个问题。

（1）如果我努力的话，能不能达到组织要求的工作绩效水平？

（2）如果我尽力达到了这一绩效水平，组织会给我什么样的报酬或奖赏？

（3）我对这种报酬或奖赏有何感想，是不是我所迫切希望得到的？

员工所关心的上述 3 个问题，对应以下 3 种关系。

（1）努力—绩效的关系：个体认为通过一定努力会带来一定绩效的可能性，包括两个方面，即通过一定努力会带来的实际绩效的可能性以及绩效评估客观测量实际绩效的程度。

（2）绩效—奖励的关系：个体相信一定的绩效会带来组织给予自己报酬或奖励的程度。组织奖励包括加薪、晋升职务、带薪休假、免费旅游等。

（3）奖励—个体目标的关系：组织奖励满足个体目标或需要的程度以及组织奖励的意义被个体所理解的程度。

在运用期望理论对员工进行激励时，管理者需要做好以下 5 项工作。

（1）发现员工重视的报酬或奖励是什么。

（2）根据组织目标，明确期望出现的员工行为。

（3）确保绩效目标可以达到，否则员工可能不愿意付出努力，这同时也要求管理者要为下属创造支持的环境；确保期望的绩效与报酬之间的联系是直接的、清晰的和明确的。

（4）确保对员工没有冲突的期望。

（5）确保奖励或报酬的差距或变化幅度是巨大的。小的奖励只会产生少量的努力和因此而增加的少量绩效，大的奖励会产生较大的努力和因此而增加的大量绩效，这种报酬变化幅度与原有报酬的基数有关。同时，要确保奖励制度公平地对待每一个员工。

（二）心理契约

1. 心理契约的概念

心理契约（Psychological Contract）的概念在 20 世纪 60 年代才正式被提出，有关心理契约问题的研究在 20 世纪 80 年代中期以后才蓬勃兴起。最早使用"心理契约"这一术语的是阿吉里斯（Argyris），他在 1960 年所著的《理解组织行为》一书中用了"心理工作契约"一词来刻画工人与工长之间的一种关系状况。1962 年，莱文森（Levinson）

等注意到"心理契约"这一概念,明确地把它界定为一种"没有成文的契约"。Kotter(1973)认为,心理契约是个人与组织之间的一份内隐的协议,内容包括一方为另一方付出什么,同时又得到什么。

Rousseau(1989)认为心理契约是员工个人以雇佣关系为背景,以许诺、信任和知觉为基础而形成的关于个人与组织之间各种责任的信念,因此是一种单方契约。Herriot 和 Pemberton(1995)则认为心理契约是定位在个人和组织两个方面的双方契约,是组织和个人在雇佣关系中彼此为对方提供的各种相互责任的知觉。这种知觉或来自对正式契约的感知,或隐蔽于各种期望之中。

综上,心理契约是员工与组织双方在相互关系中己方要为对方担负什么责任义务,同时对方要为己方担负什么责任义务的主观约定,是雇佣双方或劳资双方关于双边关系中相互责任义务的主观信念(陈加洲,2007)。

2. 心理契约的内容和类型

(1)心理契约的内容。由于理论界定不同和雇佣关系的状况不同,心理契约的具体内容也有所不同。20世纪80年代末之前对心理契约内容的探讨着重在员工和组织的相互要求方面,如组织对员工的理解、认同、工资保障和长期雇佣,以及员工对工作的胜任和忠诚等方面。而20世纪80年代末,Rousseau(1990)的研究结果发现,员工心理契约中的雇主责任有:①提升;②高额报酬;③绩效奖励;④培训;⑤长期工作保障;⑥职业发展;⑦人事支持。员工心理契约中的雇员责任有:①加班工作;②忠诚;③自愿从事职责外的工作;④离职前预先通知;⑤接受内部工作调整;⑥不帮助竞争对手;⑦保守公司商业秘密;⑧在公司至少工作两年。

Herriot 和 Manning 等(1997)研究发现,心理契约中的组织责任有:①培训;②公正;③关怀;④协商;⑤信任;⑥友善;⑦理解;⑧安全;⑨有恒一致;⑩薪资;⑪福利;⑫工作稳定。而员工责任有:①守时;②敬业;③诚实;④忠诚;⑤爱护资产;⑥体现组织形象;⑦互助。

(2)心理契约的类型。Rousseau(1990)提出了心理契约的两维结构:交易契约(Transactional Contract)和关系契约(Relational Contract)。交易契约是指雇员以加班、职责外工作为代价以换取组织提供的高额报酬、绩效奖励、培训和职业发展,是以经济交换为基础的契约关系;关系契约是指雇员以长期工作、忠诚和愿意接受内部工作调整为代价,以换取组织提供的长期工作保障,是以社会情感交换为基础的契约关系。

除对心理契约进行交易契约和关系契约的区分外,Rousseau(1995)从雇员与雇主的契约期限是"长期的"还是"短期的"以及绩效要求是"明确界定的"还是"没明确界定的"两个角度、两个水平进行组合,把心理契约划分为交易型、关系型、平衡型和变动型四种契约类型,具体如表5-4所示。

表 5-4 Rousseau 的心理契约类型及其特征

契约期限	绩效要求	
	明确界定的	没明确界定的
短期的	交易型 （如圣诞节、春节期间商店临时雇员的心理契约） 1. 明确的和确定的契约条款 2. 易离职或高离职率 3. 低成员承诺 4. 自由达成新契约 5. 完全用不着学习 6. 高的整合或认同	变动型 （如机构精简期间或组织合并、重组期间雇员的心理契约） 1. 模糊的和不确定的契约条款 2. 高离职率或易终止 3. 不稳定
长期的	平衡型 （如高卷入度团队成员的心理契约） 1. 高团队承诺 2. 高的整合或认同 3. 正进行开发活动 4. 相互支持 5. 有动力	关系型 （如家族企业成员的心理契约） 1. 高团队承诺 2. 高情感承诺 3. 高的整合或认同 4. 稳定

3. 心理契约的作用

心理契约在组织中的作用主要包括以下 3 个方面。

（1）有助于提高雇佣双方的安全感和信任感，降低员工离职率。正式协议或者劳动合同是现实中员工与企业关系的直接规定和约束，但是它不可能涉及雇佣双方关系的方方面面，而心理契约存在于雇佣双方的心中，可以填补正式协议或劳动合同中的空白，减少双方的不确定感。

（2）有助于调动员工的工作积极性，提高员工的工作满意度。员工的工作积极性和工作满意度在很大程度上取决于组织与员工之间心理契约的实现程度。员工会从企业管理者的行为中感受到是否得到了自己期望的，从而决定是否值得全力以赴或者适当付出努力。

（3）有助于员工和组织规范各自的行为。从契约的效力上看，心理契约不像劳动合同、正式协议那样，一经制定就受到法律强制力的约束和控制，而是由契约者自我约束、自我控制。心理契约作为一个主观行为准则对员工行为进行约束和调节。员工以组织对自己所负的责任为尺度来衡量和控制自己对待组织的行为，以此作为调节自己对组织行动的砝码。

例证 5-4

"事业低谷期"

陈某半年前从某高校硕士毕业，她的专业为电力电子与电力传动，属于工科类专业。之后陈某凭借优秀的成绩和较强的能力，在一批应聘人员中脱颖而出，顺利找到工作。按照合同约定，陈某将在车辆厂经过半年的试用期，然后再转为在编的正式员工，薪酬福利由学历和职位决定（应聘时的口头承诺）。于是，陈某带着满腔热情投入工作。可是，在拿到试用期第一个月的工资后，她发现所拿工资与本科生试用期时没有差别，满意度瞬时降低，并找人事和财务说明缘由，其理由暂可接受。因为她相信，试用期过后，薪资会恢复至百分之百，并且比本科生高，能够体现硕士毕业生的价值。

于是，陈某还是认真投入工作，顺利转正，转正后第一个月的工资果然提高了。但细心的她发现，自己的工资与本科生转正者的没有差别，完全体现不出硕士毕业生的价值。陈某感觉到自己上当受骗了，满意度瞬间降到了极点。

陈某按照行业的规律进行了计算，如果工资水平不与学历挂钩而与职称挂钩，那么等升为高级工程师时她已经40岁了，便觉得升职加薪变得遥远起来。想到这些，她的工作积极性受到了很大打击。作为女性，她今后都不会有太多机会下到车间去，想以工作成绩突出来缩短职称晋级时间，几乎不可能。

此时，陈某虽然刚刚转为正式员工，但已然没有了当初的工作热情和积极态度。由于待遇优厚且稳定，她暂时没有考虑跳槽，只是在工作过程中产生了消极怠工的情绪，悠闲地处理着手头为数不多的、简单的工作。（朱晓妹，2013）

4. 心理契约管理

心理契约管理至少从以下3个方面进行（金利娟，2005）。

（1）招聘过程中传递真实有效的信息。招聘过程中传递真实有效的信息是建立心理契约的基础。一些企业在招聘时为了吸引到更多的人才往往夸大薪酬福利、职业培训与发展机会，应聘者怀着美好的愿望与组织达成了心理契约。但是，当他们真的进入企业工作后，却发现企业实际情况与面试官的陈述和允诺并不符合，由此感到心理契约被破坏，从而对组织产生怀疑，甚至选择离开。

解决这个问题的方法是在招聘过程中向应聘者如实介绍现有组织，让员工对公司有一个相对真实的总体印象。同时，在面试和雇佣的过程中，员工和组织之间应摒弃那种口头的心理契约，因为那会使员工形成不切实际的期望和产生没有实现保障的承诺。

（2）通过不断沟通将心理契约明晰化。新员工经过一段时间的工作之后，会对与组织之间的心理契约进行一个新的认识和评估。面对这样一种适应过程和心理契约变化，企业应该有所准备。新员工入职之后，管理者应该提供日常工作之外的交流机会，可以是一个部门内人员的工作交流，也可以是小规模外出参观等。通过这种沟通，新员工心中逐步明晰某些心理契约的内容，组织也可以考虑将一些比较明晰的心理契约内容转变为书面的协议或制度。

例证 5-5

心 理 契 约

1933年，美国遭受经济危机时，哈里逊纺织公司因一场大火几乎化为灰烬。三千多名员工悲观地回到家，等待董事长亚伦·傅斯宣布破产，可他们意外地收到了公司向全体员工支薪一个月的通知。而正当他们为下个月发愁时，又收到了一个月的工资。

员工们对于在生计无着落之时得到如此照顾，都十分感激。于是，他们纷纷前往公司，自发地清理废墟、联络货源。3个月后，公司重新运转起来。如今，哈里逊公司已成为美国最大的纺织品公司，分公司遍布五大洲的六十多个国家，跻身美国《幸福》杂志首次发表的"人们最愿意在其中工作的100家美国企业"名单。（刘丹，2011）

(3) 在心理契约受到破坏时合理地解释原因。觉察到心理契约的变化、破坏或违背，并不一定会导致员工情绪和行为方面的变化，关键是员工对心理契约变化、破坏或违背所做出的解释。影响员工解释过程的因素主要有两个：一是员工对心理契约的变化、破坏或违背的归因；另一个是在这样一个心理契约的动态过程中，员工感受的公平性。事件的归因是影响心理契约破坏后员工行为和情绪的一个重要因素。如果员工归因于企业故意违背契约，他们的反应就为负性，就会谴责企业管理者的所作所为，并降低工作表现甚至离职。如果归因于双方理解上的不一致，员工的反应就会好得多。因此，在管理实践中，员工心理契约产生破坏的情况不可避免，如果管理者漠然处置，员工就会将心理契约的违背归因于企业未能实现当初的承诺；反之，如果企业管理者给予员工充分的关心，员工就会将此事归因于客观而非企业因素。

二、公平理论

（一）亚当斯的分配公平理论

公平理论（Equity Theory）是由美国学者亚当斯（J. S. Adams）在综合有关分配的公平概念与认知失调理论的基础上，于20世纪60年代提出的一种激励理论。该理论认为，对自己报酬的知觉和比较所引起的认知失调，会导致当事人的心理失衡，即不公平感和心理紧张。为减轻或消除这种心理紧张，当事人会采取某种行动以恢复心理平衡。如果对报酬感到公平，当事人就会获得满足感，从而激励当事人的行为。

员工的投入包括教育、技能、工作经验、努力程度和花费的时间；报酬包括薪酬、福利、成就感、认同感、工作的挑战性、职业前程等外在和内在的报偿。当事人用来比较的对象主要有自己和他人两种。当事人将自己目前的报酬与自己过去的报酬/投入相比较，称为自我比较，包括将目前自己的报酬与过去在其他组织工作时的报酬/投入相比较，以及将目前自己的报酬与过去在相同组织内不同职务工作时的报酬相比较。当事人将目前自己的报酬与他人的报酬相比较，称为社会比较。公平理论认为，人与人之间存在社会比较，并且有就近比较的倾向。

例证 5-6

IBM公司的全面报酬体系

IBM全面报酬体系已经在单纯的薪酬、福利的基础上引入了工作体验的概念。它认为，员工在一个组织中工作所获得的报酬并不仅仅包括可以货币化的薪酬和福利，还有另外一个更重要的方面，就是工作体验，即员工在工作过程中所体会到的尊重、快乐、幸福、价值以及进步。（刘昕，2005）

通过自我比较或社会比较会出现两种结果，即要么公平，要么不公平。不公平包括"吃亏"和"占便宜"两种情况。人们在感到不公平时，可能会对以下6种行为加以选择并付诸行动。

（1）改变自己的投入（如不再那么努力）。

（2）改变自己的产出（如实行计件工资制的员工通过增加产量、降低质量来增加自己的工资）。

（3）改变自我认知（如夸大自己的贡献）。

（4）改变对他人的看法。

（5）选择另一个不同的比较对象。

（6）抱怨、情绪崩溃甚至离职。

例证 5-7

这样的工资制度合理吗

小刘去年进入了一家小有名气的外资企业，这家公司实行工资保密制度，一般情况下，员工之间都不知道彼此的收入。小刘对这份工作还是很满意的，一方面公司人际关系和谐，气氛轻松，工作虽累却很舒心；另一方面就是薪水也不错，底薪每月 3 000 元，还有不固定的奖金。

小刘一门心思扑在工作上，经常加班加点，有时还把工作带回家做，而且确实取得了显著的成效。同事们都很佩服他，主管也很赏识他。

年终考核时，人力资源主管对小刘的工作予以了高度评价，并告诉小刘公司将给他加薪 15%。听到这个消息，小刘高兴极了，因为这不仅是钱的问题，也是公司对他业绩的肯定。

与此同时，同年进入公司的小王却高兴不起来，因为他今年的业绩并不好。午饭时两人聊了起来，小王唉声叹气地说：："你今年可真不错，不像我这么倒霉，薪水都加不了，干来干去还是 3 900，什么时候才有希望啊。"

猛然间，小刘意识到，原来小王的底薪比他高 900 元。他对小王并没有意见，可是他想不通，即使不考虑业绩，两人担任同样的职务，而且小王的学历、能力也都不比他强，为什么工资却比他高这么多呢？小刘不仅感到不公平，而且有一种上当的感觉：原来我一直以为自己的工资不低了，应该好好干，可是别人的工资都比我高。（吕奇霖，2006）

（二）程序公平

除了考虑分配公平之外，也应考虑程序公平（Procedural Justice），这一概念由西波特和沃尔克（Thibaut & Walker, 1975）提出。程序公平更强调分配资源时使用的程序、过程的公正性。西波特和沃尔克发现，当人们得到了不理想的结果时，如果认为过程是公正的，也能接受这个结果。个体在过程中的不公平知觉会导致个体对过程的怨言，久而久之就会出现个体不再关心过程甚至玩世不恭的现象（李超平，时勘，2003）。

对于任何组织而言，制定分配程序时应注重吸引员工参与。如制定奖励和惩罚标准时应征求员工的意见，使员工知道奖励和惩罚的标准和原因，这样做有利于政策的落实，达到激励的效果。组织制定报酬、晋升和绩效评估等政策时应充分听取员工的意见，并建立正式的申诉渠道。

此外，比斯和莫克（Bies & Moag，1986）提出了互动公平（Interactional Justice）概念。他们主要关注的是当执行程序时人际处理方式的重要性。格林伯格（Greenberg）认为互动公平有两种：一种是人际公平，即在执行程序或决定结果时，权威人士或上司对待下属是否有礼貌，是否考虑到对方的尊严，是否尊重对方等；另一种是信息公平，主要指是否给当事人传达了应有的信息，即给当事人提供了一些解释，如为什么要用某种形式的程序或者为什么要用特定的分配方式。

例证 5-8

常务副总经理与企业主的私下约定

常务副总经理 C 某是 HY 公司的高层管理人员，也是全公司资历最老的员工。C 某从普通的预算员岗位开始，直到现在的常务副总经理一职，他全面负责公司的经营管理，享有整个公司最高标准的薪酬福利。C 某个人的优缺点都较为突出，在工程造价、合同审定、招投标、项目管理等经营方面，他可谓绝对的公司支柱，但其自由散漫，极看重个人利益，为个人私利而不惜损害公司利益也是公司上下、众人皆晓的秘密，如外接私单、转卖中标项目等。在整个公司经营都较紧张的时期，C 某仍然为了个人的私利损害企业利益。在深入了解后调查者得知，C 某在担任常务副总经理一职时，曾与企业主约定了利润分配形式，但结果却没有按照该方案执行，且当中出入较大，一度激化了双方矛盾。综合多方面情况进行考量，C 某选择了留下和进行另一种形式的弥补。后企业主苗然知晓了当中隐秘，在衡量了所有利害关系后选择沉默维持平衡。经营团队（部门）选择了与 C 某同流合污。公司业务逐步呈下滑趋势。

企业主采用私下约定的方式获取收益，令某员工外接私单、转卖中标项目等的做法，显然违背了企业规定的正常业务程序。当众人揭晓了秘密后，企业主选择了沉默，而不选择辞退责任人平息"众议"，这违反了公司公平的用人制度。（郑军，2016）

三、洛克的目标设置理论

洛克（Locke）于 1967 年提出了目标设置理论（Locke & Latham，1990）。该理论认为，设置达到目标是一种强有力的激励手段，是完成工作的最直接的动机，也是提高激励水平的重要过程。外来的刺激如奖励、工作反馈、监督的压力等都是通过目标来影响动机的。目标导致努力，努力创造工作绩效，绩效增强自尊心和责任心，从而产生更高的目标。另一管理学家休斯（C. L. Hughes）进一步认为成长、成就和责任感都要通过目标的达成而满足个人的需要。因此，重视目标和争取完成目标是激发动机的重要过程。

洛克等人从实验中还发现，从激励的效果来说，有目标比没有目标好，具体的目标比空泛的、号召性的目标好，有能被执行者接受而又有适当难度的目标比唾手可得的目标好。还有学者认为，若遇到难度很高、很复杂的目标，可以把它划分为若干阶段性目标，这种阶段性目标通常称为"小步子"。通过"小步子"的逐一完成，最后达到总目标，这是完成艰巨目标的有效方法。

此外，目标按其性质可分为硬性目标和软性目标。硬性目标是指比较容易观测和衡量的目标，如销售额。软性目标是指比较难以观测和衡量的目标，如团队协作。一般地，硬性目标比较容易被员工知觉，而软性目标比较容易被员工忽视。随着组织的发展，组织可能会逐步地由原来的重视硬性目标过渡到既重视硬性目标又重视软性目标的状态。例如，一些销售公司对营销员的报酬结构制定由原来的底薪加提成改为底薪加奖金的做法就反映了这种趋势。

四、波特和劳勒的激励过程模型

波特和劳勒（Porter & Lawler）综合了以往的一些激励理论，提出了"激励过程模型"。该模型是一种比较全面而又充分的理论。图5-2就是波特和劳勒的激励过程模型。

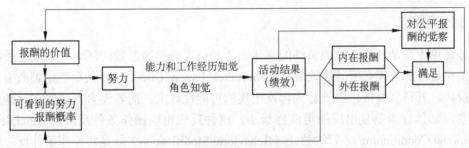

图 5-2　波特和劳勒的激励过程模型

从图5-2可以看出，直接决定员工"努力"的因素是员工所得报酬的价值和通过努力工作能够获得相当报酬的概率，这两个方面实际上就是报酬的适宜性和公平性。报酬的适宜性反映了报酬对员工需要的针对性。对员工来讲，报酬的针对性高，其价值就大，反之就小。报酬的公平性则反映了企业的报酬是否按劳分配。实行按劳分配，多劳者多得，员工可看到的努力越多，报酬概率就大，反之则小。

波特和劳勒将报酬分为外在报酬和内在报酬两种。外在报酬包括福利、晋升、授衔、表扬、嘉奖、认可等；内在报酬包括学习新知识和新技能、责任感、光荣感、胜任感、成就感等。员工的满足不仅在于获得外部报酬，也在于获得内部报酬，有时内部报酬比外部报酬更重要。

例证 5-9

银 行 扫 雪

事件发生在2012年12月的某一天，邮储银行某县支行王行长一早醒来，发现地上积雪有一尺多厚，可能是前一天晚上下了一整夜的雪。考虑到大雪会造成道路不畅，有可能影响正常工作的开展，王行长顾不上吃早饭，匆匆赶往单位。由于家住城郊，又加上雪后交通拥堵，王行长赶到单位时已经八点多了。

王行长到达单位大院门口时，发现单位门口和营业室外临街的积雪已经清扫完了，进到大院后发现大院内部积雪的清扫工作也已接近尾声，一些职工正在大院西北角热火朝天地做着最后的收尾工作。

王行长很感动,当即加入清扫的行列,并当众对在场的办公室周主任说:"由于雪大路滑、交通拥堵,今天迟到的人员都不要进行登记了。根据考勤机数据,今天未迟到、八点三十分前准时上班的人员,每人奖励50元"。王行长的话引来了职工们的热情掌声。

九点三十分,周主任拿着未迟到人员的名单向王行长汇报。王行长看着名单上的一长串名字十分感动,便指示周主任把名单公示出去,让大家都看一看,并督促相关单位中午十二点前确保将奖励发到每一位职工手中。

几天以后,又下了一场大雪,这一次王行长收到了令人惊喜的考勤记录,竟然没有一个人迟到。事情远远没有结束,在接下来的首季业务大会战中,该县业绩一直很好,并提前10天完成了计划目标。王行长总觉得,首季业务大会战能完成得这么好,固然,跟首季的激励政策相关,但跟那一次扫雪也有着密不可分的联系。(袁苏芳,2013)

五、强化理论

该理论主要是利用正性或负性的强化来激励员工或创造激励的环境。个人之所以要努力工作是基于桑代克所谓的效率(Thordikes' Law of Effect),即某项特定刺激引发的行为反应,若得到奖赏,则该行为再次出现的可能性较大;而若没有得到奖赏,甚至受到惩罚,则该行为重复出现的可能性极小,这种反应也叫操作条件反应(Principles of Operational Conditioning)。行为修正(Behavioral Modification)就是将操作条件反应原理应用在管理员工的工作行为上。管理者可运用正强化,如赞赏、奖金或认同等手段,以增强员工对良好工作方法、习惯等的学习,也可运用负强化,革除员工的不良工作习惯和方法,并使员工避开不当的行为结果。卡兹丁(Kazdin,1994)对强化和惩罚做了分类,具体如表5-5所示。

表5-5 强化的类型

组织行为	事物	
	好的	不好的
给予	正强化	惩罚
去掉	消退	负强化

例证 5-10

海尔的奖罚

在海尔内部激励手段分为正激励(奖)和负激励(罚)两种。正激励是针对员工符合组织目标期望的行为而进行的奖励,目的是使这种积极向上的行为更多地出现,即更好地调动员工的积极性。例如,海尔用工人的名字来命名其所改革的创新工具,这一措施大大激发了普通员工在本岗位进行创新的激情。负激励就是对员工违背组织目标非期望的行为而进行的惩罚,以使这种负面行为不再出现。处罚使人产生内疚感,使人头脑清醒,认识自己的错误或不足,从而修正自己的行为,使错误的倾向朝正确的方向转移。

海尔对干部每月进行考评,考评档次分表扬与批评。表扬得1分,批评减1分,年底二者相抵,达到-3分的就要淘汰。同时,通过制定制度让干部在多个岗位轮换,全面增长其才能,根据轮岗表现来决定能否升迁。(刘洪儒,1999)

日本一家公司对员工强化激励方法与效果曾做过分析,如表5-6所示。从表5-6可知,对员工的表扬奖励,采取公开的方式效果较好,变好的占87%,变差的只占1%。对员工的指责批评,采取个别的方式效果较好,变好的占66%,变差的只占11%(陈松,1988)。从表5-6中可看出采取公开的方式对员工进行体罚的效果明显不好。在提倡人性化管理的今天,企业宜逐步改变过去动辄惩罚、极少奖励的局面,而代之以多奖励、适当惩罚的做法。

表5-6 员工强化激励方法及其效果分析

激励方法	效果(行动变化的比重/%)		
	变好	没有变	变差
公开表扬	87	12	1
个别指责	66	23	11
公开指责	35	27	38
个别体罚	28	28	44
公开体罚	12	23	65

例证 5-11

巧用"高帽子"

玛丽·凯所经营的美容化妆品公司在全世界都享有盛誉。在玛丽·凯所提倡的以人为本的管理方式中就提到了赞美的艺术。有一次,公司里一位刚刚跳槽来的业务员在跑营销屡遭失败后,对自己的营销技能几乎完全丧失了信心。玛丽·凯得知此事后,找到这位业务员并对他说:"听你前任老板提起你,说你是一个很有闯劲的小伙子。他认为把你放走是他们公司的一个不小的损失呢……"

这一番话,把小伙子心头快要熄灭的希望之火又重新点燃了。果然,这位业务员在冷静地对市场进行了分析之后,终于在自己的营销工作中打开了一个缺口,取得了成功。(高亚,申望,2006)

强化必须要及时。现代心理学研究表明,及时强化的有效度为80%,滞后激励的有效度为20%。作为管理者必须充分注意激励的时效性,选择在员工激励需求边际效用最大时,及时满足并强化之,这样会起到事半功倍的效果。

例证 5-12

美国福克斯波罗公司的"金香蕉"奖

及时激励即使是很小的表示,也能起到良好作用。当年,美国福克斯波罗公司为求生存，急需新的技术成果。一天，公司一位科研人员拿着一件自己研制的新产品样品来到总经理办公室。看到该样品构思精巧、设计新颖，总经理一下子惊呆了。惊喜之余，他忽然在自己的抽屉、橱柜中东翻西找起来。最后，终于找到一件"奖品"——一根香蕉。他兴冲冲地把香蕉递给对方说："伙计，奖给你的！"这位科研人员十分感动，因为这根香蕉是当时总经理所能拿出来的唯一奖品。此后，福克斯波罗公司决定，用"金香蕉"奖章作为对本公司科研成果做出贡献者的最高奖励。（晓庄，2012）

第三节 激励理论的应用

激励理论的应用需要考虑其跨文化适用性；激励既要重视物质激励，又要重视精神激励；既要考虑激励对象的多样化，又要考虑激励方式方法的多样化；既要考虑第一激励措施的作用，又要考虑其系统效应。年薪制、职工持股计划、股票期权制、合伙人制、积分制管理被认为是能够对员工起到激励作用的重要手段，本节将简单做一些介绍。

一、激励理论的跨文化适用性

随着全球经济的发展和中国市场经济的发展，为提高企业的效率，许多中国企业越来越重视构建对于职工的激励机制。在跨文化企业中至少存在着两种不同的文化，它们会导致公司的营销理念、经营理念、经营方式等产生不同。而文化差异所产生的文化之间的矛盾也会对公司的生产和业务活动产生不确定影响，促进团队合作、增强团队凝聚力和提高员工绩效等这些正面效应的作用也必将大大减少（盖润洁，康玲，2018）。麦克法林和斯威尼（2014）从马斯洛的需要层次论、赫兹伯格的双因素理论、公平理论、强化理论以及弗鲁姆的期望理论五个方面来研究激励理论的跨文化适用性。

（一）马斯洛需要层次论的跨文化适用性

在高度工业化的发达国家中，员工有着追求更高需要的动机（如自我实现需要），而在较不发达国家和地区，低层次的需要（如生存和安全需要）则表现得更为明显。也就是说，在较不发达和贫困的国家和地区中，如果员工们连生存或安全都得不到保障，那么他们根本不会产生诸如自我实现之类的奢望。当然，现实中的模式更为复杂。例如，对于某些中国员工来说，具有合作精神的同事及其他社会需要排在自我实现这一需要之上。在强调个人主义的社会环境（如美国）中，其员工比强调集体主义社会环境（如日本）中的员工更热衷于追逐个人成就。

（二）赫兹伯格双因素理论的跨文化适用性

与法国经理相比，英国经理对责任感及自主权比较感兴趣。而与英国人比起来，法国人则更重视保障、额外福利及良好的工作环境。一般来说，这意味着工作丰富化在英国更加容易实现。事实上，当雇员更重视个人主义、风险的承担（低不确定性规避）及绩效（男性主义）时，赫兹伯格的激励方式可以视为增强个人成就的一种方法，在美国和英国，有许多员工都属于这种情况。而瑞典的员工具有个人主义，但同时又是关系导向的（女性主义），在这样的文化环境下，赫兹伯格的激励因素很可能对增进人际和谐有所帮助。

（三）公平理论的跨文化适用性

不同的社会和民族文化对公平的界定、理解和评价方式存在很大差别，而且往往是通过其他文化难以理解的方式来进行。关于公平评估，中国人倾向于使用一种较弱的公平标准来避免成员间的冲突，较少使用公平概念；关于公平分配报酬，中国经理更倾向于使用以公平为基础的标准（如基于绩效）来对物质报酬（如工资上涨）和社会情感报酬（如更支持下属的经理）等报酬进行分配，而美国管理者却按照绩效来进行物质分配，对于社会情感报酬则是平等分配。总体而言，美国人正变得更加非个人主义，而中国人却呈现出与之相反的趋势。

（四）强化理论的跨文化适用性

管理者应该知道员工重视什么，这样才能有效地使用正强化。但是，这种方法并不像看起来那样简单。例如，南非的公司如果能够努力帮助消除因为种族隔离而造成的社会不公平（如为黑人员工改善低劣的住房条件），那么黑人员工将会备受激励。这种工作及生活之间的联系反映了非洲的文化价值，即强调社会和家庭的重要性，这种价值观在西方的管理方法中是很少看到的。

文化会影响到绩效反馈的内容和方式。美国的员工倾向于正面反馈，而日本的员工则更欢迎带有批评性的意见和建议。这是因为美国人喜欢展示个人成就，而失败往往会对个人的自我价值造成威胁，相反地，在日本，批评性的建议有利于组织成员对组织保持谦逊的姿态，同时改善团队协作和表现。

（五）期望理论的跨文化适用性

期望理论与大家已经很熟悉的美国文化相当吻合，它强调个人主义及男性主义导向的文化，因为个人主义及男性主义更重视任务而不是人际关系。期望理论还认为个体员工通过努力可以在很大程度上控制自己的生活。如中国员工认为运气决定结果，墨西哥人认为出生在富裕的家庭是成功的关键。

薪酬体系的设计必须与员工的文化价值观联系起来。一项关于美国、法国及荷兰经理的研究表明，美国人认为，奖金应该与绩效紧密结合起来，相反，法国和荷兰的经理对薪酬并不是太感兴趣，并对工资与绩效之间的联系表示怀疑。与美国的经理相比，法国及荷兰的经理获得更少的奖金，并且波动性也不大。与美国的员工相比，荷兰人的价值观更倾向于女性主义及更低程度的个人主义，因此，荷兰的经理更少将薪酬作为一种保持个人成就的方法来使用。同样，强不确定性规避文化背景下的经理（如法国经理）可能会避免在高管身上使用变动率高的绩效奖金（Keegan，et al，2012）。

二、激励的多样化

激励的多样化既包括激励对象的多样化，也包括激励方法的多样化。

(一)激励对象的多样化

1. 激励要面向大多数员工

激励并不是对少数人的激励。传统的激励方法多为奖励极少数有突出贡献者,旨在树立"典型"和"楷模"。然而,这种激励手段并不是最理想的,因为长期采用此法会使大多数员工失去受奖励的机会,甚至觉得奖励是极少数人的事情而漠不关心。同时,长期以极少数人为对象的奖励还可能引发员工的逆反心理,使"典型""楷模"在企业内部遭到孤立、嘲讽,甚至打击。因此,应充分考虑激励范围,不使其过于狭窄。激励理论告诉我们,每个人都有受表扬和鼓励的心理需求,即使表现最落后的员工也一样。

例证 5-13

华为员工持股计划

华为是一家没有其他任何外部参股、100%由员工持股的民营企业。华为的股东目前仅有两个,分别是华为投资控股有限公司工会委员会和任正非。华为通过工会实行员工持股计划,截至2018年年末,员工持股计划参与人数为96 768人,参与人均为公司员工。任正非作为唯一一个自然人股东持有公司股份,持股比例为1.01%。同时,任正非也参与了员工持股计划。截至2018年12月31日,任正非自然人出资及员工持股的出资两者合计相当于公司总股本的1.14%,他也是目前所有知名企业中持股比例最低的一个领导人。(华为控股,2018)

2. 激励奖项要多样化

在奖项设置上,应多设集体奖,少设个人奖;多设单项奖,少设综合奖。在奖金数额上,可考虑多设小奖,少设甚至不设大奖,要特别注意对员工的小小进步给予及时的肯定和强化,从而形成一个从小到大的多层次、多种类的激励手段体系。

例证 5-14

日本电产公司形式多样的奖励

日本电产公司(http://www.nidec-read.co.jp)老板永守重信先生,除每年以"公司英雄"奖励员工外,还设有"提前上班奖""合理建议奖""受训斥奖"等各种名目的奖励三十余种。他甚至还规定每年受到奖励的员工必须占到总职工人数的80%以上。"受训斥奖"可谓别出心裁,对受到一次严厉批评者奖励3 000日元,目的是既要使违纪者受到应有的"斥责",又通过奖励化解受训者的情绪,防止其出现对抗心理。

3. 激励要考虑不同类型员工的需要

例如,对中国知识型员工主要激励因素调查中,位于前五位的分别是:工作报酬与奖励、个人的成长与发展、有挑战性的工作、公司的前途以及有保障和稳定的工作(张望军,彭剑锋,2001)。因此,对知识型员工的激励,不能以金钱刺激为主,应以帮助其获得成就和实现成长为主。

4. 激励要考虑每个员工各自不同的需要和个性

在企业中,有的员工想成为技术专家;有的想到本公司的其他部门工作;有的想发展与现有工作岗位相关的技能;有的被提升到管理岗位的员工并不想做一个管理人员;还有人认为他们的满足感主要来自群体中的合作精神。可见,员工的需要呈现多样化状态。激励要从员工的个性心理特征出发,通过研究个体心理的不同需要,做到对症下药。

(二)激励方法的多样化

1. 恰当运用"正激励"与"负激励"

"正激励"是组织或领导在管理过程中通过物质奖励、精神褒扬、关心支持或领导人的言行感召等形式,使组织中的员工在物质或精神上不断得到满足,心理上不断接受领导者正面的引导与暗示,员工感受到的是积极向上的信息,领导者的人格魅力使全体员工在价值观念、精神状态、集体荣誉感等方面与领导者日益趋同,从而使全体员工爱岗敬业并激发他们极大的工作热情,促进组织的迅速发展。"负激励"则与"正激励"相对而言,它主要通过物质惩罚、口头或书面批评教育、专项整顿等手段达到纠正错误、改进工作、提高工作效率和经济或社会效益的目的。但这种手段要慎用,运用得当,则成效显著,运用不当,则十分有害(张挺,2015)。

2. 综合运用各类激励方法

企业在具体采用激励理论时,通常都是选择一种激励方法进行,然而这样的方式其实收效微乎其微。一种方法所能实现的效果比较小,涉及的范围比较窄,因此企业应该采取多种方法相结合的方式制定激励制度。多种激励方式的联合运用可以弥补不同激励方式存在的不足,取长补短,形成完善的激励体制。要采取内外部相结合的激励模式,就必须对员工有深入的了解,要知道员工在具体生活中有什么样的困难,在给予企业内部奖励的同时,帮助其缓解生活中的压力,这样会使员工更加有归属感。而物质与精神相结合的激励方式,不但能够使员工获得切实的利益,还可以使员工在精神上得到满足,在自身工作得到高度认可的情况下,员工的积极性会被更加充分地调动起来,为企业创造更多的利润(杨华玲,2019)。

例证 5-15

美国同仁公司的评比竞赛

在美国同仁公司,一进楼道,迎面一条大横幅,白底红字,中间画了一个四颗红星的士兵头盔,大意是开展争当"四星头盔士兵"活动。旁边墙上还贴着"四星头盔"标志的竞赛墙报。公司管理人员说:"这项活动本来只在美国军队进行,我们将其引入公司是借其形式来开展'先进工作者'评比竞赛。每月评比一次,评上的得一颗红星,一年中累计得了四颗红星的就是先进工作者,有重奖。"更有意思的是,在计算机房门前还立着一块大白板,贴着当月得星职员的彩照,这不就是"光荣榜"嘛!(张德,1999)

3. 内激励与外激励相互结合

内激励是通过启发诱导,培养人的自觉意识,形成某种观念,从而产生动机,发生组织所期待的行为。当人们的自觉性提高以后,行动会变得积极主动,无须外界干涉、监督。这种方式一般是通过培养学习新知识、新技能、责任感、光荣感、胜任感、成就感等来进行的。内激励是对人们的思想观念发生作用,过程会比较慢,但一旦产生作用,其激励效果会非常好并且持久。外激励是通过外界诱导或约束来影响人的行为,以采取外部措施奖励组织所欢迎的行为,惩罚组织所反对的行为,一般以规章制度或奖惩措施的形式表现出一种来自外在的强迫性。外激励政策的长期实施,有利于员工树立良好的价值观,从而产生内激励的效应(颜世富,2016)。

例证 5-16

美国 IBM 公司的"百分之百俱乐部"

美国 IBM 公司(http://www.ibm.com)每当有业务代表完成年度销售定额时,该员工就被批准成为"百分之百俱乐部"的成员,他和他的家人被邀请参加隆重的集会。因此,力争获得"百分之百俱乐部"成员资格逐步成为 IBM 新员工的第一目标,公司的销售业务也因此得到有力的推动。(李波,2007)

4. 构建科学合理的激励机制和评估体系

要构建科学合理的激励机制,就要重视对员工能力的培养。企业可以通过制定相关的规章制度,在实际工作中按制度办事,同时,可以奖励和激励表现良好的员工,并且根据实际情况对员工进行进一步的晋升和激励,为员工的职业生涯提供更多的可能性。此外,要加强评估体系的构建,让员工意识到只有不断地提升自己,才能跟上企业发展的脚步。加强绩效考核工作的开展,其本质是提高企业内部工作人员的个人绩效,从而带动企业的整体绩效。在企业人力资源管理中,要构建科学合理的考核制度,在考核中按制度操作,同时对于考核成绩优秀的员工实行相应的激励机制,激励可以是现金、岗位晋升、岗位培训,这样会使员工铆足了劲对待自己的工作。同时,要加强评估体系建设,使员工拥有危机感,只有这样才会不断地推动员工自身的进步和提升,充分发挥员工的潜能。在评估中,评估的内容和过程要公平和公开,严格的规范操作会使评估更加务实(周锦萍,2019)。

三、年薪制

年薪制是把企业经理在一年中的总收入与当年企业业绩,如企业资产保值增值率、利润增长率等指标挂钩,激励经理关心企业资产的保值和增值或提高企业利润。2004 年 1 月 1 日,国资委开始施行《中央企业负责人经营业绩考核暂行办法》,新考核办法《中央企业负责人经营业绩考核办法》于 2018 年 12 月 14 日通过并自 2019 年 4 月 1 日起实施。自 2004 年《暂行办法》开始实施,189 家中央国有企业负责人实行年薪制,企业负责人的年薪分为基薪和绩效年薪,绩效年薪在 0 到 3 倍基薪之间,这些国企老总完成业绩考核的平均年薪将达 25 万元。在此之前,一些省、市按照《国有企业经营者年薪试点方案》规定，也出台了一些《国有企业经营者年薪制试行办法》。企业负责人年薪的基薪基本上是以企业所在行业的平均收入和本企业职工平均收入为标准来规定，一般不超过职工收入的1~2倍；年薪收入不超过职工收入的3倍。随着国有企业改革的深入，自2013年起，中央和地方国有企业的负责人都实行了一定程度的年薪限薪措施。在这些年薪设计中，我们可以注意到，企业基本上对年薪都有一个封顶规定（深圳绩效年薪除外）（陈惠贞，柏培文，2018）。

年薪制改革的初衷是把经营者利益与其经营业绩挂钩，提高经营者的积极性，保证国有资产的保值和增值。中国年薪制试点具有如下4个特征：

（1）经理报酬多与一个指标体系相联系；
（2）经理报酬与企业职工平均收入挂钩；
（3）应用范围仅限于高级管理阶层；
（4）收入封顶。

年薪制将经营者利益和员工利益适当分离，使经营者与员工之间相互制衡，有利于建立企业内部的自我约束机制。经营者年薪收入公开化、规范化，有利于减少经营者过高的职务消费，减少国有企业资产流失。但是，年薪制改革在推行过程中也遇到了很多亟待解决的问题：

第一，企业经营者的范围难以确定；

第二，年薪制标准的确立不规范，不能真正起到激励和约束经营者的作用；

第三，在年薪制试行办法中，对经营业绩不好的经营者缺乏相应的处理办法，经营者包盈不包亏，试行办法失去了对经营者应有的约束力；

第四，经营者的任用未形成竞争机制，经营者仍由上级主管部门任命，并非通过竞争上岗，因而经营者只对上级负责而不对企业负责的状况很难改变；

第五，企业经营指标难以严格考核成为令政府"头疼"的问题，也给年薪制的有效实施设置了障碍。

虽说问题很多，但有关年薪制的理论探讨和试点工作还算令人满意。2004年国资委正式出台的《中央企业负责人经营业绩考核暂行办法》是国有企业改革进程中的一个重要成果，年薪制由此终于成为一项薪酬制度。

四、股权激励

股权激励亦称产权激励，它在西方激励实践中已被证明蕴含强大的生命力，在中国经济发展中也逐渐被越来越多的企业运用，并呈现出强劲的发展趋势，目前的股权激励方式主要包括员工持股计划（Employee Stock Ownership Plan，ESOP）和股票期权（Employee Stock Option，ESO），以下将进行重点介绍。

（一）员工持股计划

西方国家实行的职工持股制度是在重振本国经济、改善劳资对立关系的大背景下提出并被逐渐广泛实施的，获得了一定的成功。1952年，美国辉瑞公司为了避税，第一个推出了面向所有雇员的职工持股计划。近年来，职工持股计划风行美国，数以千计的公司中的上千万名职工加入了这一计划。

例证 5-17

晋商的人力股制度

以人力资本折算股份的做法在明清时期称雄国内商界的晋商中曾被广泛采用。这种人力制度也称"身股""人身股"或"顶生意"。企业（商号）的主要员工或有突出贡献的员工一般可以顶零点几厘到几厘，以至一股的股份，股份的多少由财东，也就是真正出资的股东根据职工任职时间、能力、贡献大小来决定。

在一个账期（一般每三年为一个大账期）结束时，"人身股"与财东的资本股一起参加分红，一般资本股一万两白银为一股，而大掌柜（即总经理）一般能顶八到九厘，最高十厘（即一股）。每当遇到账期总结，都要评定职员功过，检查三年的成绩和问题，整顿人事，调整"身股"厘数，并记入"万金账"（即股本账）。银两股和人身股享用同等的分红权。（马娟，2007）

近二十多年来，美国许多企业推行的职工持股的具体做法主要有两种：一种是由公司提出一部分股份或拿出资金提交给职工信托基金会，该基金会购买本公司的股票，然后根据职工工资水平分配这些股票，这种分配相当于公司给职工劳动股的投资凭证，职工以自己的劳动获得这种投资凭证，根据这种凭证获取公司利润；另一种方式是由公司担保从银行借款购买本公司股票来分到个人名下，这两种方式都不需要员工个人掏腰包。员工持股计划的具体作用表现在以下4个方面。

1. 有利于以低成本激励在职员工

实施持股计划后，职工的收入不再是传统的工资加奖金，而是工资加股权收入，这就将公司对职工的激励由间接方式的奖金变成了直接方式的股权收入。如果公司经营状况好转，职工工资虽然不变，但是由于股利增加不仅可以使其收入增加，而且业绩的改善可使公司股票价格上涨，从而使职工受益，后者的变动往往比业绩和股利的变动大，而且比间接激励方式的奖金也高。同时，运用员工持股计划并没有增加公司的支出，却可以使职工更具有工作积极性，从而实现了低成本激励。

2. 有利于降低管理费用，减少管理环节

由于实施员工持股计划后，职工的收入与公司经营业绩更紧密地联系了起来，他们将更加自觉地工作，使一些管理部门的作用逐渐减小，以致有些部门失去了存在的意义而可以被撤销。因此，实施员工持股计划有利于精简机构，减少管理的中间环节，从而降低管理费用，提高经营业绩。

3. 促使职工参加公司日常管理，监督经理人员的经营业绩

由于实施员工持股计划后，公司经营得好坏与职工收入更加紧密相关，职工不仅更加积极地参加公司的日常管理，为公司发展出谋划策，而且公司内部人员对公司情况更加熟悉，这种监督的力度与效率都比外部监督更高，从而有利于管理绩效的提高，使企业经营效率得到改善。

4. 提高职工的工作效率、创新精神，避免短期行为

与传统激励方法相比，实施员工持股计划可以使广大员工更富有创新精神、工作更有效率，能够有效克服其短期行为。这是因为职工的工作效率提高和创新行为如果能产生效益，将使其股价提高得更快，令其自身获益更多；同时，损害企业长远利益而提高短期利益的行为对持有股权的职工来说也是不经济的。

因此，实施员工持股计划不仅能够解决企业普通员工的激励问题，使他们的利益与公司利益更紧密地结合起来，提高其工作效率与积极性，而且还可以有效地解决对公司经理人员的监督问题，有利于企业效率的提高，也有利于企业改革的顺利进行。

虽然员工持股计划可以解决普通员工激励问题与对经营人员的监督问题，但还不能有效解决对经营者的激励问题以及对吸引高级人才的监督问题，要有效解决这些问题，还有赖于实施股票期权计划。由于股票期权计划把公司经营者和高级人才的利益与公司经营业绩好坏直接联系起来，如果公司经营得好，股价就会上涨，他们的收益就会提高，否则他们的收益就会大幅度减少。

例证 5-18

亚马逊公司的利润分享制度：低工资＋一个承诺

亚马逊网上书店（http://www.amazon.com）员工的收入比市场标准水平还要低，甚至连短期奖金也没有，并且要自己掏腰包负担大部分医疗保险费，可是为什么一批优秀的人才仍心甘情愿地留在亚马逊呢？这个原因就是股票！1997年5月，亚马逊股票上市，以每股9元的价格开盘，1998年年底最高峰时突破300元！每个员工的认股权是公司对他们的承诺，只要公司盈利，立即会创造出一大批富翁来。这就是亚马逊的未来利润分享制。

和其他公司的利润分享制不同的是，亚马逊的所有员工，包括仓库员工、公司职员以及最高主管、行政经理，全部被纳入公司的该项计划。在亚马逊，人人能够感觉到自己的责任、自己的重要性。总裁贝索斯宣称，公司是大家的，是每一个人的，这个信念连公司的保洁人员也铭记在心。（王正伟，2001）

（二）股票期权

1. 美国企业股票期权制

（1）股票期权的类型。股票期权通常包括两种类型：①法定型期权（Qualified Stock Option，QSO）或称激励型期权（Incentive Stock Option，ISO）。这种期权在符合美国国内税收法典的限制性条件下，个人收益中部分可作为资本利得纳税，同时可以从公司所得税税基中扣除。②非法定期权（Non-qualified Stock Option，NQSO）。这种期权不受美国税收法典的约束，公司可以自行规定方案；个人收益作为普通收入缴纳个人所得税，并且不可以从公司所得税税基中扣除。

（2）股票期权的受益人。从一般意义上来讲，受益人范围主要包括公司的经理阶层，即公司的高级管理人员，而独立董事和持有10%以上表决权资本的经营者不在其中。

(3)股票来源和授予时机。ESO 所需的股票主要有 3 个来源：①由公司发行新股供期权执行人按预先约定的价格认购；②公司通过留存股票账户从市场上回购；③库存股票。公司经理人员或雇员一般在受聘、升迁或业绩评定时获得 ESO。在一般情况下，雇员在受聘、升迁时获得的 ESO 数量要多一些。

(4)期权费、行权价与授予数量。一般来说，ESO 是无偿授予的。为了在激励的基础上对公司的经理人员或雇员增加约束力，有的公司要求经理人员或雇员在取得 ESO 时支付一定的期权费。ESO 执行价格（行权价）的确定是期权方案设计中最关键的一环。一般来说，行权价包括折价、平价和溢价三种类型。在实践中，ESO 执行价格以后两种方式居多。ESO 的授予数量反映了期权激励的强度。在通常情况下，ESO 的授予数量没有下限，但有些公司规定有上限。

(5)股票期权的执行期限。对于法定期权来说，ESO 的有效期一般为 10 年。持有 10%以上表决权资本的经营者经股东大会批准参加计划的，有效期为 5 年；持有者自愿离职、丧失行为能力、死亡或公司并购、公司控制权变化等条件下，ESO 可能改变条件；退休时，所有 ESO 的授予时间和有效期限不变，但如果 3 个月内没有执行可行权 ESO，法定期权则转为非法定期权，不再享受税收优惠。

非法定 ESO 没有有效期的限制，一般为 5～20 年，由公司自行决定。

(6)股票期权的执行。股票期权通常有 3 种执行方法。①现金行权、无现金行权和无现金行权并出售。现金行权是指股票行权的受益人（即行权人）以现金向公司指定的证券商支付行权费用以及相应的税金和费用，由证券商以执行价格为受益人购买公司股票；②无现金行权是指受益人不必以现金来支付行权费用，转而由证券商以出售部分股票获得的收益来支付行权费用。在这种情况下，受益人在委托证券商时需要对委托指令进行选择；③无现金行权并出售，指行权人自己决定对部分或全部可行权 ESO 行权并立刻出售，以获取行权价与市场价的差价。

(7)股票期权的日常管理。股票期权通常由公司的薪酬委员会负责决策、管理、解释、修改和终止等。薪酬委员会直接归董事会领导，独立行使职能，不受企业经营者的影响。某些特殊事项需经股东大会批准，而股票期权的执行由公司委托证券商进行交易和结算。

2. 中国企业经营管理者股票期权制

2006 年，证监会的《上市公司股权激励管理办法》和国资委的《国有控股上市公司（境内）实施股权激励试行办法》分别于年初和 9 月正式施行，此后股权激励制度在我国迅速发展。

股票期权（Stock Option）又称为"经营者期权"或"认股期权"，指的是企业所有者授予激励对象在未来一定时限内，以预先确定的价格和行权条件购买一定数量的该公司股份的权利。股票期权在很大程度上解决了企业经营者激励约束的相容问题，这种独特的制度安排把经营者的未来报酬与公司的长期业绩和市场价值联系起来，从而实现了经营者报酬和股东利益的趋同效应。股票期权的激励作用具体表现在以下 4 个方面。

(1)体现激励与约束并重的特点。股权激励制度作为一种比较完善的激励制度，能够控制代理风险，降低代理成本，满足激励同时兼顾约束。企业将一定的股份卖给经营者，以股票升值所产生的差价作为对其人力资本的一种补偿，如果企业经营良好，资产增值，公司股票升值，经营者可以凭差价赢得大笔财富；如果企业业绩出现暴跌，对期权股票持有人来说将是一场灾难。此时，企业经营者和企业股东的利益相关联，与企业同呼吸、共命运。

（2）有效地防范经营者的短期行为。企业的经理人员一般采用聘期制，经理人员自然会关心其聘期内的甚至是当年内的经营业绩，因此他们在工作中很可能会追求眼前利益而忽视长远利益。而在股票期权制度下，他们在任期内便不会只顾利用现有资产赚钱而忽视对新产品的开发、科研，骨干人才的培养，固定资产投资和企业无形资产等企业长期盈利项目的投资。

股票期权制将企业经营者原来与年度利润指标相关联的短期收益变为建立在企业长期盈利能力和价值增加基础上的高额回报。当股票期权的行权价一定时，行权人的收益与股票价格呈正比，而股票价格是股票内在价值的体现，只有提高公司长期盈利能力，促使股票升值，经营者才能获得高回报。

（3）增强企业的凝聚力，留住人才。股票期权可转化为高额利益，可满足经营者作为"经济人"的物质需求，是企业经营者受到重视的具体体现，可激励其努力工作。同时由于期权强调未来，因此有利于企业吸引和留住那些会管理、懂经营、能力强、具有战略眼光的企业家和核心骨干人才。

（4）有利于解决国有企业体制方面存在的固有矛盾。国有企业的经营者所受到的约束不是来自于市场，而是来自政府主管部门，这就导致经营者将主要的精力花在经营"领导"上而不是经营企业上，从而使企业效益低下。但是，当股票期权将经营者个人的收益与企业的利益捆绑在一起时，经营者就会付出最大的努力，将企业利益看作自己的利益，规避经营风险，努力搞好经营以促进企业发展。

例证 5-19

华为的股权激励方案

华为从1990年开始实行员工持股计划，迄今为止，已实施了实股配股、虚拟股配股、饱和股配股、时间单位计划（Time Unite Plan，TUP）这几个重要股权激励计划。

2001年以前，华为实行实股配股计划，极大地激发了员工工作的积极性。由于实股存在一些弊端，该公司在2001年以后开始实行虚拟持股，但虚拟股持有人只享受虚拟股票的增值收益和股票分红收益，并不参与公司重大经营决策且不具有公司的所有权。由于股票增值收益与公司的经营状况息息相关，员工会更加尽职地监督企业的经营状况，从而降低企业的经营风险。

2008年，华为为了在美国次贷危机引发的金融危机中顺利渡过难关，开始实施"饱和股配股"方案，具体做法是：以员工的级别和对其工作的考核为依据，核定员工当年虚拟股配股数量，再根据员工级别分配股份数。

2012年年初的银行个人创业扶助贷款被叫停后，华为的虚拟受限股制度失去了实际意义，很多员工决定将手中的股票套现。华为为解决员工购股资金压力，于2013年实施了名为"时间单位计划"的员工持股计划。TUP计划的开展不仅让新员工不再有用现金购买股票的压力，也让新老员工都十分关心增值收益，从而更加尽心尽力地为公司做出贡献。

华为2015年虚拟受限股分红，每股分红1.95元，升值0.91元，合计2.86元，工作5年基本可达15级，饱和配股（包括TUP）9万股，分红加上升值可获得收益25.74万（2.86×9万）元，即使不饱和配股，基本分红也可以达到税前20万元。华为员工的分红收益和升值收益非常可观，持股数较多的员工不仅会考虑分红收益，也会考虑增值收益，这样他们就会更多地注重公司的长期发展，努力地为公司做出更多的贡献。（黄旭，2017）

（三）合伙人制激励

由于单纯采取股权激励计划并不能保证实现管理人才的初衷，2013年开始，随着阿里巴巴、万科、海底捞等多家知名重量级企业宣布采取"合伙人制"，合伙人制便逐渐成为众多企业青睐的对象，并形成了一股新的管理思潮。现在，几乎所有新生创业企业实行的都是合伙人制，众多的老牌企业也在尝试，还有更多的企业正在考虑。事实证明，合伙人制度是现代公司治理的一个创新，它在很大程度上解决了企业的经营者与所有者利益不完全一致的问题，增加了企业经营者的积极性和主人翁精神（辛全刚，2017）。

"合伙人制度"最早出现于中世纪的欧洲，是一种企业管理机制，在中国上升到法律制度层面的时间比较晚，2006年8月27日，《中华人民共和国合伙企业法（修订案）》正式通过。合伙人公司是指由两个或两个以上合伙人拥有公司并分享公司利润，合伙人即为公司主人或股东的组织形式，其主要特点是合伙人共享企业经营所得，对经营亏损共同承担无限责任；它可以由所有合伙人共同参与经营，也可以由部分合伙人经营，其他合伙人仅出资并自负盈亏。合伙人制主要有以下两种形式（蔡余杰等，2015）。

（1）有限合伙人制，是指在一个以上合伙人承担无限责任的基础上，允许有更多投资人承担有限责任的经营组织形式。

（2）无限合伙人制，又称普通合伙人制，指的是由两个或两个以上的合伙人共同拥有企业，并分享企业获得的利润，其主要特点是风险共担、利益共享。

合伙人制的核心内容依然是股权激励，但合伙人制是以企业文化作为支撑，因此不同企业的合伙人制度实施各不相同：创业型企业会根据"人人都是经营者"的阿米巴原理推出内部创业的合伙人计划，如爱尔眼科；万科用事业合伙人计划来改变股权比较分散的股权结构。实行合伙人制的企业中较为著名的阿里巴巴则采用了股权与控制权分离的新型合伙人制，阿里巴巴合伙人的身份不等同于股东、董事，也不需要承担无限连带责任。根据阿里巴巴集团的公司章程，"合伙人"拥有的权利是提名董事会中的大多数董事人选。放眼未来，在全新的互联网时代，合伙人制将会在更多的公司内实现并出现新的形式。

五、积分制管理

"积分制"在人们的日常生活中是很熟悉的事物，如很多商家为了促销而推行"会员积分制"，高校图书馆里有"阅读积分制"，一些特大城市对外来务工经商人员落户实行"流动人口积分制管理"等。不少地方政府在推行网格化管理的过程中，制定了用上报治安隐患等事件获得相应积分的制度，积分累积到一定程度即可获得奖励。

企业管理中积分制的应用是湖北省荆门市群艺数码广告传媒有限公司董事长李荣先生于2003年独创的一种全新的管理方法，它的核心内容是对人的能力和综合表现用奖分和扣分进行量化考核并用软件记录和永久使用，目的在于全方位调动人的积极主动性（李荣，张广科，2017）。实行积分制管理需要为员工建立积分的使用平台以及设立相关的积分兑换制度，如腾讯内部可以用积累的腾讯币兑换子女入读幼儿园等员工福利、广汽集团对于营销人员的积分奖励等。

积分制管理具有不需要修改现有规章制度、管理流程及公司现有的工作习惯，不受体制和行业的限制，从国有企业机关单位到民营企业都可以有针对性地推行使用等特点。国内新近研究成果认为，积分制激励在企业管理中具有以下优点（王勇，2017）：相对人性化，更有利于增强制度的执行力；可以满足员工体现自我价值的需求；在一定程度上解决了分配不合理的问题，更有利于留住人才。有的学者则对此提炼出了更多（秦尊文等，2017）优点：积分不与金钱直接挂钩，巧妙地转移了员工的注意力；有利于组织分权；有利于解决组织公平问题，提升组织公平感；可以为管理者和员工提供及时的反馈信息；"参与式"的管理模式有利于激发员工的组织公民行为；兼顾长期和短期的激励作用；有效解决员工"优胜劣汰"的问题；有利于企业中组织目标和个人目标的协调统一。

积分制管理制度的落实可以参考以下几个步骤。

（1）确定负责相关事务的专门人员。不需设立专职，由专人负责完成相应工作（如积分数据的收集、统计，定期备份数据，录入软件，定期公布各类积分排名等）即可。

（2）确定执行积分奖扣的管理团队。核心管理团队包括公司副总经理、经理及主管。

（3）制定公司积分制管理的奖扣标准，包括启动期的一次性积分标准、每月固定积分标准及A（与工资挂钩）、B（与福利挂钩）分的奖扣标准。

（4）制定管理人员的奖扣分权限，主要是指上限，可以根据班长、主任、主管、经理等逐级增加奖扣分上限。

（5）制定公司奖扣标准与管理人员奖扣权限的运用原则，原则上是公司规定的积分标准优先于管理人员的权限标准。

（6）制定管理人员的奖扣分任务，可分为每天奖扣人次任务、每周奖扣分任务及每月奖扣比例任务。

（7）制定积分奖励方案，积分可以与各种荣誉、工资、年终奖、旅游、干股分红、理财保险等内容相挂钩，出台的各项福利措施均要与积分制相挂钩。

（8）制定积分制管理操作流程，可以参考图5-3。

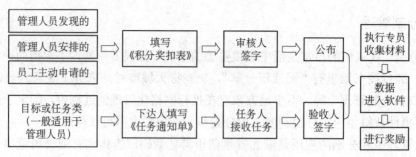

图 5-3　积分制管理操作流程

六、构建有效的激励系统

前面我们介绍了许多激励的方式方法和例子,但它们是零散的,并不构成一个激励系统。为使激励多样化,企业必须构建符合自身特点和历史文化的、行之有效的激励系统。一种激励措施或方法必须置于具体的企业环境和文化中加以考查和评估,分析其系统效应,它可能在一家企业中有效,但在另一家企业中不适用。那么企业究竟应如何构建自己的激励系统呢?基准学习(Benchmarking,可参考 http: // www.benchmarking.com)是一种很好的方法,它是指企业识别、理解其他公司和企业在激励方面的一些优良实践,并为己所用,以提高激励的有效性。构建有效的激励系统包括如下六个步骤。

第一步,列举企业现有的各种激励方法。

第二步,对这些激励方法的有效性进行评估,如进行成本效益分析以及协同性分析。

第三步,根据评估结果将这些激励方法分为三类:可继续使用、需修订后继续使用、停止使用。

第四步,对需修订后继续使用的激励方法进行讨论和修订,并重新公布使用。

第五步,从企业内部或者外部了解和学习一些先进的激励方法和手段,对它们进行讨论和评估,筛选出可以借鉴的激励方法。

第六步,用系统思维的方法对新的激励方法进行分析评估,决定试行一段时间后对其进行评估,重复前面的步骤。

例证 5-20

腾讯公司的激励系统

腾讯公司秉承着重视员工利益、激发员工潜能、追求个人与公司共同成长的理念,根据工作贡献和成果价值,有效激发员工的主观能动性和创造性,形成了差异化的激励机制。激励措施主要有物质激励和精神激励。

物质激励主要包括固定工资、年度服务奖金、专项奖金、绩效奖金和股票期权等。

精神激励主要表现为为员工创造和谐舒适的工作环境、提供各种培训和进修机会以满足员工的自我成长需求、给予员工更多参与影响自身利益的决策的权利等。

以股票期权奖励为例:腾讯于 2016 年 7 月 6 日发布公告称,董事会决议根据 2016 年 5 月 18 日股东周年大会的授权,向 7 068 位受奖励人士授予 14 931 760 股奖励股份。以腾讯当日收盘价 174.3 港元计算,这部分奖励股份市值约为 26 亿港元。(张笑楠,2016)

本章小结

- 激励就是激发员工的工作动机，调动其工作积极性，促使他们有效地完成组织目标和任务。
- 内容型激励理论围绕如何满足员工的需要进而调动其工作积极性开展研究，也称需要理论，主要有马斯洛的需要层次论、赫兹伯格的双因素理论、阿尔德弗的ERG理论和麦克利兰的需要理论。
- 过程型激励理论着重对行为目标的选择，即对动机的形成过程进行研究，主要包括弗鲁姆的期望理论、亚当斯的公平理论、洛克的目标设置理论以及波特和劳勒的激励过程模型。
- 心理契约是员工与组织双方在相互关系中己方要为对方担负什么责任义务，同时对方要为己方担负什么责任义务的主观约定，是雇佣双方或劳资双方关于双边关系中相互责任义务的主观信念。
- 强化理论作为调整型激励理论，着重对达到激励的目的，即调整和转化人的行为进行研究。
- 激励理论的应用需要考虑其跨文化适用性。
- 激励要多样化，既要考虑激励对象的多样化，又要考虑激励方法的多样化；激励既要有物质激励，也要有精神激励。
- 对企业管理者和员工而言，常见的报酬激励包括年薪制、员工持股计划和股票期权制。

案例分析

阿里巴巴如何激励员工

阿里巴巴是在互联网时代下成长起来的企业，如今已发展为中国最大的电子商务公司，它旗下的淘宝、天猫、聚划算开创了中国的电商时代，2015年"双十一"的成交额高达912亿元。众所周知，阿里一直以来展示的价值创造能力堪称中国企业的典范，这些价值的创造离不开"阿里人"的支持和奋斗，那么阿里是如何激励员工的呢？

阿里以理想激励和股权激励的柔性机制为触点，激发阿里人的自我管理，让员工为自己而工作、为阿里而工作。阿里自成立之初起一直有一个伟大的理想："我们要创造一个中国人自己的、最伟大的公司，我们要进入世界500强，要做一个102年的企业"。阿里人认为，阿里是一家有崇高的理想、使命和价值观的企业，这不仅是马云的理想、阿里的理想，更是所有阿里人的理想和事业，这种理想在阿里"平凡的人做不平凡的事"的企业文化渲染下不断强化。同时，阿里大规模的股权激励也形成了一种财富共享的激励文化，大大激发了员工的自我管理。2007年，阿里上市之后将RSU计划视为主要的股权激励措施。据阿里2014年第四季度的财报显示，当季阿里巴巴对员工的股权奖励支出达到43.13亿元，与2013年同期相比大幅上涨了554%，相当于当季收入的16%。2013

年阿里小微金融服务集团的股权架构调整,100%的阿里员工持股阿里小微,占股权比例为32.7%。

为了满足互联网时代下,员工对于个人成长和价值创造的需求,阿里形成了一套系统化的培训体系,主要包括新人培训、专业培训、管理者培训以及在线学习平台四大板块,全方位地覆盖阿里各类型的员工,充分考虑了新员工入职时对阿里的认可和归属需求。与此同时,阿里还提供了内部接班人制度,对员工的价值创造予以肯定,主管级以上的员工可以从这一人才库中选择并培养自己的接班人。

阿里对员工的情感关怀体现在4个方面:①阿里不给任何人承诺,成长空间和薪酬福利是员工为理想奋斗而获得的劳动成果,不是公司的承诺。②尊重员工,阿里尊重员工的选择,尊重员工的创造,尊重员工的劳动,切实维护员工的自尊。③关心员工,包括工作上和生活上的关心,如六一儿童节时在公司搭建充气游乐园,鼓励员工带孩子来公司玩。④保障员工的归属感,这种保障可以从经济危机时期阿里的人力资源政策中看出来,大多数企业在经济危机时会选择大规模地裁员以降低成本,员工归属感因此大幅下降。阿里清楚地认识到这一点,将2008年的经济危机视为吸纳储备人才的契机,不仅不裁员,甚至实施提薪计划和员工互助基金计划,增加培训预算,这种在恰当时机下的保障措施极大地提高了员工的归属感。(蒙俊,2016)

问题讨论:

1. 你认为阿里巴巴公司运用了何种激励理论来调动员工的积极性?
2. 为什么阿里巴巴公司的方法能够有效地激励员工?

管理游戏

5-1 糖 豆

这个游戏让学生通过给予和接受赞扬来熟悉别人,在较短的时间里,这一方法就会取得效果,团队的情绪也会变得高涨。

参与人数: 集体参与,人多时应该分组,但人数不超过60人的班级不用分组

时间: 15分钟

道具: 纸、铅笔或钢笔、一些奖品

场地: 教室

应用: 员工激励和团队建设

游戏规则和程序:

1. 给每个人5分钟的时间,让他们如实地、尽可能多地对其他成员(人数多时可自由选取5~10人)写出尽可能多的赞扬(糖豆),这些赞扬可以是程度较浅的(你的领带真不错,你的衣服和你很相配等),也可以是比较个人的(你很有音乐细胞,你为人很正直等)。唯一的原则是,在相互交换写下的赞扬时,走动寻找接受者,必须进行目光的交

流和握手,赞扬者说出对方的优点,而接受者说声"谢谢"。当然,这些写下来的赞扬可以是匿名或折起来的。

2. 直到所有的成员把自己写的赞扬(糖豆)都给了别人,收到"糖豆"的人才可以打开它们。每个人都坐下后,同时打开他们收到的礼物。

3. 评价一下现场的气氛。

4. 在向成员发出信号让他们看自己手中的"糖豆"前,向他们提问:"你们中有多少人从某个你们从未给过他'糖豆'的人那儿收到了至少一个'糖豆'?""你们对此感觉如何?""为什么我们中有那么多人忽视了真诚赞扬?"

5. 每个人打开自己收到的"糖豆"时,整个班级的情绪不断高涨,班级内相互支持的风气也会显露出来。有些成员可能会感到有些窘迫,但毫无疑问,这样的经历是令人愉快的。

问题讨论:

1. 为什么我们总是抑制自己如实赞扬我们所关心的甚至是一直留心观察的同学?

2. 当你看到别人所写的关于你的一些优点和赞美时,你的感受如何?

3. 在允许的情况下,大声念出别人给得到"糖豆"最多的同学的赞扬,并让得到"糖豆"最多的同学上台分享自己的感受。

4. 你还要再送一些"糖豆"给其他人吗?当你想做的时候,为什么自己不去做呢?

5-2 生 死 时 速

目的: 团队协调、分工合作、责任心与执行力

人数: 不限

工具: 秒表、笔、纸;给胜出者的奖励(奖品)

游戏规则和程序:

1. 5~15人一组,将全体学生分为多个组。

2. 各组人员依次报数,从1报到30,报1开始计时,报完30时停表。从1报到30,人少照号轮流下去,如一组只有6个人,当第6个人报完6时,第1个人从7继续往下报,如此循环到30。

3. 报数时不可漏报、错报、抢报。

4. 以用时最少的小组为胜出者。

回顾与分享:

分享活动中团队合作过程(如解决冲突、协调、合作、聆听、责任)。

参考文献

[1] ALDERFER C P. Existence, relatedness and growth: human needs in organizational settings[M]. New York: Free Press, 1972.

[2] BIES R J, MOAG J S. Interactional justice: communication criteria of fairness[J]//

SHEPPARD B. Research on negotiation in organizations, 1986 (1): 43-55.

[3] BOYATZIS R E. Affiliation motivation[M]//MCCLELLAND D C, STEELE R S, et al. Human motivation: a book of readings. morristown, N.J.: General Learning Press, 1973.

[4] HERRIOT P, MANNING E G, KIDD J M. The content of the psychological contract[J]. British journal of management, 1997 (8): 151-162.

[5] HERRIOT P, PEMBERTON C. New deals: the revolution in managerial careers[M]. Chichester: John Wiley & Sons, 1995.

[6] HERZBERG F, MAUSNER B, SNYDERMAN B B. The motivation to work[M]. New York: Wiley, 1959.

[7] KOTTER J P. The psychological contract: managing the joining-up process[J]. California management review, 1973 (15): 91-99.

[8] LOCKE E A, LATHAM G P. A theory of goal setting & task performance[M]. Englewood Cliffs, N. J.: Prentice Hall, 1990.

[9] MCCLELLAND D C, ATKINSON J W, CLARK R A, et al. The achievement motive[M]. New York: Irvington, 1953.

[10] ROUSSEAU D M. Psychological and implied contracts in organizations[J]. Employee Responsibilities and rights journal, 1989 (2): 121-138.

[11] ROUSSEAU D M. New hire perceptions of their own and their employer's obligations: a study of psychological contracts[J]. Journal of organizational behavior, 1990 (11): 389-400.

[12] THIBAUT J, WALKER L. Procedural justice: a psychological analysis[M]. Hillsdale, N.J.: Lawrence Erlbaum, 1975.

[13] VROOM V H. Work and motivation[M]. New York: Wiley, 1964.

[14] 蔡余杰，纪海，许嘉轩. 合伙人制: 颠覆传统组织架构的管理新思维[M]. 北京: 当代世界出版社，2015.

[15] 陈加洲. 员工心理契约的作用模式与管理对策[M]. 北京: 人民出版社，2007.

[16] 陈松. 日本一家公司对职工强化激励方式与效果的调查表[J]. 领导科学，1988（10）：21.

[17] 迪恩·B. 麦克法林，保罗·D. 斯威尼. 国际管理（精要版）[M]. 黄磊，译. 3版. 北京: 中国市场出版社. 2014.

[18] 高亚，申望. 公司主管全书: 解决中级管理者遇到的各种实务问题[M]. 北京: 企业管理出版社，2006.

[19] 黄旭. 员工持股激励计划方案应用实践研究——来自华为的案例分析[J]. 国际商务财会，2017（03）：25-30.

[20] 金利娟. 企业组织行为与员工心理契约管理[J]. 当代经济，2005（4）：60-61.

[21] 李波. 论旅游企业内部的人员优化[J]. 山西大同大学学报（社会科学版），2007（01）：56-57.

[22] 李超平, 时勘. 分配公平与程序公平对工作倦怠的影响[J]. 心理学报, 2003（5）: 677-684.

[23] 李虹呈, 罗利. 互联网零售企业一线员工激励实务探究——以京东商城为例[J]. 现代商贸工业, 2017（23）: 58-60.

[24] 李荣, 张广科. 积分制管理概论[M]. 北京: 清华大学出版社, 2017.

[25] 刘丹. "心理收入"在劳工关系中的体现——以哈里逊事件为例[J]. 中国集体经济, 2011（31）: 126-127.

[26] 刘洪儒. 海尔集团的激励机制与企业文化——访海尔集团总裁张瑞敏（之三）[J]. 中外管理, 1999（2）: 9-10.

[27] 刘昕. 从薪酬福利到工作体验——以 IBM 等知名企业的薪酬管理为例[J]. 中国人力资源开发, 2005（6）: 64-67.

[28] 吕奇霖. 中国式管理的 89 个关键[M]. 北京: 机械工业出版社, 2006.

[29] 马娟. 晋商身股制度对现代人力资源管理的启示[J]. 云南财贸学院学报（社会科学版）, 2007（4）: 21-23.

[30] 蒙俊. 互联网时代的员工激励研究: 一种依托文化维系的内在激励模式——以阿里巴巴集团为例[J]. 中国人力资源开发, 2016（16）: 16-21.

[31] 秦尊文, 徐志宽, 彭雪莲. 一种新的绩效管理模式——对企业积分制管理的研究与思考[J]. 湖北社会科学, 2017（02）: 70-76.

[32] 张挺. 恰当运用"正激励"与"负激励"[J]. 企业文明, 2015（12）: 61-63.

[33] 王勇. 积分制管理体系: 激发建企职工"心"动力[J]. 建筑, 2017（01）: 39-41.

[34] 王正伟. 亚马逊用人之道[J]. 现代企业教育, 2001（1）: 58.

[35] 辛全刚. 事业合伙人制的优点与实践中存在的问题[J]. 中外企业家, 2017（05）: 80-81.

[36] 余凯成. 组织行为学[M]. 大连: 大连理工大学出版社, 2001.

[37] 袁苏芳. 巧用正激励 激发大能量——一个真实案例引发的思考[J]. 经营管理者, 2013（21）: 66.

[38] 朱晓妹. 创新型人才激励机制研究——基于心理契约的视角[M]. 北京: 中国经济出版社, 2013.

[39] 张德. 美国企业怎样激励员工[J]. 中国建材, 1999（2）: 72-73.

[40] 张望军, 彭剑锋. 中国企业知识型员工激励机制实证分析[J]. 科研管理, 2001（11）: 90-96.

[41] 张笑楠. 企业持续创新系统的组织特性研究——以腾讯公司为例[J]. 技术与创新管理, 2016, 37（03）: 242-249.

[42] 周斌. 重庆地区企业人力资源管理状况与员工激励因素的调查研究[D]. 重庆: 重庆大学, 2004.

[43] 刘金城. YG 公司工作丰富化实践[J]. 经营管理者, 2013.

[44] 郑军．HY 公司程序公平对规范承诺影响的案例研究[D]．成都：西南交通大学，2016．

[45] 晓庄．反馈也有保质期[J]．中外管理，2012（05）：122．

[46] 盖润洁，康玲．基于 Hofstede 文化理论的跨文化企业文化激励机制研究[J]．经济研究导刊，2018（29）：6-8．

[47] 华为控股．华为投资控股有限公司 2018 年年度报告[R]．华为官网．2018．

[48] 杨华玲．激励理论在企业管理中的应用研究[J]．企业改革与管理，2019（22）：63-65．

[49] 周锦萍．企业人力资源开发与激励机制研究[J]．现代商业，2019（34）：70-71．

[50] 陈惠贞，柏培文．减少年薪封顶设计负面影响的对策[J]．财会学习，2018（20）：196-198．

[51] 蒋素梅．西门子人力资源管理模式及其借鉴[J]．企业改革与管理，2014（13）：50-51．

[52] KEEGAN A, HUEMANN M, TURNER J R．Beyond the line: exploring the HRM responsibilities of line managers, project managers and the HRM department in four project-oriented companies in the Netherlands, Austria, the UK and the USA[J]．The international journal of human resource management, 2012, 23(15): 3085-3104．

本章思考练习题

思考练习题　　　　讨论辩论题

第六章
群体心理与行为

学习目标

学完本章后，你应该能够：
1. 了解群体的概念和非正式群体的特点；
2. 了解群体发展的五阶段模型；
3. 了解群体行为和群体动力；
4. 掌握团队建设的理论与方法。

引例

怀特经典性饭店研究

威廉姆·怀特（W. F. Whyte）在其经典性饭店研究中表明了地位的重要性。怀特认为，在一个群体中，如果行为是由地位高的人向地位低的人发起的，那么他们在一起能够合作得比较愉快；如果某种行为是由地位低的人最先发起，在正式和非正式地位系统之间就会引起冲突。他引用的一个例子是：以前，顾客的菜单由饭店侍者直接递交给结账人员，这意味着，地位低的侍者在交往中占主动地位。后来，饭店在菜单上装了铝线，这样，菜单就可以挂起来用钩子钩，结账人员觉得必要时才把菜单用钩子钩过来，这样结账人员就居于主动地位了。

怀特还注意到，在厨房里，服务人员把菜单交给厨师，然后把做好的菜端出去的行为也是一个低技能人员在相互作用过程中处于主动地位的例子。无论服务人员明确或不明确地催促厨师"加快速度"，在他们之间都会产生冲突。但是，怀特发现，有一个交菜单的服务人员与厨师几乎从没有发生过冲突，因为他总是把菜单交给厨师，然后告诉厨师，菜做好后就叫他去端菜，这样厨师就处于主动地位。怀特在他的研究中还提出了一些建议，告诉饭店管理人员进行哪些方面的改变会使工作程序与人们的实习地位等级更相符合，而且会极大地改善员工之间的关系和工作效率。（Whyte，1948）

由引例可见，在群体里，群体成员的地位和权力可能会因他们互动的方式而发生变化。本章主要介绍群体的概念以及群体形成和发展的规律等内容。

群体与单独的个体有很大的不同，具有自身形成和发展的规律。有别于个体行为，从众、顺从、暗示、模仿与感染是典型的群体行为。群体动力是左右和影响群体发展演变的主要力量，内容主要包括群体规范、群体压力、群体凝聚力和群体士气。有别于工作群体，工作团队讲究团队精神和相互协作，在团队建设理论的指导下，借助一些特定的团队建设策略和方法有助于建设高绩效的团队。

第一节 群体的基本概念

群体是针对个体而言的，由无数或有数的个体组成，可分为正式群体和非正式群体。过去的组织比较重视正式群体的作用，但自霍桑实验揭示了非正式群体的存在之后，组织越来越重视发挥和引导非正式群体的作用，以达到组织目标。

一、群体及其类型

（一）什么是群体

群体是具有相同利益或情感的两个或两个以上的人以某种方式结合在一起的集合体。雪恩（E. H. Schein）认为，群体是由相互交往和认知并体会到彼此之间具有某些共同特征的许多人员所组成的。由此可见，构成群体的两个要素是：①成员间的关系必须具备相互依赖性；②成员具有共同的意识、信仰、价值和各种规范，用以控制相互行为。其中，"群体意识"是群体存在的关键因素。所谓群体意识，就是群体成员作为该群体的一个成员对这个群体的认识，也是群体成员在群体活动中形成的共同意识。

（二）正式群体与非正式群体

按程序正式与否，可将群体划分为正式群体与非正式群体。正式群体是指组织经过精心设计与规划，有自己明确的目的和规章制度，成员的地位和角色、权利和义务都很清楚并有稳定、正式的结构的群体。非正式群体是以观点、兴趣、爱好相似为基础，以彼此感情为纽带自然形成的、没有固定组织形式的群体。

自从霍桑实验发现非正式群体的存在及其对工作绩效的重要影响后，对非正式群体的研究成了组织行为学中一个重要的方面，这里主要介绍非正式群体的相关知识。

1. 非正式群体的特征

非正式群体具有如下4个特征。

（1）自发性。非正式群体是自发形成的。员工到非正式群体去寻找归属、认同、理解和表现、完善自己，自发组成不同类型的非正式群体。

（2）成员的交叉性。许多员工的爱好、兴趣比较广泛，体验感受比较丰富，因此他们可能同时参加多个非正式群体，从而使非正式群体的成员具有交叉性。

（3）有自然形成的核心人物。非正式群体和正式群体一样有核心人物，但非正式群体的核心人物不是由上级正式任命或员工选举产生的，而是在长期的工作、学习、生活和娱乐中自然形成的,他们大都善于协调成员间的关系,有较强的组织管理能力和影响力。

(4) 排他性和不稳定性。非正式群体内部成员之间交往较多、关系亲密、互相帮助,但他们对本群体以外的员工则比较淡漠、疏远,甚至排斥,具有明显的排他性。同时,非正式群体又有相对不稳定性,当群体成员的看法、意见发生矛盾和分歧时,一旦调解无效,就会导致群体的分化、瓦解,以至于重新组合,产生新的非正式群体。

表6-1列出了正式群体与非正式群体的区别。

表6-1 正式群体与非正式群体的区别

类 型	组 成 因 素	特 性
正式群体	依正式程序而组成	结构单一性 具有一定结构形式
	以正式结构为本,而产生心理认同	领导者常具有主管身份 主要目标为达成工作任务
非正式群体	依人员自然交往而形成	结构具有重叠性 不具有一定结构形式
	由心灵组合为本,而产生无形结构	领导者不一定为主管 主要目标为满足成员需求

2. 非正式群体的分类

按成因划分,非正式群体可分为六类,如表6-2所示。

表6-2 非正式群体的分类

类 型	特 征
亲缘型	以亲属关系建立起来的群体
时空型	以时间和空间的接近而自然形成的群体(如同省、同地区、同学力等)或工作中经常接触的人(如校友群体、同乡群体)
情感型	以相互了解、相互信任、有共同语言为基础而建立起来的群体
爱好型	以各种个性心理特征和兴趣爱好相近为基础而建立起来的群体(如足球爱好者群体)
信仰型	有共同的宗教信仰或为实现某种抱负为基础而建立起来的群体
利益型	由于某种利益或观点上的一致而形成的群体,如汽车共乘群体(如有车的某个同事驾车接送其他几个同事一起上下班,其他同事一起分摊交通费用)

3. 非正式群体的作用

非正式群体具有积极的作用,对此要加以利用,而对于其消极作用,要加以防范和遏止。

非正式群体的积极作用主要表现在以下4个方面。

(1) 弥补正式群体的不足,满足员工的需要。非正式群体的成员都是自愿参加的,原因在于这类群体可以给他们带来某些需要的满足，如自我表现、归属、安全、爱与被爱等方面需要的满足，这些对稳定职工的工作情绪和提高工作效率有着非常重要的作用。

（2）融洽员工的感情。非正式群体成员的相互交往，可加深相互的了解，使彼此间的关系更加和谐与融洽，从而产生加强合作的意愿。如果职工把这种协作关系和合作精神带到正式组织中，将有利于促进组织活动协调进行，增强组织的凝聚力。

（3）激励和培训员工。非正式群体成员的群体观念很强，对于工作困难者和技术不熟练者，非正式群体中的伙伴往往会自觉给予指导和帮助，同伴们的善意帮助和激励可以促进员工提高工作技能，这在一定程度上帮助组织起到了激励和培训的作用。

（4）保障员工的权益。我国经济的快速发展带来了大量过去所没有的、复杂的劳资关系和劳资纠纷。非正式群体往往能以职工利益代表者的身份出现，维护劳动者的合法权利，这在一定程度上弥补了在改革开放和社会经济快速发展过程中出现的某些失衡和不足之处。

非正式群体的消极作用主要表现在以下3个方面。

（1）干扰组织目标的实现。非正式群体的目标如果与企业目标相冲突，则可能对组织的工作产生极为不利的影响，阻碍管理者的努力，减弱成员的创造性和积极性，降低工作效率，使成员自觉或不自觉地抵制企业的管理政策和目标。

（2）削弱管理者的权力。管理者可能既要维护组织的规章制度，又要维护自己所属的非正式群体的利益，这种两难境地在无形中削弱了他们的权力。此外，非正式群体容易传播小道消息和流言蜚语，削弱企业中正式组织管理的能力。

（3）控制和束缚员工发展和上进。非正式群体具有很大的约束力，它要求成员在思想和行动上都要一致，否则精神上就要被孤立甚至被惩罚。在我国企业中，消极型非正式群体不在少数，多年来屡禁不绝的"麻将风"就是消极型非正式群体活动的一种表现形式。

近年来，中国政府和企业都越来越重视非正式群体的建设和发展。中国社团组织发展蓬勃，主要表现在三个方面：数量不断增加；种类繁多；重视社团的理论研究。其中，网络社团的发展令人瞩目。伴随着网络的发展，越来越多的具有相似兴趣爱好或目的的网民在互联网上以虚拟身份组建起了社会团体。由于网络的匿名性，言论较自由，社团成员之间影响较大，但也因为这样，一些不实言论很容易获得支持（邓伟志，钱海梅，2004）。此外，随着我国不断强化政治引领，坚持抓党建、促业务、强队伍，全面推进党建工作落到实处，非正式群体在民众生活中的作用也日益凸显。

例证 6-1

非正式群体自然领袖的魅力

爱多公司原总经理胡总凭自己的能力和独特魅力带领一班人让原本规模很小的爱多公司在短短几年内享誉全国，后因与主要股东在利润分配问题上发生不可调和的争议，胡总辞职后白手起家创建了步步高公司，该公司在几年内发展迅猛，取得巨大成功。步步高公司成功的关键因素之一是原爱多公司的一批部门经理跟随胡总集体跳槽加盟步步高,这批人有经验、有能力,他们的加盟使步步高公司快速步入发展的正轨。这些经理跟随胡总跳槽的原因十分耐人寻味:"金钱不是一切。我们觉得跟着胡总干事业舒服,他有独特的个人魅力……"

这则实例表明,胡总和这批部门经理在爱多公司共事时已经形成了一个事实上的高效而富于创新精神的非正式群体,胡总因个人魅力成为这个非正式群体的自然领袖。

4. 如何做好非正式群体的工作

现阶段,非正式群体广泛存在于企业组织中,并对组织绩效产生积极或消极的影响(袁媛,2013)。正确地对待非正式群体,利用其积极作用、防止和克服其消极影响是领导者的职责。要做好非正式群体的工作,可通过以下5种途径。

(1) 重视非正式群体中核心人物的作用。任何非正式群体总是存在着一个或若干个"重要"人物,这类人物往往在某一方面特别出众而为成员们所拥戴,他们具有一种特殊的影响力,容易使其他人接受他们、服从他们(马凤霞,2008)。领导者如果能够得到这类人物的协助,该组织的工作就能较为顺利地开展起来,并取得良好的效果。

(2) 管理者自觉增强与非正式群体的联系。管理者应深入到员工中去,了解他们的思想、工作和生活情况;摸清本企业中非正式群体的数量及各非正式群体的规模、形成原因、维系的基础、成员构成、情感倾向;了解各非正式群体领导的个性、能力、态度,做到心中有数;与非正式群体的领导积极沟通,必要时理解、参与和支持非正式群体的有益活动。

(3) 运用舆论导向引导。利用舆论导向引导首先是指运用企业的舆论工具、媒体、事件等,对非正式组织群体成员的共同意见进行有目的、有计划地引导,循序渐进地使非正式群体成员的意见与企业的组织目标相一致;其次是为与非正式群体成员的沟通提供机会,如举办各种舞会、电影招待会、联欢会、恳谈会、旅游、聚餐等,对他们的观点进行潜移默化的影响,逐渐使其接近或接受企业的观点。利用舆论导向的媒介活动还有很多,如举办有奖征文、合理化建议、体育比赛等活动。

(4) 区别对待不同类型的非正式群体。按对企业的态度和作用的差别,可将所有非正式群体分为四种不同类型:积极型、中性型、消极型和破坏型。坚持"鼓励积极型、转化中性型、限制消极型、瓦解破坏型"的总的管理原则,对不同类型的非正式群体采取不同的态度和对策。

(5) 有计划地进行教育,促使消极因素转化为积极因素。非正式群体中的情感具有两极性,在一定条件下可以相互转化。如对消极型的非正式群体采用疏导的方针,根据成员的兴趣爱好寓教于乐,从而净化他们的情感,陶冶他们的情操。对破坏型非正式群体则应采用分化、改造、治理、取缔等方针,通过向健康方向培养成员的业余爱好,使他们融入正式群体(邢培玲,2011)。

例证 6-2

经理的烦恼

兴达宾馆的餐饮部最近要提拔一位副经理,但在民主推荐时员工们产生了严重的分歧。一部分参加工作多年、资历较老的员工极力推荐一位老资格的厨师长,而一些年轻的、学历较高的员工则极力推荐一位毕业于高职院校、任职两年的餐饮部主管。前者认为应提拔一位有丰富经验的人担任副经理,这样可以尽快提高餐饮部的服务质量,后者则认为应提拔一位学历较高、有开创精神的年轻人以迅速开拓市场。双方观点鲜明、人数旗鼓相当,争执不下甚至有演变成两大阵营影响团结与工作之势。干部提拔可以由上级定,可是这种危险态势却令餐饮部经理深感忧虑,他决定近期着手协调解决这个矛盾,可是大家说得都有道理又带有明显的对立情绪,让他感到无从下手。

假如你是餐饮部经理,你会怎么做?(路明兰,2011)

二、群体发展的五阶段模型

群体如同个人一般,也会经历不同的发展阶段,因而群体有可能陷入不成熟的阶段,从而降低工作绩效。领导者应该了解群体的需要,并及时采取有助于群体走向成熟与高绩效的行动。从20世纪60年代中期起,人们大多认为,群体的发展要经过五个阶段,这五个阶段是:形成阶段、震荡阶段、规范化阶段、执行任务阶段、结束阶段。

(一)形成阶段

形成阶段的特点是群体的目的、结构、领导都不确定,群体成员各自摸索着群体可以接受的行为规范,他们需要被告知该做什么,这种互动是很表面的,而且集中于正式的领导人。当群体成员开始把自己看作是群体的一员时,这个阶段就结束了。

(二)震荡阶段

震荡阶段是群体内部冲突阶段。群体成员接受了群体的存在,但对群体赋予他们的约束仍然予以抵制,而且对于谁可以控制这个群体还存在争执。群体成员间表现出关怀与挫折感,他们自由地交换着看法和意见。这时群体开始学习如何处理分歧,以便顺利地完成工作任务。如果无法成功地度过这一阶段,群体常会变得缺乏创意,甚至分崩离析。这个阶段结束时,群体的领导层次就相对明确了。

(三)规范化阶段

在规范化阶段中,群体内部成员之间开始形成亲密的关系,群体表现出一定的凝聚力。成员接受了群体,并且发展出解决冲突、制定决策及完成任务的常规。在这一开放与信任的阶段,成员喜欢开会,并且自由交换信息,但同时也有可能使群体陷入停滞于集体想法的风险。这时成员会产生强烈的群体身份感和友谊关系,当群体结构稳定下来,群体对于什么是正确的成员行为达成共识时,这个阶段就结束了。

（四）执行任务阶段

在执行任务阶段中，群体结构已经开始充分发挥作用，并已被群体成员完全接受。群体成员的注意力已经从试图相互认识和理解转移到完成手头的任务。群体已有了结构、目的、角色，并且已经为完成任务做好了准备。成员自动自发，在解决问题与制定决策的过程中注重结果。随着群体完成重要的阶段性任务，它也逐渐获得组织中其他部门和群体的认同。

（五）结束阶段

对于长期性的工作群体而言，执行任务阶段是最后一个发展阶段，而对暂时性的委员会、团队、任务小组等工作群体而言，要完成的任务是有限的，所以还有一个结束阶段。在这个阶段中，群体开始准备解散，高绩效不再是压倒一切的首要任务，注意力集中到了群体的收尾工作。在这个阶段，群体成员的反应差异很大，有的很乐观，沉浸于群体的成就中，有的则很悲观，为在共同的工作群体中建立起的友谊关系不能再像以前那样继续下去而惋惜。

五阶段模型有一个前提假设：随着群体从第一阶段发展到第四阶段，群体会变得越来越有效。虽然这种假设在一般意义上可能是成立的，但使群体有效的因素远比这个模型所涉及的因素更加复杂。在某些条件下，高水平的冲突可能会引发较高的群体绩效。因此，我们也可能会发现这样的情况：群体在第二阶段的绩效超过了第三和第四阶段。同样地，群体并不总是明确地从一个阶段发展到下一个阶段。

三、群体行为

有别于个体行为，群体行为有着自身鲜明的特征，这主要表现在从众、顺从、暗示、模仿和感染等典型的群体行为上。

（一）从众行为

个体受群体压力的影响，在知觉、判断、信仰和行为上表现出来的与群体中大多数成员相一致的现象，称为从众行为，如要好的女员工可能拥有同一款发型，要好的男同事可能拥有同一品牌的球鞋。

产生从众行为的心理因素有很多，主要包括以下 7 个方面。

1. 对群体的信任度

个体对群体越信任、越觉得群体是一个可靠的信息来源，就会越遵从群体的意见。

2. 对偏离的恐惧

几乎在任何群体中都有强大的压力要求成员保持一致性，不从众的人就会面临危险，如受到惩罚。个体害怕若与群体意见不一致，群体会讨厌、虐待或驱逐自己。为使群体喜欢、接受、优待自己，个体就会选择遵从。

3. 群体的规模

遵从性的强弱随达成一致性的人数规模的扩大而增长，对于他人意见的诚实和可信度，受多个人支持的往往比一个人更值得信赖，而个体不相信一个群体比不相信一个人更困难。

4. 群体的专长

对于个人来说，一个群体越有专长，他对群体就越信任，也就越把群体的意见当作有价值的信息，从而越容易遵从。

5. 个体的自信心

个体的自信心越缺乏，其遵从他人判断的可能性就越大，一个视力较好的人在视觉辨别方面要比近视眼的人更有信心，更不易遵从他人。问题难度也会影响个体的自信心，问题越难，个体对自己的自信心越弱，遵从群体的可能性就越大。

6. 责任感

一个人如果对某个问题产生了责任感，他就更不愿意屈服于群体的压力，遵从性也会随之减小。

7. 性别差异

性别差异会导致个体对问题的从众行为不同。在女性项目（如家务、服装等）中男性遵从较多，在男性项目（如政治活动、体育运动等）中女性遵从较多，而在其他的中性项目里两性的遵从量几乎相等。

例证 6-3

阿希实验

美国心理学家阿希（S. Asch）设计了一个典型的实验，证明了个体在群体压力之下会产生顺从行为。他把 7～9 人编成一组，让他们坐在教室里看两张卡片（见图 6-1）并比较三条直线的卡片中哪条直线与另一张卡片中的直线长短相等。在正常情况下，被试者都能判断出 $x=b$，错误的概率小于 1%。但阿希对实验预先做了布置：在 9 人的实验组中要求其中 8 个人故意做出

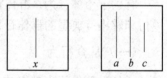

图 6-1 阿希实验的卡片

一致的错误判断，如 $x=c$，第 9 个人并不知道事先有此布置，实验中让第 9 个人最后做判断。阿希曾组织了许多实验组进行该实验，统计分析表明，这"第 9 个人"中有 37% 放弃了自己的正确判断而跟随群体的错误判断。（边玉芳，2014）

（二）顺从行为

顺从又称依从，是个体为了符合群体或他人的期望和赞许而表现出的符合外部要求的行为。它与从众行为十分相似，即两者都是由于外在的群体压力而产生的，但是它们也有区别，即行为者的行为是否出于自愿。在群体压力的作用下，放弃自己原先的想法去附和大家的意见，这是从众；在群体压力的作用下依然保留自己的看法，但是为了符合群体的期望而改变了自己的行为，这是顺从。当个体看到很多同事工作很努力并因此获得很好的回报，觉得他们这样做很值得，从而自己也努力工作，这是从众；个体平时

疏懒，并不想努力工作，可同事们都认为他干得不错，为了获得别人的称赞，个体就经常努力工作，这就是顺从。可见，顺从行为与从众行为相比，是非内在的，即外在的，这是因为虽然个体的外部行为发生了改变，可内心的态度和看法并没有改变。

例证 6-4

米尔·格拉姆的服从实验

美国社会心理学家米尔格拉姆（S. Milgram）曾经招募了40位不同职业、年龄的市民参与一项实验，探讨个人对权威人物的服从情况。实验时，真的被试总是充当教师，假被试（实验助手）总是充当学生。学生的任务是记住教师朗读配对的关联词，然后在教师呈现某个词后，在给定的四个词中选择一个正确的答案。如果选错，教师就按电钮给学生施以电击，作为惩罚。实验结果表明，即使"学生"表现得被电击得十分痛苦，"教师"不忍心再继续下去，但在实验者的严厉督促下，仍然有26名（占65%）被试服从了实验者的命令，坚持到实验最后。（宋官东，杨志天，崔淼，2008）

顺从行为产生的原因主要有以下3个。

1. 为了获得别人的赞许

个体总是希望自己能够被别人所肯定和接受，若站在群体的对立面，便难免招致嘲讽、排挤甚至驱逐。只有满足群体的期望，逐渐被群体同化，个体才能得到群体的认同。

2. 为了实现群体的目标

群体目标的实现有赖于群体成员齐心协力的努力，如果群体成员意见不统一，行动也必将受到影响，因此很难实现群体目标。当个体的意见与群体意见相左时，个体发扬谦让的风格，选择做出与群体统一的行为会更有助于群体目标的实现。

3. 为了保持原有的良好人际关系

由于日后还有长时间的人际往来，人们往往不愿意破坏原有的人际关系，因此避免使他人感到难堪或者希望维护原来的人际关系，即便与他人有不同的想法，但个体还是尽量表现出符合他人期望的行为。

权力服从是顺从的一种典型表现形式。权力是在个人或集团的双方或多方之间发生利益冲突或价值冲突的形势下为某方拥有的强制性执行手段。权力服从是在权力影响下的一种特殊依从。权力服从可在以下两个条件都具备时发生：①掌权者可以实施制裁或进行制裁威胁；②拥有合法性的符号（即一种被团体内成员接受的制度规范）。研究者们针对权力服从做过多次实验，其目的在于证明服从有可能超过行为者的理性，也就是说，权力的影响有时比想象中的还要大。

例证 6-5

权力、权威符号

有些企业为了体现权力、权威就鼓励和要求员工穿制服，很多工厂让员工将牌号别在胸前或者挂在脖子上，也有放在桌面上的，这样不但方便顾客办事，而且他们下次再来时找同一个工作人员也很容易，即使有顾客要投诉也知道该投诉谁，不会弄错对象。对于工厂的服装标识，经理的服装与员工的应有所区别。在酒店中，服饰不同有助于顾客鉴别管理人员的级别，当找服务生也解决不了问题时，就可以直接找主管。

有些企业正在逐渐取消工服制度，而允许员工穿个性化的衣服上班。等级分明的工服制度给人以纪律严明、等级分明的感觉，而个性化的着装给人以轻松、自然的感觉。一个企业在某一个发展阶段选择什么样的工服制度，取决于企业文化和工作需要。（陈国海，张玲蕙，2005）

（三）暗示、模仿和感染

1. 暗示

暗示是指在无对抗条件下，人们对某种信息迅速、无批判地加以接受，并依此做出行为反应的过程。它具有如下两个特点：①暗示是一种刺激，那些能够引起被暗示者反应的刺激才是暗示，不能引起被暗示者反应的刺激便不能称为暗示。如路人经过路边的广告牌时熟视无睹，那么广告就没有产生暗示作用。可如果路人自觉或不自觉地接受了广告的建议，特别注意或者购买了所宣传的产品，广告就很好地起到了暗示作用。②暗示不是说服，无须讲道理，而是一种直接或间接的提示。暗示主要有直接暗示和间接暗示两种。直接暗示是由暗示者把某一事物的意义直接提供给被暗示者，如管理层想推行一种新的企业制度，就大力宣传此种制度的优越性；间接暗示是暗示者以其他事物或行为为中介，被暗示者并未意识到自己的观念是由暗示形成的，所以间接暗示一般不会使被暗示者产生心理抗拒或逆反心理。

权威与群体是影响被暗示者心理的两个重要因素，它们也是直接或间接地影响人们心理健康的重要因素。对于同一种情境，群体与权威都具有显著的暗示作用，而且权威的暗示作用较群体的暗示作用更大。

例证 6-6

红鲱鱼百强榜的权威暗示作用

刚刚创业的网站不太可能一开始就被赋予权威的头衔，这时候它们就会借用权威的力量。很多创业网站都喜欢展示媒体报道就是这个缘故。

"红鲱鱼（Red Herring）"是一家全球知名媒体，关注全球高科技成长性企业以及最具潜力的私营未上市企业。很多互联网创业公司都希望登上"红鲱鱼"的百强榜，因为能够登上它的亚洲百强榜或者全球百强榜名单，意味着初步得到了承认，未来融资的机会将大大增加，在业界的影响力也将上升。很多企业登上"红鲱鱼"百强榜之后都喜欢在页面上添加一个标志：被"红鲱鱼"杂志评为某某年度亚洲最有潜力的 100 强企业之一。这些企业正是在借助"红鲱鱼"的权威来向民众及其投资者暗示自身的潜力和价值。（黄亮新，2011）

2. 模仿

模仿是有意无意地对某种刺激做出类似反应的行为方式,如模仿他人的行为举止、思维方式、态度等。模仿分为自发模仿和自觉模仿两种类型:自发模仿就是无意识地模仿他人,自觉模仿则是有意识地模仿他人。好的模仿对象具有一种榜样的作用,管理者可充分利用影视、小说和实际生活中的典型人物,把他们树立为榜样,对员工进行教育,引导他们模仿先进行为,不模仿落后行为。

3. 感染

感染是通过某种方式引起他人相同的情绪和行动,或者说是个体对某种心理状态的无意识的、不自主的屈服。感染实质上是情绪的传递交流,相似性是其基本条件。

感染通常可分为 3 种类型:①个体间的感染,即发生在两个人或能够直接接触的小群体成员之间的感染;②间接感染,如企业简报;③大型开放人群中的感染,这种感染常在运动会会场、集会游行以及庆功会、节日中出现。它的显著特点是"循环反应",一个人的情绪会引起他人相对应的情绪的发生,而他人的情绪又反过来加剧了此人原有的情绪,反复震荡,激起强烈的情绪爆发。

感染在社会互动中起着很大的作用。首先,感染可以改变人的情绪。面对危险时与勇敢者为伍,会使个体凭空生出许多勇气和力量,若是换个胆小者在身边,个体则心虚胆战。其次,感染可以使人自然地生发出与环境一致的情绪,采取与环境一致的反应。例如,受喜庆氛围的感染,人们会暂时忘掉心中的烦恼,而悲伤的环境则难免让人心生伤感。最后,感染可以整合一群人,使他们成为一个临时群体,获得紧急规范,采取一致的行动。

四、中国当前群体心理发展变化的特征

中国当前群体心理的变化发展具有以下 4 个共同特征。

1. 群体压力减小,从众心理弱化

改革开放以来,人们的自主意识不断增强,不再像从前那样盲从、狂热。群体对待不同的声音和行为的宽容度增大,个体在自己的意见与群体意见不一致时所感受到的心理压力在逐渐减少。在相对宽松的政治氛围之下,人们较多地保留自己的个性,不必为与他人意见不一致而承受各种压力。随着思想上的禁锢被破除,人们的行为也开始多样化,这一切反映到群体心理上就是群体压力和从众心理的空前弱化。

2. 群体从无序化向秩序与社会公平迁移

社会转型初期,由于群体利益的格局改变,群体间经济地位的差距逐渐加大,中国部分位于底层的群体的相对剥夺感更加强烈、清晰,从而使他们产生不满情绪和仇恨情绪,甚至引发社会心态失衡。但是随着中国经济实力的增强以及民众对社会公平的诉求越来越强烈,分配制度、社会治理方式都在不断改善,我国的群体开始从无序化走向群体秩序和社会公平(谢天,俞国良,2016)。

3. 群体对个体的影响减弱

随着社会主义市场经济的建立,人们开始越来越多地关注自身的发展和利益。在这

样的背景下，群体的影响只能下降，群体对个体的影响只能减弱。一般地，企业中的新员工应该是比较听话、比较好管理的，他们对新的环境还不够熟悉，因而社会顾虑倾向比较严重。但是近年来新员工违纪现象的增加表现出这一群体的社会顾虑倾向在减弱。另外，企业员工的离职和流动现象增加，也表明员工对企业的忠诚度在逐步减弱。

4. 非正式群体的作用和影响范围增大

改革开放以来，中国的社会组织发展迅速，在数量上呈几何级数增长。《中国社会组织报告》（2019）蓝皮书显示，截至2018年年底，全国共有社会组织81.6万个，与2017年的76.2万个相比，总量增长了5.4万个，增速为7.1%，增速下降了约1.3%。其中，2018年社会团体总量为36.6万个，增长率为3.1%；民办非企业单位（社会服务机构）总量为44.3万个，年度增长率为10.8%；基金会总量已达7 027个，年度增长率为11.4%。《中共中央关于深化改革若干重大问题的决定》提出，"正确处理政府和社会关系，加快实施政社分开，推进社会组织明确权责、依法自治、发挥作用。适合由社会组织提供的公共服务和解决的事项，交由社会组织承担。支持和发展志愿服务组织……加强对社会组织和在华境外非政府组织的管理，引导它们依法开展活动。"民间组织和力量可以看作是对官方力量的补充完善，按照"小政府、大社会"的要求，充分发挥社会团体、行业组织、公益慈善组织等第三方组织提供服务、反映诉求、规范行为的作用（张永杰，2016）。随着"小政府、大社会"的逐步落实，经济体制的转轨和政府职能的转变将为非正式群体组织的发展提供更为广阔的空间。

社会经济转型因素促使非正式群体大量产生，并带有明显的转型期特征，以自发、相容、信息沟通灵活为特征的非正式群体在迅速发展。首先，企业内人际关系由传统型转化为利益型。其次，由于历史和现实的原因，中国劳动力市场在社会转型期还很不完善、很不发达，具有全国统一性的劳动力市场还未建立起来，亲朋好友的介绍仍是人们寻求职业的一种重要手段，这就给血缘、地缘、学缘型的非正式群体的产生提供了可能性。近年来，许多企业中以老乡会为代表的非正式群体比较活跃，他们从介绍用人到春节放假回家都组织有一定的联络和活动。再次，情投意合或有共同兴趣爱好的人相互接触、交往的机会增加，致使企业内或跨企业的非正式群体大量增加。

总之，改革开放以来，人们在群体心理上发生了较大的变化，从重集体转为重个体。无论是从众心理弱化、群体对个体影响减弱，还是正式群体的凝聚力下降，非正式群体的作用和影响增强，都反映出新的形势下群体心理的走向。

第二节 群体动力

"群体动力"这一概念最早由德国心理学家勒温（K. Lewin，1890—1947）于1948年提出，其公式为

$$B=f(P, E)$$

式中，B 指个人行为；P 指个人，包括人的遗传素质、情绪、能力、人格等内在因素；E 指现实的社会环境，包括人际影响，群体中的社会心理气氛、群体压力、领导作风等。

群体动力是指左右和影响群体发展演变的主要力量，主要内容包括群体规范、群体压力、群体凝聚力和群体士气等。群体动力有如图6-2所示的放任、强扭和引导三种模式。在图6-2所示的三种模式中，人们一般认为图6-2（a）和图6-2（b）所示的放任和强扭模式是不可取的；图6-2（c）所示的引导模式则是较为可取的。

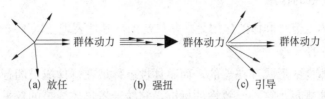

图6-2 群体动力的三种模式

V字形的雁群

雁飞行时能够为队友提供"向上之风"，V字队形为雁群增加了71%的飞行范围。当某只雁偏离队伍时，它会立即发现单独飞行的阻力和辛劳，会立即飞回队伍来利用队友提供的"向上之风"。（周文帅，2001）

一、群体规范

（一）群体规范的概念

群体规范是指群体对其成员适当行为的共同期望或标准，这些标准为所有群体成员所公认，而且是每个成员都必须遵守的。有的群体规范是正式规定的，如法律、法规、规章制度等，但大部分群体规范是在群体中自发形成的，如文化、风俗、时尚、舆论等，它们能够潜移默化地影响成员的行为及其人格的发展。

群体规范的形成受从众、顺从等心理因素的影响，群体成员彼此通过暗示、模仿、感染等的作用，会发生一种彼此接近、趋同的类化过程，群体规范在此基础上得以形成。

群体规范的形成

美国心理学家谢里夫（Muzafer Sherif，1905）利用心理学中典型的视错觉实验说明了群体规范的形成过程。实验要求被试者坐在暗室里，当他们面前一段距离内的一个光点出现几分钟后熄灭时，让被试者判断光点移动了多远。每个人被试者都会觉得光点在移动，实际上，光点并没有动。这样的实验进行几次后，每个被试者都建立了个人的反应模式，有的人觉得光点向右上方移动，有的人觉得光点向左下方移动等。随后，安排这些被试者一起在暗室内观看出现的光点，大家可以互相讨论。实验反复进行一段时间之后，大家对光点移动方向的判断逐渐趋于一致，即群体的规范代替了个人的反应模式。这种规范的形成显然是受到了模仿、暗示等心理机制的影响。

实验继续进行后，出现了一个有趣的现象。当把这些被试者重新分开单独做判断后，被试者并没有恢复其原先建立的个人反应模式或形成新的反应模式,而是仍然都保持着群体形成的规范。这表明群体的规范会形成一种无形的压力,约束着人们的行为,甚至这种约束并没有被人们意识到。(徐子健,2005)

(二)群体规范的作用

形成后的群体规范对群体的作用是非常广泛的,具体表现在以下4个方面。

1. 维系群体的作用

群体是以整体性的形式存在着的,而整体性就体现在群体成员的行为、感情和认知的一致性上。群体规范是这种一致性的标准,它统一着群体成员的意见和看法,调节着他们的行为。要维护群体的整体性,使群体存在下去,必须要有一定的准则来约束其成员。

2. 认知的标准化作用

这是指群体规范统一意见和看法的功能。在日常生活中,每个人的看法都是不同的,可当他们结合成为群体,群体规范就会像一把尺子一样约束着每个成员,使他们的认识和评价趋向统一的标准,从而形成共同的看法和意见。

3. 行为的矫正作用

这是指群体规范为成员划定了活动的范围,规定了日常的行为方式,也就是告诉人们应该做什么、不应该做什么、怎样去做。

4. 惰性作用

这是群体规范中消极的一面。规范作为一种多数人的意见,要求成员的行为趋于中等水平,把人们的水平限制在一个中等的水平上,既不能太先进,也不能落后,由此便限制了人们的积极性和创造性。在这种限制下,一些成员的创造性行为会被看成是越轨的、不符合群体要求的行为,这就极容易使人们习惯于在规定的范围内思考和活动,影响人们积极性和创造性的发挥。

现阶段的中国群体规范存在过渡性、不稳定性的特点,主要表现在各群体的新规范因素逐步增多但还未完善与充分发挥功能,旧的群体规范因素还继续存在并起作用但已逐步丧失对群体成员的约束力。因此,要善于引导和调控群体规范,促使新的、积极的、健康的群体规范逐渐成为被各社会群体成员所共同接受的规范。

例证 6-9

咖啡时间体现的群体规范

如果公司早上允许员工有15分钟的喝咖啡时间,那么那些根本不喝咖啡的成员以及喝咖啡时间较长的成员都将被视为违反了小组规范。因此,团体往往不仅希望规范工人要生产多少,还要规范他们在工作岗位上需要投入多少小时。当管理层倾向于利用群体的某些成员时,一些工作规范就会得到加强。因此,规范还可以界定对工人与上级互动与合作的限制。(Sonia,2020)

二、群体压力

(一) 群体压力的概念

由群体规范的作用可以看出,每个群体都对其成员有一定的约束力量。也就是说,群体都要求其成员共同遵守一定的行为准则,而对于群体行为准则的共同遵守,往往也是群体内大多数成员的意向或愿望。有经验的管理者早就知道,当90%的人已经说出"是"之后,让余下10%的人说"不"绝不是一件容易的事。群体中大多数成员的意见会产生一种无形的力量,使群体内的每一个成员自觉或不自觉地保持着与大多数人的一致性,这个力量就是群体压力。

群体压力与权威命令不同,它既不是由上而下以明文规定的,也不是通过强制手段令个体改变自己的行为,而是通过多数人的意见,形成压力去影响个人的行为。群体压力尽管不具有强制的性质,但它对个体来说,却是一种难以违抗的力量。当这种群体压力非常大的时候,甚至会迫使成员违背自己的想法而产生完全相反的行为。这是因为当一个人的意见与群体内大多数人的意见和行为不一致时,他就会感到紧张,这种紧张来自于对偏离群体的恐惧。因此,如果一个人不愿意处于孤立的境地,他就会在群体压力面前顺应大多数人的意见。

(二) 群体压力的作用

群体规范对群体成员的影响其实就是通过群体规范所形成的群体压力来实现的。群体压力致使群体成员采取共同的行动,这种一致性的做法至少体现了以下两个方面的作用。

1. **群体一致的行为有助于组织目标的达成和群体的存在与发展**

成员间没有分歧意见的行为可促使成员间的交互作用更为顺利,彼此更能够相互理解、努力协作,保证群体活动的良好秩序和工作效率。倘若群体内部意见不一,便无法得出结论、达成一致协议,导致出现问题时成员一哄而散,不利于维护群体的存在与发展。

2. **群体一致的行为有助于增加个人的安全感**

个人安全感是通过验证自身对情境的判断正确无误来获得的,可是,许多时候成员并没有可供核对的事实来验证自己的判断,通常只能参照别人的意见和行为来确定自己的意见和行为。而且,大多数人只有在属于某个团体、有明确的地位与安全感的情况下,才能自由地表现自己的个性。

对于管理者而言,要充分利用群体压力对个体所产生的影响,致力于发展群体的亲善性。当群体采取某种特定的行动时,个别成员就会受群体压力所迫,努力满足群体的需要。这样,便可去除不一致的声音,贯彻决策,达成群体目标。

例证 6-10

农场游戏中群体压力下的"优势反应强化"心理

农场游戏是以农场为背景的社交网络游戏,该游戏趣味性地模拟了农作物的生长过程,玩家不仅可以感受农耕的休闲乐趣,品味"偷菜"带来的心理刺激,同时可通过虚拟财富和等级的增长获得一种替代性的自我满足。2008年，该游戏在人人网、QQ空间等社交网站中出现后，掀起了一股"全民种菜"的浪潮。

农场游戏用户体现出了"优势反应强化"效应。根据美国学者扎荣克（R. B. Zajonc）的优势反应强化理论，如果一个人从事的活动是其相当熟悉的，或者是简单的机械性动作，则他人在场会使其动机增强，活动表现更加突出，反之，他人在场则会产生干扰作用。农场游戏中，群体成员主要通过金钱、等级排名实现自己在这一群体中的地位。即使对方不直接在场，这种等级排序也会构成一定的群体压力，激发用户追求虚拟成就的游戏热情。农场游戏的这种"虚拟"他人在场情境使得农场游戏用户普遍出现"优势反应强化"的特征。群体内部各成员间的竞争越激烈，游戏热情越高，这种特征越明显。（徐琼，2010）

三、群体凝聚力

（一）群体凝聚力的概念

群体凝聚力是指使群体成员保持在群体内的合力，是群体对成员的吸引力，是一种使其成员对某些人比对另一些人感到更亲近的情感，它可以被认为是群体的确定性特征。群体凝聚力既包括群体对其成员的吸引力，也包括成员对群体的向心力，同时还包括成员与成员之间的相互好感。群体成员间的相互吸引力越强，群体成员对其群体就越忠诚，坚守群体规范的可能性就越大，因此，成员们会为群体目标做出更大的努力，个体目标与群体目标更易趋于一致，群体凝聚力自然就越大。

心理学家多伊奇（Deutsch）曾提出了一个计算群体凝聚力的公式

$$群体凝聚力 = \frac{成员之间相互选择的数目}{群体中可能相互选择的总数}$$

（二）群体凝聚力与生产效率的关系

群体凝聚力的高低影响着群体成员的士气、满意度和群体的一致性，因此会对生产效率的提高产生重要影响。但必须指出的是，凝聚力不是影响生产效率的唯一条件，在实际生产中，二者的关系极为复杂。研究表明，群体凝聚力与生产效率的关系既取决于管理者的诱导方向，也取决于群体的态度及其与组织目标的一致性程度。从群体与组织目标的一致性程度而言，凝聚力与生产效率的关系存在着四种不同的情况，如图6-3所示。

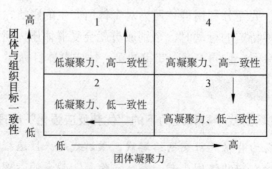

图6-3 凝聚力与生产效率的关系

（1）低凝聚力、高一致性，即群体的态度支持组织目标，此时就算是凝聚力很低，生产效率依然能够提高。

（2）低凝聚力、低一致性，即群体的态度与组织目标不一致，同时群体的凝聚力很低，凝聚力与生产效率没有什么关系。

（3）高凝聚力、低一致性，即群体的态度不支持组织目标，生产效率的高低与凝聚力成反比，凝聚力越高，生产效率越低。

（4）高凝聚力、高一致性，即群体的态度与组织目标保持高度一致性，生产效率与凝聚力成正比，凝聚力越高，生产效率越高。

可见，一个高凝聚力的群体中，个体服从群体的倾向较强，内部成员比较遵循群体的规范和标准，群体行为总是表现出高度的一致性。在这样的群体内，管理者如果善于因势利导，能将组织目标与群体目标很好地结合，让成员能够看到或感到自己努力的结果可以给个人及群体带来的利益，群体倾向于努力工作，生产效率就能大大提高；反之，则凝聚力与生产效率成反比，凝聚力越强，反而越易滋生群体的本位主义和小团体思想，从而限制生产，导致生产效率的降低。处理好这其中关系的最好办法便是使成员看到个人利益、群体利益与企业利益之间存在的一致性。

例证 6-11

团结就是力量

在全体凝聚力促进工作效率这一方面，"经营之神"松下幸之助给我们做了一个很好的榜样。

早在 1945 年，松下幸之助就提出："公司要发挥全体员工的勤奋精神"，并不断向员工灌输所谓"全员经营""群智经营"的思想。为了打造高效率的团队，松下会在每年正月的一天，亲自带领全体员工，头戴头巾，身穿武士上衣，挥舞着旗帜，把货物送出。看着货车驶出厂区的壮观场面，每位员工都会感到十分自豪和骄傲。

在树立团队意识的同时，公司还会大力发动每一个工人的智慧和力量。员工建设性意见征集提案奖金制度虽然花销巨大，但由此产生的效益也十分可观。

正是由于松下公司充分认识到了群体力量的重要性，并在经营过程中处处体现这一思想，才在松下幸之助的领导下，形成了强大的亲和力、凝聚力和战斗力，使公司从一个小作坊发展成世界上最大的家用电器公司之一。（杨文忠，2013）

（三）增强群体凝聚力的方法

群体凝聚力的大小受许多因素的制约，有效地控制和利用这些因素，就是增强群体凝聚力的有效方法。影响群体凝聚力的因素主要有以下 5 种。

1. 群体规模

群体规模的大小与凝聚力成反比，即群体规模越大，凝聚力越小；群体规模越小，凝聚力越大。因为群体人数多，成员相互接触的机会就少，产生意见分歧的概率就增大，凝聚力自然降低；但群体规模太小，又会影响任务的完成。因此，既要保证群体的工作机能，又要增强群体的凝聚力，群体规模在7人左右为宜。

2. 群体内部的一致性

群体内部的一致性就是指群体成员的共同性和相似性，主要指成员间要有共同的利益和目标。在生产任务承包的企业群体内部，成员间的一致性较之未承包的群体要高，而且彼此间的利害关系更为明显，因此凝聚力也更高。

3. 外部压力

外部压力会使群体成员更加紧密地黏附在一起以抵抗外来的威胁，从而增加了群体成员相互合作的需要。在企业活动中，引进竞争机制，让竞争对手给群体制造外部压力，可以使群体内部成员更加团结，从而提高凝聚力。

4. 群体的领导方式

相比专制型、放任型的领导方式，民主型的领导方式能够使成员更友爱，思想更活跃，情感更积极，群体凝聚力更强。

5. 群体内部的奖励

在群体成员期望彼此喜欢或为了较高的报酬而工作的条件下，他们相互间的影响更大，而个人和群体相结合的奖励方式会有利于增强群体的凝聚力。

除此以外，促进信息的沟通、提高群体的地位、努力达到目标等，也能够增强群体的凝聚力。

例证 6-12

宁顿公司的凝聚力

民调显示，美国在校大学生对杰克兄弟的熟悉程度超过了米老鼠。宁顿公司的超级杰克兄弟软件，售出四千多万张，一度成为最畅销的电子游戏系列，该公司占领电子游戏市场的秘诀就是在员工以及签约商中引发高度凝聚力，从而获得高生产率与高利润的回报。

在宁顿公司的研究与开发中心，年轻工程师极度热爱自己的工作，常常聚集在屏幕前，全神贯注地反复试验、操作研发电子游戏软件，有时甚至不愿因下班而中断工作，他们得到的加班费也相当丰厚。宁顿公司激发了员工的兴趣和凝聚力，令他们感到开发这些游戏、为公司未来的远大目标而努力是如此激动人心。

宁顿公司对于电子游戏的开发不仅依赖于研究与开发中心的人员，还有90%的游戏是来源于外面的签约开发商。如果某个开发商的某个游戏被认定值得加进宁顿公司的产品线中，他们要承担开发与营销新产品的费用和风险，但也会在每个新的合作项目中得到一笔数目可观的专利权税。如今的百万富翁纳卡姆于四年前开发的"龙之问"销售了一千多万套，而他只是"一群自我实现的百万富翁"签约开发商中的一位，他的公司与宁顿公司合作密切，他也从宁顿公司那里学会了如何对待自己的员工，保持高凝聚力。（张岩松，2011）

四、群体士气

（一）群体士气的概念

士气原指军队作战时的集体精神，现在应用于企业中，表示群体的工作精神或服务精神。心理学家史密斯把士气定义为对某一群体或组织感到满足，乐意成为此群体的一员，并协助达成群体的目标的态度。因此，士气不仅表示个人需要的满足状态，还包含了确认这种满足的获得来自于群体，因而愿意为实现群体目标而努力的含义。

克瑞奇等人认为，一个士气高涨的群体具有如下7个特征。

（1）群体的团结不是起源于外部的压力，而是来自内部的凝聚力。
（2）群体内的成员没有分裂为互相敌对的小群体的倾向。
（3）群体本身具有适应外部变化及处理内部冲突的能力。
（4）群体成员之间具有强烈的认同感与归属感。
（5）群体内的每个成员都明确地掌握着群体目标。
（6）群体成员对群体的目标及领导者持肯定和积极的态度。
（7）群体成员承认群体的存在价值，并具有维护此群体继续存在的意向。

例证 6-13

马云振臂一呼，鼓舞士气

1999年2月21日，马云急匆匆地通知团队成员到他家里开会，并告诉大家"有大事要商量"。等人员都到齐之后，他开门见山地说道："大家跟我从北京回来也有些日子了，现在我们要开始创业了。"说到这里，他猛一挥手，用充满激情的话语说："从现在起，我们要做一件伟大的事情。我们的B2B将为互联网服务模式带来一次革命！黑暗之中一起摸索，一起喊，我喊叫着往前冲的时候，你们都不要慌。你们拿着大刀，一直往前冲，十几个人往前冲，有什么好慌的？"

接着，马云从身上掏出钱往桌上一放，说："启动资金必须是Pocket Money（闲钱），不许向家人朋友借钱，因为失败的可能性极大。我们必须做好接受'最倒霉事情'的准备。但是，即使泰森把我打倒，只要我不死，我就会跳起来继续战斗！"马云以不容置疑的口气坚定地说："现在，你们每个人留一点吃饭的钱，将剩下的钱全部拿出来。另外，你们只能做连长、排长，团级以上干部我得另请高明。"

在场的这些人虽然来自各行各业，有着不同的技能和梦想，但他们却有一个共同之处：对马云的无限忠诚。他们统统被马云身上的激情所感染，毫不犹豫地决定跟马云一起大干一场。而这18个人，就是阿里巴巴后来的"十八罗汉"。当时，在场的人一共凑了50万元本金，引起互联网风暴的阿里巴巴就是在这样高昂的士气中产生的。（顾嘉，2015）

（二）士气与生产效率的关系

企业一般都期望群体不仅要有高昂的士气，而且要保持较高的工作效率或生产效率，但事实上这种情况很难达到。因为高士气只是提高生产效率的必要条件，而非充分条件。要提高生产效率，还需要具备其他许多条件，比如机械设备、原材料的供给等物质条件以及员工素质、工作能力等人力条件。

研究表明，用动作分析、时间分析等科学方法指导作业程序，并以严格控制的方式管理职工时，就是强调工作的物理条件而忽视职工的心理需要，可能会出现低士气、高效率的情况。不过这种状况不会维持太久，因为无视职工的心理需要势必会引发职工的反感，最终仍将导致劳动生产率的降低。

但是，如果只顾及职工的心理需要，却忽略其与组织目标的关联，则易产生高士气、低生产效率的状态。此时，由于高士气群体抵触组织的生产目标，生产将受到限制。

假如想达到高士气、高生产效率的理想状态，则必须使职工的需要与组织目标趋于一致，让高士气群体赞同和接受组织的生产目标。这就需要有得力的管理者来做好正式组织与非正式组织之间的利益协调工作。由此可见，高昂的士气并不能保证群体的高生产效率，但它却是提高生产效率的必要条件。

（三）影响士气的因素

群体士气受多方面因素的影响，主要有以下7个方面。

1. 对群体目标的赞同

士气是群体中成员的群体意识，它代表一种个人成败与群体成就相关的心理。它只有在个人赞同群体的目标，即个人目标与群体目标协调一致时，才能够产生。

2. 合理的薪金制度

合理的薪金制度可以提高群体的士气。金钱虽不是人们追求的终极目的，但它可以满足人们包括生理、安全、社交等方面的许多需要，在某种程度上它还代表了个人自身的价值以及在群体中的成就与贡献。因此，只有公平合理的薪酬制度才能够提高群体成员的士气，否则，只能引起人们的不满而降低士气。

3. 对工作的满足感

一份工作如果恰好与个人的兴趣、能力相匹配，那么，这份工作就会给个人带来满足感，在满足感的驱使下，个人会极尽所能地施展其才华与抱负，士气也由此提高。

4. 群体成员间的和谐

若群体成员关系和睦，少有冲突、争斗，凝聚力强，那么，这个群体的士气必然较高。

5. 优秀的管理者

群体领导者的管理作风影响着群体的士气。作风民主、乐于倾听和接受不同的意见、通情达理、善于体谅职工的辛劳、积极为职工争取利益的领导者必然会赢得群体成员的认同，而使群体士气高涨。

6. 通畅的信息沟通渠道

如果领导者与下属、下属与领导者以及群体成员之间的沟通受阻，抑或只是单向沟通，则会使人心生不满或产生抗拒心理，从而导致士气低落。因此，管理者一定要注意保持信息渠道的畅通，且保证沟通是双向的，如多让成员参与决策和群体讨论，改善上下级之间的沟通环境。

7. 良好的身心工作环境

健康的身心条件能够使人精神振奋、工作愉悦，不良的工作环境则易让人产生疲劳，甚至引起慢性疾病而减缓工作效率。因此，一方面，管理者要注意创造良好的工作物理环境，使照明、通风、温度、湿度、休息等都处于较佳状态；另一方面，要致力于建立良好的工作心理环境，使人们减少焦虑与不安，在友爱、自尊与自信的关系中工作，保持高昂的士气。

第三节 团队建设

群体内个体完成的任务有时相互独立，有时相互依赖。当这种依赖性很大时，群体内各成员必须相互理解、支持、帮助、配合，以默契的方式完成共同的任务和目标。一支好的团队更有助于完成这种相互依赖的任务和目标，因此团队建设也成为当今管理界谈论较多的热门话题。

一、什么是团队

团队是一个小数目的人群，团队成员具有互补性的技能，承诺一个共同的目标、一系列绩效目标，以及使他们共同负责的方法。团队的显著特点是相互依赖性。团队是更高层次的群体，它是通过其成员的共同努力产生积极的协同作用，其结果使团队的绩效水平远远大于个体成员绩效的总和。团队不同于群体，二者之间既有联系又有区别。表 6-3 明确展示了工作群体与工作团队的区别。

表 6-3 工作群体与工作团队的区别

项　　目	工 作 群 体	工 作 团 队
领导	强烈地、清楚地被关注的领导	分享领导角色
目标结构	共享型	依存型
协同配合	中性（有时消极）	积极
责任	个人的责任	个人的或共同的责任
技能	随机的或不同的	相互补充的

二、团队的类型

在组织中，根据团队存在的目的，可将团队分为多种类型，最常见的有问题解决型团队、自我管理型团队和多功能型团队。随着信息技术的发展及组织的扁平化，虚拟团队正在日益增多。

（一）问题解决型团队

问题解决型团队（Problem-solving Team）一般是由来自一个部门的5~12名员工组成的，每周用几个小时的时间来讨论如何提高产品质量、生产效率和改善工作环境的团队。在这种团队里，员工就如何改进工作程序和工作方法交换看法或提供意见，但几乎没有权力根据这些建议单方面采取行动。应用较广的一种问题解决型团队是质量圈，这种团队由职责范围部分重叠的员工及主管人员组成，他们定期相聚，讨论组织面临的质量问题，调查出现问题的原因，提出解决问题的建议，并采取有效的行动。

湘电集团电机事业部问题解决型团队

在湘电集团电机事业部中型车间有这样一个视产品质量为生命的质量攻关小组——倾情小组。该小组主要针对电机技术的"重点"或"难点"进行攻关。小组成员不超过10人，有管理层、高级技师，也有技术员、一线班员。制定方案、反复试验、头脑风暴……"倾情小组"每次一接到命令，就会全身心地投入质量攻关中，探讨研究项目中遇到的各种瓶颈问题。

最近几年，"倾情小组"承接了近二十个质量攻关项目，每次攻关成功都实现了公司产品质量的一次重大突破。2015年，事业部接到为美国公司生产47台中型电机的大订单，在被对方的高标准困住时，正是以蔡张保为组长的倾情小组历时三个月，成功破解了铜排转子冲片齿部开裂和中频焊转子焊后起两大关键性难题。湘电集团的成功正是得益于拥有能够发现并有效解决顾客问题的问题解决型团队——倾情小组。（黄鹤，2016）

（二）自我管理型团队

自我管理型团队（Self-managed Work Team）是为了弥补问题解决型团队的某些不足而出现的团队。这种团队一般由10~15人组成，承担着以前由自己的上司所承担的一些责任。其职责范围包括控制工作节奏、决定工作任务的分配、安排工间休息等。完全的自我管理型团队可以挑选自己的成员，并让成员相互之间进行绩效评估，这样主管人员的重要性就大大下降。虽然有很多组织都成功地运用了自我管理型团队，但也不总是尽如人意。对自我管理型团队效果的总体研究表明，采用这种团队形式并不一定能带来积极的效果。比如，在这种团队中，员工的满意度较高，但也造成了成员较高的缺勤率和流动率。

江西铜业集团有限公司的自主管理

江西铜业集团有限公司早在2000年就全面推广了职工自主管理模式，在企业内部建立了一套自主管理的领导体制和组织机构，各下属厂矿均设自主管理推进委员会，各车间班组设立自主管理活动小组，并逐步形成了一个"发现问题—提出建议—解决问题—评审发布成果—评选表彰先进"的工作机制，使自主管理有组织、有课题、有活动、有成果、有评审、有表彰。此举不仅有效地解决了大量的安全质量、成本控制等方面的疑难问题，而且极大地激发了广大职工的主人翁意识。

通过几年的发展，该集团自主管理已由生产领域拓展到经营管理、科研技改、医疗教育和后勤服务等各个方面。五年来，该公司发布职工自主管理成果 12 258 项，创造价值近 2.1 亿元（江铜科协，2007），有多项成果获得国家和省各级表彰和奖励。其中，"导电玻璃钢的试制和运用""闪速炉铜水套的加工制作"两项成果填补了当时国内的空白，"粗硒真空精炼""自吸式搅拌机"两项成果分获全国青工科技成果大奖赛金星奖和新星奖。（陈春知，2003）

（三）多功能型团队

多功能型团队（Cross-functional Team）是为了完成一项共同的任务，而由来自同一等级、不同工作领域的员工组成的团队。这种团队兴盛于 20 世纪 80 年代末，当时所有主要的汽车制造公司都采用了多功能型团队来协调完成复杂的项目。因此，多功能型团队是一种有效的方式，它能使组织内不同领域员工之间交换信息，激发出新的观点，解决面临的问题，协调复杂的项目。

（四）虚拟团队

虚拟团队（Virtual Team）是指跨越空间、时间和组织界限，成员间主要通过电子技术进行沟通的跨功能团队。随着互联网的日益普及，以信息、创意和智慧为代表的网络经济使虚拟团队成了组织发展的新趋势和管理层关注的焦点。技术的发展以及以知识为基础的工作使得虚拟团队变为可能，而全球化以及知识分享和团队工作的成效使其变得更为必要。有效的虚拟团队要创造性地综合使用 E-mail、电视会议、公司内部网以及其他传统的电子沟通手段以满足其需要。

例证 6-16

中信银行"集结号"虚拟团队

由于人力管理方面出现人力配置和生产不均衡等紧急矛盾，中信银行大胆创新，从不同的业务部门抽调人员组成虚拟团队——"集结号"。这个团队的成员均掌握多种科技，平时以预备役的形式存在，工作高峰时进行业务支援任务，任务完成时成员又回到各自的部门。"集结号"虚拟团队的创建消除了生产不均衡现象，有效利用并合理分配了企业内部资源，为中信银行信用卡中心开拓了一种全新的团队思路和管理模式。（刘惠，2013）

（五）工作团队

工作团队（Work Team）是以完成产品和服务为目的，由比较稳定的成员组成长期的组织单元，内部成员通常全职并且经过挑选。工作团队一般由上级领导，不过近年来也出现了一些更受欢迎的形式，如自我管理团队、自主或者半自主、自我指导或授权型团队。该团队的特征是成员长期稳定，如生产服务型团队。

（六）并行型团队

并行型团队（Parallel Team）是从不同部门和岗位抽调工作人员完成正常组织之外的任务的组织单元。这种团队与正常的组织结构并存，故被称作并行型团队。设置并行型团队的目的是解决问题或促成有针对性的提高活动，如质量提高团队、员工参与团队等。该团队的特征是跨部门人员组成的非正式组织单元。

（七）项目团队

项目团队（Project Team）是由从需要具体技术的不同部门选取的员工组成的，如新产品发展团队，成员可能来自营销、工程和制造部门，当任务完成后，团队成员又返回各自的岗位。项目团队的任务一般是非重复性的，并且需要大量知识、判断和专业技术的应用。该团队具有时间界限，往往制造一次性的"产品"，如一个市场定位公司的某个新产品，或者一个新的信息系统等。

（八）管理团队

管理团队（Management Team）的成员一般包括各个部门的管理者，如负责研发或者营销的副总经理。管理团队对所属的子部门在各自权限之下进行协调并进行指导，同时在关键的商业流程中对相互依赖的各部门进行整合。管理团队一般对于各个部门的总体绩效负责，它的权威来自于成员的行政等级差别。高层的管理团队一般考虑公司的整体战略发展和绩效，管理团队可以运用整体的智慧帮助公司赢得竞争优势。

例证 6-17

张小龙的微信团队

张小龙及其团队组成的广州研发部位于广州的一座大厦里，大厦10楼的办公区被完全打通，将近300人在这里办公，每天至少有300台电脑24小时不间断地高速运转。这些人白天靠零食度日，夜晚叫外卖果腹，每天都在奋力研发产品。

张小龙把自己定位于"产品经理"，微信打飞机游戏起初有4个版本，有好玩的、逗趣的，张小龙在色彩缤纷的游戏版本中选中这款黑白复古风的，因为这与他的"极简"理念相搭配。一次，张小龙问一个同事，微信3.1与3.0的会话列表有什么修改，对方说没看出来，张小龙答："会话列表每一行高度少了两个像素。"

张小龙说，中国开发的类似"微信"的产品有二三十个，"米聊第一个做微信类产品，为什么最后它落后于微信？因为用户没有感觉到爽，很多大公司能够过'技术'这一关，但他们缺乏的是艺术，缺乏的是哲学层面上的思考，真正互联网的产品是技术和艺术的结合"。（姚沛泽，2016）

三、有效团队的特征

一个有效的团队由一群相互独立却拥有共同目标的人员所组成，同时，成员也认同共同努力是达成目标的最佳方式。当一个工作团队取得丰硕成果并且获得认可时，团队成员会为他们的成绩感到愉悦。一个有效的工作团队基本上具备以下 9 个特征（罗宾斯，2019）。

1. 清晰的目标

每个成员都清楚且接受团队的目标，并且坚信这一目标具有重大的意义。他们清楚开会的流程、任务的分派，还有工作的进度，同时知道如何集中精力做好目前的任务。

2. 相关的技能

有效团队是由一群能力很强的个体组成的，这些成员拥有进行良好合作并实现预期目标所必需的技术技能和人际关系技能。

3. 相互的信任

成员之间的高度信任也是有效团队的一项特征，指的是成员之间相信彼此的能力和品行，维持这种信任需要管理者的特别关注和精心呵护。

4. 一致的承诺

一致的承诺意味着团队成员全心全意地服务于团队的目标并且愿意投入极大的精力去实现它们。一个有效团队中，成员会对团队展示出高度的忠诚和奉献精神，并且愿意去做任何能够帮助团队获得成功的事情。

5. 良好的沟通

良好的沟通需要成员互相信赖，这种信赖应经过长时间的培养。成员的可信赖、愿意合作都有利于公开沟通。团队的领导人必须鼓励讨论，不加入个人的判断。

6. 谈判的技巧

在高效的团队中，其成员具有灵活多变性，总是在不断地调整角色，而团队所面临的问题和关系也时常发生变化。因此，团队成员必须具备充分的谈判技巧，才能更好地面对和应付这种多变的情况。

7. 合适的领导

每个成员都必须负责团队任务的完成，因为团队的失败也代表每个成员的失败。团队领导人或协调者拥有行政与层级的职权，其他成员拥有完成任务所需要的职权。

8. 内部支持

在群体内部，团队应该具备一种合理的基础结构，这些结构意味着：适当的培训；一种合理、明确的考核体系；一项得到认可的团队的薪酬计划；一种能够提供支持的人力资源体系。

9. 外部支持

有效的团队会与外界分享他们的成功经验，以建立团队的可信度和美誉度。同时，团队也会建立一个对外接触的联络网，如针对客户或各部门主管等，以取得回馈、资源或其他援助。

一般地说，有效团队的成员可分为四种不同的角色类型，每一种都有助于团队的成功。这四种类型的角色分别为贡献者、合作者、沟通者和挑战者。贡献者属于任务导向的人，他们视团队为一个由各种专家组成的团队，每一位成员都各有所长，他们不但尽量提供别人可利用的信息，也常常帮助其他团队训练成员。合作者认为对团队目标的承认是很重要的,因此必须确保团队的目标明确,他们愿意广泛地参与,而且任劳任怨,乐意与其他成员分享荣誉。沟通者属于程序导向的人,他们对于团队如何完成任务、达成目标最有兴趣,他们善于督促沉默的成员多发表意见,同时要求健谈者多倾听。挑战者特别关心团队的方向与成败,他们往往不停地质疑团队的目标、作业方式,甚至工作伦理。

四、团队建设的理论

团队建设的理论主要有人性假设、人格理论、团队角色理论和实践活动理论(陈国海,张贞敏,2010)。

(一)人性假设

团队建设应该建立在对人性的深刻认识之上(贾砚林,颜寒松等,1999)。下面讨论 X、Y 理论与团队建设。

1. X 理论与团队建设

麦格雷戈总结提出的 X 理论的主要观点为:①多数人十分懒惰,缺乏雄心壮志,不愿担当责任,总想逃避工作,甘心受人支配。②多数人的个人目标与组织目标是相互矛盾的,从本质上讲,如果放任自流,个人都不愿为组织整体做出贡献,必须用强制、惩罚才能迫使他们为集体而奋斗。③多数人只限于为满足基本需要而工作的层次,经济激励是他们行为的最有力的动因。

对于培养团队精神和建设团队而言,X 理论的人性假设具有重要的指导意义:①由于人的本性是追逐自身利益最大化,个人目标与集体目标又经常相互矛盾,个人不愿为集体承担责任和努力工作,因此,团队精神与团队行为就不是人性的自然结果,所以培养团队精神绝不能放任自流,而是要事在人为。②必须根据人的本性来培养团队精神。由于人的本性是趋利避害,因此以赏罚为手段,采用功利主义的方法可以培养出团队精神和行为。③经济诱因是人们行动的最有力动因,因而赏罚措施要充分运用经济因素。

2. Y 理论与团队建设

Y 理论的主要观点可概括为:①人有生理、安全、社交、尊重、自我实现等多层次的需要,人们工作的最终目的是达到自我实现。②一般人都是勤奋的,能够自我激励与自我控制,外部的控制与惩罚不是实现组织集体目标的有效方法。③个人的自我实现与组织目标的实现并不冲突,而是一致的,自我实现的人往往把达到组织目标作为自己的追求,他们会主动承担组织的职责,为组织目标的实现而贡献积极性、主动性、想象力、创造力。

根据 Y 理论的人性假设,可以采用引导的方法来培养团队精神和行为。随着世界越来越社会化,团队协作在工作中越来越重要,人们也越来越追求社交、尊重、自我实现等更高层次的需要,团队精神不仅对组织的成败越发重要,而且其产生也更加自然。在培养团队精神时,组织只需消除不利于团队行为产生的外部因素,设置良好的外部环境,引导、诱发、强化团队精神,充分开发人类的社会本性和巨大的潜能。其具体方法包括尊重员工、目标管理、自我控制、参与管理、团队决策、集体行动等。这类方法具有明显的理想主义色彩。

（二）人格理论

人格理论的主要观点包括：①在团队成员招聘、培养和使用方面要考虑成员的个体差异。②具有不同人格的团队成员形成互补，有助于提高团队工作的效能。③团队成员因个体差异互相影响和互相制约。目前已有一些人格测量工具（如 MBTI、九型人格工具、"大五"人格）可以帮助团队成员认识自己和同事的人格特点。

正是因为在任何一个团队中，成员间的行为是互相影响、互相制约、互相补充和互相适应的，因此，首先，每一个团队都必须有一个合理的成员结构。一个具有合理结构的团队，不仅能够使每个团队成员各尽其才，做好各自的工作，而且能够通过有效的结构组合，发挥出新的巨大的团队和集体力量。团队成员的合理结构主要包括性别结构、年龄结构、知识结构、经验结构、智能结构、素质结构以及专业结构等。因此，团队成员的结构是一个多维的、动态的综合体。其次，每个团队成员要认识自己的长处和短处，扬长避短，调适自己的性格和行为，以适应团队建设和发展的需要。最后，每个团队成员还要了解同事的个性，与他们密切配合，互相补充和制约，和谐相处。

例证 6-18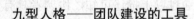

九型人格——团队建设的工具

香港文化科技有限公司从 2002 年开始，在公司老板罗先生的带动下，已先后资助或者半资助员工参加了在美国和我国香港地区举办的由外部导师主持的九型人格培训，在企业内部则以人力资源部经理为讲师开展九型人格培训，员工自愿报名参加。迄今为止，公司员工，特别是管理层，已有半数以上员工接受了九型人格的培训，包括老板罗先生在内的几位高层领导以及人力资源部门人员都较好地掌握了这个工具。迄今为止，九型人格工具已被运用到公司人才招聘、团队建设、岗位安排、人际沟通、员工生活品质管理等多个方面。几年来，公司将九型人格工具应用于人力资源管理，特别是团队建设中的做法已经取得了初步的成效，并逐渐成为公司文化的一个重要组成部分。（陈国海，2007）

（三）团队角色理论

梅雷迪斯·贝尔宾博士在 *Management Teams: Why They Succeed or Fail* 一书中详细地阐述了其研究的过程及团队角色理论（Belbin, 1994）。他将团队中的角色分为协调者、推进者、完善者、实干者、监督者、创新者、信息者和凝聚者 8 种，并根据研究确定了影响团队成功的 6 个主要关键因素。

（1）有一个负责人。团队需要一个地位较高的人，他要符合协调者的特征，耐心且能取得队员的信任，并很好地帮助团队中其他人发挥自身的能力，能够做出相关决策。

（2）一个强有力的创新者。成功的团队需要一个好的创新者。然而，多于一个创新者团体的整体成功的可能性会降低,这是因为创新者会更易于挑剔别人的思想,而不是发展自己的思想。

(3)心智要有较好的分布。

(4)个性的分布应当能够覆盖较多的团队角色。

(5)团队中成员的个性特征与他们的责任之间要有较好的匹配。

(6)对团队角色不均衡问题的识别以及调整团队的能力。

在工作中,员工首先表现出来的是工作角色,即根据岗位所要求的经验和知识工作一段时间后才会了解团队角色的重要性。因为人不仅是"经济人",同时也是"社会人",所以贝尔宾从人的性格入手,在卡特尔16PF人格问卷和工作观察者评价问卷的基础上明确了各种角色的性格和功能,以及按照他们的功能分为协调者、推进者、信息者、凝聚者、创新者、监督者、完善者和实干者,以下为各角色的性格特征。

1. 协调者

协调者总是相信自己的团队成员,毫无嫉妒和猜疑地接受他人的意见,总能在面对争论时保持镇定;他们同样也是实用主义者,并具有自我约束能力;其天生具有激励他人、向外辐射影响力的能力,但是他们不是单纯的外向型性格,因为他们有一定的独立性并在社会关系中与他人保持一定的距离。协调者还具有很强的容忍度,总是聆听他人的意见以及强有力地拒绝采纳他人的意见。协调者不需要很高的智商,过高的智商会降低他们在团队中的影响力。通过以上描述可知,协调者具有外向型、稳重以及保持独立性的个性特征。

2. 推进者

推进者好交际,在他人面前不羞怯、不怯懦,勇于表达自己的思想和观点,但容易忧虑、猜疑和受挫。推进者是机会主义者,具有强于其他方面的特征,如尽责的、实际的、情绪化,这些都表明他们对失望和焦虑有过度反应的表现。在团队中,尤其是在协调者领导的团队中,推进者通常是平衡力量的破坏者。因此,他们常常表现出外向但容易焦虑的特点。

3. 信息者

信息者毫无约束地去利用他人来寻找自己需要的信息或者其他资源,这就是他们与生俱来的能力,即通过有技巧地交流来实现创造性的结果。信息者四处走动,时刻注视新事物或者新情况的产生与发展,不断同各类人群接触,让人们感觉他们在不断深入思考着产生的问题。你会发现他们很少坐在自己的座位上,如果在的话,一定是在打电话。这些行为表明,信息者是一个外向、稳定,总是对周围的事物或新鲜事物充满好奇心的个体。

4. 凝聚者

凝聚者具有很强的社交能力,善于聆听他人的声音,能够妥善地与不善于表达的人打交道;同时通过设置高于个人兴趣的群体目标来对团队精神产生有利的影响。凝聚者性格外向但是控制欲低,表现出令人信任、敏感的个性;对他人,尤其对人与人之间的沟通和互动，有强烈的兴趣。凝聚者外向的性格和柔软的特征是其与他人沟通、获取信任的有力武器。

5. 创新者

创新者是团队解决问题方法的主要提出者，他们的这些方法是其在安静角落独处的时候想出来的，具有原创性。创新者的智商很高，在批判性思维测试中会取得很高的分数。因此，创新者通常表现出内敛、不善于与人打交道的个性。

6. 监督者

监督者同创新者一样，会在批判性思维测试中取得很高的分数，也具有较强的辩论能力。因此，其稳固的判断力不会受到富有情绪化的个性的影响，因此表现出公正的态度。在测试中，监督者表现得认真、谨慎且对热情具有一定的免疫力。监督者做出决策时很慢，因为需要时间去不断地深入思考问题。在综合考虑各种因素的情况下，监督者能够快速、敏捷地做出判断。他们从不犯错，但是缺乏主张、创新或想象力，表现出很低的成功倾向。同时，在与外界相处时，监督者常常表现出干涩的一面，令人厌烦，有时会对他人过于苛求。总之，监督者态度严谨，认真负责，具有敏锐的判断力。

7. 完善者

从事情的开始到完成，以及在完成的过程中，完善者都十分注重对各种事情的要求，以求"完美"。完善者热衷于不断推进工作，虽然容易焦虑，但是有很强的自我控制力和约束力；表现出内向多于外向，像是在寻找压力和吸收压力；倾向于坚实的努力、生存、保持连贯，对取得重大的成功很少产生兴趣。因此，完善者通常表现出焦虑、内向的性格特征，具有强烈的责任感。

8. 实干者

实干者是团队活动实施过程中的组织者和实施者，他们为公司工作的意愿胜于为自己的兴趣工作，并乐于采取熟练和实用的方式。实干者从不考虑是否该做某一项工作，因为他们不会去感觉这项工作自己是否喜欢或者能否激起自己的兴趣。他们的个性及态度主要体现出控制和适用能力上，其天资或天赋似乎成为次要的内容。通过自我约束，实干者总是先考虑做事情的方法，后考虑自己的想法，他们的才能表现在组织能力和实干能力上。这些都说明了实干者具有稳定性和负责精神。

贝尔宾认为，正是由于各团队角色在性格和功能上的互补才使团队不断取得成功。他不仅识别出团队的八种角色以及各自的特征和团队功能，还根据研究中获得的数据编制了 BTRSPI 问卷（the Belbin's Team-role Self-perception Inventory），由于其使用的便捷性，可以快速地帮助人们识别自己在团队中的角色，因此得到了广泛的使用。本章心理测试 6-1 给出了贝尔宾团队角色问卷调查表。

例证 6-19

"天天兄弟"的团队角色

"天天兄弟"是 2008 年由湖南卫视推出的主持团队，常驻成员为汪涵、欧弟、田源、钱枫和金恩圣。五位成员因各自人生经历、生活背景的不同而形成独特的个人风格。在节目中，五人的配合使得成员间能够将优势互补发挥到极致。其工作模式类似同心圆，汪涵作为圆心是整个团队的核心，欧弟、田源作为汪涵的左膀与右臂处于内圆上，而钱枫和金恩圣则居于外圆上给予团队贡献。

"天天兄弟"自成立以来，无论是团体还是个人均斩获众多殊荣。"天天兄弟"之所以在业界取得如此成绩，很大程度上得归功于其合理的团队角色配置和成员职能划分。（张燕君，倪琴，2016）

（四）实践活动理论

实践活动理论的主要观点是只有在真实或者模拟的团队任务情景中，团队成员才会在互相合作、共同完成任务的同时，加深对自己和其他成员的认识，增加对其他成员的信任和支持，逐步形成默契、和谐、高效的团队。管理者运用该理论指导团队建设时，宜注意对团队任务的设计，包括难度适中、通过努力可以达到；创设安全、尊重的团队环境；重视体验和分享，交流心得；重视成果分享和庆祝。近年来流行的户外拓展训练被认为是团队建设中的一种典型方法。

例证 6-20

户外拓展训练——腾讯飞龙班变革领导力课程

腾讯飞龙班变革领导力课程委托深圳市西点体验教育科技有限公司具体实施户外拓展训练活动。将30名公司事业部总经理接班人带到腾格里沙漠，要求他们在两天一夜的时间里徒步32公里穿越沙漠，抵达指定目的地。团队中每人有50元的启动资金，一个小组（10~12人/组）有两张卫星地图、两个指南针。所有的计划制订、行军的线路的设定、物资的购买、人员的分工、风险的预控、安全等都由团队自行决定。

出发后，团队势必会碰到各种问题，如团队意见冲突、计划与实际不相符等问题，如何解决这些问题将考验整个团队。过程中，团队规定每半天更换一次小组长及政委，并对上一阶段取得的成绩和碰到的困难做复盘，这样一次特别的自我探索+团队探索的共同之旅，让核心团队真正地扭成了一条绳，带领公司一起向前冲。（供稿：张利富，夜莺，2020）

五、团队建设的策略

成功团队的管理者能够融合各种风格的长处，并利用不同的风格建立有效的团队，其策略主要包括以下5种。

（1）澄清团队目标与愿景。团队管理者应当准确地表达并说明对团队的期望，并且检查时间表、预算和各种限制条件；让每一位成员参与预先设定议程的讨论，以使他们明确了解团队的任务与目标。每个成员都应该清楚团队对自己的期望。

（2）合理选择团队成员。选择团队成员应从科学配置团队角色、优化团队结构角度考虑。在团队活动开始之前，管理者可以非正式的方式与每位成员见面，交换彼此的背

第六章 群体心理与行为

景及对团队的感受,并且了解成员的动机是否有助于团队目标的完成。

（3）营造良好的团队氛围。管理者要让每位成员都参与团队的工作,并且让每个人得到任务的分派,这有助于营造团队中的参与氛围。对于重要的决策,应设法使成员达成共识。要鼓励成员提出问题,意见不一致是很自然的事,领导人宜表现出对现状的质疑,接受不同意见并予以鼓励。另外,分享荣誉也能促进良好团队氛围的形成。每个成员贡献的多寡与团队的成就如何都由领导人决定,而且领导人也要负责将喜悦信息与外界分享,特别要重视高层主管与公司内部通信的编辑。

（4）定期开展对团队成员的培训。对团队成员的培训主要包括三个方面,一是综合素质方面（如项目管理知识、组织协调能力等）,二是专业技能方面（如软件开发、动画设计与制作等）,三是团队建设方面（如团队素质拓展培训、团队心理辅导培训等）（冯明,2013）。

（5）建立健全评估机制和团队工作标准。领导人宜负责推行至少每年一次的自我评估,评估内容包括团队的实力、进展情形,任务的时效性、有效性,对工作品质的满足程度以及必要的改变等;鼓励团队发展共同工作,如所有会议必须全员参加、重视承诺、允许不一致的意见、保守机密等;制订发展目标与行动计划,包括任务与完成期限等。

例证 6-21

宜家的团队建设

宜家的企业愿景是"为许多人创造一个更好的日常生活",这个愿景既是为顾客提的,也是为自家员工提的。宜家鼓励团队成员之间的高度融合和协作,将各个成员融入团队之中也是宜家管理层的职责之一。其各个业务部门都有一定的福利预算,管理层就运用这些预算开展活动,如开展部门郊游、家庭日出游活动或者培训专题研讨会等,促进员工之间的和睦关系。宜家员工脸上的笑容、积极热情的工作态度和与同事共进午餐的频率都充分体现了宜家在团队建设方面的成功。（HRsee, 2020）

本章小结

- 群体是具有相同利益或情感的两个或两个以上的人以某种方式结合在一起的集合体。
- 正式群体是指组织经过精心设计与规划,有自己明确的目的和规章制度,成员的地位和角色、权利和义务都很清楚并有稳定、正式的结构的群体。
- 非正式群体是以观点、兴趣、爱好相似为基础,以彼此感情为纽带自然形成的、没有固定组织形式的群体。非正式群体具有如下四个特征:自发性;成员的交叉性;有自然形成的核心人物;排他性和不稳定性。
- 群体的发展要经过五个阶段:形成阶段、震荡阶段、规范化阶段、执行任务阶段和结束阶段。

- 群体行为有别于个体行为，群体行为有着自身鲜明的特征，这主要表现在从众、顺从、暗示、模仿与感染等典型的群体行为上。
- 群体动力是指左右和影响群体发展演变的主要力量，主要内容包括群体规范、群体压力、群体凝聚力和群体士气等。
- 团队是一个小数目的人群，团队成员具有互补性的技能，承诺一个共同的目标、一系列绩效目标，以及使他们共同负责的方法。团队的显著特点是相互依赖性。
- 有效的团队有以下9个方面的特征：清晰的目标；相关的技能；相互的信任；一致的承诺；良好的沟通；谈判的技巧；合适的领导；内部支持；外部支持。
- 团队建设的理论主要有人性假设、人格理论、团队角色理论和实践活动理论。
- 团队建设的策略包括如下5种：澄清团队目标与愿景；合理选择团队成员；营造良好的团队氛围；定期开展对团队成员的培训；建立健全评估机制和团队工作标准。

案例分析

一个特别的工作团队

在德克萨斯州的一家制造厂中，有一个由18名成员组成的团队，这个团队的工作条件不仅不是最好的，还又热又脏，此外，成员有时还需要三班倒（晚上11点到次日7点）。他们的薪水也不是最高的，生产的产品还有难闻的气味。团队中的最新成员在那里只工作了两天，工作时间最久的已经工作了二十一年。该小组的许多成员在操作设备之前并没有进行过很多次培训，甚至还有几个成员对于操作过程是完全陌生的。最重要的是，团队建设之初，这个团队的成员都是公司中的"问题儿童"。然而，该团队却成了在美国其他156支执行相同职责的团队中表现得最好的。他们有什么秘诀呢？其中的一位成员的回答是这样的："我们团队的每个成员都有很好的时间规划，可与其他人相互协调，我们有强大的团队精神并且相信自己的目的，在没有正式的领导者的情况下，我们也能在事务中做到良好运转轮班，因为我们都有一个'共同的信念'。"

由于公司要求，该团队成员曾一起参加过一个关于团队发展的课程。在培训课程中，公司允许他们挑战、质疑、解决冲突，并与他们的主管讨论他的旧的管理风格。培训结束时，每位员工给自己制订了具体的计划和承诺。公司向成员承诺，此后如果他们继续努力，主管和组织就会支持他发展成为一个团队。每个人的岗位职责并不太明确，而是编成自治小组，高度自主。新员工向老员工请教操作流程时，老员工会不吝赐教，向新员工分享自己的工作经验，帮助新员工快速上手。终于，他们的辛勤工作和努力得到了回报，成了公司的"明星"。与其他156支团队相比，这一团队被评为"最特别的队伍"，所有成员都被积极的关注、授权、和想要成为最好的自豪感驱动着。

由于这些经历，这个团队对与目标竞争而非成员之间彼此竞争具有清晰到位的理解。当被允许成为比"个体自我"更为重要的一部分时，这个团队的每位成员都保持着良好的自我驱动和自我管理。（Mary，2020）

问题讨论：

1. 案例中描述的团队应该属于哪一种类型的团队？
2. 试分析这些原本被看作"问题儿童"的员工是如何成功转变成一支高效团队的？
3. 针对这些员工，公司采用了哪些团队建设策略？

管理游戏

6-1 解 手 链

目的：了解群体形成和发展的阶段。

做法：将班级分为 8 人或 10 人（最多 14 人）一组的若干小组，每组围成一圈，要求每位成员记住自己左手拉的是谁的右手、右手拉的是谁的左手，然后自由走动，又围成一圈站着，每位成员左右手分别拉着原先未走动前其他成员的左手和右手。大家共同努力，将手链解开，围成原先的样子，如图 6-4 所示。

时间：20～30 分钟。

问题讨论：

1. 在整个过程中，是否出现了某个领导在负责或者指挥？
2. 别人的反馈有没有帮助？
3. 解决这个问题，每个人是否要相互依靠？
4. 假如让你教另一队，你会怎么做？
5. 假如将眼睛蒙上，只能用语言沟通，那么你预计可能会遇到哪些问题？

图 6-4　手链解开之后的喜悦

6-2 团 队 展 示

目的：团队协调、责任心与执行力。

人数：不限。

工具：旗、笔。

游戏规则：
1. 分组，选队长，确定队名、口号、队歌。
2. 团队展示。

回顾与分享：
1. 分享团队是如何形成的（建立—磨合—动荡—成熟—产生绩效）。
2. 分享每个队员在团队中扮演的角色和责任。

心理测试

6-1 贝尔宾团队角色问卷调查表

指导语： 本调查由贝尔宾博士编制（Belbin，1994a），共有 7 个问题。针对每个问题，请将 10 分分布在你认为能精确地描述你在工作中行为的选项（a～h）上。10 分的总分可能分布在几个不同的选项中。不必面面俱到，只需将分数分布在你认为与你自己工作实际相关的选项中。每一选项分数的多少根据每一选项多大程度反映了你自己的工作行为而定。一个极端的例子是 10 分可能分布在每一问题的所有选项中，你也可以将其中一个选定为 10 分。将你对选项分配的分数填在提供的答案卡上。每一道题没有标准答案。这个问卷调查能帮助你了解你在团队中的角色。

本测试需 15～20 分钟。讨论所需时间因班级规模和分组情况而异。

1. 我认为我能为团队做出的贡献是：
   （   ）a. 我能够迅速发现并抓住新的机遇。
   （   ）b. 我能够与团队中各种类型的人合作共事。
   （   ）c. 我生来就爱出主意。
   （   ）d. 我的能力在于，一旦发现有能够对团队目标有价值的成员，我就能够推举他们。
   （   ）e. 我能把事情办成，这主要靠我个人的实力。
   （   ）f. 只要最后能取得有价值的结果，我乐意面对暂时的冷遇。
   （   ）g. 在我熟悉的情形中，我很快就能意识到哪些方法管用。
   （   ）h. 我能够客观地对备选的做法提供充分的理由。

2. 在团队工作中如果我有缺点，它可能是：
   （   ）a. 除非会议组织、控制并开得很好，否则我会感到不安。
   （   ）b. 我容易对那些有高见但没有适当表达出来的人过于宽容。
   （   ）c. 一旦集体讨论新观点，我总喜欢说得太多。
   （   ）d. 我客观的看法使我很难与同事们打成一片。
   （   ）e. 在需要办成某件事的情况下，我有时使人感到很强硬和专断。
   （   ）f. 也许是我对团队气氛过分敏感，我发现自己很难与众不同。

（　　）g. 我容易沉浸在自己突来的想象之中，以致忘了正在发生的事情。

（　　）h. 我的同事认为我过分注意细节，总有不必要的担心，怕把事情搞糟。

3．在与他人一起做一个团队项目时：

（　　）a. 我有不给别人施压就能影响他们的能力。

（　　）b. 我随时防止因粗心而产生的错误和疏漏。

（　　）c. 我愿意施加压力以换取行动，以确保会议不会浪费时间或离题太远。

（　　）d. 在提出独到见解方面，我是数一数二的。

（　　）e. 我总是乐于支持与共同利益有关的积极建议。

（　　）f. 我热切寻求新的想法和新的发展。

（　　）g. 我相信别人会欣赏我冷静的判断力。

（　　）h. 大家信赖我能够将最基础的工作组织得井井有条。

4．我在团队工作中的特点是：

（　　）a. 我有兴趣更多地了解我的同事。

（　　）b. 我经常挑战别人的观点或独自坚持自己的意见。

（　　）c. 我常常能够找到一连串的论据驳倒不甚有理的主张。

（　　）d. 一旦计划必须付诸实施，我认为我有能力使工作运转起来。

（　　）e. 我能够避开显而易见的想法而提出出人意料的想法。

（　　）f. 对承担的任何团队工作，我都有一点完美的倾向。

（　　）g. 我乐于利用团队以外的关系资源。

（　　）h. 尽管我对所有的观点都感兴趣，但一旦需要做出决定，我还是会毫不犹豫地拿定主意。

5．我在工作中获得满足是因为：

（　　）a. 我喜欢分析情况，评价和权衡各种可能的选择。

（　　）b. 我对寻找解决问题的可行方案感兴趣。

（　　）c. 我感到我在促进良好的工作关系。

（　　）d. 我能够对决策有很强的影响力。

（　　）e. 我能够遇到那些有新意的人。

（　　）f. 我能够使大家在某项必要的行动上达成共识。

（　　）g. 我感到我能够全身心地投入于工作中。

（　　）h. 我很高兴能够找到一块可以发挥我想象力的天地。

6．如果我突然接到一个艰巨的任务，而这个任务必须在有限的时间里和不熟悉的人一起完成：

（　　）a. 在找到解决办法之前，我宁愿躲在角落里，拟定一个解脱困境的方案。

（　　）b. 我愿意与提出了最好解决方案的同事共同应对难题，无论他有多难相处。

（　　）c. 我会设想通过用人所长的方法来减轻工作负担。

（　　）d. 我天生的紧迫感将帮助我不会落后于计划。
（　　）e. 我相信自己能够保持冷静，富有条理地思考问题。
（　　）f. 尽管困难重重，我也能保持目标始终如一。
（　　）g. 如果团队工作没有进展，我将采取积极措施加以推动。
（　　）h. 我乐意广泛开展讨论，以激发新的想法，推动工作的开展。

7. 关于在团队工作中我常碰到的问题：
（　　）a. 我很容易对阻碍工作进展的人表现出不耐烦。
（　　）b. 别人可能批评我太重分析和缺少直觉。
（　　）c. 我为确保工作有序地开展的愿望通常阻碍了工作进程。
（　　）d. 我常常容易产生厌烦感，需要一两个有激情的队员使我振作起来。
（　　）e. 除非目标明确，否则我很难着手解决问题。
（　　）f. 有时我很难把复杂的观点澄清和解释清楚。
（　　）g. 对我自己不能做的事情，我有意识地求助别人。
（　　）h. 当遇到反对意见时，我会犹豫是否让自己的观点获得通过。

贝尔宾问卷调查表的解释：

（1）团队角色。贝尔宾团队角色问卷将团队角色分为八种，即协调者、推进者、完善者、实干者、监督者、创新者、信息者、凝聚者。

（2）角色分数。完成问卷调查表后，你将获得每一团队角色的分数。

（3）答题卡。将每一选项分配的分数填在表 6-4 内。检查每一行的分数之和是否为 10 分。

表 6-4　分数表

题目/选项	a	b	c	d	e	f	g	h
1								
2								
3								
4								
5								
6								
7								

然后将表 6-4 每一方格的分数对应填入表 6-4 内。将每一列的分数加起来得出 8 种风格中每一种风格的分数。

表 6-5 分析表

协调者	推进者	完善者	实干者	监督者	创新者	信息者	凝聚者
d	f	e	g	h	c	a	1b
b	e	h	a	d	g	c	2f
a	c	b	h	g	d	f	3e
h	b	f	d	c	e	g	4a
f	d	g	b	a	h	e	5c
c	g	d	f	e	a	h	6b
g	a	c	e	b	f	d	h
小计	小计	小计	小计	小计	小计	小计	小计

将你的得分与表 6-6 中的常模进行比较。

表 6-6 常模

	协调者	推进者	完善者	实干者	监督者	创新者	信息者	凝聚者
很低	0~3	0~3	0~1	0~5	0~2	0~1	0~2	0~3
低	4~5	4~6	2~3	6~8	3~4	2~3	3	4~5
中等	6~9	7~14	4~8	9~12	5~9	4~7	4~7	6~10
高	10~13	15~18	9~10	13~15	10~11	8~9	8~9	11~13
很高	14+	19+	11+	16+	12+	10+	10+	14+

根据表 6-6 的标准，比较你在团队中每一类的得分（按列累加的分数），记下你团队角色每一类行为的得分是高、中，还是低，并把分数填入表 6-7 中，两组最高的分数符合你主要的团队角色类型。

表 6-7 团队角色类型

很 高	高	中 等	低	很 低

（4）团队角色特征解释。团队角色特征解释如表 6-8 所示。

表 6-8 团队角色特征解释

角色	特征		
	主要优点	主要缺点	团队功能
协调者	沉稳,自信,自控力强,令人尊敬的领导者,目标清楚、明确,宽容,授权,非权力影响,和事佬,求助	缺乏创造力,有时会被认为善于利用别人,过多地下放权力以致失去控制,缺乏原则	控制向目标前进,确保每位成员的潜力得到发挥,擅长将不同的观点、技能和风格放在一起
推进者	有潜力,适应压力,以结果为导向,有影响力,行动表率,排除障碍和反对意见,独立,固执	急躁,爱发火,缺乏耐心,敌对,伤人感情	影响甚至左右团队的目标和工作方法,促进团队按时完成任务,有魄力做出判断
完善者	讲效率和秩序,认真,警惕,完美主义,避免错误和缺点,按时交付,守时,踏实	为小事担心,好钻牛角尖,不愿承担责任,反应迟钝	使团队免于错误和遗漏,搜寻需要特别注意的工作,保持团队的紧迫性,促使团队按时完成任务
实干者	实际,实用,保守,条理,固执,有组织能力,勤奋刻苦,守纪律,稳定	缺乏灵活性,对新观点、想法反应不积极,缺乏创造性和随意性,刻板	将概念和计划转化为实际工作程序,系统有效地执行大家一致的意见,按需要和要求工作
监督者	理性,冷静,逻辑分析,好判断和争辩,思考,不冲动,能看到各种机遇,有判断力	缺乏灵感,枯燥乏味,呆板,无激情,过于批判,不能调动他人的积极性	协助团队分析问题,评估建议和想法,权衡做出决策
创新者	创意,幻想,理想化,灵活,创造,非程序决策,想象力丰富,独立思考,直觉,好奇,个人主义,非正统,聪明,有点子	有时脱离现实,不太注意繁文缛节,有时会孤芳自赏或被孤立,喜新厌旧	发展新的想法和战略,寻找解决问题的方法
信息者	热情,好奇,表达能力强,探索机遇,发展新的关系,关注动态,重视利用团队外的关系资源	过于乐观,喜新厌旧	探索和汇报想法,发展组织外资源和保持与外界的联系和磋商
凝聚者	温柔,敏感,合作,善于交往,聆听,感觉敏锐,友好,支持,理解,合作,有时服从和妥协,避免摩擦,提倡团队精神	有时过分妥协而失去原则,容易受到他人影响	支持和鼓励团队成员,提高沟通技巧,培养团队精神,是推进者角色的重要伙伴

小组讨论：

1. 与小组的其他成员分享自己的团队角色类型，通过自己日常的团队工作经验说明自己的团队角色类型，结合表 6-8 让小组的每位成员熟悉八种团队角色类型的主要特征。

2. 对于一个项目团队，在项目进展过程中的不同阶段，哪些角色比较适合在此阶段发挥作用，哪些角色不太适合。讨论后填入表 6-9 中。

表 6-9　项目阶段的团队角色

项 目 阶 段	比较适合的团队角色	比较不适合的团队角色
方向和需求		
想法和决策		
计划		
组织实施		
联络		
跟进/评估		

3. 当一个团队中没有比较合适的团队角色做某项目阶段的工作时，或者当比较不适合的团队角色从事某项目阶段的工作时，比如信息者和凝聚者从事跟进和评估的工作，应当注意哪些事项？

4. 根据本测试讨论将团队角色理论应用于团队建设有何启示？具体而言，可以分成几个步骤来做？

参考文献

[1] BELBIN R M. Team roles at work[M]. San Diego, California: Pfeiffer & Co, 1994.

[2] BELBIN R M. Management teams: why they succeed or fail?[M]. Oxford: Butterworth-Heinemann, 1994.

[3] HRsee. 宜家的团队建设案例[EB/OL]. [2020-3-2]. http://www.hrsee.com/?id=568.

[4] LEWIN K. Resolving social conflicts: selected papers on group dynamics[M]. New York: Harper, 1948.

[5] MARY KAY. Teamwork: a real success story [EB/OL]. [2020-3-2]. https://aboutleaders.com/teamwork-a-real-success-story/#gs.y2bgc3.

[6] SCHEIN E H. Organizational psychology[M]. Englewood Cliffs, N.J.: Prentice-Hall Inc., 1980.

[7] SONIA KUKREJA. What are group norms [EB/OL]. [2020-3-3]. https://www.managementstudyhq.com/types-of-group-norms.html.

[8] WHYTE W F. Human relations in the restaurant industry [M]. Oxford: McGraw-Hill, 1948.

[9] 边玉芳. 人为什么"随大流"？——谢里夫和阿希的从众实验[J]. 中小学心理健康教育, 2014（20）: 30-31.

[10] 陈春知. 跨组织虚拟团队实例[J]. 企业管理, 2003（1）: 40.

[11] 陈国海, 张贞敏. 团队建设的四种理论及其对团队建设的影响[J]. 石油化工管理干部学院学报, 2010（12）: 78-80.

[12] 陈国海. 九型人格工具在企业人力资源管理中的使用效果评估[J]. 江西理工大学学报, 2007, 28（5）: 20-23.

[13] 陈国海, 张玲蕙. 管理零距离: 感知管理世界[M]. 北京: 清华大学出版社, 2005.

[14] 邓伟志, 钱海梅. 中国社团发展的八大趋势[J]. 学术界, 2004（5）: 16-25.

[15] 冯明. 组织行为学[M]. 北京: 科学出版社, 2013.

[16] 顾嘉. 马云的魔力演讲与非凡口才[M]. 北京: 中国法制出版社, 2015.

[17] 黄鹤. 湘电集团电机事业部问题解决型团队建设研究[J]. 资治文摘, 2016.

[18] 黄亮新. 互联网创业前奏曲第二部: 网站运营之人性、策略与实战[M]. 北京: 电子工业出版社, 2011.

[19] 贾砚林, 颜寒松, 等. 团队精神[M]. 上海: 上海财经大学出版社, 1999.

[20] 江铜科协. 江铜集团7年累计发布职工自主管理成果12258项[J]. 江西有色金属, 2007, 21（2）: 54-54.

[21] 刘惠. 中信银行"集结号"虚拟团队成功实施案例研究[D]. 大连: 大连理工大学, 2013.

[22] 路明兰. 非正式群体对企业人事管理的影响与对策研究[J]. 人才资源开发, 2011（10）: 88-89.

[23] 马风霞. 浅议非正式群体的思想政治工作[J]. 社科纵横, 2008（07）: 41-42.

[24] 斯蒂芬·P. 罗宾斯. 管理学[M]. 孙健敏, 李原, 等, 译. 12版. 北京: 中国人民大学出版社, 2019.

[25] 宋官东, 杨志天, 崔淼. 服从行为的心理学研究[J]. 心理科学, 2008（1）: 249-252.

[26] 邢培玲. 做好非正式群体职工思想政治工作[J]. 思想政治工作研究, 2011, 000（010）: 42-42.

[27] 谢天, 俞国良. 社会转型: 当代中国社会心理特征嬗变及其走向[J]. 河北学刊, 2016, v.36; No.206（03）: 174-179.

[28] 徐琼. 群体压力下的"优势反应强化"心理分析: 农场游戏盛衰探析[J]. 求索, 2010（8）: 61, 220-221.

[29] 徐子健. 组织行为学[M]. 北京: 对外经济贸易大学出版社, 2005.

[30] 杨文忠. 优秀中层要懂得的心理学法则[M]. 北京: 企业管理出版社, 2013.

[31] 袁媛. 企业内非正式群体对组织绩效的影响研究[J]. 经营管理者（28）：16-17，2013.

[32] 姚沛泽. 内向者的成功法则[M]. 北京：中国铁道出版社，2016.

[33] 张利富，夜莺. 户外拓展训练——领导力提升的有效方法[EB/OL]. [2020-3-2]. http://www.xidiancn.com.

[34] 张燕君，倪琴. 从湖南卫视"天天兄弟"谈高效能工作团队构建——基于Belbin团队角色理论[J]. 湖南广播电视大学学报，2016（03）：79-83.

[35] 张岩松. 组织行为学案例教程[M]. 北京：清华大学出版社，2011.

[36] 张永杰. 建构与转型期相调适的社会治理模式[J]. 党政论坛，2016（03）：27-30.

[37] 周文帅. 做个"天堂人"——天正集团团队建设掠影[J]. 中国机电工业，2001（23）：50-51.

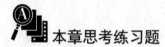

本章思考练习题

思考练习题	录像教学

第七章
管理沟通

 学习目标

学完本章后，你应该能够：
1. 了解沟通的渠道和类型；
2. 掌握群体决策的方法；
3. 掌握冲突管理的策略；
4. 掌握改善沟通的方法。

引例

麦当劳快餐店创始人雷·克罗克的走动式管理

美国麦当劳快餐店创始人雷·克罗克是美国颇具影响力的大企业家之一，他不喜欢整天坐在办公室里，而是将大部分时间都用在"走动式"管理上，即到所属各公司、各部门走走、看看、听听、问问。麦当劳公司曾有一段时间面临严重亏损的危机，克罗克发现其中一个重要原因是公司各职能部门的经理行事官僚主义突出，他们习惯躺在舒适的椅子上指手画脚，把许多宝贵的时间都耗费在抽烟和闲聊上。于是克罗克想出一个"奇招"，要求将所有经理的椅子靠背都锯掉，经理们只得照办。开始时，很多人骂克罗克是个疯子，不久后大家悟出了他的一番"苦心"，纷纷走出办公室，开展"走动式"管理，及时了解情况，现场解决问题，终于使公司扭亏为盈，有力地促进了公司的生存和发展。（河西，2007）

引例说明了"走动式管理"是一种促进管理者和下级进行沟通的极为有效的途径。沟通在任何组织中都起着十分重要的作用，组织要善于运用非正式沟通以弥补正式沟通的不足。随着现代科技和互联网技术的发展，电子沟通扮演着日益重要的角色。劳动力的多元化以及企业的跨国经营使得跨文化沟通问题屡见不鲜。群体决策并不一定比个人决策优越，领导人应注意克服小团体思维的弊端。组织内出现人际冲突在所难免，有时并不一定是坏事。组织可通过建立有效的沟通制度、进行沟通管理和冲突管理培训以及使用其他工具来改善、管理沟通状态。

第一节 组织沟通原理

沟通主要是信息交换的过程，对组织的发展具有重要的作用。沟通具有多种渠道和类型，除传统的沟通类型外，电子沟通成为一种应用越来越广泛的沟通手段。

一、沟通与组织

（一）组织中沟通的概念

沟通（Communication）是信息源通过某种管道把信息（观点、情感、技能等）传送到目的地的过程。申农和韦弗（Shannon & Weaver，1949）提出了信息沟通模型，如图7-1所示。

图7-1 申农和韦弗的信息沟通模型

沟通是信息在发送者和接收者之间进行交换的过程。信息沟通就是指人们之间进行信息交换，从而相互了解、相互认知、相互影响的过程。沟通具有以下6个层次的意义：①个人内部沟通，即自我对话、自己与自己交流的过程；②人际沟通，指发生在两个人或多个人之间的信息传递与相互理解的过程；③群体沟通，即群体成员之间的意义分享和目标整合过程；④公共沟通，即利用个人公共关系权力说服、影响公众的过程；⑤大众沟通，即利用大众媒体影响公众的过程；⑥跨文化沟通，即具有不同文化背景的成员之间进行信息传递和意义分享的过程。前5种沟通以个人为本位，而第6种沟通即跨文化沟通则以文化为本位，它包括以国家为本位的国际沟通。本节主要讨论群体沟通和跨文化沟通。

理解是对信息沟通成功与否的检验。如果信息为人所理解，沟通就是成功的；反之，若信息不能为人所理解，沟通就是失败的。亚里士多德（Aristotle）认为，信息沟通包括说话者、词语（要传递的信息）、接收者。沟通至少包括三个方面：传递、交流和分享。

群体沟通主要是指人群意见或信息的交流，指的是人与人之间交流思想、观点、态度或交换情报信息的过程。从组织行为学角度讲，沟通所涉及的主要是人与人、人与群体、人与组织的意见交流问题，一般不包括组织外的信息沟通。

（二）沟通在组织中的作用

组织内沟通除了具有信息传递的作用外，还具有下述5种功能：①沟通能够准确地传递各项决策与计划,并使管理者全面把握人员的情况,提高管理的效能;②良好的沟通可以体现并实现组织成员对管理工作的充分参与,发挥激励员工的作用;③沟通可以缓解组织内任何变革的阻力,有利于组织发展;④沟通有助于创建组织内良好的人际关系,增加员工的满意感,具有心理保健作用;⑤有效沟通可以满足员工的归属需要,并及时为员工提供利于身心发展的信息。

例证 7-1

广州某跨国公司员工心理咨询个案

广州某跨国公司的一名女职员小A与另一名女职员小B在同一部门工作,她们都是名牌大学的毕业生,上司是德国人。小A性格稍内向,不善于表达自我、表现自我,不善于与上司沟通,而她的同事小B则相反。虽然小A工作非常努力,但每次项目特别是合作项目完成下来,功劳和荣誉都属于她的同事小B,上司从来没有表扬过小A,因而她对此感到愤愤不平,十分压抑,一度曾想离职。后来通过心理咨询之后,心理医生建议其多与上司沟通,并要求单独负责项目,此举迅速改变了小A的不利状况,达到了心理保健的效果。(供稿:陈国海)

(三)沟通的渠道和类型

1. 正式沟通与非正式沟通

按沟通方式的组织化程度可分为正式沟通和非正式沟通。

(1)正式沟通。正式沟通是指通过组织明文规定的渠道进行的与工作相关的信息传递和交流,它与组织的结构息息相关。如组织中上级的命令、指示逐级向下传达,下级的情况逐级向上报告,以及组织内部规定的会议、汇报、请示、报告制度等。

按照信息的流向,正式沟通又可分为上行沟通、下行沟通和平行沟通3种形式。

①上行沟通是指在组织中信息从较低的层次流向较高的层次的一种沟通,主要是下属依照规定向上级提出的正式书面或口头报告。许多组织采取某些措施鼓励上行沟通,如开门政策、建议系统、问卷表、特别会议、委屈申诉程序。上行沟通有助于管理者了解下属的需要,获取对自己下达的指示或命令是否正确以及是否得到如实贯彻的反馈信息。

②下行沟通是指在组织中信息从较高的层次流向较低层次的一种沟通。下行沟通是传统组织中最主要的沟通流向,通常以命令、指示方式传达上级组织或其上司所决定的政策、计划、规划之类的信息,如命令链、海报和布告栏、公司简讯/报纸、信件和工资袋中的附件、员工手册、年终报告表、广播系统。

③平行沟通是指在组织中同一层次不同部门之间的沟通。

此外,还有在不同层次之间的不同部门之间流动时的信息沟通,被称为斜向沟通,如备忘录、传真、会议。

正式沟通的优点是效果较好、比较严肃、具有较强的约束力、易于保密、可以使信息沟通保持权威性,重要和权威的信息都应当采用这种沟通方式。其缺点是:由于依靠组织系统层层传递,因而速度较慢、比较刻板、不够灵活。因此,为顺利进行工作,组织必须要依赖非正式沟通以补充正式沟通的不足。企业中的许多沟通属于混合式沟通，如员工会议、换班前的总结、电子信件、绩效评估。

例证 7-2

惠普公司的组织沟通

惠普公司中的正式沟通包括如下 3 种：

（1）下行沟通：公司新闻发布、部门的回顾、产品介绍、公司内部的新闻信、技术杂志、录像带杂志、报告栏、管理人员会议；

（2）上行沟通：工作进展报告（每月）、工作计划、产品介绍计划、职工调查；

（3）混合沟通：员工会议（每周）、换班前的总结（每天，用于操作员及技术人员）、电子信件、绩效评估。

非正式沟通：组织成员皆知的小道消息、日常的咖啡时间（一天两次）、电子信件。

（2）非正式沟通。非正式沟通是在正式沟通渠道之外的信息交流和传递，它以社会关系为基础，是与组织内部明确的规章制度无关的沟通方式。它不受组织的监督，可自由选择沟通渠道，如朋友聚会，团体成员私下交换看法、传播流言和小道消息。

非正式沟通的优点是沟通方便、内容广泛、方式灵活、速度快，而且由于在这种沟通中比较容易表露思想、情绪和动机，因而能够提供一些正式沟通中难以获得的信息。它的重要作用表现在如下 5 个方面：①可以满足员工情感方面的需要；②可以弥补正式沟通的不足，组织中的管理者为了某些特殊的目的，往往不便于通过正式渠道传播信息，此时非正式渠道便发挥其作用；③可以了解员工真正的心理倾向与需要，通过正式的渠道沟通，员工存在戒备心理，不方便透露真实的想法，而通过非正式渠道，便可以在很大程度上克服这一问题；④可以减轻管理者的沟通压力；⑤可以防止管理者滥用正式通道，有效防止正式沟通中的信息"过滤"现象。

例证 7-3

韦尔奇的非正式沟通

通用电气公司（http://www.ge.com）前总裁韦尔奇最成功的地方是他在公司建立起了非正式沟通的企业文化。韦尔奇最擅长的就是提起笔来写便条和亲自打电话。在这些便条里，他有时说些鼓励和鞭策的话，有时则是要求员工做一些事情。

曾经有一个基层的经理，因为不愿女儿换学校而拒绝韦尔奇对其进行调职和升职。韦尔奇知道后写了一张便条给他："比尔，你有很多原因被我看中，其中一点就是你与众不同。你今天的决定更证明了这一点……祝你合家安康，并能继续保持生涯规划的优先次序。"韦尔奇对员工的关怀使他们从主管和下属的关系升华为朋友的关系，这种非正式的沟通实在是最好的沟通方式。（张望，1999）

非正式沟通的缺点主要是信息欠缺真实性和可靠性，有时甚至会歪曲事实，出现以讹传讹的现象,由此可能形成小集体、小圈子,影响组织的凝聚力和人心稳定。非正式沟通往往起源于人类爱好闲聊的特性,闲聊时的信息被称为传闻或小道消息(并非谣言)。小道消息具有如下4个特点:①小道消息不一定都是不确切的消息;②小道消息传递的速度非常快,同时也容易消散;③很难追查到信息的来源;④新闻性和现实性。当组织的正式沟通渠道出现某种阻碍时,传闻或小道消息可能盛行。传闻或小道消息有时对组织的危害是显而易见的,组织必须及时察觉并给予澄清,特别是要发挥正式沟通的作用。

妥善处理小道消息必须从醒、快、立、疏4个方面入手,以发挥小道消息在组织内部和外部沟通的作用,减少对组织的伤害(朱宝奇,2011):①醒,组织对小道消息要有清醒的认识,对没有触犯法律法规的小道消息,要正确引导,使其"自我消亡",对危及原则和组织的小道消息,应立即查处;②快,组织对小道消息的反应要快,要制定应对小道消息的防范机制和预案,一旦出现,就要快速、准确地寻找最佳应对策略和方法;③立,组织要建立信息发布机制;建立公开透明的信息发布机制可以从根本上减少小道消息的不利影响;④疏,组织面对小道消息要进行疏导,要倡导实事求是的工作作风,建立开诚布公的沟通渠道,鼓励更多的人通过公开渠道提出自己的建议、思考、疑虑。

例证 7-4

谣言对企业经营的伤害

谣言对上市企业来说最明显的影响即影响企业的股价,损害企业的资金链。在金融危机肆虐的2008年,标题为"今天联通跌停!绝对真实,再融资600亿!!!完了!"的网络帖子使中国联通的市值在三天内蒸发了156.68亿,总市值损失353亿。其他上市公司如中国人寿、中国石化也都遭受了巨额再融资谣言的袭击,导致市值大幅缩水。(苏小玲,2010)

2. 语言沟通与非语言沟通

按沟通所借用的媒介的不同,沟通可分为语言沟通与非语言沟通。

(1)语言沟通。使用正式语言符号进行的沟通称为语言沟通。语言沟通又分为口头沟通与书面沟通。口头沟通在组织内有面对面的访谈,各种会议、讨论会,教育培训中的授课、演讲、电话联系等;对外则有街头宣传、推销访问、口头调查,与其他组织间的洽谈等。口头沟通的优点是具有亲切感,比较生动,可以用表情、语调等非语言沟通方式增强沟通的效果,可以马上获得对方的反应,具有双向沟通的好处,比较灵活,可随机应变。其缺点是如果传达者的口头沟通能力差,则无法使接收者了解真意。如接收者不专心或不注意,则口头信息稍纵即逝,无法再辨别,不利于记忆和保存。

书面沟通在组织内有文件、布告、通知、备忘录、公报、壁板、刊物、职工手册、建议书和调查问卷等;对外则有市场调查问卷、广告、职工招聘信息、发布新闻等。书面沟通的信息具有权威性、正确性,不容易在传达过程中被歪曲,可以被永久保留,接收者可以按照自己的速度详细阅读了解。其缺点是反馈速度较慢,甚至得不到反馈,接收者对信息的接收意愿不够主动。

在语言沟通的过程中,要特别注意语言的得体性、激励性和幽默风趣。表7-1列举了如何变消极的语言为积极的语言。

表7-1 变消极语言为积极语言

	消 极 语 言	积 极 语 言
1	我们这次的任务失败了	我们没有完成任务
2	别忘了在下班前把货送到	记住在下班前把货送去
3	我希望你对此满意并继续订货	当你有什么需要时就请打电话给我
4	这次的报告写得好多了	这次的报告写得更好了
5	我们不允许刚刚参加工作就上班迟到	对刚刚参加工作的人来说,保证按时上班很重要
6	免费早餐仅限于20元以内,超出部分请自付	你可以免费享用20元以内的早餐
7	外派工作本身就是不确定的,困难比较多	外派工作非常有利于你的职业生涯,但也的确需要克服一些意想不到的困难

聪明的助理

一位助理曾经在工作中遇到这样一件事:公司在拍卖会上拍到一幅价值连城的作品,由于相关手续需要公司总部拨款,而首席执行官先用自己的信用卡当场付了少许押金。当总部在全额付款后,押金却没有打入首席执行官的信用卡里,于是首席执行官吩咐助理尽快处理好这件事。这位助理三番五次地打电话到拍卖行,可是对方一直说押金已经全额转到信用卡里了。在这种情况下,这位助理意识到如果只是一次次地反馈给上级这些情况,那就会让上级觉得自己连一件小事情竟然都办不好,肯定会对自己的能力产生怀疑,这势必对自己将来的发展不利。于是,这位助理在回复上级事态的发展形势后,马上要求对方拍卖行将汇款后银行提供的凭据电传过来,然后,该助理将电传来的银行凭据拿到银行去核对,最后发现是银行方出现了技术性问题。最终,上级对这位助理的表现很满意。(张昊民、李倩倩,2015)

(2)非语言沟通。借助非正式语言符号进行的沟通称为非语言沟通,包括身体语言沟通(如身体姿势、衣着打扮)、副语言沟通(如声调、哭笑、重音)和物体的操纵三个方面。语言学家艾伯特·梅瑞宾(Mehrabian,1968)对语言沟通和非语言沟通在沟通中的使用比率进行了研究,总结出如下公式

信息的传递 100%=7%语言+38%语音+55%态势

由此可见,非语言沟通在信息传递中的作用非同一般。图7-2显示的是四种典型姿态,它们传出的信息强而有力。其中,A可表示"漠不关心""无可奈何""疑惑"等不同态度;B可暗示出一种"自满"的心态,同时也可表示"厌烦"和"气愤",或用来表示一种漫不经心的态度;C是一种常见的女性姿态,显示出"害羞""忸怩""谦恭""悲哀"

的心态；D的姿态可理解为"冷淡""犹豫""怀疑"等态度。

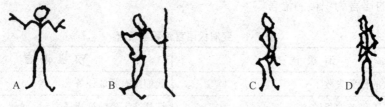

图7-2 四种典型姿态

例证 7-6

沃尔玛的"八颗牙"

价格与服务是沃尔玛赢得竞争的两个轮子。一名沃尔玛的员工表示，他们有一个微笑培训，必须露出8颗牙齿才算合格。把嘴张到露出8颗牙齿的程度时，一个人的微笑才能表现得最完美。每一个售货员的微笑都是那样亲切自然，选择去沃尔玛店购物的顾客都可以享受作为一个消费者的内心满足。（陈颐，2012）

人际距离和空间是非语言沟通的重要表现内容。美国心理学家爱德华·霍尔（E. T. Hall，1909—1985）提出了4种人际距离带（Hall，1966）：①亲密带（0~0.5米），如亲子行为、恋人、角斗、护理、抚慰、保镖等；②个人距离带（0.5~1.25米），其中0.5~0.8米是亲密朋友交往的距离带，0.8~1.25米是普通朋友交往的距离带；③社会带（1.25~3.50米），如未曾相识或一般相识，公事公办、应酬或初步了解；④公共带（3.5~7.50米），如庆典、演讲时的主持者与听众，交警与行人。

3. 单向沟通与双向沟通

按沟通的方向划分，沟通可分为单向沟通和双向沟通。

（1）单向沟通。单向沟通是指在信息沟通时，一方只发送信息，另一方接收信息，接收信息者不再向发送者反馈信息，如做报告、演讲、下达指示等。

（2）双向沟通。双向沟通是指在信息沟通时，发送信息者不仅要发出信息且还要听取信息接收者对信息的反馈，发送与反馈可进行多次，直到双方有了共同的理解为止，如交谈、协商、谈判等。

单向沟通和双向沟通具有各自的优缺点：①单向沟通的速度比双向沟通快；②双向沟通比单向沟通更准确；③双向沟通中，接收信息的人对自己的判断比较有信心，知道自己对在哪里、错在哪里；④双向沟通中，传达信息的人会感到心理压力较大，因为随时会受到信息接收者的批评或挑剔；⑤双向沟通容易受到干扰，并缺乏条理性。

二、群体沟通网络

（一）群体正式沟通网络

组织行为学家巴维拉斯对小型群体中不同的沟通网络如何影响个体和群体行为，以及各种网络结构的优缺点做过比较研究，他假设五人群体，提出了五种结构形式，即群体正式沟通的链式沟通、轮式沟通、环式沟通、全通道式沟通和 Y 式沟通，如图 7-3 所示。表 7-2 描绘了群体正式沟通网络的特点。

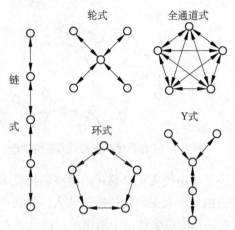

图 7-3　五种群体正式沟通网络类型

表 7-2　群体正式沟通网络的特点

沟通类型	主要特色	成员士气	工作绩效	领导方面	存在可能性
链式沟通	群体成员易形成无形的层次节制体系	处于中心地位的成员比较具有满足感，处于最末端成员的士气较低	解决问题具有时效性，沟通有一定结构程序	有明显领袖出现	大
轮式沟通	一个有秩序的群体	群体领导者最具有满足感，其他成员的满足感较低	解决问题最具有时效性，但易出错	有强有力的领袖	大
环式沟通	群体成员只与两位成员进行沟通	所有成员士气相当，满足感相同	解决问题迂回缓慢	没有明显的领袖出现	小
全通道式沟通	群体成员均能与其他成员直接沟通	所有成员士气相当，处事同等热情	决策缓慢，但处理周延	没有明显的领袖出现	小
Y 式沟通	群体成员形成一定结构体系	处于中心地位的成员满足感较高，边缘地位成员士气较低	解决问题比较具有时效性	有明显功能性领袖	大

（二）群体非正式沟通网络

群体正式沟通网络只是信息沟通途径的一部分，实际上在任何组织中都存在着非正式沟通网络，那就是不按组织结构中正式的沟通系统传递信息，而是让信息任意流通，也就是"小道新闻""马路消息"的传播网络。

1953 年，戴维斯在《管理传达和小道新闻》中发表了自己对小道新闻传播的研究成果。他在一个小制造企业里对 67 个管理人员做了调查，采取顺藤摸瓜的办法，跟踪小道新闻的来源，结果发现只有 10%的人是小道新闻的传播者。其传播模式有四种：单串式、饶舌式、偶然式、集串式，如图 7-4 所示。

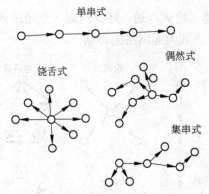

图 7-4 四种群体非正式沟通网络类型

（1）单串式，是指通过一连串的人把信息传给最终的接收者。

（2）饶舌式，是指消息由一个人主动传播给其他人，如在小组会上传播小道消息。

（3）偶然式，是指通过偶然的机会传播小道消息，由一个人将消息传给某一部分人，这些人又将消息传播给别人。

（4）集串式，是把小道消息有选择地告诉自己的亲戚朋友或有关的人。这种模式是传播小道消息最常见的形式。

赫尔希对小道新闻的调查

在群体中传播小道新闻往往会带来不良的影响。赫尔希曾对 6 家公司的 30 条小道新闻做过调查，其中只有 6 条属实、16 条全无根据（占一半以上），另外 8 条的某些根据也有歪曲。他认为改善的办法是使正式沟通渠道畅通，用正式消息去除小道新闻。小道消息之所以盛行，正是正式渠道不畅通的结果。提高领导的透明度，及时通过各种正式渠道把消息传给群众是防止小道消息传播的有效措施。但是，非正式沟通网络还有辅助正式沟通网络的作用，管理者对此要注意听取和甄别。（陶克涛，刘建平，2001）

三、跨文化沟通

跨文化沟通是指跨文化组织中拥有不同文化背景的人们之间的信息、知识和情感的互相传递、交流和理解的过程。在全球化时代和中国"一带一路"倡议背景下，无论个人还是组织，跨文化交流越来越频繁，跨文化沟通在很大程度上已经成为我们生活的一部分，成为我们通过不同视角和经验探寻理解与合作之道的过程。了解如何与不同文化、不同信仰、不同国家的人进行交流，几乎成为现代人融入国际社会的必经之路。

例证 7-8

新联想的跨文化沟通挑战

2004 年 12 月 9 日，联想集团宣布购买蓝色巨人 IBM 的 PC 业务。新联想总部将设在美国纽约，原联想总裁杨元庆将升任董事长，而联想的 CEO 将由原来负责 IBM PC 业务的高级副总裁蒂芬·沃德担任。同时,新联想的官方语言由原来的中文改为英文。

有效沟通的障碍成为新联想即将面对的一大挑战:企业用英语作为官方语言后,所有母语不是英语的员工将立刻感受到沟通的困难,企业会增加许多沟通的成本和障碍,造成对工作的延误及同事之间的误解。沟通的另一个障碍是来自中美文化的差异。中国文化是一种高语境文化,很多时候表达含蓄,同时强调心领神会;而美国文化则恰恰相反,是一种低语境文化,在沟通的时候强调直截了当、开门见山。来自不同情境文化的人在一起沟通时常常发生误解对方的事情,低语境文化的人常常对高语境文化的人的表达感到莫名其妙。(陈晓萍,2005)

不同文化之间的差异是中外合资、外资、跨国公司沟通中面临的最明显的障碍。跨国公司可通过制定拟派海外管理人员的选拔标准、跨文化培训政策和海外管理人员本土化策略促进跨文化沟通。

1. 拟派海外管理人员的选拔标准

许多著名的跨国公司认为,海外管理人员一般必须具备以下5个条件:①国际知识。海外经理人选必须拥有基本的国际知识,不仅要对国际政治和世界经济有所研究,而且还应对外国文化、历史、生活习惯具有相当程度的了解。②语言能力。海外管理人员应当精通东道国语言。③身体素质。对拟派人员要进行严格的身体检查。④良好的修养与广博的见识。海外经理不但被视为当地企业的代表者,通常还被认为是母公司的代表者,因此他们必须有着良好的修养和广博的见识。⑤适应性。海外管理人员必须早日习惯并适应当地的生活、社会及工作环境,如此才有可能从事正常的商业活动。

2. 跨文化培训政策

跨文化培训有利于改善个体与当地员工之间的关系,使人们能够经受住文化休克带来的冲击,迅速地适应新文化,并提高工作绩效。跨文化培训的技术十分广泛,可以是一些文献资料,即仅仅通过书面材料说明该国的社会和政治历史、地理环境、经济发展和文化习惯等情况,帮助人们认识一种新文化;也可以是集中的人际体验训练,即个体通过角色扮演练习、模拟社会情境以及类似的体验来"感受"新文化的差异。

例证 7-9

上海大众的跨文化培训

上海大众对于中国赴德国的员工进行的跨文化培训是细水长流型的,主要有两种做法:①跨文化讲座。他们经常不定期地聘请上海外国语大学德语系教授做讲座,内容涉及德国文化探讨以及中德文化的全面比较。②跨文化交流信息平台。大众的内部网是供大家充分交流意见、沟通信息的平台,所有接受过海外培训的员工都会把自己的心得体会撰写成文,并在此进行交流。(范徵,张灵,2002)

3. 海外管理人员本土化策略

目前跨国公司经营活动和行为发展的一个世界性趋势是雇用当地人员来管理设在该地的子公司。这种做法有许多明显的优点,它可以在很大程度上消除语言障碍,企业没有必要对雇员进行昂贵的语言培训,还能解决他们在文化和社会适应方面的问题。这种策略可以使一家外国企业有效地利用当地较低工资的优势,以有限的代价来吸引高质量的人才。母公司往往缺乏能胜任海外子公司管理者职位的人选,而本地雇员往往会比移居国外的职员工作得更出色,更能与东道主建立稳定友好的和谐关系。

例证 7-10

海尔在美国的跨文化管理

海尔在洛杉矶建立有设计中心,以深入地了解美国消费者的需求,提高对市场的反应速度。海尔在美国销售的许多产品都是专门进行设计和生产的,该公司在美国的营销策略更加突出消费者价值,在产品宣传方面也迎合了美国人的个人英雄主义,如其在美国的广告语"what world comes home to"就迎合了美国人唯我独尊的心理。海尔在美国采取"人单合一模式"的营销模式,原来的管理者从"下指令者"变为"资源管理者",也更加能满足员工的个人成就感。(邱硕,2019)

四、互联网时代的沟通

随着互联网的不断发展,现代社会已进入了以电子沟通为主的互联网时代。以由计算机技术与电子通信技术组合而产生的信息交流技术为基础的沟通称为电子沟通(又称E-沟通)。E-沟通的技术工具包括 BP 机、图文传真机、便携式移动电话、语音信箱及各类计算机和手掌型个人通信装置(如 PDA),而国际互联网则是这些技术中最为关键和发挥最大作用的新技术。互联网提供了丰富多彩的信息服务手段:E-mail、语音邮件、文件传输(FTP)、新闻论坛(USERET)、电子公告(BBS)、电子会议、桌面视听会议、视频会议、项目管理软件、微信、微博以及近些年新兴的网络直播等。

与传统的沟通模式相比,E-沟通具有下述 6 个特点(陈丽君,胡超丰,2001)。

(1)从表现方式上看,电子沟通主要采用视频会议、电子报纸、互联网及组织内部网等进行沟通,它使组织内的电子化书面沟通形式多于口头沟通形式。全面引进信息技术后,通过以显示器代替备忘录,通过电子邮件、BBS、新型办公软件(如企业微信、钉钉、QQ 等)来下达公告、通知等,企业可能实现无纸化办公。另外,由于疫情的影响,与传统的面对面沟通模式相比,人们更倾向于采用线上办公的手段进行工作,如开视频会议、网络直播授课、线上签约、云面试等。

(2)从信息传递速度上看,电子沟通加强了企业即时输出和即时回收信息的能力,实现了书面信息能以面对面或电话式的口头信息一样的快捷速度传递。同时,电子沟通的即时反馈功能弥补了传统书面沟通反馈的局限。

(3)从沟通的范围看,电子沟通实现了远距离、跨地域的即时沟通,方便跨国公司、集团公司的沟通运作,并大大降低了成本。比如,可以使一家总部位于某中心城市的零售商随时监控其全国各地连锁店的销售情况。

(4)从沟通的网络来看,电子沟通使员工在组织内可以跨越纵向层级工作,从而实现在组织内全通道开放式的沟通网络,模糊组织内的地位等级界限,对中层管理人员的地位造成挑战。

(5) 从沟通造成的影响看，电子沟通使员工可以在家里或其他地方工作，并使员工可以方便地与其他组织的员工交流。因此，电子沟通的引进同时改变了员工的工作形式以及组织的结构，出现了 SOHO 一族和各类虚拟企业，使企业形式及工作形式更为灵活。

(6) 从企业的传统口头沟通来看，由网络技术和视频技术结合出现的视频会议将代替传统的会议，从而实现随时随地进行跨地域空间的"口头"沟通的可能。组织内网络化导致的网上信息交流则将减少面对面口头沟通的次数，这一方面便于沟通，另一方面也使口头沟通的情感交流和亲切感降低。

电子沟通对组织行为具有很大的影响。从电子沟通对组织劳动生产率的影响上看，它对提高组织效能具有较为积极的作用。电子沟通改变了组织内信息流动的速度，可以极大地提高组织内的信息效率，达到高效、快捷和跨时空的便利性，同时信息技术导致的开放式沟通网络对组织内的管理效能来说，能为全员参与管理提供技术保证，实现组织内各系统间信息和知识的共享，其快速反馈系统也使组织与组织外环境之间能进行及时的信息资源交流。

但是，电子沟通也存在潜在的不利影响。首先，电子沟通模式以技术作为中介，其沟通过程过于依赖技术本身，它的高效必须建立在技术的状态适合和人员对技术使用的熟练上，一旦技术结构的某一环节出错或者人员未能熟练地掌握信息技术，则会累及整个沟通网络（如电脑病毒的危害问题），影响其效率并且由于其大范围的即时沟通，使得纠错工作异常烦琐。其次，电子沟通虽然实现了对员工工作的管理监控，但也使得原有的关注过程的操作绩效标准不再适合于对员工的管理，该标准可能会被关注结果的总绩效标准所取代。

文思海辉携手 Concur 创新中国企业无纸化办公模式

随着中国税务发票电子化进程的加快，文思海辉携手 Concur 将全球实践经验引入中国，共同打造了本地化的电子发票解决方案，并且率先在微信公众平台进行了推广和应用，企业员工只需要将微信钱包里的开票信息点击上传到微信公众账号，即可体验无纸化的费用报销，这为员工提供了更为轻松、便捷的费用报销体验，同时也帮助企业更有效地洞察并管理差旅费用，优化了企业成本。企业员工可免去打印、贴票等烦琐工作，费用报销上的成本也大幅降低，实现无纸化办公。（唐钧天，2017）

第二节 群体决策

在近三十年来，群体决策（Group Decision）一直是国内外许多学者研究的重要课题。通常情况下，群体决策比个体决策更能做出有创造性的决定，并且能够得到更好的执行。

在当前社会活动日益频繁和复杂的条件下，决策活动越来越群体化，以往那种主要靠个人拍脑袋做决策的方式逐渐为群体决策所代替。

一、什么是群体决策

（一）群体决策的概念

群体决策是指由群体中的多数人共同进行决策，它一般是由群体中的个人先提出方案，而后从若干方案中进行优选。参与群体决策的成员可能包括组织的领导者、有关专家和职工代表。

不同国家习惯于不同的决策模式，比如美国很少谈及群体决策，而重视个人决策，日本则比较喜欢采用群体决策，中国则介于两者之间，产生这种现象的原因在于每个国家的文化传统不同。表7-3对中、日、美三国传统文化的特点做了比较。

表7-3 中、日、美三国传统文化特点的比较

比较对象		中国	日本	美国
个体特征	处世哲学	中庸之道	团体精神	自我精神
	行为表现	言不由衷、谦虚	言不由衷	言行一致
	求稳心理	强	中	弱
决策思维	指导思想	系统与综合	—	分析
	推理模式	原则演绎	—	归纳
组织观念	人际交往	以和为贵，注重情面与关系	以和为贵	我行我素
	权威崇拜	强	中	淡薄
	集体主义	强	强	弱

（二）群体决策的特点

与个人决策相比较，群体决策具有自身的特点。表7-4对群体决策与个人决策各自的特点做了比较。

表7-4 个人决策与群体决策的比较

	个人决策	群体决策
速度	快	慢
正确性	一般	较好
创造性	较大，适用于工作结构不明确、需要创新的工作	较小，适用于任务结构明确、有固定执行程序的工作
风险性	视个人气质、经历而异	若群体成员，特别是领导富于冒险性，则更趋于冒险性质；若群体成员，特别是领导比较保守，则更趋于保守

（三）群体决策的优缺点

近年来，西方组织行为学特别推崇职工参与式的群体决策，认为这种方式可以增强下属的义务感和责任感，从而提高下属的工作积极性。随着新生代员工逐渐走上各行各业的工作岗位，他们更为强烈的参与意识也促使大家对群体决策方式更为关注。我国企业实行的是职工代表大会制，通过这种组织形式让职工参与企业重大问题的决策的做法就给人造成了一种直观的印象，即群体决策一定比个人决策好。因此，我们有必要正确地认识群体决策的优缺点。

1. 群体决策的优点

群体决策通常会对决策产生一些有利的影响，主要表现在以下4个方面。

（1）集体审议和判断可产生数量较多的方案，有可能使被选方案的正确程度和满意度提高。集体讨论可相互启发和综合各成员的各种不同的专业知识和经验，能从多方面对各种方案进行完备细致的分析，提高决策的质量。

（2）有利于组织内的信息交流和共享，协调各种职能，增强各部门的合作。

（3）当群体成员是由各个不同利益集团或群体的成员组成时，可激发其参与和实施决策的积极性，还可协调各方的意见和分歧。

（4）群体决策使权力有所分散，这就消除或削弱了独裁现象，使决策更加民主化，充分反映受该决策影响的所有人员的愿望和要求。

2. 群体决策的缺点

群体决策也会给决策带来一些不利的影响，主要表现为以下4个方面。

（1）耗时费钱。进行问题的讨论并为了取得大体一致的意见，常常需要召开多次会议。各成员均需发表自己的看法和意见等，耗时较多，可能造成决策的延误。另外，参加会议的成员的时间成本也是很高的，而且开会可能影响他们处理其他事务。

（2）在最小共同基础上的妥协形成了决策的折中性。由于各成员可能代表不同利益集团，决策过程中常常会出现一些分歧，为了寻求一致，经常采取折中决策，令全体或多数成员都同意的观点往往是在最小共同点上的一致。这样的决策质量通常不会很好，有时甚至劣于所讨论的所有方案。

（3）权力和责任的分离。群体被授权研究问题和做出决策时，实际上是把权力在整个群体中分散了。由于最后的决策可能是大家相互妥协的结果，只反映了各成员的部分意见，没有任何成员对决策负完全责任，由此可能导致群体决策比个人决策具有更大的冒险性。

（4）少数人的专制。群体要谋求完全一致或接近完全一致的决策时，少数成员会因特殊的身份、地位、个性、能力等特点对群体决策产生不良影响，其权威、霸道、强硬、软硬兼施的态度和做法会使群体决策变成个人决策，影响大多数人接受其意见或提出一种妥协的意见，从而影响决策的质量。

例证 7-12

通用电气的"全员决策"管理制度

美国通用电气公司是一家集团公司,杰克·威尔士于1981年接任总裁后,认为公司管理得太多而领导得太少,工人们对自己的工作比老板清楚得多,经理们最好不要横加干涉。为此,他推动实行了"全员决策"制度,使那些平时没有机会互相交流的职工、中层管理人员都能出席决策讨论会。"全员决策"制度的开展,打击了公司中的官僚主义,减少了烦琐程序。(佚名,2007)

二、群体决策的方法

群体决策的主要方法有会议讨论决策法、列名群体决策法、头脑风暴法、德尔菲决策法及新兴的私董会等。

(一)会议讨论决策法

在会议讨论决策法中,群体领导人先对问题进行陈述;各成员对问题进行全面讨论或相互启发,以便产生新的思想,集中意见;最后通常就如何解决问题进行表决,按大多数人的表决意见做决策。

该方法为面对面的会议。群体比较倾向于努力保持社会和感情上的关系。某些成员喜欢在某些阶段控制讨论的过程,对群体行为的影响较大。

(二)列名群体决策法

列名群体决策(Nominal Group Technique,NGT)法是通过有组织的面对面的会议,按一定的程序集结成员的意见,以做出群体判断的方法。

NGT法的步骤为:①每个成员在安静的环境下写出自己的意见;②组织者不分先后地听取并记录这些意见;③集体逐条讨论这些意见;④对归纳意见所形成的条目的重要性做初步投票;⑤讨论初步投票;⑥最终投票。

该方法在社会关系和完成任务的态度之间给予均衡考虑,意见的相对数量较多。其特点是高度的任务中心性,成员可平等参与,独立思考并发表意见,允许存在意见不一致,对于对立意见和问题的处理以做决策的方式解决。NGT法适用于各成员比较容易被召集在一起和解决问题需要即时资料的情况,成员一般为5~9人。

(三)头脑风暴法

头脑风暴法(Brainstorming)也叫畅谈会议法,是邀请一定数量的专家开会,进行积极的、创造性的思维活动。要求参加人对一定范围的问题,开放思想,畅所欲言。主持人要保持清醒的头脑,发言有启发性。目前头脑风暴法已充分借助计算机和互联网技术,形成电子头脑风暴法(Electronic Brainstorming),该方法比传统的头脑风暴法更有助于思想的产生和节约时间。

使用头脑风暴法组织专家会议时,宜遵守以下8条原则:①围绕所讨论的问题提出具体的要求，严格规定所使用的术语，严格限制会议范围，保证专家把注意力集中在主要问题上；②参加会议的人都不能对别人的意见提出怀疑和批评，更不能反驳别人的意见，不论某一设想是否适当或可行，都不得做结论；③鼓励与会者对已提出的设想进行改进或综合、补充和发展；④支持和鼓励与会者解除思想顾虑，创造自由气氛，激发参加者的积极性，独立思考，开拓思路；⑤鼓励与会者修改自己的意见；⑥发言要求精练，不需详细论述，不得拉长时间，不得重复别人的意见，保持富有成效的气氛；⑦即席发言，不允许与会者宣读事先准备好的建议；⑧建议或意见越多越好，不怕矛盾。

例证 7-13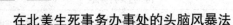

在北美生死事务办事处的头脑风暴法

北美生死事务办事处的副总裁吉姆·威斯特兰德认为，东北地区办事处在关于削减费用和改进效率方面需要新点子，提出的问题是：我们如何削减办事处的费用？这一过程尝试性地开始了，人们想出一个点子就把它输入电脑，人们在屏幕上看到对自己和其他人的想法的一组后任意选择以帮助他们想出其他点子。过了 20 分钟，团队产生了至少 85 个关于削减费用的点子。参与者认为其中有两个想法是突出的，应该立即执行。他们对其余种类中的想法也进行了评估（期间休息一次吃午饭），又挑选了 6 个好的想法，然后对这 8 个想法进行扩展，使用题目评论员工具，分别实施他们的责任。（荷尔瑞格，2001）

（四）德尔菲法

德尔菲法（Delphi Method）于 20 世纪 40 年代由赫尔默（Helmer）和戈登（Gordon）首创。1946 年，美国兰德公司为避免集体讨论存在的屈从于权威或盲目服从多数的缺陷，首次用这种方法用来进行定性预测，后来该方法迅速被广泛采用。这种决策方法本质上是一种反馈匿名函询法，其大致流程是：在对所要预测的问题征得专家的意见之后，进行整理、归纳、统计，再匿名反馈给各专家，再次征求意见，再集中，再反馈，直至得到一致的意见。

这种方法的优点主要是简便易行，具有一定科学性和实用性，可以避免会议讨论时产生的屈从于权威随声附和，或固执己见，或因顾虑情面不愿与他人意见冲突等弊端；同时也能充分发挥各位专家的作用，集思广益，准确性高；把各位专家意见的分歧点表达出来，取各家之长，避各家之短，因此也具有一定程度的客观性。其主要缺点就是过程比较复杂，如果一轮流程下来专家意见不一致，那么就要再次重复上一轮流程，直至所有专家意见达成一致，因此花费的时间也比较长。

（五）私董会

"私董会"即"私人董事会"的简称，也叫总裁私享会。它起源于 1957 年的美国，由威斯康星州割草机公司总裁罗伯特·诺斯（Robert Nourse）与其他 4 名 CEO 定期进行的 TEC（The Executive Committee）圆桌讨论演变而来。今天的私人董事会，是邀请少数没有竞争关系、利害冲突的企业总裁结合成小组，核心在于汇集跨行业的企业家群体的智慧，解决企业经营管理中比较复杂而又现实的难题（李兰，2014）。私人董事会一般由咨询管理机构发起，由资深教练负责运营。其特点在于私密性高，只有少数非竞争性行业的企业家参加，且运作中保密性强。

三、群体决策的改善

改善群体决策的主要目的在于提高群体决策的速度、质量和认可水平。

停电则停报

1965年12月，美国北部地区从圣罗伦斯到华盛顿一带发生过一次美国历史上最严重的停电事件。在大停电的那天早上，纽约市除了《纽约时报》，其他所有的报纸都没有出版。原来当时《纽约时报》当即决定把报纸改在纽瓦克印刷，因为纽瓦克还没有停电。但虽有英明决策，发行了一万多份的《纽约时报》只有不到半数到了读者的手中，这其中有个原因。据说正当《纽约时报》上印刷机要印刷时，时报总编辑忽然和他的助手争论起来，争论的问题只是一个英文单词该如何拼写，据说争论持续了48分钟左右，恰好占去了该报仅有的印刷时间的一半。争论的理由是该报有一个规定，即出版的报纸不允许有任何文法的错误，在出现意外停电的情况下，认识不到保证时报每天的发行份数已成为更紧迫的目标，从而使上述决策未能贯彻实施。（彼得·德鲁克，2009）

（一）决策效率

决策效率低通常表现在如下两个方面。

1. 信息交流的非通畅性

在整个决策群体中，信息交流的通畅性是提高决策效率的重要保证。然而，在中国的决策群体中，信息沟通是一种自上而下单向传递的链式结构，除正式沟通外，几乎没有什么信息反馈，这样在客观上造成了处于低层次的决策参与者获取充足信息的困难性，同时，由于他们也知道自己在决策制定中的作用很小，也就没有主观上去积极关心与努力的能动性。这种信息的不对等和反馈的缺乏，延缓了决策的制定和执行时间。

2. 决策的"难产现象"

在决策任务比较复杂、决策者处在大体相同的地位时，大家很难在目标选定、后果预测、方案评价以及方案选择上达成一致的看法，并且相互都不能将对方说服。虽然群体可以反复去"议"，但由于缺乏分析和归纳的习惯，彼此之间仍然只是就事论事地围绕问题本身争论不休，因此出现"议而不决""议而难决"的现象。

1974年，康明格（L. L. Cumminge）、赫伯（G. P. Huber）和奥朗得（E. Arend）对等距离的座位排列方式和其中一个座位与其他座位距离较远的排列形式做了比较研究，试验结果表明，凡是等排列座位、不突出组长的群体做出的决策质量都比较高，做出决议的时间也较短（较快）且易达成一致意见，如图7-5所示。

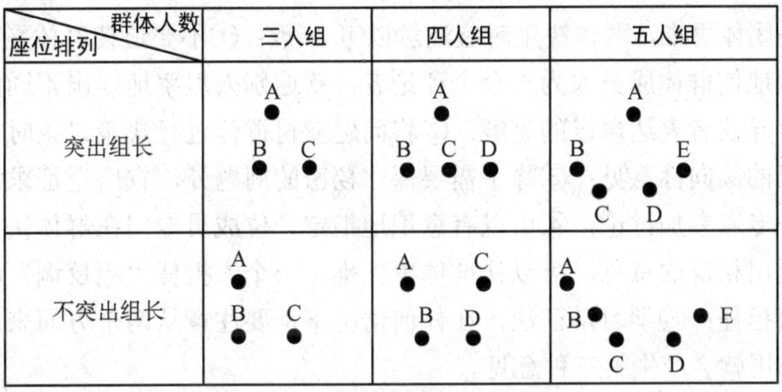

座位排列 \ 群体人数	三人组	四人组	五人组
突出组长	A B　C	A B　C　D	A B　　　E 　C　D
不突出组长	A B　C	A　C B　D	A B　　　E 　C　D

图 7-5　不同规模群体座位的排列

（二）决策质量

决策质量是指决策本身是否有科学依据，是否符合科学的程序，与客观实际差距的大小等方面的情况。情感决策的倾向影响到决策的质量。对人的假设分为理性和情感两种对立的模式，理性决策模型认为一个群体无论何时面对决策问题，他们总是以效用作为对所有备选方案进行评判和优选的准则；而情感决策模型认为，群体在进行决策活动时都是受其情感支配的，许多情感都是无意识的反应。中国人的群体决策行为更多地倾向于情感决策模型。面对一项决策，人们很容易首先考虑自己采取了某项行动后，别人（如上司、关系网中的其他人）会有什么反应，这种做法极大地限制了决策的科学性和创新性。

要提高群体决策的质量，需要从如下 3 个方面改进决策工作。

1. 重视可行性分析

可行性分析是研究人们在追求某种目标的过程中所出现的各种变化因素，并从这一角度出发，应用现代科学方法进行分析研究，寻求达到目标的各种可行方案，为决策论证提供基础条件。群体决策时，要求先对问题进行可行性研究和分析，并以此为根据展开讨论和决策。

2. 消除个人的控制支配

在群体决策时，由于群体中作为领导者的个体在组织中具有显赫地位或者特殊身份的原因，他会有意无意地对决策进行控制支配，在讨论问题时，其他成员会按照他的意见、观点去发表看法，进行议论，掩盖自己的真实意图，"话到舌尖留半句"，见机行事，这会妨碍对问题的分析和讨论，影响群体决策的正确性和科学性。

3. 克服小团体思维

小团体思维（Group Think）是指高凝聚力的决策群体为了保持一致性，不惜代价地压制不同意见，或者避免考虑和评估其他可供选择的方案（Irving，1972，1982）。凝聚力可以增进群体的绩效，满足成员的归属感和安全感，群体成员之间也会存在较好的协作关系。但是当群体凝聚力很强时，群体压力也会加大，从众倾向也更明显。有时，这会使群体成员产生对一致性的强烈要求，而对准确性、正确性考虑较少。在决策过程中，这种倾向可以表现为由于片面地过分追求一致而忽视决策质量。

为避免小团体思维，群体决策时宜注意以下 5 点：①不要迫使群体采纳自己喜爱的方案，应真诚地使群体成员成为一个个评论者，欢迎别人坦率地提出不同的看法，要支持和保护持有异议者表达自己的见解；②将问题交付群体进行决策讨论时，不要在开始时就表示自己的倾向性意见；③除了需要保守秘密的问题外，宜广泛征求多方的意见，也可邀请组外专家参加讨论；④可以有意识地指定一位成员专门在群体快要统一意见、即将决策时提出相反的意见，可以让群体事先推定一个人担任"唱反调"的角色，这个角色可以轮流担任；⑤学习辩证法，在任何情况下都要注意从两个方面来观察问题，正反命题相互作用就会产生第三种意见。

例证 7-15

小团体思维的危害

小团体思维在企业管理中曾有惨重的教训。美国最大的铁路公司之一宾夕法尼亚中央铁路的破产就是因为公司的董事们对公司的业务并不十分关心，加之不愿得罪管理部门，矛盾得不到揭露，问题得不到解决，以致陷入不可收拾的地步。福特公司（http://www.ford.com.cn）前总裁福特二世在设计埃瑟型汽车的决策过程中，不听下级经理人员的不同意见，坚持己见，不进行正反两面的争论，结果投产后，公司因销售困难遭受了很大损失。（龚敏，1997）

例证 7-16

群体决策的第二次机会

为了防止小团体思维，在对重大的关键问题进行决策且讨论快要达成统一意见时，不要匆忙做出决议，要创造让大家再一次深思熟虑的"第二次机会"。曾担任通用汽车公司董事长、总裁的斯隆就十分善于采用这种方法。他经常在快要做出决议时提出："等一等，我们今天暂时休会，请大家回去再考虑一下，想想有没有不赞成的意见，这件事我们在明天的会议上再做决定。"这样可以使群体成员在较为轻松的气氛中进一步考虑不同的意见，以使做出的决议更趋完善。斯隆还有不过早地参加由他担任主席的会议的习惯，他希望以此促进与会者毫无顾虑地讨论，直到会议发展到问题可达结论时，他才到场。（伍云，1998）

（三）决策的认可水平

认可水平是指决策是否能够被下属接受、理解、容纳和执行，它涉及下属的需要、态度、价值观念、兴趣等因素。事实上，任何决策都必须考虑两个方面的问题：一是决策的科学性；二是决策能否被群体成员接受和认可。有些决策对质量要求高，而对认可水平要求不太严格；有些决策对认可水平要求高，而对决策质量要求不太严格；有些决策则对决策质量和认可水平都有较高的要求。因此，必须针对不同情况采用不同的决策方法，如此才能提高决策的有效性。

组织行为学家把决策的有效性、决策的质量和决策的认可水平三者的关系用下述公式表示

$$ED = Q \times A$$

式中,ED 代表决策的有效性,Q 代表决策的质量,A 代表执行决策的认可水平。

美国管理心理学家迈尔设计的决策"四分图"进一步描述了 ED、Q、A 三者的关系,如图 7-6 所示。

A/Q、Q/A、Q/AQ、AQ/Q 各代表四种典型的决策问题。针对这四种决策问题,需要采用不同的决策方法,才能兼顾决策质量和认可水平,提高决策的有效性。

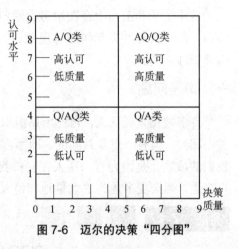

图 7-6 迈尔的决策"四分图"

第一类,A/Q 类。这类问题与下属的个人利益密切相关,但对组织的利益无重大影响。例如,某单位在厂区新建了一批宿舍,以方便干部的上下班,拟租给部分干部使用。但由于房少人多,不能满足全部干部的要求,这就需要对哪些人先搬进新居以及每月租金等问题进行决策。这类问题对认可水平要求高,而对决策质量要求不高。因此,最好用下属民主讨论、协商解决的办法,提高下属的认可水平。

第二类,Q/A 类。这类问题与组织利益关系密切,而与下属的利益无直接联系,如企业对投产新产品、搞基本建设、进行技术改造等问题的决策。决策质量的高低对企业的损益、未来的发展有重大影响,但与职工的生活、工作直接关系较少,职工对这类问题的兴趣不大。因此,这类问题对决策质量要求高,而对认可水平要求较低,主要应由领导者和有关专家进行决策,以确保决策的质量。

第三类,Q/AQ 类。这类问题与下属利益和组织利益都关系不大,因此对决策质量和下属认可水平的要求都不高,如工会组织部分职工到风景区旅游,需要就人选问题做决策。这类问题如果弄得过于严肃反而会把问题复杂化,因此,既不用领导者决策,也不用下属民主协商、讨论,最好是用抽签的办法决定谁去。

第四类,AQ/Q 类。这类问题既与组织利益密切相关,又与下属的利益密切相关,因此它具有高质量、高认可的性质。例如,工厂对每月的生产定额、奖励制度、人员调整等问题进行决策,既关系到工厂的发展,又关系到职工的切身利益。对这类问题做决策,一般采用两种方法:一是先由领导或专家进行决策,以保证决策质量;然后把决策的意义对下属进行宣传,提高下属的认可水平。二是实行参与决策,即由领导者或专家组织下属进行民主讨论,让下属积极发表意见和提出建议,然后由领导者根据有关资料、信息并考虑下属的意见和建议,最后做出决定。这样,既可保证决策的质量,又能提高下属的认可水平。

第三节 改善管理沟通

日常生活和工作中存在很多沟通问题,如管理沟通、客户沟通问题,甚至存在沟通障碍,出现人际冲突和纠纷等现象。因此,必须克服沟通障碍,调节人际冲突和纠纷,改善管理沟通。

一、沟通问题

许多被调查者认为,自己所属组织内部存在的主要问题是"沟通"。人们从事的职业各不相同,但有一点是共同的,即都需要进行人际沟通。我们每个人都必须跟人打交道,我们的成功正是因为有一帮人在支持我们。时至今日,我们比以往更迫切地需要与他人打交道,需要更多地、更大量地与他人沟通,但这并不意味着我们都善于沟通。

例证 7-17

DLTD 公司管理沟通问题

DLTD 公司作为一家专为专业知识型产业人群打造绿色时尚社区的房地产企业,面临着销售低迷和公司内部沟通不利的问题。对此,公司内部有些人认为住宅部难辞其咎,因为连销售中心的销售员都是无精打采的。但是有些部门认为这次的销售低迷应由设计部负责,因为设计部未详细区分消费群体,针对所有的产品都采用高端定位方案,并且在施工过程中不断地修改设计方案,导致工程不得不返工。随着设计、工程成本的增加,住宅销售价格也势必增高以致超出了消费者的预期。商业部面对的非议绝不少于住宅部和设计部,许多人认为销售低迷是因商业运作不力,导致商业配套不能满足消费者的需求。工程部也觉得很委屈,公司之前一次性投入了大量土地,国家出台了针对囤地行为的处理政策后,政府对开发商不断施加压力,导致工程部不得不大范围动工,但商业部和设计部却不断修改方案,使得工程部疲于施工,无暇顾及绿化和体育设施等的建设质量,交房后被消费者指出了各种各样的缺陷。这次 DLTD 面临的问题表面上是销售低迷,实质问题却是企业内部管理和沟通不力。公司内部各部门之间不是寻找原因、解决问题、沟通协调,而是相互指责、保护自己,导致内部矛盾激化。另外,组织机构设置不科学,权责不清,各部门之间的沟通没有总的协调部门。(周丽娜,2012)

企业中类似 DLTD 公司遇到的内部沟通困境或人际关系的问题很多,中国企业管理中存在的沟通问题包括以下几个(李静静,2017)。

1. 缺乏有效的沟通方式

很多企业都对沟通方式进行了限制。比如,企业内部各部门平常不交流沟通,到正式集体会议才提出问题,这就是典型的"横向合作难"。再如,一些企业内部的交流沟通以小道消息,甚至失真消息为主,这样的沟通称为间接沟通,它的效力远低于直接沟通,还容易造成凝聚力差、团队破裂的结果。

2. 缺乏管理沟通的技巧

企业的管理沟通出现问题,常常是由于其中一方的沟通技巧出现问题甚至双方都存在问题。管理者方面主要包括缺乏有效的倾听技巧、缺乏口头及书面形式的沟通技巧等,企业员工方面主要是缺乏合理有效的表达技巧、舒适而有力的言辞技巧等。

3. 缺乏管理沟通的机制

这个问题主要表现在以下3点:①没有明确的沟通目标,即沟通随意、涉及范围大;②没有固定的沟通频率,容易出现有问题不能上报或者晚报,即沟通不及时且频率不高;③没有及时的反馈机制,导致沟通的有效性降低。

4. 缺乏沟通的组织机构

中国大部分企业还未设立相关的组织机构(如专业的心理咨询部门),甚至都没有设置专人专项负责企业的管理沟通工作部门,这无疑将导致沟通频率和质量都得不到保证,即使进行了管理沟通,也容易造成资源浪费。

总而言之,当企业存在大量的沟通问题时,企业员工需要学习沟通理念和提高沟通技能,因而在我们的管理教育特别是高层次管理和商务教育中应当重视管理沟通。

二、人际冲突

(一)什么是人际冲突

人际冲突是指被人们知觉到的一种价值观或目标上的矛盾状态,并伴有阻碍对手取得成功的行为以及情绪上的敌意。

近年来,人们越来越认识到冲突是不可避免的,而且冲突并不一定都是消极的。冲突应当分为两类,即破坏性的冲突和建设性的冲突。凡利于达成组织目标的冲突就是建设性冲突,只有那些对达成组织目标起阻碍作用的冲突才是破坏性冲突。因此,不能一概地反对或避免冲突,重要的是要设法控制和驾驭冲突,使之有利于组织目标的达成。表7-5对建设性冲突和破坏性冲突做了比较。研究表明,任何组织都需要有适量的冲突,冲突过多,要设法降低;冲突过少,要设法加强。

表7-5 两种不同性质的冲突

建设性冲突	破坏性冲突
双方对实现共同目标十分关心	不愿意听取对方的观点或意见
乐于了解对方的观点或意见	双方由针对意见或观点的争论转变为人身攻击
大家以争论问题为中心	双方对赢得观点的胜利最为关心
双方交换情况日益增加	互相交换情况减少,以致完全停止

(二)人际冲突产生的原因

人际冲突涉及人的问题,引起人际冲突的因素来自多个方面,大体总结为如下3个方面(彭增安,2010)。

（1）沟通方面。语意理解困难、相互误解、相互之间少有沟通或沟通过于频繁及在沟通渠道中的噪声等都可能引起人际冲突。

（2）组织方面。组织变动、组织规模过大、组织中责权不清、组织领导的风格不具有亲和力、奖酬体系不合理、分配给成员的任务与其能力不符等均可导致人际冲突。

（3）个人方面。由于多方面的原因导致每个人的价值观、世界观不同，因此使得不同的人对相同问题的看法各异。许多人在人际交往时容易只站在自己的立场上看待问题，希望别人能够理解自己，忽略别人内心的想法，经常觉得自己是正确的，别人应该听自己的，或者爱用自己的标准去要求别人。每个人的内在素质与处事风格不相同，势必导致人们在工作过程中产生一些摩擦。

以上3个因素中最本质的是沟通方面，其他两个方面的产生源于人与人、人与组织、组织与组织之间的交流、沟通不足，而沟通所导致的人际冲突主要源于沟通障碍的存在。

随着经济全球化和文化多元化的发展，全球不同文化间的交流日趋频繁，在此过程中难免会出现不和谐甚至冲突。来自不同文化背景的人们，由于解决冲突的方式不同，很可能会加剧相互间的敌意和误解，甚至导致冲突升级。

（三）冲突管理策略

过去，社会心理学家常用一维空间来表述人们的冲突行为，这种一维空间是：从竞争到合作，即认为有的人倾向合作，有的人倾向竞争，有的人则介于两者中间。近年来，许多研究表明这种看法不能全面地反映人们的冲突行为，因此有人提出了两维空间模式，如图7-7所示。图7-7中横坐标表示"合作"（即指满足他人的利益）的程度，纵坐标表示"武断"（指满足自己的利益）的程度。在这个两维空间模式里，有5种处理冲突的策略，即强制、回避、妥协、克制和解决问题。

（1）强制：不合作，而且高度武断，也就是说，为了自己的利益，牺牲他人的利益。

（2）回避：合作与武断的程度都很低，对自己和他人的利益都缺乏兴趣。

（3）妥协：两个维度都取中间程度，寻找一种权宜的可被接受的解决方法。

图7-7 冲突处理的两维模式

（4）克制：合作程度很高而武断程度很低，牺牲自己的利益去满足他人的利益。

（5）解决问题：对于自己和他人的利益都给予高度的关注。

托马斯认为，解决冲突必须注意人与人之间的沟通技巧，并适当地确定解决问题的次序，以此来协调"武断"和"合作"，求得建设性的解决冲突的方式，其出发点是，冲突双方为了争取一个目标，其结果必然是一方胜利，另一方失败。还有一种处理结果是，双方都有所失或者都没有满足原来想达到的要求，这种处理冲突的方式的出发点是，大家都吃一点亏总比一方什么也没有得到要好，采取的策略往往是回避或者妥协，这比一胜一负的办法的风险要少，花费也较少。而组织行为学家布莱克（R. R. Blake）和莫顿

（J. S. Mouton）则提出了第三种处理冲突的方式，这也是一种双赢的方法，能使双方都感到自己是胜利者。这种方法要经过精心安排，促使双方协作，共同解决问题，任何一方都不要试图征服另一方。它要求双方直接地、坦率地交换意见，自我克制，相互尊重和信任，消除敌意和猜疑，最后找到令双方都满意的解决方案，使双方都有一种"获胜"的感觉。

伯克（R. J. Burke）就上述各种冲突处理策略的有效程度进行调查研究后发现，使用"解决问题"策略能够有益地处理冲突；使用"强制"策略的效果很不好；"回避""克制"策略一般很少被使用，即使使用，效果也都不好；采用"妥协"策略，效果好的占到11.3%，效果不好的占到5.7%。表7-6列出了上述5种处理冲突的策略的有效性。

表7-6 5种处理冲突的策略的有效性

策　略	有效果的百分比/%	没有效果的百分比/%
回避	0.0	9.4
克制	0.0	1.9
妥协	11.3	5.7
强制	24.5	79.2
解决问题	58.5	0.0
其他（包括还未解决、无法讲明如何解决等问题）	5.7	3.8

此外，沟通专家还总结出了以下10种处理人际冲突的策略，可按冲突的性质和原因的不同而加以选择。

（1）顺其自然法，即避免面对不同的意见或是延续调整的时间，拖延面临的对抗。

（2）息事宁人法，即强调想法共同之处，而忽略不同的部分。

（3）强势支配法，即运用权势，强迫别人听从命令——"照所说的做！"，很直接地控制或者拒绝他人。

（4）订立规则法，即以客观、相对公平的规则作为处理分歧意见的基础。

（5）和平共存法，即在彼此协议下，维持各存己见的状态。

（6）讨价还价法，即以协商、交易的方式消除彼此的冲突。

（7）弃子投降法，即放弃自己的想法，完全听从对方的意见。

（8）全力支持法，即在可容忍和允许的范围内，给予对方最大的支持，给予对方权力。

（9）携手合作法，即将大家的意见整合在一起，一起工作去获得一个双赢的局面。

（10）重组群体法，即将该群体解散，重新组织。

三、有效沟通和改善沟通

组织有效沟通和改善沟通的策略和工具主要包括以下4种：①保证正式沟通渠道畅通；②学会积极倾听；③相互作用（PAC）分析；④周哈利窗口分析。

（一）保证正式沟通渠道通畅

首先，组织必须建立发布指示、例会、个别交谈、建议、员工态度调查、申诉等制度，保证正式沟通渠道通畅。在具体的管理实践中，组织管理者可以采用如下 4 个步骤以完善现有的正式沟通渠道：①调查和列举组织现有的各种正式沟通渠道（包括上行、下行和混合沟通）；②对现有的正式沟通渠道的使用频率和有效性进行评估；③对现有的正式沟通渠道提出改进意见和建议；④向其他组织了解和借鉴一些有效的正式沟通渠道，结合本组织实际对它们进行讨论和评估，筛选出可以借鉴的正式沟通渠道并加以实施，弥补原有正式沟通渠道的不足。

组织必须对以下 4 个主要的信息沟通网进行审核：①在政策、规程、规定、上下级关系等方面与管理或工作任务有关的网络；②与解决问题、召开会议和提出改革建议等方面有关的创新网络；③与表扬、奖励、晋升以及其他企业目标和个人目标联系起来的各种工作有关的笼络人才的网络；④与公司的出版物、布告栏以及小道消息等有关的信息构成的网络。

其次，组织要想提高沟通的效率还必须根据组织特点和具体的环境条件，制定一些可以改进组织沟通的制度，一般来说，有以下 3 种。

1. 建议和咨询制度

通过征求非管理人员改进工作的意见来加强上行沟通，以体现一种鼓励提出有益意见的态度并防止这类意见通过指挥链条被过滤掉正式意图。为此，可设置意见箱，并给所提建议已被实际采用的员工支付报酬，对于那些给公司带来大量盈利的技术性的复杂建议，如不用付出长期停产的巨大代价就可完成设备维修的建议，通常按照预计盈利的百分比付给酬金。同时，提供如何评价每一项建议的反馈信息，加强下行沟通，以便员工接收到希望何种革新类型的导向。

实行建议制度能够使组织在以下 4 个方面有所提高：①促进工作环境、技术、方法的改善，提高工作效率；②提高员工的工作兴趣，增强团体意识和合作精神；③帮助员工发泄怨恨情绪，使心情趋于平和；④通过建议制度发掘员工的才能。

与建议制度有关的是咨询制度，它提供了一种答复雇员提出的有关组织问题的正式手段。当问题和答复范围广泛时，这种制度可促进双方的有效沟通。许多组织在其员工读物中设有问题和答复专栏，内容范围包括从津贴到公司股票等方面的各种问题。

例证 7-18

东华纺织员工建议的丰硕成果

江苏东华纺织有限公司早在 2003 年就下发了《关于组织员工开展提合理化建议活动的意见》文件。十年间，公司收到建议 923 条，支付奖金 41.6 万元，采纳实施建议 609 条，累计增收节资 1 180 万元。在开展提建议活动中，东华纺织有限公司既重物质奖励，又重精神鼓励，同时十分注重骨干引领，中层管理人员每人每月提建议不少于两条，班长不少于一条，列入月度绩效考核兑现。（刘国祥，2013）

2. 对主管进行人际沟通训练

适当的人际沟通训练能够改进主管的沟通技能。在如何处理棘手的问题方面，信心十足的主管能够更好地掌握社会情感和任务要求之间的平衡。有效的人际沟通训练方案通常先用录像形式介绍正确处理典型沟通问题的模型，然后由主管针对问题进行角色扮演，当表现出有效的技能时，培训师对他们进行强化。例如，在通用电气公司，这种人际沟通训练所提出的典型沟通问题包括讨论不合需要的工作习惯、审查工作绩效、讨论薪酬变化和积极处理下属的问题等。

这种性质的人际沟通训练特别注重下行沟通，这是因为一个人的态度和情感流露会提高接收者的交互作用。因此，能够有效地进行下行沟通的上级反过来也能够力行沟通。

例证 7-19

联想的隔级面谈制度

联想集团（http://www.legend.com.cn）从 2003 年起在全公司范围内实施了"隔级面谈"制度，就是要求所有管理者至少"向下看两级"，使自己对团队了解的深度和广度进一步扩大，同时也为员工提供一个越级反映问题的合理渠道。隔级面谈的形式强调"单独"和轻松，每次面谈都是一对一的，而且地点不选在办公室，以便营造一个非正式的、轻松的环境，使沟通双方能够更加自如地交流。联想的隔级面谈已经形成了一个完整的制度，并且纳入了考核体系。（刘兴阳，2006）

3. 员工调查和调查反馈

运用调查表对现有员工的态度和意见进行调查是一种有效的上行沟通手段。因为调查通常以匿名回答的调查表进行，员工们可以自由地表达他们的真实观点。一次有效的员工调查包含员工确实关心的问题和有益于实际目的的信息，调查专家必须以一种易于被管理部门理解的方式对结果进行概括总结。

定期举行这类调查特别有用，因为已有研究证明，组织沟通和工作满意度呈正相关关系，一方面能使充分参与沟通的雇员对工作更为满意，对组织更为忠诚，成为高绩效者，而缺乏沟通的雇员则会表现出更多的负面情感和更低的绩效；另一方面，当管理者采取开放的沟通态度时，会得到下级的积极反应，进而增强下级的工作满意度（王青，胡姝，2010）。

此外，组织要鼓励以下行为：①采用个人接触形式，如进行个别谈话、饮食招待、家庭访问或友谊集会等。②促进意见交流，如举行周会及月会，报告工作状况及问题、解决方法，举行主管会议，交换意见与情报资料，出版刊物及公报，对组织事务做有计划的报道，对新任职员工作进行职前教育，并介绍其与大家认识，实施政务公开，如人事、财务、意见及其他事项等，迅速澄清谣言，但不重复散布，减少公文流程，给予员工公开发表意见的充分机会与权利。③鼓励团体活动，如举办工作座谈会，成立员工俱乐部，设立图书馆，举办展览会，组织参观、郊游或团体旅行，发起聚餐及茶会，举办娱乐节目，组织各项体育活动和消遣活动等。

例证 7-20
盖洛普 Q12 员工满意度调查

为了从员工那里获得更多的信息，同时也为了进一步提高员工的敬业度和工作满意度，渣打银行经常使用"盖洛普 Q12"量表对员工进行调查。

盖洛普通过对 12 个不同行业、24 家公司的 2 500 多个经营部门中的 105 000 名员工进行数据收集与分析，发现有 12 个关键问题最能反映员工的去留、公司利润、效率和顾客满意度这四个事关企业长远发展的硬指标。这 12 个关键问题，就是著名的"盖洛普 Q12"。

以下为这 12 个具体问题。
（1）我知道对我的工作要求吗？
（2）我有准备好我的工作所需要的材料和设备吗？
（3）在工作中，我每天都有机会做我最擅长做的事吗？
（4）在过去的六天里，我有因工作出色而受到表扬吗？
（5）我觉得我的主管或同事关心我的个人情况吗？
（6）工作单位中有人鼓励我的发展吗？
（7）在工作中，我觉得我的意见有受到重视吗？
（8）公司的使命目标使我觉得我的工作重要吗？
（9）我的同事们致力于高质量的工作吗？
（10）我在工作单位有一个最要好的朋友吗？
（11）在过去的六个月内，工作单位有人和我谈及我的进步吗？
（12）过去一年里，我在工作中有机会学习和成长吗？

从上面的问题中可以看出，这套著名的问卷既涉及员工的学习成长、职场交友、事业感与成就感，又涉及企业的人力资源配置、绩效管理与公司文化。通过对其所反映出的问题进行有针对性的改进，企业可以从员工个人与组织整体两个方面综合提高管理水平。（周施恩，2010）

（二）学会积极倾听

倾听与交谈同样重要。曾有一位智者谈到，上帝给我们每个人两个耳朵，而只有一个嘴巴，其实就是要我们多听少说。据国外的调查，许多管理人员一天中 40%的时间都是用于倾听的。实践表明，倾听能力是可以通过训练获得提高的。然而，倾听并不只是听到别人传递过来的声音，它包括积极感知传递者的信号，精确地评估它们，并恰当地做出反应。只有当信息传送者所打算传出的信息被倾听者接收到并且理解时，倾听才是有效的。图 7-8 列出了积极倾听策略的基本要素，即感知、评估和反应。

1. 感知

感知是指从传送者处接收信号并保持注意的过程。信号包括词语、语音、语速、声调、非言语线索等。通过推迟评估、避免中断以及保持兴趣，积极倾听者可改善感知。

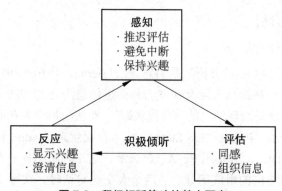

图 7-8　积极倾听策略的基本要素

（1）推迟评估。许多倾听者受第一印象的影响，会很快地从说话者信息中的某种观点出发，先入为主，结果导致未能接收到重要的信息。积极倾听者应该抱着一种开明的心态，不要急于做出评估，要让说话者把话说完。

（2）避免中断。中断说话者的陈述会带来两种负面的影响：一方面，这样做中断了说话者的思想，因而倾听者无法接收到完整的信息；另一方面，中断会让人猜测说话者将要讲什么，因而会导致对说话者思想的评估。

（3）保持兴趣。积极倾听需要动机的保持。我们经常会因话题乏味而在谈话一开始就习惯性地关闭我们的思维，相反地，如果认为谈话中会有某些有价值的东西存在，用这种积极的看法来对待谈话，倾听者就能随时保持兴趣。

2. 评估

评估是指理解信息的含义，评价信息，并保持对信息的记忆。为改善谈话中的评估，积极倾听者必须对说话者表示同感，并对接收到的信息进行组织。

（1）同感。积极倾听者必须对说话者的情感、思想和处境表示理解和敏感。同感就是要设身处地、站在他人的角度来试图理解他人的言语以及非言语的意思。

（2）组织信息。倾听者处理信息的速度比说话者的谈话速度快了近三倍，一般地说，倾听者处理信息的速度是每分钟 450 个词，而说话者的平均速度是每分钟 150 个词，因此，倾听者很容易分心。积极倾听者要善于利用这段空余时间去组织信息，对它们加以归纳总结，当对方说完之后试图总结一下他的讲话就是一个很好的做法。

3. 反应

反应是指倾听者用一些话语、动作等鼓励和支持谈话继续下去。反应是对说话者的反馈，能够鼓励和引导说话者的谈话。显示兴趣和澄清信息有助于倾听者做到这一点。显示兴趣主要表现为眼神接触以及在谈话过程中多使用"噢，真的！""我明白了"等言语。澄清信息是指积极倾听者在谈话过程中以"因此你说的是不是……"来重新解释说话者的意思，并寻求说话者的认可，这样做既能显示倾听者的谈话兴趣，又能帮助其判断自己的理解是否正确。

（三）相互作用分析

1. 相互作用分析的概念

相互作用分析（又称 PAC 分析）是伯恩（E. Berne，1910—1970）在他的《大众的游戏》一书中提出的一种提高人际交往能力和促进信息沟通的方法（Berne，1964）。相互作用分析的理论基础是心理学上的"自我状态"，即认为每个人在心理性格上有三种自我状态：父母自我状态（Parents Ego State）、成人自我状态（Adult Ego State）和儿童自我状态（Child Ego State），分别用 P、A、C 表示。这三种状态在一个人的成长过程中逐步形成并成为其心理结构的组成部分。当两个人交往对话时，实际上就有六种状态进行相互作用。

（1）"父母自我状态"是就父母对待其子女的态度及行为而言的。一般情况下，父母在将他们的见解、信念告诉子女，以及将他们的言行和作风作用于子女时，常常会在子女身上留下难以磨灭的印记。这种自我状态也会受到来自于接触到的上级、权威人物的影响。通常，在任何时候，如果一个人所表现的行为是从他的父母、权威人物的行为中吸收来的，那么就说此人此时处于一种"父母自我状态"之中。一般地说，"父母自我状态"常常以权威与优越感为标志，通常表现为统治、责骂和其他专制作风（如"你必须这样去做，没有什么可争论的"）。

（2）"儿童自我状态"泛指一切从婴儿地位的冲动而言的状态。当一个人处于这种状态时，他往往是好奇、冲动、情绪化、喜爱、不加考虑的，表现为一时逗人喜爱、一时乱发脾气，也表现为服从与个人独立。

（3）"成人自我状态"是注意事实根据和理智分析的一种状态。一个人能够站在客观的立场上面对实际，能够冷静、脚踏实地、合乎逻辑地分析情况，那么他就处于这种心理状态。

上述三种自我状态可以分别用简单的形容词来描述：父母自我状态是"权威的""教诲的"；儿童自我状态是"情感的""感觉的"；成人自我状态是"理智的""逻辑的"。根据相互作用分析理论，"父母自我状态"和"儿童自我状态"对客观世界的感受和反应往往并不一贯，而"成人自我状态"的思考与反应则具有统一性和一贯性。因此，理想的互相作用是"成人刺激"和"成人反应"。上述三种心理状态汇合为人的性格，而且蕴藏在人的潜意识之中，在一定条件下，会不自觉地表现出来。在每一个人身上，三种心理状态所占的比重并不相同。表 7-7 列举了 PAC 结构的管理人员的行为特征。

表 7-7　PAC 结构的管理人员的行为特征

PAC	行 为 特 征
高低高	喜怒无常，难以共事，个人支配欲强，有决断力，喜欢被人称赞、捧场和照顾
高低低	墨守成规，按规矩办事，家长作风，养成下属的依赖性，是早期工业革命时代的经理人物，现在不合潮流
低低高	有稚气，对人有吸引力，喜欢寻求友谊，用幼稚的幻想进行决策，讨人喜欢但不是称职的经理

续表

PAC	行 为 特 征
低高低	客观，重视现实，工作刻板，待人比较冷漠，难以共处，只谈公事，不谈私事，别人不愿与他谈心
高高低	容易把"父母"的心理状态过渡到"成人"状态，若经过一定的学习和经验积累，可成为成功的组织家
低高高	最理想的管理人员，"成人"和"儿童"的良好性格结合在一起，对人对事都能自如应对

2. 相互作用的类型

相互作用分析原理可用来研究信息沟通行为，这是因为通常人们进行信息沟通时往往处在某一种自我状态中，而且常常可以由某一种自我状态转变为另一种自我状态。作为组织管理人员，必须了解下属在沟通中处于何种自我状态，以便做出适当的反应和引导。从相互作用分析的角度出发，信息沟通可以有如下两种主要形式。

（1）平行沟通。平行沟通是一种在符合正常人际关系的自然状态下的反应，也是被人所预期的反应。这时，相互作用是"平行"的，如对话7-1和对话7-2。

对话7-1：

上级（成人自我状态）：一周内能够完成这个任务吗？

下级（成人自我状态）：如果没有其他干扰，我想可以。

对话7-2：

下级（儿童自我状态）：主任，我不太舒服，想请假回去休息。

上级（父母自我状态）：可以，回去吧，留下的工作明天再做。

（2）交叉沟通。在某一交流中，如果得到的不是适当的反应或预期的反应，就可能成为交叉沟通。这时，相互作用是交叉的。这种情况与平行沟通正好相反。在上述情况下，良好的沟通就会中断，如对话7-3和对话7-4。

对话7-3：

下级（成人自我状态，期望对方以成人自我状态回应）：这次加薪有我的份儿吗？

上级（父母自我状态，将对方当作儿童自我状态）：任务都完成不好，还谈什么加薪？

对话7-4：

上级（成人自我状态，期望对方以成人自我状态回应）：老王，今天下班后希望你留下来处理一件紧急任务。

下级（儿童自我状态，将对方当作父母自我状态）：哎呀，我晚上有一个重要约会，为什么你不能找别人呢？

理解了相互作用分析的原理，人们就能够在交往中有意识地觉察自己和对方所处的自我状态，做出适当的反应，避免发生交叉沟通，使信息沟通渠道能够畅通无阻。相互作用分析的一个重要原则是尽量以成人自我状态控制自己，并以成人的语调和姿态来对待别人，同时也要鼓励和引导对方进入成人自我状态。如当对方是P—C状态时，若能用A—A状态对待，往往可以将对方引导到A—A状态，从而转入平行沟通。

例证 7-21 相互作用分析的教育

美国一家航空公司用影片作为教材,对公司员工进行相互作用分析的教育。其内容是:航空公司一位女售票员在售票,有几位顾客在窗口排队。她在接待两位男顾客,为他们安排旅行日程计划。后面一位女顾客等得不耐烦了,就开口训斥这位女售票员:"你是在售票还是在谈情说爱?"这位女售票员的反应不是反唇相讥,而是将局面扭转到"成人—成人"的自我状态。她说:"非常抱歉,让你久等了,很对不起,你需要什么?如果你有急事,请和他调换一下位置,我先给你办。"这么一说,女顾客平心静气地回到了自己的位置上,说:"没问题,你抓紧给他办吧。"事情就这样顺利地过去了。看完这段影片,负责人让受训者联系相互作用分析的原理,讨论分析这位女售票员为什么能顺利地解决这一场口角,从而收到了教育效果。(赵国祥,1995)

(四)周哈利窗口分析

周哈利窗口(Johari Window;J. Luft & H. Ingham,1955)认为,按自我、他人对自我信息的了解程度,沟通分为四个窗口,即竞技场(Arena)或公众我、门面(Facade)或隐私我、盲点(Blind Spot)或背脊我、无知(Unknown)或潜在我,如图7-9所示。

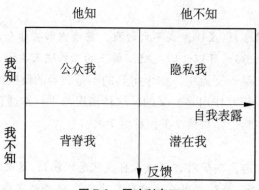

图 7-9 周哈利窗口

图7-9的左上单元称为"公众我",是我知人亦知的情况,如果沟通这部分信息,双方之间不会存在障碍。左下单元为"背脊我",是己不知而人知的情况,如上级对自己的看法。这时如果对方不给信息,自己就无法理解对方的行为、决定及潜能。右上单元为"隐私我",是己知而人不知的情况,如自己不希望他人了解或打听的隐私,这实际上是给自己戴上了假面的沟通方式,虽然对自己有保护作用,却影响了正常的交流。右下单元为"潜在我",即己不知人亦不知,一般情况下,这样的沟通将无法进行。

因此,要想提高沟通的有效性,就要从如下两个方面开展工作:一方面,增加自我表露的程度,这可以使隐区转为明区,这种方法要求人要诚实,并与对方分享信息;另一方面,提高反馈程度,这可以使盲区转化为明区。

1. 自我表露

自我表露是指人们向他人讲述和分享关于自己的任何信息。通常，向他人表达自己的能力是个体成长和发展的基础。无自我表露的个体会压抑自己的真实情感，因为对他们来说，表露自己是一种威胁。相反，完全自我表露的个体，即向任何遇到的人都大量表露自我的人，实际上不能与他人沟通，因为他们太专注于自己。在上级和下属之间、团队成员和顾客之间，合适的自我表露能够促进对话，分享与工作相关的问题。

一个人在组织中的层次常常使自我表露复杂化，个体会抑制自己对那些拥有较高正式权力的人进行自我表露，因为他们拥有奖励或惩罚的权力。即使一个下属愿意且能够在工作中以合适的形式进行自我表露，知觉上级值得信任，即相信上级不会用自己表露出来的信息惩罚、胁迫、嘲笑自己，也会影响自我表露的形式和数量。

2. 反馈

在给予反馈时，人们会与别人分享自己关于他人的想法和感受。当人们对他人的观点或建议做出反应时，反馈包括个体的感受或抽象的想法。反馈的情感感受根据个体关注的方面不同而有所变化。当你想要取得沟通成果时，反馈应该是支持性的或修正性的。因此，建设性反馈是促进沟通的一个重要手段。

例证 7-22

"告诉戴尔"

在"告诉戴尔"项目中，戴尔公司内部每半年会举办一次参与率达 90%以上的员工调查，其目的就是用以衡量戴尔所有培训项目的实施效果。调查结束后，戴尔会根据每一级员工的反馈制定出标准，衡量经理的管理优劣和领导的领导能力。简而言之，戴尔希望由员工投票来评判戴尔的管理人员是否取得了进步。这是使员工就发展能力、管理效率等方面的问题向公司提供最真实反馈的好办法。（菁培，2004）

霍尔（J. Hall, 1973）认为，要想提高沟通的有效性，可从如下两个方面着手：①增加自我表露的程度，使门面式转向为竞技场式；②提高反馈程度，使盲点式转化为竞技场式。依据这两种改进方法是否被管理者使用和怎样使用，我们分析出了四种类型的管理者，即 A 型（自我表露少，反馈也少）、B 型（自我表露少，但反馈多）、C 型（自我表露多，但反馈少）、D 型（自我表露多，反馈也多），结果表明，比较理想的管理者和领导者是 D 型。

管理者一旦了解了自身在沟通中的问题之后，便需要采取有效的对策加以克服。比方说，对大权独揽者，其对策是逼迫自己少动手，锻炼下属，帮助员工掌握正确方法，授之以渔；对推诿责任者，其对策是牢记勇于出头负责是保住职位的最好办法，是取得信任和尊敬的机会；对经常抱怨下属者，其对策是遇事先问问自己："我听取下属的建议了吗？我了解全面情况吗？我事先提出防范措施了吗？"养成先责己后责人的习惯；对高高在上者，其对策是多到第一线、多与基层接触，倾听下属的心声。

本章小结

- 沟通是信息源通过某种管道把信息（观点、情感、技能等）传送到目的地的过程。
- 按沟通方式的组织化程度可分为正式沟通和非正式沟通；按沟通所借用的媒介的不同，沟通可分为语言沟通与非语言沟通；按沟通的方向划分，沟通可分为单向沟通和双向沟通。按照信息的流向，正式沟通又可分为上行沟通、下行沟通和平行沟通三种形式。
- 群体决策是指由群体中的多数人共同进行决策，它一般是由群体中的个人先提出方案，而后从若干方案中进行优选。
- 群体决策的主要方法包括会议讨论决策法、列名群体决策法、头脑风暴法、德尔菲决策法和私董会。
- 改善群体决策的主要目的在于提高群体决策的速度、质量和认可水平。
- 组织有效沟通和改善沟通的策略和工具主要包括如下 4 种：（1）保证正式沟通渠道畅通；（2）学会积极倾听；（3）相互作用（PAC）分析；（4）周哈利窗口分析。

案例分析

迪特尼公司的沟通机制

迪特尼公司是一家拥有 1.2 万余名员工的大公司，它早在 30 年前就认识到员工意见沟通的重要性，并不断地在沟通机制建设方面加以实践。现在，公司的"员工意见沟通"系统已经相当成熟和完善。特别是在 20 世纪 80 年代，面临全球性的经济不景气时，这一系统对提高公司的劳动生产率发挥了巨大的作用。迪特尼公司的"员工意见沟通"系统主要分为两个部分：一是每月举行的员工协调会议；二是每年举办的领导汇报和员工大会。

1. 员工协调会议

早在 30 年前，迪特尼公司就开始试行员工协调会议，员工协调会议是每月举行一次的公开讨论会。在会议中，管理人员和员工共聚一堂，商讨一些彼此关心的问题。无论是公司的总部，还是各部门、各基层组织，都会举行员工协调会议。这看起来有些像法院结构，从地方到中央，逐层将问题反映上去，以公司总部的首席代表协调会议为最高机构。员工协调会议是标准的双向意见沟通系统。在开会之前，员工可事先将建议或怨言反映给参与会议的员工代表，代表们将在协调会议上把意见转达给管理部门，管理部门也可以利用这个机会，将公司政策和计划讲解给代表们听，相互之间进行广泛的讨论。

同时，迪特尼公司也鼓励员工参与另一种形式的意见沟通。公司安装了许多意见箱，员工可以随时将自己的问题或意见投到意见箱里；为了配合这一计划的实行，公司还特别制定了一项奖励规定：凡是经采纳后，产生了显著效果的员工意见，公司将给予提出者优厚的奖励。令人鼓舞的是，公司从这些意见箱里获得了许多宝贵的建议。

如果员工对这种间接性的意见沟通方式不满意，还可以用更直接的方式来面对面地和管理人员交换意见。

2. 领导汇报

对员工来说，迪特尼公司领导汇报、员工大会的性质和每年的股东财务报告、股东大会类似。公司员工每人可以接到一份详细的公司年终报告，这份领导汇报有 20 多页，包括公司发展情况说明、财务报表分析、员工福利改善计划、公司面临的挑战以及对协调会议所提出的主要问题的解答等，公司各部门接到领导汇报后就开始召开员工大会。

3. 员工大会

员工大会是利用上班时间召开的，每次人数不超过 250 人，时长约 3 小时，大多在规模比较大的部门里召开，由总公司委派代表主持会议，由各部门负责人参加。会议先由主席报告公司的财务状况和薪金、福利、分红等与员工有切身关系的问题，然后便开始问答式的讨论。在这里，有关个人的问题是禁止提出的。员工大会不同于员工协调会议，提出来的问题一定要具有一般性、客观性，只要不是个人问题，总公司代表一律尽可能地予以迅速解答。员工大会比较欢迎预先提出问题的方式，因为这样可以事先充分准备，不过大会也接受临时性的提议。（罗盘，2012）

问题讨论：

1. 请你谈谈迪特尼公司沟通机制的创新表现在哪些方面？
2. 请你谈谈迪特尼公司沟通机制中最使你受到启发的一点。

管理游戏

7-1 阅读能力测试

1. 做事之前先通读全部资料。
2. 将你的名字写在本页的右上角。
3. 将第二句中的"名字"这个词圈起来。
4. 在本页的左上角画五个小方格。
5. 大声叫你的名字。
6. 在本页的第二个标题下再写一遍你的名字。
7. 在第一个标题后面写上"是""是""是"。
8. 把第五个句子圈起来。
9. 在本页的左下角写个"×"。
10. 如果你喜欢这测试就说"是"，不喜欢就说"不"。
11. 请大声叫一下自己的名字。
12. 在本页右边的空白处写上一个 66×7 的算式。
13. 在第四个句子中的"本页"这个词周围画个方框。
14. 如果你认为自己已仔细地按要求做了，就说一声"我做到了"。

15. 在本页左边的空白处写上"69"和"98"。
16. 用你正常讲话的声音从 10 数到 1。
17. 站起来，转一圈，然后再坐下。
18. 大声说出："我快干完了，我是按要求做的"。
19. 如果你是第一个做到这一题时，就说："我是执行要求的优胜者"。
20. 既然你已按第一句的要求，认真读完了全篇内容，然后只需做好第二句的要求就算完成任务。

做到这里，请写下你完成上述"三分钟测试题"所花的时间数：_____分钟。

7-2 归 队

目的：沟通与协调

人数：不限

工具：笔、纸、眼罩、粘贴纸

规则：

1. 将队员分组、编号。
2. 将队员与同队队员位置错开，分别站到不同的指定位置，戴好眼罩，所有队员不许说话，队员在听到教官发出开始的口令后，开始寻找自己的队友，按编号站好。
3. 安全示范：一只手放在眼前 30 厘米的位置，掌心向外，一只手放在小腹前 30 厘米（女生放在胸前）处，掌心向内。
4. 开始计时，用时最少的队获胜。

回顾与分享：

分享团队合作活动中过程如何沟通。

心理测试

7-1 冲突管理风格问卷

指导语：在接下来的数页中是描述对涉及不同意见情景下做出反应的可供选择策略的配对陈述。当你处理他人不同的意见时，你可能这一次会用这一种策略而下一次则用另外一种策略，这取决于当时的环境与谁和这些事情有关。考虑到这一点，本量表让你在配对陈述之间分配 3 分，以表明你与他人互动时使用这两种策略的频率。

如果你对不同人的反应十分不一样，你最好以跟你经常互动的某个人来填写该问卷。你的回答应如实反映你当时的行为举止，而不是你可能喜欢怎样去表现。答案没有正确或者错误之分。

对下面的每个配对陈述，请将 3 分分配给每个配对陈述中的两种策略，以表示你行为表现中使用这两种策略的频率。使用下面的评分量表：

第七章 管理沟通

　　　　3=频繁　　　　　2=经常　　　　　1=偶尔　　　　　0=很少或者从不

例子：

在一次与他人的争执、辩论或者分歧中：

a. 我已经准备好了去赢得这场争论。　　a. ③　　a. ②　a. ①　a. ⓪

b. 我会退回来检查一下我掌握的事实。　b. ⓪　　b. ①　b. ②　b. ③

这两个选项所分配的分数的总和必须是3。

　　　　3=频繁　　　　　2=经常　　　　　1=偶尔　　　　　0=很少或者从不

在一场争执、辩论或者分歧或者观察他人时：

1. a. □在我做决定的行动之前我会让情绪降温并消除紧张。
   b. □我们发现一些双方都同意的规则或者标准。

2. a. □我威胁说要获得所要追求的东西。
   b. □我们一起得出了一个包容双方意见的相互认同的计划。

3. a. □我坚持自己的意见，对方也坚持他/她的意见。
   b. □为了使我的主张让别人接受，我在某些观点上做出让步。

4. a. □我更强调相同点而忽视不同点。
   b. □我们发现双方都同意的作为决定基础的逻辑规则。

5. a. □我们将采取行动，让双方至少暂时保留各自的观点。
   b. □在容许的范围之内，我把控制权交给了对方。

6. a. □通过忽略那些会造成我们不同意的细节，我赢得了对我的立场的认同。
   b. □我尝试对方提出的解决方案。

7. a. □我用强制的方法去赢得别人接受我的方法或者观点。
   b. □我接受对方的观点。

8. a. □我们研讨出了关于我们得失的公平组合。
   b. □我公开我们双方关心的问题，然后我们一起解决。

9. a. □我将等待直到我准备好了再去采取行动。
   b. □我让对方提出计划。

10. a. □我以延迟行动的方式去回避不必要的问题。
    b. □我们至少会暂时性或者试验性地保留不同意见。

11. a. □我以强调我的观点中的优点来说服不同意我的人接受它。
    b. □我充分表达我的意见和感受，并设法让对方也这样做。

12. a. □我们找到一些能够解决我们分歧的规则。
    b. □我们找到权衡双方得失的解决办法。

13. a. □我千方百计让我的观点被接受。
    b. □我能够在容许的范围内让对方解决我们的问题。

14. a. □我们相互认同那些能够解决我们分歧的规则或者程序。
    b. □我能够调和对方的观点。

15. a. ☐我能让大家听从我的意见。
    b. ☐我们认可并允许各自意见的存在。
16. a. ☐我顺从对方的意见。
    b. ☐我们一起讨论如何整合我们的观点。
17. a. ☐我尽量少将不利于我的观点的信息告诉他人。
    b. ☐在给定的框架下我让对方去解决这个问题。
18. a. ☐我将等待直到我获得更多的信息或者我的情绪冷静下来。
    b. ☐我们找到一个能够让我们互相接受的妥协方案来解决问题。
19. a. ☐我延迟建议性的改变直到我觉得时机成熟。
    b. ☐我从不拒绝对方的意见。
20. a. ☐我们找到了互相接受的方法（例如举行投票或者适当的调查）。
    b. ☐我们找到并用共同点再次分析我们歧义的方式来令双方都觉得满意。
21. a. ☐我在对方可能也会投桃报李的情况下放弃某些立场。
    b. ☐我表明我的期望和关心的问题，让对方找出解决方法。
22. a. ☐我向对方说明在最终的分析中我们的想法并没有什么不同。
    b. ☐我在相信对方会跟我一样做的情况下做出让步。
23. a. ☐我们找到能够让双方都继续保持个人观点的方法。
    b. ☐我们找到能够把双方意见结合在一起的方法。
24. a. ☐我一直等待到我觉得时机成熟时才解决分歧。
    b. ☐我通过各种方法来推进我的立场。
25. a. ☐我们在能够决定问题的规则或者程序上达成一致。
    b. ☐我们找到能够保持我们各自观点的方法。
26. a. ☐我顺从对方的观点。
    b. ☐在可接受的范围内我愿意让对方来解决问题。
27. a. ☐我能够成功地让对方改变想法。
    b. ☐我能够与对方建立共同的客观标准来解决我们的分歧。
28. a. ☐我等到拥有足够的信息才去解决我们的分歧。
    b. ☐我通过强调我们的想法相差并不远来解决分歧。
29. a. ☐我们通过制定一个折中的方案来解决分歧。
    b. ☐我能够调和对方的方案。
30. a. ☐我指出我们的分歧并没有大到需要去争论。
    b. ☐我反对对方的意见。
31. a. ☐直到我有足够的支持时我才做出调整。
    b. ☐我们找到了能够让我们双方都满意的新观点。
32. a. ☐我仅表达部分而不会完全表达我立场中的负面信息。
    b. ☐我使对方同意，至少让分歧暂时共存。

33. a. □我们共同接受第三方提出的标准或者决定作为双方解决分歧的基础。
    b. □在规定的范围内，我鼓励对方主动解决问题。
34. a. □我无论怎样都要赢。
    b. □当对方也有此意的时候，我做出调整。
35. a. □我在规定的范围内催促对方主动解决问题。
    b. □我们整合双方表达的意见。
36. a. □我们决定保留双方的分歧直到结合的时机成熟。
    b. □我顺从对方的意见。

记分：在表 7-8 中的空白处输入你在前面各题中的分数来测定你最常用和最少用的冲突管理策略。将每列的分数加起来，写在总分一栏里。所有总分之和必须是 108。

表 7-8 冲突管理风格测验记分表

A1	A2	A3	B1	B2	B3	C1	C2	C3
顺其自然	息事宁人	强势支配	订立规则	和平共存	讨价还价	全力支持	弃子投降	携手合作
1a=			1b=					
		2a=						2b=
				3a=	3b=			
	4a=		4b=					
				5a=		5b=		
	6a=						6b=	
		7a=					7b=	
					8a=			8b=
9a=						9b=		
10a=				10b=				
	11a=							11b=
			12a=		12b=			
		13a=				13b=		
			14a=				14b=	
		15a=		15b=				
							16a=	16b=
	17a=					17b=		
18a=					18b=			
19a=							19b=	
				20a=				20b=
					21a=	21b=		
	22a=				22b=			

续表

A1 顺其自然	A2 息事宁人	A3 强势支配	B1 订立规则	B2 和平共存	B3 讨价还价	C1 全力支持	C2 弃子投降	C3 携手合作
				23a=				23b=
24a=		24b=						
			25a=	25b=				
						26b=	26a=	
		27a=	27b=					
28a=	28b=							
					29a=		29b=	
	30a=	30b=						
31a=								31b=
	32a=			32b=				
			33a=			33b=		
			34a=		34b=			
						35a=		35b=
				36a=		36b=		
A1	A2	A3	B1	B2	B3	C1	C2	C3

解释：关于上述 9 种冲突管理策略的说明可参考本章第三节的内容。你的分数反映了你解决分歧或者冲突时所采用的策略的倾向性，某些策略被过分使用，某些策略则被你忽视了。假如你在某种策略的得分高于 15 分，则属于高分，是过多使用该种策略的表现；假如你在某种策略的得分低于 7 分，则属于低分，是忽视该种策略的表现。高效的冲突处理需要你有所准备地选择一种适合当前情况的策略，而不是被动地使用习惯性的策略。请结合自己的生活实际和得分，与小组其他成员分享讨论。

7-2 PAC 分析

指导语：这份问卷将帮助你辨别自己的个人沟通风格。它的理论基础来自于伯恩（E. Berne）的研究。看看以下成对的陈述，从中选择一个最能够代表你风格的陈述。如果两项陈述都与你的风格不匹配，那么，请转至下一道题。

1. （A）我说出我的想法。
   （B）我倾向于做我被要求做的事情。
2. （A）我经常为我的同事倒咖啡或茶水。
   （B）我对他人是严格的。
3. （A）我非常有逻辑性。
   （B）我并不隐藏我的感受。

4. （A）我并不喜欢越界。
   （B）人们有时感觉到我对他们的爱令他们窒息。
5. （A）人们有时认为我是专横的。
   （B）我寻找双赢的方案。
6. （A）对于展示自己的情感，我并不感到窘迫。
   （B）我非常有礼貌。
7. （A）我非常同情其他人遇到的麻烦。
   （B）我非常喜欢控制局面。
8. （A）在行动之前，我通常仔细考虑。
   （B）我问很多问题。
9. （A）我与人们融洽相处。
   （B）我帮助人们解决很多问题。
10. （A）我让别人知道我拥有的一些坚定的主张。
    （B）我将其他人也纳入决策过程之中。
11. （A）我富有创造力和创新能力。
    （B）人们有时会看见我缺乏自信。
12. （A）我喜欢关心他人。
    （B）我喜欢指定规则。
13. （A）人们认为我是通情达理的。
    （B）我缺乏幽默感。
14. （A）我很难拒绝不合理的要求。
    （B）我的许多时间被用在替别人办事情上。
15. （A）我经常知道答案。
    （B）我在压力之下保持平静。
16. （A）我有极大的好奇心。
    （B）我在开会时喜欢安静地坐着。
17. （A）如果某个人感到犹豫，我会尽最大的努力打消他的疑虑。
    （B）我觉得谈论比倾听要容易。
18. （A）我听取所有的观点。
    （B）我喜欢做我想做的事情。
19. （A）我发现说"不"是一件很困难的事情。
    （B）我经常关心新员工。
20. （A）我喜欢领导别人。
    （B）我尊重其他人的观点。
21. （A）我经常给人们带来惊喜。
    （B）我的穿戴与我同事的相匹配。
22. （A）我经常对别人吹毛求疵。
    （B）我指挥人们去做什么。

23. （A）我平等地对待大家。
    （B）我愿意让工作充满乐趣，而不是太严肃。
24. （A）我喜欢有礼貌的人。
    （B）我经常为大家提供支持。
25. （A）我更喜欢人们遵守规则。
    （B）我采取一种逻辑的方法。

记分：记下你的选择，在表 7-9 中对应的方格中打钩，然后，统计你在每一列中打钩的数目，这就是你的得分。

表 7-9　PAC 测验记分表

问　　题	NC	AC	NP	CP	A
1	A	B			
2			A	B	
3	B				A
4		A	B		
5				A	B
6	A	B			
7			A	B	
8	B				A
9		A	B		
10				A	B
11	A	B			
12			A	B	
13	B				A
14		A	B		
15				A	B
16	A	B			
17			A	B	
18	B				A
19		A	B		
20				A	B
21	A	B			
22			A	B	
23	B				A
24		A	B		
25				A	B
总　　计					

解释：

看看你得最高分的地方，这就是你偏爱的个人沟通风格。

（1）NC=天真孩童型（Natural Child）。拥有这种偏好的人喜欢开诚布公地表达他们的真实情感、愿望和需求，虽然可能表达的方式不一定恰当。他们是友善的，喜欢制造一些乐趣。他们是富有创造力的，并且充满好奇心。具有这种风格的人会被别人认为是带有孩子气的、过分情绪化的、天真的和不成熟的。

（2）AC=顺应孩童型（Adapted Child）。拥有这种偏好的人感觉到了遵从的需要。他们服从规则和规章，特别温文尔雅，觉得对无理的要求说"不"是一件很困难的事情。他们以一种顺从和负责任的方式做事情。具有这种风格的人也被认为太易于屈服，不能捍卫自己的利益，并且缺乏自信。

（3）NP=哺育父母型（Nurturing Parents）。拥有这种偏好的人很愿意走到他们认为需要自己帮助的人面前。他们喜欢关心和照顾他人，并为他们提供支持。然而，他们的保护会被看作超过了正常标准，简直有些令人窒息。不允许他人自我发展和自我独立，这是这种风格的人所具有的危害。

（4）CP=挑剔父母型（Critical Parents）。拥有这种偏好的人喜欢控制。他们设定和强加规则。他们是坚定的，不为人所动。然而，其他人可能认为这种风格是高高在上的、独断专横的和不堪忍受的。

（5）A=成人型（Adult）。拥有这种偏好的人富有逻辑性和理性。他们高效地解决问题和做出决策。他们尊敬他人，寻求双赢的结果。然而，在极端的情况下，他们也可能被视作是令人厌烦的、缺乏创造力、过于机械以及书生气太浓。（莎拉·库克，2004）

问题讨论：

请你举一个例子，说明你偏爱的个人沟通风格。与其他类型沟通风格的人相处时，你要注意些什么？

参考文献

[1] BERNE E．Games people play: the psychology of human relationships[M]．New York: Ballantine Books, 1964.

[2] HALL E T．The hidden dimension: man's use of space in public and private[M]．Garden City, N.Y.: Bodley Head, 1966.

[3] IRVING J．Victims of groupthink[M]．Boston: Houghton Mifflin, 1972.

[4] IRVING J．Groupthink: psychological studies of policy decisions and fiascos[M]．2nd ed．Boston: Houghton Mifflin, 1982.

[5] LUFT J, INGHAM H．The Johari window, a graphic model of interpersonal awareness[Z]．Proceedings of the western training laboratory in group development. Los Angeles: University of California, 1955.

[6] MEHRABIAN A. Communication without words[J]. Psychology today, 1968 (1): 52-55.

[7] SHANNON C E, WEAVER W. The mathematical theory of communication[M]. Urbana, Chicago, London: The University of Illinois Press, 1949.

[8] SNYDER S H. Brainstorming: the science and politics of opiate research[M]. Cambridge, Mass.: Harvard University Press, 1989.

[9] 彼得·德鲁克. 卓有成效的管理者[M]. 许是祥, 译. 北京: 机械工业出版社, 2009.

[10] 陈丽君, 胡超丰. 信息技术下组织内人际沟通与管理效能[J]. 技术经济与管理研究, 2001（2）: 64-65.

[11] 陈晓萍. 跨文化管理[M]. 北京: 清华大学出版社, 2005.

[12] 陈颐. 一美元与八颗牙[J]. 思维与智慧, 2012（24）: 43.

[13] 范徵, 张灵. 上海大众的跨文化培训[J]. 中国外资, 2002（10）: 60-61.

[14] 龚敏. 组织行为学概论[M]. 武汉: 武汉大学出版社, 1997.

[15] 荷尔瑞格. 组织行为学[M]. 胡英坤, 等, 译. 8版. 大连: 东北财经大学出版社, 2001.

[16] 河西. 从麦当劳看"文化麦当劳"[J]. 南方文坛, 2007（3）: 9-11.

[17] 菁培. 戴尔在过程中成就领导力——对话戴尔人力资源副总裁 Paul McKinnon[J]. 中国新时代, 2004（6）: 44-45.

[18] 刘国祥. 东华纺织坚持十年开展员工提合理化建议成果丰[J]. 江苏纺织, 2013（12）: 25-25.

[19] 李静静. 中国企业管理沟通问题及对策研究[J]. 经济研究导刊, 2017（16）: 1-2.

[20] 李兰. 后 EMBA 时代的"私人董事会"[J]. 决策, 2014（11）: 66-67.

[21] 刘兴阳. 聆听智慧——世界名企人力资源管理三人评[M]. 北京: 中国人民大学出版社, 2006.

[22] 罗盘. 沉住气 成大器: 领导者做人做事的 5 项修炼[M]. 上海: 立信会计出版社, 2012.

[23] 彭增安. 跨文化冲突的成因及处理方式研究[J]. 河南师范大学学报（哲学社会科学版）, 2010（1）: 262-263.

[24] 邱硕. 海尔在美国的跨文化管理研究[J]. 广西质量监督导报, 2019（01）: 108.

[25] 苏小玲. 网络谣言给企业造成的危害及应对策略[J]. 中国商界（上半月）, 2010（09）: 300.

[26] 唐钧天. 文思海辉携手 Concur 创新中国企业无纸化办公模式[J]. 计算机与网络, 2017, 43（24）: 74.

[27] 陶克涛, 刘建平. 管理心理学[M]. 北京: 中国商业出版社, 2001.

[28] 王青, 胡姝. 组织沟通对员工工作满意度的影响[J]. 人力资源管理, 2010（07）: 52-54.

[29] 伍云. 简议几个心理因素对决策的负效应及对策[J]. 桂海论丛, 1998（4）: 73-76.

[30] 佚名. 通用电气的全员决策[J]. 黑龙江粮食, 2007（2）: 31.

[31] 朱宝奇, 温品人. 小道消息特征及其应对策略刍议[J]. 中国市场, 2011（05）: 116-117.

[32] 赵国祥. 管理心理学[M]. 北京: 高等教育出版社, 1995.

[33] 张昊民, 李倩倩. 管理沟通[M]. 2版. 上海: 格致出版社, 2015.

[34] 周丽娜. DLTD公司管理沟通案例研究[D]. 大连: 大连理工大学, 2012.

[35] 张望. 韦尔奇的"奇异"管理[J]. 管理科学文摘, 1999（10）: 16-17.

[36] 周施恩. 世界顶级公司人力资源管理实操详解[M]. 北京: 中国纺织出版社, 2010.

本章思考练习题

思考练习题	讨论辩论题	小资料

第八章
权力与政治

学习目标

学完本章后，你应该能够：
1. 区分权力、职权和威信；
2. 掌握权力的五种类型和基础；
3. 了解政治行为；
4. 了解权术和联盟的方法；
5. 掌握防范性骚扰的方法。

引例

国美控制权之争

2010年，国美电器创始人兼大股东黄光裕和董事局主席陈晓的控制权之争甚嚣尘上，引起了广泛关注。2008年11月，黄光裕以操纵股价罪被调查，随后，陈晓接替黄光裕出任国美电器董事局主席，为国美控制权之争埋下伏笔。为应对债务危机，陈晓主导了美国贝恩资本进入国美，接受了贝恩的苛刻条款，黄光裕在狱中对此投出反对票，否决贝恩资本的三名代表进入董事局，陈晓却率董事会推翻股东大会结果，重新委任贝恩资本的三名董事加入国美电器董事局。至此，陈晓完全控制董事局，黄陈二人的矛盾也公开并激化。

2010年8月4日，黄光裕发表公开函，要求召开股东大会，罢免陈晓等公司执行董事的职位；次日，国美董事局在香港起诉黄光裕，并要求索赔。在媒体推动下，国美的控制权之争迅速上升为备受全民关注的社会热点话题。黄陈战略分歧、贝恩债转股、董事局的股份增发权、大股东为防止股权稀释而增持……国美之争，可谓一波三折，跌宕起伏。同年9月28日，国美股东大会表决，黄光裕的提案中除取消董事局增发授权获得支持外，罢免陈晓职务等四项提案均被否决。但是由于国美商标和三百多家未上市门店均由黄光裕持有，国美的未来仍然扑朔迷离。12月17日举行的国美特别股东大会上，通过了委任两名由国美控股股东 Shinning Crown Holdings Inc.提名的董事和增加许可的董事最高人数（从 11 人增加至 13 人）的决议案，任命邹晓春为执行董事、黄燕虹为非执行董事。至此，黄光裕终于在董事会内拥有了自己信任的两名代表。

2011 年 3 月 9 日，在国美董事局主席位上打拼了三年多的陈晓黯然离开了国美总部所在地——北京鹏润大厦，黄氏家族相中的代理人邹晓春和黄氏家族代言人黄燕虹如愿进驻国美董事会。外界以为，持续了 7 个月之久，轰轰烈烈的"国美内战"——"黄陈之争"，以陈晓的出走终于画上了句号。（吴思嫣，严军生，2011）

引例充分说明了组织中存在权力斗争和政治行为。组织中的权力主要有五大类：法定权、强制权、奖赏权、专家权和参照权。企业员工必须善于运用权力，通过适当的政治手段来达到组织和个人的目标。随着人权意识的发展和对平等机会的关注，有关性骚扰的问题渐渐浮出水面并得到社会关注，如何界定和防范性骚扰已成为有关组织权力与政治研究的重要课题。

第一节 权　　力

很长时间以来，谈起权力，我们就会将它与政府、政治、政客，甚至一些权术和阴谋联系在一起，很少认为它和企业组织之间有着密切的关联。但大量企业活动表明，组织内利益的分配是由组织权力群体控制的。组织的正式权力等同于法理权力，产生于组织的劳动分工，其生产性功能是整合组织、协调内外关系，并决定与此密切相关的利益分配。近二十年来，越来越多的学者认识到组织中的权力在组织运作、组织目标的实现以及提高组织绩效方面扮演着重要的角色。

一、权力释义

（一）权力的定义

在组织中，权力是指个人或群体（A）影响或控制其他个人或群体（B）行为的能力。不管这些人（B）是否愿意合作，都会依照（A）所希望的去做。例如，如果工人的受雇佣与否、工资水平高低等方面受到厂长的控制，那么即使工人不愿意调换工作岗位，但仍要服从厂长所做出的职位调换的安排。

从另一个方面来说，权力并不是绝对的，而是动态的。它会随着个人和环境的改变而改变。例如，某些权力是赋予某个职位或职务的，一旦个人不再拥有这个职务，他也就失去了与之相伴的权力。某一部门的主管能够控制和影响自己的下属，但是对于其他部门的职员，他可能只能产生间接的影响，甚至没有影响。

（二）权力、职权与威信

权力可以分为强制性权力和非强制性权力。强制性权力是随着领导所担任的职务而来的，即职权，具有法定性和强制性。而另一种权力的实施主要由个人在组织中的地位所决定，而非强制权力，也就是人们所说的"威信"，主要靠领导者的主观努力取得，如领导者具有良好的素质使人产生信赖感，从而使下属心悦诚服地接受领导，实现真正意义上的领导。

1. 权力和职权

职权是一种法定权，是组织正式授予管理者并受法律保护的权力，与职务相联系。职权是管理者实施领导行为的基本条件，没有这种权力，管理者难以有效地影响下属，实施真正的领导。与职权相对照，权力是指一个人影响决策的能力。

个人的职权大小取决于他的职务职能范围和他在组织中所处的纵向职位层次。在组织中所处的层次越高，这个人的职权也就越大。所有这种由职权产生的权力都不是领导者的现实行为造成的，而是外界赋予的，它对下属的影响带有强制性和不可抗拒性。正因为职权是通过组织正式的渠道发挥作用的，这种权力来自领导者的职务或者职位，所以，一个人只要拥有一定职位，那么权力也就随之而来；当领导者失去其管理职位时，这种权力也就大大削弱甚至消失。可见，职权带来的权力对被领导者的作用主要表现为被动和服从，而对他人的心理和行为的激励作用比较有限。

2. 威信

威信是指由管理者的品德、知识、才能、感情等个人因素所产生的影响力。这种影响力与特定的个人相联系，是靠领导者自身的威信和以身作则的行为来影响他人，与其在组织中的职位没有必然的联系。威信既没有正式的规定，也没有组织授予的形式，是与合法权力相对的。因此，威信又称为非权力性的影响力。

一般而言，威信的内容包括两个方面，即专长和品质。专长方面的威信是指由于领导者具有各种专门的知识和特殊的技能或学识渊博而获得同事及下属的尊重和佩服，从而在各项工作中显示出在其专长方面一言九鼎的影响力。专长方面的威信的影响面通常比较狭窄，被单一地限定在专长内。品质方面的威信是指由于领导者优良的领导作风、思想水平、品德修养，而在组织成员中树立的德高望重的影响力。由于来源于威信的权力是基于下属对于领导者的认同，它通常与具有非凡魅力的领导者相联系。一个人的威信的高低是领导者个人的品德、知识、才能和感情等多方面因素影响的结果。

要实现有效的领导，领导者应拥有一定的权威，即权力加上威信。权力是强加的，必须服从；威信是使人自愿服从和接受的影响力。职位带来的权力只是为领导者提供实现有效领导的可能性和必要的客观条件，要将可能性转化为现实性，还需要依靠与领导者个人因素紧密相关的影响力，即威信，这样才能实现领导者对被领导者的影响。

（三）领导和权力的比较

领导是指影响一个群体实现目标的能力，权力是影响他人行为的能力。在组织中，领导和权力密切相关，群体目标的实现需要权力，领导者把权力当作促成目标达到的一种手段。

领导和权力最主要的区别就是领导始终以目标为基础，领导需要领导者与被领导者双方对目标有一致的看法，而权力可以在没有目标的情况下存在，只要有依赖性存在即可。领导着重由上而下对部属产生影响力,而对于水平或向上的影响,其重要性相对较低,权力则不一样。从研究重点来说,领导方面的研究多强调领导者的风格、特质,下属对决策的参与等方面,而权力研究的范围更广泛,重点在于获得部属顺从的权力战术应用。因为权力也可以运用到团体、组织和国家等群体,所以对它的研究已经超越个人的层次和范畴。

二、权力的来源和类型

被誉为"现代管理理论之父"的马克思·韦伯(Max Weber)根据合法权力的主要来源将其分为三种主要类型(Weber, 1999):①传统型权威,它是由习俗和已接受的行为所授予的,即所谓的"君权神授";②魅力型权威,是指由领袖人物所具有的与其追随者建立特殊关系的能力而导致的权力,一定程度上来自于精英人士的个人魅力,即"举臂一挥、八方响应"的力量;③法理型权威,即以合法性原则建立起来的理性权威。选举或任命的领导者以及一个正式组织的领导者都拥有这种类型的权力。教皇约翰·保罗二世便是一个集这三种合法权力于一体的例子。作为一个年长的男子,他具有一定的传统型权威;作为罗马天主教的首脑,他具有法理型权威;而作为一个具有智能和个人魅力的人,他又具有魅力型权威。当然,在大多数情况下,通常只有一种类型的权威占主导地位。

佛伦奇(J. French)和瑞文(B. Raven)等人则将组织中的权力基础划分为五大类:法定权、强制权、奖赏权、专家权和参照权(French, Raven & Cartwright, 1959),如表 8-1 所示。

表 8-1 权力基础的测定

一个人具备一种还是多种权力基础?对下列问题的确定性反应可以回答这个问题	
考虑到他(她)的职位和你的工作职责,这个人有权力期望你服从法规的要求	法定权
这个人可以为难他人,但你总想避免惹他生气	强制权
这个人能够给他人以特殊的利益或奖赏,你知道和他关系密切是大有好处的	奖赏权
这个人的知识和经验赢得了你的尊重,在一些事情上你会服从于他(她)的判断	专家权
你喜欢这个人,并乐于为他(她)做事	参照权

(一)法定权

在正式的群体与组织中,通过组织职位所拥有的法定权力即为法定权。领导者以其法定权领导组织或影响他人,促使组织成员努力工作以完成组织目标。这种类型的权力也被称为"制度型权力",因为它来源于管理人员在组织机构中的职位结构,是最普遍的权力来源。仅有合法性还不足以使指令得以执行,职位权威的另一个重要的构成要素就是拥有惩罚和奖励的手段,也就是说,法定权实际上已包含奖赏权和强制权在内。但是,法定权的涵盖面比强制权和奖赏权更为宽泛,比如,它还包括组织成员对通过组织职位所拥有的法定权的接受和认可。

（二）强制权

强制权主要是指通过使用或威胁使用惩罚手段来影响他人的能力，它建立在畏惧的基础之上。这种权力取决于权力主体拥有使权力客体的身心受到伤害的能力，如肉体伤害、精神打击、基本需要的控制和剥夺等。例如，当领导者不满意下属的工作成果时，对下属采取责骂、批评、扣奖金等形式的惩罚，就是强制权的运用。组织会有各种惩罚方式，如谴责、降级、调职或解雇，但是除非是某些特殊的组织，如监狱、军队等，有时会给予身体上的惩罚外，其他组织已经较少实施生理上的惩罚。但不论施予何种惩罚，强制权的使用都会使人受到伤害，产生敌意、愤恨甚至报复心理，破坏信任和人际关系。

（三）奖赏权

和强制权相对的是奖赏权，即通过使用奖赏的能力来影响他人。当你拥有别人所期望得到的东西时，你就拥有了权力。在组织中，当领导者拥有足以控制他人的具有价值的事物时，如薪资、晋升、福利、名望或地位、休假、培训等，领导者就拥有了奖赏权。通常奖赏权能够提升部属的满足感及降低部属的抗拒心理。当然，奖赏权不仅仅局限于物质的范围，像认可、友好、激励、赞扬等也是奖赏，而这些并不仅仅只有领导者才能够给予，组织中的任何一个人都可以做到。

（四）专家权

专家权来源于专门知识、专业技术和特殊技能的影响力。当某人拥有专门的知识或技能，足以处理某些事件而使他人信服时，此人就具有专家权。专业知识和技能是权力的主要来源之一，特别是在技术导向的组织中。通常来说，越专精化或技术取向越强的工作，就越需要具有专家权的成员。

例证 8-1

比尔·盖茨独具特征的领导艺术

要重视技术，公司就必须要有一个最高的技术决策者。作为微软的首席架构师，比尔·盖茨的工作是制定公司的长期技术路线图，并确认公司每一个行政部门的科研计划是互补而不是重叠的。因此，他要求公司的每一个产品和技术部门都向他做技术汇报，这些汇报大多是"头脑风暴"式的讨论。做这样的汇报，除了可以得到比尔·盖茨的回馈之外，每一个项目团队还可以在准备过程中受益匪浅。因为，项目团队为了准备回答比尔可能问到的各种问题，必须在报告前彻底调研市场、技术、竞争对手等信息，也因此避免了闭门造车的风险。（李开复，2009）

（五）参照权

参照权的基础是对于拥有理想素质和人格、特殊背景和阅历、良好感情关系的人的认同。如果我称赞并且认同你，你就可以对我行使此项权力，因为我希望取悦你。参照权基本上是透过认同而来，如果你认同、欣赏某人到了想仿效他的态度与行为的程度时，此人对你就有了参照权。参照权通常是与那些具有令人羡慕的个性、魅力或良好声望的个人联系在一起的。它一般包括以下 3 种类型：①个人魅力权。它是建立在对个人素质的认同及其人格的赞赏基础之上的。②背景权。它是指那些由于辉煌的经历或特殊的人际关系背景、血缘关系背景而获得的权力。③感情权。它是指一个人由于和被影响者感情融洽而获得的一种影响力。参照权通常涉及信任、相似性、接受性、情感、追随者的意愿及情绪上的投入。参照权有时也显现在模仿上。以上这些都是为什么诸如电影明星、运动健将或其他名人常常会出现在影响购买行为的广告中的原因。

从组织行为角度对这五种权力类型进行比较的结果如表 8-2 所示。

表8-2 权力类型比较

权力类型	权力来源		权力过程	下属和领导者的关系模式	要求的条件	领导者的行为特征	优 点	缺 点
法定权	法定的		内在化和外在化的统一（认同和服从的统一）	领导者与下属的一致性	领导者与下属拥有相似的价值观	做出决策，下属自愿服从	具有较为明确、和谐的领导关系，行动比较迅速	领导者难以引起变革
强制权	下属的恐惧（手段—结果控制）		服从	下属被动执行，渴望获得一种安全而已	领导者必须对下属进行监督和控制	对下属采取威胁和命令手段	迅速有效	成本较高
奖赏权	下属的期望（手段—结果控制）		服从	下属想从领导者那里获取某种反应，即渴望得到奖励	领导者必须对下属进行监督和控制	给与不给自愿，以求服从	迅速有效	成本较高
专家权	信任		内在化认同	一致性关系	领导者与下属拥有相似的价值观	下属自愿执行	有效、可信	不能绝对保证效果的充分性
参照权		个人魅力权	吸引力	辨认	渴望与领导者建立关系	领导者必须在下属面前具有显著的优越地位	下属自愿执行	成本较小，具有内在鼓舞力	因缺乏有形的奖励，会侵犯领导者的权威
		背景权	相关性（社会关系）	辨认	渴望与领导者建立关系	领导者必须在下属面前具有显著的优越地位	下属自愿执行	安全系数较高	权威基础过于单一
		感情权	相关性（社会关系）	辨认	渴望与领导者建立关系	领导者必须在下属面前具有显著的优越地位	下属自愿执行	成本较小	不能绝对保证效果的充分性

三、权力的关键是依赖

（一）依赖性的基本假设

权力关系产生于相互依赖，也就是说，权力最重要之处在于它的依赖性。B 越依赖 A，则 A 对 B 的控制力越大，也就是 A 对 B 的影响力越大。如果你拥有别人所需要的资源，而你是唯一的控制者时，不对称的依赖格局就产生了，你就拥有了对他人的权力。这种依赖关系是基于个体知觉到自己有多少其他的选择机会，以及对于受控于别人的选择机会的重视程度。假如 B 对 A 没有依赖关系，或 B 有自己另外的意愿时，B 可以不受 A 的控制或影响，而自由选择或决定自己的行为。对资源的不同控制形式导致因渴望获得资源而形成的依赖，不平衡的依赖和摆脱依赖的有限可能性则导致权力和服从。

依赖性与个体还有其他可替代性资源（即摆脱依赖的可能性）成反比。在组织中，如果下属认为上司控制着自己渴望得到的晋升机会、培训机会、加薪、发展前途等资源，那么该上级对该下属所具有的权力就比较大。如果下属更注重于自己的选择，开发自己的技巧和设法保持自己在多个组织机构中的欢迎程度，那么上级对他所具有的权力就会大幅度减少。对下属而言，这是一个非常有利的策略，因为下属手中掌握的可替代资源越多，别人手中的权力就越小。它减少了下属对组织机构的依赖性，因此，组织机构对他的权力也就相应地减少了。

（二）影响依赖性的因素

依赖是如何产生的？当你控制的资源是重要、稀少且不可替代时，别人对你的依赖就产生了，而资源的重要性、稀少性和不可替代性三者共同决定了权力与依赖关系的性质和强度。

1. 重要性

要想创造依赖性，必须使人们感觉你所控制的事物或资源是相当重要的。在组织中，那些能够消除或避免组织不确定性发生的个人或群体，被认为是控制了重要的资源的，从而增加了组织对他们的依赖性，提高其权力。例如，如果某公司面临的最大不确定性是销售产品，那么该公司的市场部就是一个最有权力的部门；而在一个高技术导向的公司，工程师们则是最有权威的群体，因为他们能够使公司的产品在质量和技术上保持优势，降低不确定性。重要性依情境的不同而有所变化，不同组织的情况不一样，即使是同一组织，在不同的情况下，其重要性也会发生变化。比如，工会在工人罢工时肯定比平时拥有更大的权力。

2. 稀少性

人们常说的"物以稀为贵"就是这个道理。比如，在工厂里，有的老工人级别较低但拥有几十年的丰富经验，在某些方面，特别是在关键性的技术方面，别人就要依赖于他们，因此，他们比别人更有权力。在这个例子里，资源的稀少性就体现在"几十年的丰富经验"上。

3. 不可替代性

一种资源越是没有替代品,那么实现对它的控制而带来的权力就越大。假如企业中某一部门的功能可以由其他部门、个人,或者企业外部某些机构来承包或者完成,外包程度越高,那么,该部门潜在的权力就越小。

总之,在组织中,一个部门越能够解决重要问题,所具有的专业知识和技能越独特且不可替代,组织内其他部门对它的依赖程度就越高,则拥有该知识技能的个人或部门就会获得更大的权力,且对组织决策也会具有较大的影响力。

第二节 政 治

政治就是权力的运用。员工要想在组织中获得快速提升和发展,必须掌握一定的政治行为和权术。

一、政治行为

(一)政治行为的定义

组织中政治行为(Political Behavior)的定义有很多种。从本质上来说,组织中的政治行为是指超出个人正式角色的工作要求,运用权力去影响组织决策,影响或试图影响组织内部的利益分配的行为,这些行为有时候是为自我利益服务和未经组织批准的(罗宾斯,2018)。这一定义涵盖了大多数人在谈及组织政治行为时所包含的关键因素。它包括各种政治行为,如扣留决策者所需的信息;揭发、散布谣言;向新闻媒体泄露组织机密;为了一己私利与组织中的其他成员交易好处;游说他人以使其支持或反对某人或某项决策等。这些和组织利害分配有关的行为被排除在个人的具体工作要求范围之外,因此,它需要人们试图使用权力基础。

政治行为可被分为正当的政治行为和不正当的政治行为。组织中每天都会发生一些正当的政治行为,如上司抱怨、形成联盟、借口、委员会等。不正当的政治行为是指那些极端且违反游戏规则的行为,从事这些行为的人通常会"不择手段",如说谎、欺诈、陷害别人、谋杀。

(二)政治行为的现实

组织中的政治行为是不可避免的。这是因为组织是一个政治体系,关于选择和行动的意见不一致和不确定性会很自然地随时引发政治行为。避开所有的政治行为是不可能的,只能对它进行管理。一个有效的组织管理者应该明白并接受组织的政治本质,通过运用政治的观点来评价组织中的各种政治行为,预测组织中其他成员的活动,努力消除或降低这些活动给组织造成的消极影响,并运用这些手段和信息为组织带来好处。

政治行为可能会导致积极和消极的结果,它可能产生满意或者不满意的结果,而要避免政治行为的消极作用则需要付出某些实际的代价。

一项针对 30 个组织中的 90 位经理的研究表明,这些经理都能证实政治行为的有益作用和有害影响。有益的作用包括事业的发展、获得嘉奖和个人寻求其合法利益的地位，以及任务的完成和组织目标的实现，促进合理竞争和竞赛、组织创新和变革，这是组织中正常的政治过程的结果。有害的影响包括政治活动中"失意者"的降级和失业，资源的错误使用，以及无效率的组织文化的产生（任迎伟，2005）。政治行为对组织文化的影响可能是人们最不愿意看到的影响。组织中政治行为所引起的不安会使雇员失去对组织的感情，这种感情的丧失又反过来使组织文化具有表现欠佳和缺乏忠诚的特征。从组织中政治行为影响组织发展的运作过程来看，政治行为的负面影响体现在组织中的个人或团体上，为了掌握决策制定的主导权和争取到更多的资源，他们必然会采取许多具有攻击性的权力手段，进而引发组织内部的冲突，其结果轻则排挤掉其他个人或团体原先应享有的资源，重则影响到组织的协调运作并损及组织整体的利益。

而其正面的功能则表现为政治行为能够从以下两个方面来协助组织的发展。

（1）有助于增强组织的创新活力。各个管理者和团体为了赢得本身在组织中的权力地位，会在各种不同的政策方案上进行竞赛，并且运用他们既有的权力和资源去强化所提方案的影响力；在这种充分竞争的过程中，组织内部会自然产生创新的机能，能够有效地改善组织的决策品质，并且使组织的资源获得最有效率的运用。

（2）有助于激发组织的变革。组织的政治活动能够进一步激发组织的变革，以增进组织对变迁环境的适应力。面对瞬息万变的环境，管理者或团体为了生存和发展，往往会联合具有共同利益目标的管理者和团体，在组织内部推动各种革新策略或进行结构变革，透过权力的运用让组织能够摆脱过去的包袱，转向新的方向。

例证 8-2

以退为进的"垂帘听政"

某家电企业的前任总经理重出江湖，罢免了他亲自任命的总经理，同时废止了后者上任之后的"新政"。半年前，这位老总对外宣布退到二线做董事长，不再干涉企业的具体经营问题。而今他的复出无疑证明了半年前的所谓功成名就只是"垂帘听政"而已。一旦事态发展超出自己的控制，他会毫不犹豫地走到台前。

这家大型国有企业是这位老总用了 20 年时间将其从一个街道小厂发展为行业龙头的，他的个人风格也给这家企业打上了深深的烙印。

而作为一个年轻的企业家，被"废掉"的接班人有着自己的思路和考虑，他酝酿将公司总部迁往上海，因为这个处于内地城市的企业在获得新观念、新思想方面始终要比地处沿海城市的竞争对手慢上半拍，他希望通过总部搬迁为公司带来新鲜的空气和血液。但该企业对当地贡献太多，可以说是这个城市的稳定器。因此，在前任总经理的眼中，接班人的做法过于激进，总部搬迁不是一厢情愿的事，与当地政府甚至省政府的关系在现阶段仍然是重中之重，怎能轻举妄动？显然，在处理复杂问题尤其是政府关系时，接班人缺少政治头脑。

令前任总经理这位老江湖上心的其实还有更重要的问题：引进战略投资者，改变国有股一股独大的局面，同时实现管理层持股。这无疑是更深层次上的机制调整和利益重组。对他而言,这也是一个不容错过的机会,否则他将不会得到任何实质性的东西。因此,他采用了以退为进的办法:自己先后退半步,待局面发生变化时则可以变被动为主动,重新得到政府的信任并再度控制公司,得以完成这个更有挑战性的游戏。(贺志刚,2002)

(三)引发政治行为的因素

并非所有组织的政治行为程度都是相同的。组织中政治行为发生的程度往往可以从组织情况和员工个体特征两个主要角度来进行考查。组织情况包括组织环境、组织文化、组织结构、政治管理等方面,而员工个体特征往往和个体差异、权力需求、控制地位、冒险倾向等因素相联系。

1. 组织情况

有研究表明,当决策制定和执行过程具有高度的不确定性和复杂性,而个人和群体之间又为争夺稀缺资源展开十分激烈的竞争的时候,经理和员工采取政治行为的可能性较高;反之,在比较稳定而不太复杂的环境里,决策过程很透明,竞争行为很少,这时,极端的政治行为就不太可能会发生,如图8-1所示。

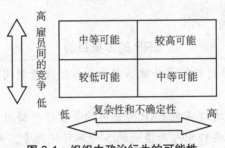

图 8-1 组织中政治行为的可能性

罗宾斯(2018)认为,影响组织内部政治行为活跃程度的因素主要有以下8个。

(1)组织信任度低。组织中政治行为发生的频率和组织信任度成反比。组织信任度越低,政治行为就越容易发生,非法的政治行为相应地就越多;而高信任度可以抑制政治行为,特别是非法的政治行为。

(2)角色模糊性。如果组织对员工的行为范围、职权缺乏明确界定,那么,员工的政治行为的范围和功能几乎也不会受什么限制。因为政治行为是指那些正式角色要求范围之外的行为,员工角色越模糊,员工在不被注意的情况下进行政治活动的可能性越大。

(3)不明确的绩效评估系统。组织在绩效评估中所用的主观标准越多,且强调单一结果的衡量,或者绩效评估的间隔或周期拖得过长,则员工参与政治行为且能蒙混过关的可能性就越大。

(4)非得即失的零和报酬(输或赢)分配体系。非得即失的零和报酬分配方式是把报酬总额看成固定的数额,任何个人或群体的所得必须以另外一个人或群体的所失为代价,即我得你必失。这就使得人们总是力图使自己显得劳苦功高而贬低他人的作用,容易产生政治行为。

（5）民主化决策。民主化决策可以降低组织的专制程度。管理者为了谋取权力往往绞尽脑汁，付出高昂代价，必然不愿意与他人分享权力，实现民主化决策。这样就导致领导者有可能利用团队、委员会、讨论大会和小组会议作为他们施展手腕、玩弄权术的竞技场。

（6）以高压手段追求高绩效。员工感到干好工作的压力越大，他们越有可能卷入政治行为。如果一个人觉得他一生的事业或终生的幸福都取决于他下个季度的销售额或产量报告，那么他就会想尽一切办法来确保结果对他有利。

（7）高层管理者的自利行为。上层管理者热衷于政治行为，并能获得成功和一定回报，那么组织中就会形成接受和支持政治行为的氛围。当情况如此时，员工也许就会被诱导去从事政治行为，以获得某些好处。

（8）合作组织的政治文化。组织的政治文化不同，政治活动也会不同。有研究表明，当两个政治环境很差的企业一起合作时，参与合作项目的人员会更容易产生政治行为；同时当两个员工内部政治行为都较少的公司合作时，即使参与合作项目的人员之间存在一些政治纠缠也不会导致合作项目业绩下降。因此，企业与内部政治行为活跃度高的企业合作时要保持警惕。

例证 8-3

ERP 的多重目的

当 ERP 触及了不同的利益集团并被不同的利益团体所利用时，引进 ERP 就演化成一场公司政治运动。

某大公司的高层希望通过实施 ERP 将公司的管理水平提升到一个高透明度的、可考量的层次，改变目前企业运作中人为造成的各种不可控因素，而一个拥有 ERP 系统的中国公司在海外投资者眼中也将是一个很好的吸引点。

以上是 ERP 对公司的战略性意义，而现实层面的意义是借 ERP 彻底改变原来公司的管理体系，降低过高的管理成本。这家公司通过设在全国的二十多个分公司来管理各级经销商，管理费用非常高，加上各分公司在执业时会更多地考虑自身的利益，往往造成管理失控。鉴于 ERP 系统一旦开始运作，总公司对分公司的管理控制能力将会有很大的提高，不少分公司负责人对此持抵触态度。

抵触情绪最强烈的是营业额最高的广州分公司，该分公司的一位副总私下里向公司总裁请缨，希望协助公司完成 ERP 实施工作，并且保证业务不会受到大的损失，ERP 逐渐上升为路线斗争。很快地，广州分公司的老总被明升暗降，只得另谋高就。在顺利完成 ERP 在广州分公司的实施工作后，原分公司副总被任命为总公司副总裁，公司 ERP 工作的开展很大程度上依靠各地分公司中这样一批人的出现，他们在这场运动中升职加薪，而原来极力反对公司此项决定的那些人则黯然离去。（贺志刚，2002）

2. 员工个体特征

不同的人从事政治行为的概率也不尽相同，某些人很可能比其他人有更高的概率从事政治行为。就性格特征而言，能够高度自我监督、内控型性格及有高度权力需求的人比较可能从事政治行为。此外，个人在组织中所做的投资、知觉到出路的多寡，以及对政治行为是否成功的预期等因素，也会影响其采取不正当政治行为的意愿。

黑尔里格尔和斯洛克姆（Hellriegel & Slocum）等人在著作中讨论了以下4种与政治行为有关的个性品质（陈兴淋，2006）。

（1）对权力的需求。这是一种要影响和领导其他人，以及要控制当前环境的动机或基本愿望。对权力具有高度需求的人很可能会在组织中从事政治活动。对权力的需求有两种不同的体现形式：个人权力和制度权力。强调个人权力的领导者要求下属对自己忠诚，而不是对组织忠诚。一旦这种类型的领导离开，工作班子可能会崩溃；强调制度权力的领导者使其下属产生对组织的理解和忠诚，创造了一种有效工作的良好风气和文化。有研究表明，与男性领导者相比，女性领导者在制度权力方面具有更大的需求，而在个人权力方面则需求较小。

（2）为达到目的而不择手段的倾向。马基雅弗利（N. Machiavelli）是15世纪意大利著名的政治思想家和哲学家，其思想在西方政治思想史上占有很重要的地位，其主要理论是"政治无道德"的政治权术思想，在他的著作中包含了一系列对于获取和掌握政府权力的建议。几个世纪以来，人们把那些为达到自己的目的、缺乏对常规道德的关心、不惜在人际关系中使用欺诈和机会主义手段审视和摆布别人的人称为"马基雅弗利主义者"，也就是为达到目的而不择手段者。曾有研究表明，在组织中马基雅弗利主义与政治行为高度相关，它是许多组织中具有政治行为的良好预报器。

（3）控制点（Locus of Control）。根据控制点可将人们分为内控型和外控型两类。内控型的人认为，事情的结果基本上都由他们自己的行为所决定，他们往往乐于假定自己的努力会成功。而外控型的人认为，事情的结果基本上并非由他们的行为所决定，而是由外部的其他因素（如环境）所决定。因此，内控型的人比外控型的人对于从事政治活动的偏好更为强烈，更可能试图去影响其他人。

（4）冒险倾向。从事政治活动往往要冒风险，它可能会带来与当初目的相反的结果，因此避免冒险倾向的风险回避者比具有明显冒险倾向的风险爱好者更不愿意从事政治行为。

（四）组织内的政治行为

组织内的政治行为往往会影响组织运行，比较常见的政治行为有以下几种（田在兰，赵巧丽，2012）。

1. 上告行为

上告行为即俗称的打小报告，这是指一个员工向其直接上级反映其同事的问题，或向其直接上级的上级反映其直接上级的问题。打小报告这一行为的政治性在于报告的内容是否属实、是否是恶意捏造或诽谤。

2. 散布流言

散布流言即组织中有人为了达到个人目的，故意在组织中散布对某个人或群体不利的信息。这些信息往往缺乏可靠来源、无法考证，纯属捕风捉影，而有些人又对此具有好奇心，因而容易在组织内传播。这些流言的散布和传播不仅会对当事人造成不良的影响，对于组织氛围也是有害的。

3. 发展关系

这是指个人为了自身的利益和权力，采取各种办法和手段与组织中有权力的人建立关系网络，以了解组织中各种重要事件，获取进一步发展的机会。因个人私利而建立的复杂关系网对整个组织的利益都是有害的。

4. 拉帮结派

拉帮结派指的是组织中的员工为了减少其所受威胁或壮大自身的影响而与组织中的"同类"拉帮结派、缔结同盟。如果他们结成的小群体处于领导层，往往就会在制定公司的政策上偏向于本群体利益。这显然会损害组织内其他群体的利益和积极性，严重时还会造成组织运行不畅。

5. 权力相争

拉帮结派这主要体现在职能部门和直线部门之间，现在的组织设计一般采用直线制和职能制相结合的形式，直线和职能部门人员都会通过控制信息、争取权力、建立好印象、提高中心效应等手段来争取更大的影响力。管理者要注意协调部门之间的权力相争问题，加强彼此之间的管理沟通。

6. 对抗行为

这是组织中最激烈的一种政治行为形式。它常常表现为员工坚守自己的立场而不遵照管理人员的安排办事。对抗行为往往很难被纠正，由于它的发生所导致的组织文化的迅速恶化会对组织管理造成恶劣的影响。比如，中国一些国有企业在实施裁员和下岗措施的过程中，被裁员工和下岗员工往往会与管理层产生冲突，严重时甚至会在政府门前静坐抗议。

（五）政治行为的道德规范

掌权者通常善于从组织利益的角度来解释自己追逐私利的行为，他们还能以相当有说服力的方式声称那些不公正的行为实际上是公平无私的。

当你面临一个涉及组织政治的道德困境时，请试着考虑一下：冒险玩弄政治手腕是否值得？这个过程是否会伤害他人？如果你拥有牢固的权力基础，那么你需要意识到权力对你的腐化作用。请记住，无权力者更容易遵循道德原则行事，原因很简单，他们通常没什么空间来施展政治技能（罗宾斯，2018）。

判断政治行为是否符合道德规范，可以通过以下3个标准来进行（巢莹莹，2016）、

（1）个人利益是否与组织利益保持一致，基于个人利益的政治行为是否符合组织目标。比如说，为了完成个人业绩、夺取销售冠军，故意诋毁其他销售同事使其不能完成任务的行为就是不符合道德规范的。

（2）这项政治行为是否有损/尊重其他相关人员的权力，如部门内部剽窃方案的行为就是不符合道德规范的。

(3) 这项政治行为是否符合公平公正的原则。比如，作为上级领导对喜欢的下属青睐有加，而对看不顺眼的下属百般刁难，前者在经验、业绩都一般的情况下获得了升职加薪，而后者却一无所获，这种做法就是不道德的。

二、印象管理和防御性行为

（一）印象管理

印象管理（Impression Management，IM）又称印象整饰，是指有意识地控制别人对自己印象的形成过程。高度自我监督者最关心印象管理。印象管理的范围很广泛，在交往过程（包括日常生活）中行为者选择一定的装束、适当的言辞举止、得体的表情或态度，以使知觉者对自己产生某种特定的看法，这些都属于印象管理。美国社会学家戈夫曼（I. Goffman）把这种互动的方式称为"戏剧模型"，他认为社会交往就像戏剧舞台，每个人都在扮演某个角色、演出一定的节目，当个人在别人面前出现时，他总是企图控制别人对自己形成的印象及交往的性质。社会赞许的需要以及控制交往结果的愿望促进人们进行印象管理。

社会情境是舞台，不同的情境有不同的演法，有不同的印象管理方式。在组织中，得到他人的积极评价会给自己带来许多好处。比如，求职应聘时，可以使自己被录用的机会更大；在绩效评估时，可以提高自己的评估等级，进而获得职务的提升等有利于自己的结果。

罗宾斯（2018）认为，在组织中，在他人心目中积极的印象会对自己大有裨益，在存在组织政治的环境中，这种积极的印象还有助于获得对自己有利的利益分配。以下为他归纳出的 8 种印象管理的技巧，并用实例进行了说明。

1. 从众

从众指同意别人的观点以获得他人的赞同和认可。例如，一个管理者告诉他的上司："你的西部地区机构重组计划绝对正确，我再同意不过了。"人们喜欢那些在信念、态度和行为方面与自己相似的人，个体若表示与他人有相同的看法和行为，等于为别人的观点和行为提供支持，因此遵从他人往往会给对方留下好的印象。

2. 辩解

辩解又称借口，是指解释造成困境的原因，以降低他人对事态的严重性的估计。例如，销售主管对上司说："我们未能及时登出那些广告，但是没人对那些广告做出什么反应。"

3. 道歉

道歉指主动承担不良事件的责任，及时请求谅解。例如，员工对上司说："对不起，我在报告中犯了一个错误，请原谅。"

4. 宣扬

宣扬指对有利的事进行解释，以扩大对自己有利的影响。例如，一名记者告诉他的编辑："我采访到的名人离婚新闻对我们报纸的销售业绩贡献很大"（尽管这篇报道只在娱乐版第三页出现)。

5. 自我推销

自我推销指突出自己好的品质、淡化自己的缺点，让别人关注自己的成就。例如，一个销售人员告诉他的老板："马特努力工作了三年想要获得这个客户都没有成功，但我只用了六个星期就和客户签了合同。"

6. 吹捧

吹捧指赞扬他人的优点，使别人都觉得自己有眼力、惹人喜欢。例如，一个新来的销售员对他的同事说："你对那个客户的投诉处理得真是太高明了，我永远也做不了那么好。"人们很难不喜欢那些高看他们的人，所以恭维、吹捧是可行的，但恭维要真诚、自然，而且在对方需要时使用效果最好。

7. 恩惠

恩惠指为别人做点好事以获得他人的好感。例如，销售员对潜在的顾客说："我这儿有两张今晚的戏票，我没有时间去，给你吧！权当我对你花时间和我交谈的感谢。"互惠互利原则是人类社会生活的重要法则，"投之以桃，报之以李"，人们往往喜欢那些给予自己好处或为自己办好事的人。

8. 示范

做超出本职日常工作的任务或任务量，给大家做示范，以显示自己是一个多么努力和专注的人。例如，一名员工在工作到很晚的时候会使用工作电脑给上司发送电子邮件，这样他的上司就能知道他加班了多久。

例证 8-4

微软（中国）巧送月饼

中秋节送月饼已经成为现今企业必不可少的一项福利，然而月饼送出去以后，员工大多都会抱怨不断，微软（中国）也不例外。唐骏在送月饼前，先从市场上购买了一些普通的散装月饼，带回公司和五星级酒店里的月饼做比较，结果发现相差并不是很大，于是唐骏就买了一批普通的散装月饼，然后换成微软的包装盒。然后，向全公司发送了一封公开信，内容大概是说今年的月饼可以由员工自己订购份数，由公司出面寄给你的家人或朋友，并会在月饼盒内附信一封，内写道：微软是全球最优秀的公司之一，微软（中国）是大中华地区最优秀的一个团队，而您的×××是微软（中国）大中华地区最优秀的员工之一。结果，全公司的员工争着订购这批月饼，公司通过这样一个举措不仅解决了送月饼的难题，更起到了令员工以公司为荣的效果。（张永生，2009）

（二）防御性行为

组织政策包含自我利益的保护和提升，但个体常常从事反击与保护性质的防御性行为，以避免行动或避免受责。站在组织的立场，防御性行为最大的缺点是很可能会降低效率。

防御性行为依其目标可以分为下面两类。

（1）避免行动。有时最佳政策是避免行动，最佳的行动就是不行动。常见的避免行动的方法有：①过度顺从；②推诿责任；③装聋作哑；④轻描淡写；⑤不切正题；⑥借故拖延。

（2）避免受责。为了不受到责备，发展出以下 5 种战术：①建立缓冲；②寻求安全；③正当化；④找"替罪羊"；⑤说谎。

三、权术和联盟

（一）权术：权力的战术

"权"，原意是指古代衡器及其称量行为。"权"的特点是根据不同的重量随时移动秤锤以保持平衡，即所谓的"权，然后知轻重"，后引申为审时度势、因事制宜。因此，权术的本意无非是指一种灵活运用的谋略和手段而已，即"弄权有术"。一般认为，在政治上，权术是为了达到夺取并巩固政权或获取并巩固权位（君位、官位）等政治功利目的而采取的具有隐晦、秘密特点的谋略和手段。在组织中，权术指的是员工如何将权力基础转换为具体的行动，也可称为权力的战术。

权力拥有者在试图行使权力或对别人的行为施加影响时，几乎都会采取标准化的方式。有研究调查了一百多位经理人，询问其如何影响老板、同事或部属，结果发现主要有如下 7 种权术或影响策略。

1. 合理化

合理化（Reason）是指使用事实和数据来证明自己的想法合乎逻辑、合情合理，是理性的意见。

2. 友情

友情（Friendliness）是指在提出要求之前，先称赞、奉承、讨好对方，表示亲善，并显露出谦卑的一面，以获得认可。

3. 联盟

联盟（Coalition）是指获得组织中其他人的支持和帮助以拥护自己的要求。

4. 谈判

谈判（Bargaining）是指透过讨价还价，使双方的利益取得一致。

5. 独断

独断（Assertiveness）是指采取直接而强硬的方式。例如，强调规章、命令，要求服从，重复提醒对方，命令他人做自己所要求的事等强制的方式。

6. 高层权威

高层权威（Higher Authority）是指获取组织内高层人员的支持，强化要求，以利于达到自己的要求和目标。

7. 规范的约束力

规范的约束力（Sanctions）是指运用组织的奖惩规定或绩效评估等形式来迫使对方

就范。例如，不准或不答应加薪、威胁给予不佳的绩效评估或暂停升迁的机会。

在这些权术策略中，面对不同的情境和影响对象，不同权术策略所使用的频率也不一样。表8-3就是当管理者面对上级和下属时，从最常用的权术策略到最少用的权术策略的排列。

表8-3 按使用频率高低排列的权术策略

使用频率	当领导者欲影响上级时	当领导者欲影响下属时
最常用 ↓ 最少用	合理化	合理化
	联盟	独断
	友情	友情
	谈判	联盟
	独断	谈判
	高层权威	高层权威
		规范的约束力

权术的运用与下述4个情境变量有关：①领导者的相对权力；②领导者想影响的目标；③领导者预期对方会顺从的意愿；④组织文化。那些权力较大、处于支配地位的领导者相对权力较小的领导者会更多地使用权术，而且后者会更频繁地使用强制独断的权术。如果领导者预期对方有较大可能顺从，则会降低使用权术的概率。如果组织中形成接受和支持运用权术的氛围，领导者使用权术的行为就很容易发生。

（二）如何获取权力

获取权力是成为领导者的必经之路。西方学者杜柏林提出，获取权力的策略与途径可以归纳为如下9种。

（1）同有权势的人建立联盟。假如你想要更多的权力，就要发展权力接触，努力成为拥有权力的人物的朋友。

（2）笼络或消灭。这是指为达到目的不择手段，或者笼络并赢得周围的人，或是使他们从你前进的道路上让开（如离职、降职、明升暗降或者使其失去原有的权力）。

（3）离间分裂。既然建立联盟是取得权力的一种途径，那么破坏别人的同盟就是你获取权力的另一种选择，即在上司和他最亲密的圈子之间制造矛盾，进而取而代之。

（4）控制重要信息，操纵经过整理分类的消息。通过控制对重要信息的获得权，你可以使想从你那里获取信息的人寸步难行，也可以使那些得到信息的人欠你一份人情。

（5）尽早表现你自己。及早干好一项工作，使有权势的人对你有良好的第一印象。

（6）累积和利用"施恩图报"。为别人做好事，但又确保他们明白有朝一日要回报这一份恩情。

（7）循序渐进。缓慢地、从容地前进，循序渐进相比激进的手段，更易赢得人们的信任。先做出微小的变化，使自己有立足点，以争取更大的变化。

（8）事情在变好之前必须先变坏。这意味着你要利用坏消息去引起人们注意并取得合作以实施你的策略。

（9）谨慎纳谏。征求下属的建议固然很重要，但要非常小心，以免使你对他们产生依赖感或变得脆弱易击。

上述观点具有强烈的功利性，其目的就是直接获得权力，并没有将如何获得职位权力和个人权力有效地区分开来。刘建军（2013）对这两个方面进行了归纳和总结，得出下述结论。

1. 获得职位权力的策略与途径

（1）通过完成关键工作获取职位权力；

（2）通过正常的晋升获取职位权力；

（3）在克服危机中获取职位权力；

（4）通过上级领导者的赏识、信任获取职位权力。

2. 获取个人权力的策略与途径

（1）通过人格感染力获取个人权力；

（2）通过自身专长的提高获取个人权力；

（3）通过感情和利益的投放获取个人权力；

（4）通过特殊关系获取个人权力。

（三）联盟：取得和增加权力的重要战术

对于那些没有权力而又想要追求权力的人，他们首先会试图增加个人的权力。非必要时，一个人是不会与他人分享其战果的。但若这条路行不通，依靠个人无法取得权力时，个体就可以采取联盟的方式，通过"人多"达到"势众"。联盟的逻辑就是：团结就是力量。联盟是透过积极地追寻某单一目标而结成的非正式团体，它是取得和增加权力的重要战术。比如，下属可以想办法同其他具有类似的或互补的依赖关系的人结合起来，并努力改变长期以来处于劣势的依赖与服从倾向，谋求更好的待遇和福利。历史上就有这样的先例，组织中的蓝领工人以自己的名义与管理者谈判破裂，转而求助劳工组织替他们谈判。近年来，白领员工和专业技术人员在仅靠个人力量难以达到提高报酬和完善工作保障的目的后，纷纷转向了工会组织。

在什么样的组织中容易产生联盟？首先，组织中的联盟为了能够施加权力以达成自己的目标，就要寻求组织中广泛的民意支持，这就意味着要扩大联盟范围，尽可能多地把有兴趣的人囊括进来，尽量扩充其规模。在那些注重合作、承诺以及参与决策权的组织中，联盟的扩展比较容易建立共识；若处于专制和等级森严的组织中，扩大联盟的规模就很难做到。

其次，联盟与组织内的依赖性程度有关。如果组织中的工作任务繁重且资源之间相互依赖，那么，联盟就比较容易形成；相反，如果组织中资源充足，且部门可以自我控制，那么由于部门之间的相互依赖性较弱，组织中的联盟数量就较少。

最后，联盟的形成也会受员工所从事的实际工作的影响。群体任务的常规性越强，出现联盟的可能性就越大。这是因为常规性越强的工作，员工之间的替换性就越强，导致他们之间的依赖性就越强。为了降低这种依赖性，他们求助于联盟的可能性就越大，这也是工会对低技能和非专业技术人员的吸引力远远大于对高技能和专业技术人员的吸引力的主要原因。

第三节 性 骚 扰

性骚扰（Sexual Harassment）在中国正在成为日益凸显的社会问题。2017年，广州性别中心根据6 592份数据样本及上百案例发布了《中国高校大学生性骚扰状况调查》。根据调查报告，有69.3%的受访者遭受过不同形式的性骚扰，其中女性占75%。而性骚扰事件中有近一成的实施主体是学校上级（领导、老师、辅导员等）。报告还显示，不论男生女生，在遭遇性骚扰后选择沉默忍耐的比例都接近半数（刘春玲，2018）。由此可见，性骚扰问题已相当普遍，而且现状堪忧，已日益成为不容忽视的社会问题。越来越多的企业组织开始关注工作场所的性骚扰，努力寻求和探索如何通过公司制度和个人自我防范等措施来减少和遏制这一行为的发生。

一、性骚扰：工作场所的不平等权力

（一）性骚扰问题概述

"性骚扰"一词最早是由美国的女法学家凯瑟琳·麦金农（Catherine A. MacKinnon）在20世纪70年代提出的。她认为，两性关系现存的"正常"模式是：男人视妇女为"现成可用的东西"，因而他们可以随意"攫取"妇女的资源。"性骚扰"使妇女处于臣属地位，因为它加强了男人的权力，妇女仅仅被视为"性对象"而丧失了其他身份。性骚扰形式的界定与各个国家和地区的文化、生活方式、固有制度紧密联系，目前尚未有统一的定义。

美国相关法律确定的性骚扰是工作场所的性骚扰。联邦法院在判例中确定了性骚扰的两种类型：交换利益性骚扰和敌意工作环境性骚扰。由于美国各州均有立法权，所以在联邦政府的法律规定和联邦法院创制的判例之外，各州也有规制性骚扰的法律规范。由于立法态度不同，各州的法律规范呈现出形形色色的特点，不仅不能一致，而且分歧很大。因此，对性骚扰法律概念的界定，在美国各州并无统一而确定的概念，只有一个基本界定：性骚扰主要是指发生在工作场所或者教育场所、大众住所、租屋、专业服务等场所的，基于性别歧视的、不受欢迎的主动地在性方面占便宜，要求性方面的好处及其他有关性方面的言语或肢体行为（靳文静，2008）。

1991年，欧盟委员会在有关文件中要求其成员采取行动，提高对性骚扰危害性的认识。文件指出，"性骚扰是一种不被接受的、损害人们尊严的行为""在工作场所中，如下与性有关的行为无论是来自上司或同事，均将被视为性骚扰：①它被另一方视为过度的、不受欢迎的和令人生厌的；②它被或明或暗地当作一种前提或条件，用以对另一方在业务培训、受雇、续聘、提升、工资及其他与职业有关的方面产生影响；③这种言行制造了一种威胁、敌意和不友善的工作环境。"欧盟的这一关于性骚扰的解释被联合国有关组织看作是与美国的上述定义同样具有重要影响的法律文件。

中国香港特区《公务员性骚扰投诉指引》对性骚扰的定义是：如对一名女性提出不受欢迎的性需要或获取性方面好处的要求，或对女性做出其不受欢迎的、涉及"性"的行径，并预期对方会感到冒犯、侮辱或惊吓，就是对女性做出性骚扰。其《性别歧视条例》对性骚扰也做了相应的界定：一方向另一方做出不受欢迎的、与性有关的冒犯行为，包括不情愿的身体接触、性贿赂、提出与性相关的行为给予某种利益的条件。此外还包括不涉及身体接触的言语、图文展示、眼神及姿势等，如查问别人的性生活、做出猥亵姿势等。在中国香港特区，某些情节严重的性骚扰行为，如淫亵电话、猥亵露体、性侵犯等，可能涉及刑事罪行。也就是说，一旦出现与上述情况相吻合的个案，就可以性骚扰侵犯来投诉或报案。

例证 8-5

民生银行性骚扰事件

2016年下半年，民生银行北京分行出现了引起舆论哗然的职场性骚扰事件。事件中骚扰女下属的业务主管系该分行中心商业区管理总部四中心的副总经理关某，他曾多次在微信上向其下属王女士提出到酒店"喝茶""见面聊聊"的要求，遭到拒绝后便以"辞退"为由威胁王女士。受到骚扰近半年的王女士最终因不堪忍受与涉事业务副总经理共事，选择对其行为进行曝光后"自行离开"。在强大的舆论压力下，民生银行将该名涉事高管做解除劳动合同处理。受该事件影响，民生银行股票一度下跌严重。（李盛，2017）

近年来，性骚扰问题在国内引起了很大的争论和关注，2005年，《中华人民共和国妇女权益保障法》将"实行男女平等是国家的基本国策"写入法律，我国首次在法律中对性骚扰说"不"；受害妇女有权向单位和有关机关投诉；违反该法规定，对妇女实施性骚扰，构成违反治安管理行为的，受害者可以提请公安机关对违法行为人依法给予行政处罚，也可以依法向人民法院提起诉讼。2019年8月，十三届全国人大常委会三审《民法典人格权编草案》进一步细化了禁止性骚扰条款，条款规定：违背他人意愿，以言语、行为等方式对他人实施性骚扰的，受害人有权依法请求行为人承担民事责任。用人单位应当采取合理的预防、受理投诉、调查处置等措施，防止和制止利用职权、从属关系等实施性骚扰。但相关法规目前对于"性骚扰"只有原则性规定，对于"性骚扰"的定义和内容都没有明确的界定。有学者归纳出了性骚扰的三个要件：一是违背了受害人的意愿。性骚扰行为应当是违背受害人意愿的行为，也正是因为性骚扰违背了受害人的意愿，因此，其可能导致受害人产生愤怒、焦虑等不良情绪。二是行为人实施了相关行为，这些行为是和性有关的行为。性骚扰行为表现的方式多种多样，但通常和性取向有关，行为人在实施性骚扰时可能采取口头的方式（如讲下流话、挑逗性语言等），也可能采用书面形式（如发黄色视频、短信等），还可能采用其他行为举动（如触摸生殖器或者以其他姿态骚扰他人）等。三是行为人在实施性骚扰行为时，其主观上是故意的（王利明，

2019)。

20世纪80年代或90年代初,澳大利亚、加拿大、日本和西欧的一些国家出现了"性骚扰"一词,该词有了正式的法律概念,这个法律概念在不同的国家有所不同。总的来说,性骚扰的立法分为两类:①在平等机会法律下禁止性骚扰;②在劳动保护法中制定关于性骚扰的立法。在一些国家,平等机会法律明确提出有关性骚扰的条款,强调男性和女性同样受到不遭受性骚扰的保护,而女性尤其需要保护。比利时的劳动保护法规定雇主在与雇员的关系中应该尊重、合宜、得体。意大利的劳动法规定雇主对雇员的身体和道德完全负责。葡萄牙和芬兰的劳动保护法则保证雇员在身体上和精神上有良好的工作条件。由于世界各国的风俗习惯不同,有些行为在一些国家属于正常范围,而在另一些国家则属于性骚扰行为。因此,性骚扰的定义又因不同国家而存在差异。

当然,即使是有相应的法律来保护受害者的权益,但在实际生活中有时还是难以实现,主要原因就在于性骚扰一般都是在人群稀少、仅有当事人在场的情况下发生,故缺少人证,也缺少物证,真正通过法律途径维护自己权益的案例并不是太多。因此,组织机构提供一定的保护保障、全民提高自我保护意识、个人注意预防和采取合理的应对方式是减少性骚扰发生的最好途径。

(二)权力与性骚扰

罗宾斯(2018)认为,权力的概念是理解性骚扰的关键,性骚扰在组织中被定义为任何带有性色彩的、能够影响个体成员的就业并产生一种不友善的工作环境的不必要行为或行动。无论性骚扰是来自于上司、同事还是下级,上司和员工的两极关系可以最好地表明不平等的权力关系。上司的职位权力使其拥有是否给予下属所期望得到的东西(比如,安排工作、提高薪水、良好的绩效评估等级)的权力。职业女性发现,由于性别的缘故,男性往往占据了更优越的位置,权力的不平等使她们常常不得不"出卖人格"以向权力换取所需的资源,如果女性对这种行为模式提出抗议或控告,那么就会给她们带来很多麻烦,她们会被冠以"行为不端"的罪名而很快成为男性滥用权力的牺牲品。由于权力的不平等,许多被骚扰的人只能忍气吞声。值得注意的是,高层管理者常常认为对女性员工的性骚扰只不过是他们对较低级别员工的一种权力扩展。

那些在权力职位上的女性也会受到来自于男性下属的骚扰。为了从女上司那里得到一定的权力或降低权力的悬殊程度,这些下属往往通过强调传统的性别刻板印象(比如,依赖性、被动性、缺乏职业责任感)来贬低女性的价值,对女上司构成消极的影响。

从实践来看,性骚扰行为大多发生在工作场所中,尤其是和工作联系在一起。虽然我们用权力这个概念来分析、理解工作场所的不平等权力的表现形式——性骚扰,但是要指出的是,它不仅仅是个人利用权力控制或威胁他人的问题,这种行为是违法的,施行者将受到法律的制裁。为了有效地防止性骚扰的发生,2019年的《民法典人格权编草案》条款规定:违背他人意愿,以言语、行为等方式对他人实施性骚扰的,受害人有权依法请求行为人承担民事责任。此外,人们对性骚扰现象进行深入探讨后发现,性骚扰并不仅限于男性对女性的骚扰、上司对下属的骚扰，也包括女性对男性的骚扰。

二、防止性骚扰

鉴于职场性骚扰发生之频繁及其对于职场秩序的影响，应从组织管理和个人应对两个方面对职场性骚扰进行预防和控制。

（一）组织管理

从组织角度而言，要以制度的形式保护处于弱势一方的人身权利，建立一套针对性骚扰的、专门而有效的预防和惩戒措施，其内容应包括以下方面：①对性骚扰的定义、具体且可操作的反性骚扰的制度和惩戒措施，并将书面资料发送给所有职工，使其研读熟知；②认真制定防止性骚扰行为的规定，制定并公布明确的禁止公司内发生任何性骚扰行为的现象，并且要求员工以书面形式告知他们已获知，并学习过该规定，明白违反该规定的后果（阿普尔盖特，2002）；③完备的监督制度，具有独立的监督系统和申诉机制。根据国际劳工组织1999年对14家跨国公司的调查显示，这些企业全都在内部制定了针对性骚扰的管理措施和处罚条例，大多数设立了专门的投诉和调查机构。

另外，企业组织应对员工进行针对性骚扰的培训工作。一项在宝安、龙岗、龙华三地区进行的员工调查发现，"工作中的性骚扰"在"女工100个不爽"调查中位列第二，有71.2%的被访问女工曾经被性骚扰，72.1%的受访者希望参加防治性骚扰的培训，同时希望工厂制定处理性骚扰的政策及机制并公示（刘明辉，2015）。员工性骚扰培训旨在提高员工的权利意识以及对性骚扰的认知能力，指导他们了解公司内部的各种申诉程序；对管理人员则是进行职责教育，告诉他们在法律和管理规则下该做些什么、如何去做。2007年11月由北京大学法学院妇女法律研究与服务中心主办，中国纺织工业协会、美国通用电气（中国）有限公司（GE）、河北省妇联及衡水市妇联协办，首次在中国著名民营纺织企业"爱慕"内衣有限公司、衡水市著名国有企业"老白干"酿酒集团公司开展了"企业防治职场性骚扰培训"并取得了良好的效果（王留彦、郭俊卿，2009）。

中国香港平等机会委员会则呼吁香港女性大胆举报性骚扰个案，该委员会在其宣传资料中指导市民，尤其是女性市民，一旦遇上性骚扰就应该这样做：①表明态度，制止骚扰者的骚扰，并马上举报；②记录每次被骚扰的时间、地点和情节，或告诉你信任的人，免得对簿公堂时拿不出证据；③寻找一个支持者或辅导员，因为他/她能够给予你情绪上的支持及提供机构中正式投诉程序的资料；④向平等机会委员会投诉；⑤法律诉讼。

除了以上对性骚扰的应对方式之外，香港平等机会委员会也对性骚扰的预防方式做了一些提示。它在"消除雇佣范畴中的性骚扰"指引中列出了防范性骚扰的良方，如引导市民清楚认识宣传"反性骚扰"的作用，提醒女性员工应观察工作场所的情况，及早察觉性骚扰征兆，公司或工厂也应常常提醒员工提高自我保护意识；当接到性骚扰投诉事件时，上层机构要做到客观聆听，并保护当事人的隐私，除了向投诉者提供正式的投诉渠道之外，还应协助当事人向平等机会委员会求助，以求获得专业指引。以上这些都是从组织管理上对性骚扰进行防范和应对，可以给予职工最大范围内的保护。

例证 8-6
对职场性骚扰说"不"

安妮·乔普里安曾是美国加利福尼亚州首府萨克拉门托市慈善医院的一名外科医生助理，2006年至2008年，她频繁地遭受到了所在医院里一些医生和工作人员的性骚扰："经常会有人对我动手动脚，要不就是从背后摸我，要不就是随便揽我的腰，甚至还有人强行把我拉近他的大腿处，用下流的语言骚扰我。"安妮忍无可忍，写信将自己这两年来忍受的种种不堪报告给了医院人力资源部的负责人。

该报告不但没有得到医院的重视，安妮反而在一周之后被医院辞退了。据院方的记录显示，安妮被辞退的理由是她曾在某个周日没有按要求来医院工作。遭受性骚扰又失业的安妮没有自暴自弃，而是走上法庭打官司。联邦法院陪审团最终决定判处医院所有者西方天主教会医院赔偿1.68亿美元，巨额补偿使该案成为美国历史上赔款数额最高的职场性骚扰案。（新浪资讯，2012）

（二）个人应对

预防与应对职场性骚扰除了要从公司组织角度进行之外，个人也有一些可为的地方。职场性骚扰发生的形式主要有以下3种：①在公共场合用开玩笑的方式进行语言或动作的猥亵；②偷偷赠送与性有关的礼物或展示色情刊物；③电话或短信骚扰，语言暧昧，内容或赤裸表白想发生性关系或其他。如果被骚扰者遭到拒绝，就以利益诱之或以降职、开除等手段进行威胁。针对这3种骚扰方式，个人可考虑采用如下3种应对方式。

（1）在工作中要爱惜名誉，保持尊严，举止端庄，衣着打扮得体，避免穿看起来比较暴露、性感的衣服；避免和有性骚扰倾向的异性单独在一起，如果对方以工作理由要求单独在一起，也应尽量选择较为公开的场所，并在工作时间内碰面。对于工作时间和场所之外的要求可以婉言拒绝，不给性骚扰者可乘之机。在与异性相处时，举止端庄，勿随意开玩笑以及说暧昧的话语让异性以为是某种暗示，以免自食其果。

（2）当发现有人对自己进行性骚扰时，要态度鲜明地向对方表明立场，如果对方仍不停止骚扰行为，便向有关部门进行申诉控告，寻求法律的保护。被对方性骚扰后，自己的态度很关键，这决定着骚扰是否会继续进行。一般而言，对于语言上的暗示，应婉转相告，自己不喜欢这样的玩笑，请对方以后最好不要开；对于动作上的小摸小捏，应较为严厉地制止；对于电话或者短信骚扰，可以告诉对方，如果再不停止，将使用电话录音或者将短信转发给对方的爱人或者向上级部门申诉；如果性骚扰者是自己的上级，拿捏着自己在工作岗位的去留、升迁权力，则应注意给对方留些颜面和余地，既要明确表明自己的立场，又让对方不至于太尴尬，但前提是敢于拒绝和反抗，如果因此丢掉工作，就向法院起诉。

（3）对性骚扰要有正确的认识，改变社会上认为女性应该对性骚扰的发生承担责任的观念。虽然一方面，大众观念都认为女性受性骚扰的概率要大于男性受害者，性骚扰法中也在较多方面保护了女性的利益。但在另一方面，也存在这样的观点，那就是女性应该对性骚扰的发生承担责任。其理由就是,女性在穿着打扮方面日趋性感暴露,在工作场所身着吊带短裙的女性不在少数,尤其是夏季更是如此,很容易让一些男性动邪念,另外,性骚扰具有难以取证的特点,从历年性骚扰的官司中来看,女性胜诉的屈指可数,这也给女性在应对性骚扰方面增加了社会压力。不过随着社会的日渐发展,人们的法制观念逐步深化,法制建设速度的加快使得无论是职场中的女性还是男性,都将会受到越来越多的法律保护,远离职场中的无形伤害。

例证 8-7

卡 恩 辞 职

2011年5月14日,62岁的卡恩涉嫌对纽约市时代广场一家酒店的一名女服务员实施性侵犯,之后在肯尼迪机场的航班上被逮捕。酒店的女服务员称,她进入卡恩房间打扫卫生时,看到卡恩全身赤裸,随后,卡恩在套间里冲着她追赶,将她拉入一间卧室,准备侵犯她,她挣扎着逃脱了,不过卡恩追上她将她拽到卫生间,强行将他的身体压向她。在卡恩伸出魔爪试图脱去她的内衣时,她再次逃走。之后,她跑到酒店前台,酒店职员报了警。

62岁的卡恩被外界认为有望代表社会党成为2012年法国总统候选人,虽然他还未宣布是否竞逐法国总统,但一些民意调查显示,他若参选,将会赢得选举。这次性侵丑闻不但使他失去了国际货币基金组织主席的职位,同时也与法国总统一职失之交臂。(环球网,2011)

本章小结

- 在组织中,权力是指个人或群体(A)影响或控制其他个人或群体(B)行为的能力。
- 权力基础划分为五大类:法定权、强制权、奖赏权、专家权和参照权。
- 组织中的政治行为是指超出个人正式角色的工作要求,运用权力去影响组织决策,影响或试图影响组织内部的利益分配的行为。
- 八种印象管理技巧:从众、辩解、道歉、宣扬、自我推销、吹捧、恩惠、示范。
- 七种权术策略:合理化、友情、联盟、谈判、独断、高层权威、规范的约束力。
- 随着人权意识的发展和对平等机会的关注,有关性骚扰的问题渐渐浮出水面并得到社会关注,如何界定和防范性骚扰已成为有关组织权力与政治研究的重要课题。
- 应从组织管理和个人应对两个方面预防和控制职场性骚扰。

 ## 案例分析

新东方高层内斗

新东方这个据称价值50亿元的企业,曾经差点因为高层内斗而分崩离析。

新东方的"三驾马车"——俞敏洪、王强和徐小平。

俞敏洪，现任新东方教育科技总公司总裁，新东方学校的创办人；王强，现任新东方总公司董事长，回国之前在美国贝尔实验室任高级电脑工程师；徐小平，新东方二次创业的功臣，之前是新东方公司的"二把手"、董事、副总裁，如今已然出局，在公司中无任何职务。在新东方产业公司新的"排位"中，徐小平已经掉出了权力核心，只有一个更多是"干活的""虚职"——新东方学校副校长。

2001年8月27日，俞敏洪正在跟人谈话，副校长王强的秘书推门进来交给他一封信。信封上贴着纸条，要求签写收信回执，信的抬头是"尊敬的俞敏洪董事长"。王强在信中，历数俞敏洪的过错、新东方的弊端，并正式做出了辞职、退股、离开新东方的决定。

28日晚，新东方紧急召开临时董事会。王强提出了一系列要求并给出了时间表，必须提交董事会讨论、决议。与此同时，副校长徐小平向俞敏洪递交了辞去董事的辞呈，加码支持王强。

紧急董事会之后，监事会主席包凡一加棒，说："如果王强离开新东方，我也离开新东方。"

紧急董事会开成了董事辞职会。

2001年11月21日，俞敏洪在召开股东大会时，提出一条"关于徐小平是否当董事重新投票"的提案，历数徐小平出尔反尔、意气用事、立场不端正等毛病，请股东讨论。表决结果以压倒性的多数通过了俞敏洪的提案，徐小平的董事职务被罢免了。

民营企业进入鼎盛时期后，一般难以逾越"排座次、论荣辱、分银饷"的"水浒模式"。在这种模式下，几乎所有的企业都会沿着一个大家十分熟悉的道路向下滑行，但新东方经过这次剧震后，却如凤凰"涅槃"般重生了。

怎么在发展的前提下平衡利益、摆脱随时可能分崩离析的危险局面，成了俞敏洪和他的团队的头等大事。新东方面临严峻的考验，开始艰难而痛苦地向"现代企业"转型。俞敏洪提出辞去新东方董事长兼总经理的职务，由王强出任董事长。既是因为王强办事极讲原则性，做事有长远规划，对于"公司战略、规划"有利，也是为了新东方的权力平衡，俞敏洪是最大股东，既做董事长又做总裁，权力太集中。

事实证明，老俞变了，新东方更成熟了。

徐小平在一封信中分析和反思，俞敏洪不但要承担学校的社会责任，还必须承担保护和兑现小股东利益的责任，权利、义务严重失衡。俞敏洪还没有足够的经验迅速进入状态，应付从未出现过的复杂局面，其背负的责任远远超出了他的承载能力，俞敏洪要翻船了！但是徐小平从来没有动摇这个基本观点：假如新东方是一艘大船，掌舵人俞敏洪迷失方向是这场改革艰难与痛苦的最主要根源。

新东方重新洗牌，救了徐小平，更救了新东方。

从一个个体户到现代公司，从一批文人到一批职业商人，新东方"教书一流""办学校一流""管理公司尤其是现代公司却不入流"的一批人完成了蜕变和升华过程。新东方股东的共同利益不能以兄弟情谊来维系，但可以用共同利益来维系兄弟情谊，这是新东方改革最宝贵的收获之一。（巢莹莹，2016）

问题讨论：

1. 列举和说明新东方高层内斗的原因。
2. 分析新东方高层内斗对新东方公司发展的影响。
3. 请为新东方公司实现转型摆脱内斗的局面提出一些策略建议。

管理游戏

8-1 公 司 小 品

场景设计：部门副经理跳槽离开公司，需要选拔一位新的副经理。

选拔流程：部门经理推荐，人事经理民意调查、考核，呈送意见给总经理，总经理呈送意见给董事长，下发人事经理，发任命书。

1. 董事长、董事长太太、总经理、总经理太太、人事经理、部门经理、员工五名以上。
2. 每位员工都希望自己能胜任。
3. 由学生扮演不同的角色，台词对话自己设计。
4. A、B、C、D、E 五名员工各有所长。
5. A、B、C、D、E 五名员工具有不同的特点：A 员工资历高，已在公司工作了 15 年，任劳任怨，但能力平平；B 员工是总经理太太的表侄，在公司工作 3 年，但人缘不好；C 员工技术和管理能力很强，但有点不服领导的管教；D 员工刚来公司工作 2 年，能力很强，学历高，硕士毕业；E 员工工作努力，能力也不错，但家里有个 9 岁的小孩需要自己照顾，丈夫经常出差。

分享：

角色扮演后分享自己对权力与政治的体会，谈谈公司内各种政治因素对副经理选拔的影响。

心理测试

8-1 你在你的群体中有多少权力

指导语：考虑你作为其成员的群体，它可以是一个工作小组或团体、一个委员会、你们学校的一个计划小组或者相似的群体。对下面的陈述按给出的标准打分，将分数写在每道题号前的括号内。

完全不同意：1 分　　不同意：2 分　　稍微不同意：3 分　　既不同意也不反对：4 分
　有点同意：5 分　　同意：6 分　　完全同意：7 分

（　）1. 我是该群体比较有发言权的成员之一。
（　）2. 群体中的人都倾听我不得不说的话。
（　）3. 我常常自愿地领导该群体。
（　）4. 我能够影响群体的决策。

( )5. 我发现自己常常在群体的活动或讨论中处在"核心"的地位。
( )6. 该群体的成员们都寻求我的建议。
( )7. 我是群体中的首倡者，常常是首先说出重要意见的人之一。
( )8. 我的想法和作用在群体中是得到认可的。
( )9. 我将领导该群体，而不是其某一成员。
( )10. 我的观点完全被群体成员充分接受。
( )11. 我毫不犹豫地说出自己的想法和思想。
( )12. 我的想法经常被贯彻。
( )13. 我在会议上提问就是要说些什么。
( )14. 群体成员往往要求我发表见解，给他们输入思想。
( )15. 会议期间，我常常担任抄写员、秘书或笔记记录员的工作。
( )16. 群体成员在对重大问题做决策之前，通常都要征求我的意见。
( )17. 在其他群体的成员面前，我成了一个小丑。
( )18. 我发现群体成员常常看着我，甚至不和我谈话时也一样。
( )19. 我恰好卷入了群体成员们正在处理的什么冲突之中。
( )20. 在该群体中我很有影响力。

计分标准如表 8-4 所示。

表 8-4 计分标准

你在可见性项目上的评分		你在有影响力项目上的评分	
1		2	
3		4	
5		6	
7		8	
9		10	
11		12	
13		14	
15		16	
17		18	
19		20	
总 分		总 分	

使用算出的得分在图 8-2 的可见性/影响力矩阵中标明你的位置。可见性和影响力的结合表明以下意思。

（1）高可见性/高影响力。象限 I 中群体的成员表明的行为具有高度的可见性并允许他们对别人施加影响。在组织中，这些人也许是很容易升迁的或"紧跟者"。

（2）高可见性/低影响力。象限 II 中群体的成员具有高度可见性行为，但很少能够产生实际影响力。这种情况不仅反映了他们的个性特征，也表明了正式的权力处在组织的其他什么地方。这些人常常是拥有职员但不能控制他们，职位使其显赫，但缺乏做好事情的"影响力"。

（3）低可见性/低影响力。象限 III 中的群体成员不管出于什么原因，都属于见不到和听不到的人。这类人在组织中难以进取。

（4）低可见性/高影响力。象限 IV 中的群体成员属于"幕后"施加影响的人。这些人常常是思想领袖和"聪明人"，他们施加影响但又乐于置身圈外不惹人注意。（雷迪，威廉森，1988）

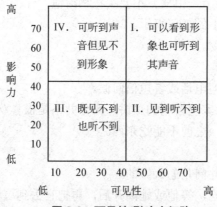

图 8-2　可见性/影响力矩阵

8-2　公司权力阶梯游戏

你在公司是否具备了往上爬的潜质？下面将提供在公司里发生的 5 种情景，每种情景有四种可能的行为选择，请做出你的选择。

1. 你认识到某问题正在危害公司的利益。当你告诉上司时他或她却一点也不在意。你决定：

（1）发一封邮件给上司的上司并给上司备份，陈述问题。这将有助于做某些事并让上司的上司知道自己是积极进取的。

（2）发一封邮件给上司并给上司的上司备份。陈述在此问题上你还是需要你的上司的帮助。

（3）发一封邮件给上司并直接向上司的上司汇报。如此仍无效果，你的上司也不会说自己不知道问题。

（4）直接向上司的上司汇报。

2. 在你的办公室里似乎没人真正在乎或注意人们是什么时间到的，但大家都注意人们是什么时候离开的，那些走得最晚的人受到赞许。你是一个早走者，你想早一点离开去接放学的小孩。你：

（1）早点上班，让别人知道你很早就开始工作，并说服他人来得早或晚是公司弹性工作时间制的一部分，是受到鼓励的。

（2）早点上班，接完小孩后折回办公室，等大家差不多离开了再回家。

（3）拒绝采用老一套的办公室政治。早去早走，让工作说话。

（4）按时上班，早走去接小孩回家。

3．你的部门未能达到上司的期望。当要你对此做出解释时，你：

（1）指责下属工作表现差。

（2）作为领导，自己承担责任并表示尽快改变局面。

（3）讲明部门员工短缺并指责人力资源部门未能找到足够的应聘者。

（4）讲明目标和任务要求高，达成比较困难。

4．经理说节日（如春节、中秋）不要买礼物给他。你：

（1）不买礼品给他，不做任何表示。

（2）给他买一个小礼物。

（3）给他买几种礼品。

（4）不买礼品给他，但电话或者短信问候。

5．一个同事给你一片家里自制的烙饼，但你并不是很喜欢吃。你：

（1）说下班后要抽血，之前不能吃东西。

（2）说你正在节食。

（3）说这烙饼很好看并问是怎么做的。

（4）吃一口，说很好吃，等他或她离开后，再把它丢到垃圾桶。

 参考文献

[1] FRENCH J R P, JR, RAVEN B, CARTWRIGHT D, et al. Studies in social power[M]. Oxford: University Michigan, 1959.

[2] IMF 主席被控性侵酒店女服务员在纽约被捕[EB/OL].（2011-05-15）. 环球网. https://world.huanqiu.com/article/9CaKrnJr6mz.

[3] WEBER M. Essays in economic sociology[M]. Princeton，N. J.： Princeton University Press，1999.

[4] 巢莹莹. 组织行为学[M]. 上海：同济大学出版社，2016.

[5] 陈兴淋. 组织行为学[M]. 北京：清华大学出版社，2006.

[6] 贺志刚. 公司政治典型情境[J]. IT经理世界，2002，10（20）：60-65.

[7] 简·阿普尔盖特. 公司智慧201：对创业者至关重要的经营妙计[M]. 贺相铸，等，译. 昆明：云南人民出版社，2002.

[8] 靳文静. 性骚扰法律概念的比较探析[J]. 比较法研究，2008（01）：135-141.

[9] 李开复. 微软的成功之道[J]. 企业文化，2009（2）：79.

[10] 李盛. 拿什么对职场性骚扰说"不"[J]. 工会博览，2017（03）：11-13.

[11] 刘建军. 领导学原理：科学与艺术[M]. 上海：复旦大学出版社，2013.

[12] 刘明辉. 关于反性骚扰立法的性别影响评估[J]. 中华女子学院学报, 2015, 27 (04): 5-11.

[13] 刘春玲. 高校防治性骚扰对策研究[J]. 中华女子学院学报, 2018, 30 (04): 30-34.

[14] 美国一女医生遭职场性骚扰获赔 1.68 亿美元[EB/OL]. (2012-03-04). 新浪网. http://hb.sina.com.cn/news/gdzx/2012-03-04/52258.html.

[15] 任迎伟. 西方组织政治行为理论研究评介[J]. 西南民族大学学报（人文社科版），2005（1）：366-369.

[16] 田在兰，赵巧丽. 组织行为学[M]. 北京：清华大学出版社，2012.

[17] [美]斯蒂芬·罗宾斯，蒂莫西·贾奇. 组织行为学[M]. 孙健敏，王震，李原，译. 16 版. 北京：中国人民大学出版社，2016.

[18] 王留彦，郭俊卿. 美国平等就业机会委员会在反性骚扰法中的作用及启示[J]. 法制与社会，2009（30）：219-220.

[19] 王利明. 民法典人格权编草案的亮点及完善[J]. 中国法律评论，2019（01）：96-108.

[20] 吴思嫣，严军生. 国美控制权之争的管理启示[J]. 现代管理科学，2011（1）：39-40，59.

[21] 张永生. 唐骏凭什么成功[M]. 北京：五洲传播出版社，2009.

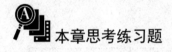
本章思考练习题

思考练习题

第九章
领导理论

学习目标

学完本章后，你应该能够：
1. 了解领导与管理的区别；
2. 掌握领导的六种权力；
3. 掌握领导的行为理论；
4. 掌握领导的权变理论；
5. 了解领导理论的新进展和应用。

引例

用兵法治商——中国最神秘企业家任正非

近年来，华为的发展壮大使思科、爱立信等电信巨头视其为"最危险"的竞争对手，而华为的迅猛发展自然离不开任正非过人的领导能力，及其对企业经营、贸易竞争的独特思考。

众所周知，任正非很喜欢读古今兵法，一有时间就琢磨如何将传统和现代兵法转化为华为公司的战略，以至于形成了华为军队般的企业纪律。最典型的一个例子是华为初期"农村包围城市"战略的运用。1992年，华为自主研发出了交换机及设备。当时，阿尔卡特、朗讯、北电等洋巨头把持着国内市场，任正非以"农村包围城市"的战略迅速占领市场，通信设备的价格也直线下降。1996年，华为开始在全球依法炮制蚕食欧美电信商的市场。

面对当前激烈的国际市场竞争，华为公司仍然随处可见任正非"兵法战略思维"的影子。2019年，中美贸易战升级，华为遭受明显的不公正打压，任正非对国家基础教育的焦虑愈加强烈。他表示，"我关心教育不是关心华为，是关心我们国家。如果不重视教育，实际上我们会重返贫穷的。一个国家有硬的基础设施，一定要有软的土壤，没有这层软的土壤，任何庄稼都不能生长。如果没有从农村的基础教育抓起，如果没有从一层层的基础教育抓起,我们国家就不可能在世界这个地方竞争。"他认为中美贸易的根本问题还是科技教育水平,国家一定要开放才有未来,但是开放的前题是自己要强身健体,强身健体的最终是要有文化素质。这正体现出任正非军人般广阔的胸襟以及宏伟远见。

华为的员工说,任正非对管理的天才领悟来自于他对人情世故、人心人性的深刻洞察。他对直接领导的华为高层,态度往往显得暴躁和不留情面。人们对任正非总是能够摸准产业脉动的战略判断能力表示深深的佩服。任正非在华为的地位至今无人可以代替,而他本人对现代董事会的决策机制不以为然,这从《华为基本法》中显而易见:"高层重大决策从贤不从众,真理往往掌握在少数人手里。"华为的整个机制散发出一种封闭的、极端推崇权威的气息,似乎与一家现代化的高科技公司有点不协调。

(资料来源:央视专访任正非:中美贸易摩擦的根源在教育 而国家强大的基础也在教育[EB/OL]. [2019-5-27]. http://news.cctv.com/2019/05/27/ARTIb5Y86CC89gFKxP5fTQCp190527.shtml.)

引例中的任正非是否天生就具有领导的潜质?他的领导行为(专权、批评甚至指责、严厉等)是否有效?他能否继续带领华为公司走得更好、更远?领导理论有助于我们对这些问题进行解答。

领导是指领导者对下属施加影响以完成他们的目标和任务的过程,它与管理具有一定的区别。领导理论的发展经历了特质理论、行为理论和权变理论三个阶段,近年来也有了新发展。领导有效性受某些因素(如心态、道德、信任、情景)制约,因此,针对这些因素对领导者进行相应的知识、心态和行为培训也就变得切实可行。

第一节 领 导 概 述

领导与管理具有很大的区别。领导者的影响力可分为职位性影响力和非职位性影响力。西方现代领导理论经历了特质理论、行为理论和权变理论三个发展阶段。

一、什么是领导

孔茨认为,领导是领导者促使其下属充满信心、满怀热情地完成任务的艺术(孔茨,韦里克,2014)。领导包括如下4个方面的内容:①领导是领导者对下属施加影响的过程;②领导作为一种组织行为,指向组织目标和任务;③领导作为组织导向行为,具备引导组织发展方向的作用,其中包括制定目标、制定规范和合理用人;④领导是领导者对下属进行激励和鼓舞的一种行为。

二、领导与管理的区别

对现代组织来说,管理与领导都是不可或缺的,组织的发展需要两者的有效合作。领导与管理的具体区别可用表9-1体现出来。

表 9-1 领导与管理的区别

类型	产生方式	所处理的问题	主要行为	影响下属的方式	思维特点	目标
领导	正式任命，或从群众中自发产生	变化、变革问题	开发愿景、说服、激励和鼓舞、制定目标和规范、用人	正式权威或非正式权威	直觉、移情、冒险、独处、创造	变革、建构结构、程序或目标，制定战略
管理	正式任命	复杂、日常问题	计划、监督、员工雇佣、评价、物资分配、制度实施	正式权威	理性、规范、合作、安全、程序	稳定组织秩序，维持组织高效运转

例证 9-1

他适不适合做领导

一天，某民营医药公司的王总经理前来找笔者，想要咨询有关公司管理和用人的问题。他谈到，当他的公司面临重大危机，资金周转不灵，急需资金帮助公司渡过难关时，员工李先生挺身而出，拿出一百余万元帮助公司渡过了难关。王总感激他，将他提拔为副总，主管营销和后勤，并分给他5%的股份。李副总性格稍显内向，办事认真、古板，让他负责装修，与预算相比还为公司节省了两万余元，让他主管后勤，每个月两部车的开销也能节省八百多元。他的管理细致入微，连汽车维修是在哪个汽修厂，他有时都打电话去核实。可他最近炒掉了几个员工，使王总感到很不安。因为这些员工在王总看来很不错。其他员工对李副总也颇有微词，不少员工向王总反映，李副总很小气，有时连一百多元的应酬费都不给签单报销。于是王总开始考虑，李副总到底适不适合待在目前的职位上。为稳定员工，王总只好自己又负责营销工作。

从性格上分析，李副总可能是略偏抑郁质的人，比较不适合做领导，但做一个管理者还是可以的。管理者是按章办事，如果公司制定了规范，让李副总按规范签字管理，他是可以胜任的。但该公司是创业期的新公司，很多事情依靠领导决定，无章可循，如果硬逼着一个管理者做一个领导者的工作，不但被提拔的管理者本人吃力不讨好，其领导成效也会大打折扣。（陈国海，张玲蕙，2005）

三、领导者的影响力

领导者（Leader）是指实施领导过程的人。领导者的影响力即领导者影响下属接受目标或命令、自愿服从或强制服从的力量，它分为职位性影响力（即与领导者的正式职位所赋予的权力相联系）和非职位性影响力（即与个人的才智、经验、领导能力和过去的业绩相联系）。

心理学家佛伦奇（J. French）和瑞文（B. Raven）将领导的影响力分为五种：法定权（Legitimate Power）、强制权（Coercive Power）、奖赏权（Reward Power）、专家权（Expert Power）和参照权（Referent Power）。俞克（G. A. Yukl）在此基础上增加了信息权（Information Power；Yukl & Falbe，1991）。表 9-2 列出了这六种影响力的内容和影响方式。

表 9-2 领导的六种影响力

六种影响力	含 义	影响力类型	内容和影响方式
法定权	领导掌握支配下属的职位和责任的权力,期望下属服从法规的要求	职位性影响力	任命、罢免等权力,具有明确的垂直隶属关系
强制权	领导随时可以为难下属,下属避免惹他生气	职位性影响力	对不服从要求或命令的人进行惩罚,使之惧怕,如批评、训斥、降薪、降级、解雇,是一种负性强化的方式
奖赏权	领导能给下属以特殊的利益或奖赏,下属知道与他关系密切有好处	职位性影响力	对合理期望者分配有价值资源,如鼓励、表扬、发奖金、晋级,是一种正性强化的方式
专家权	领导的知识和经验使下属尊重他,服从他的判断	非职位性影响力	专业知识在决策、运营等方面的影响,影响方向可能是平行或自下而上的
参照权	下属喜欢、拥戴领导,并乐意为他做事	非职位性影响力	人格魅力和社交技能使人欣赏、喜欢、服从,示范和模仿是影响的主要方式
信息权	领导掌握和控制对下属而言非常有价值的信息,下属依赖领导的信息分享而行事	职位性影响力	以是否分享信息作为奖惩的手段,领导掌握分享信息的主动权

四、西方现代领导理论的发展

西方现代领导理论的发展大致经历了以下三个阶段。

(一)第一阶段:领导特质理论阶段

该阶段始于 20 世纪初期至 20 世纪 40 年代。特质理论是指通过对领导者的身体、性格、气质、智力等方面的分析,找出好的领导者所必须具备的特性,用该理论预测领导效果和指导选拔领导者显得并不可行。其原因主要有:①领导者的成败不仅与个人特质有关,也与环境有关。特质理论把个人特质看作是领导成败的主要因素,而忽视了环境的影响,当然不能预测领导效果。②从成功的领导者身上鉴别出来的特质至少有上百种,但并未找到完全一致的那些特质,而且,进一步的研究发现了更多的新特质,如按这种特质清单选拔领导者,没有人能够符合当领导者的条件。③对领导者特质测定的信度和效度令人不够满意,这样可能遗漏了某些重要的领导者特质,调查结果也可能并不十分客观。

(二)第二阶段:领导行为理论阶段

该阶段从 20 世纪 50 年代开始,因特质理论的有效性受到怀疑,研究者们转而致力于研究领导者实际工作中可观察的行为。行为理论认为,领导者做什么和怎样做是领导效果的决定因素,只要其行为得当就能取得好的领导效果。其研究的主要倾向是以工作任务为中心和以关心人为中心的两种领导风格如何相互结合以取得好的领导效果。研者们意识到,并不存在适用于所有情况和环境的领导行为或风格,于是,研究转向了领导权变理论。

(三) 第三阶段:领导权变理论阶段

该阶段从 20 世纪 60 年代开始。前两种理论都过分强调了领导者对领导效果的主导作用,而忽视了被领导者和环境的影响。权变理论则综合考虑了领导者、被领导者和环境的影响,认为领导者必须按照不同的被领导者和环境,调整领导行为或风格,才能取得好的领导效果。时至今日,该理论已成为领导理论研究的主流。

第二节 领导特质理论

从古希腊亚里士多德开始,领导特质理论(Trait Theories of Leadership)经历了由传统的领导特质理论向现代的领导特质理论的转变。传统的领导特质理论认为,领导者的素质是与生俱来的,不具备天生领导素质的人不能当领导,这个观点到 20 世纪 70 年代逐步为现代的领导特质理论所取代。迄今为止,领导者素质研究仍具有现实意义,人与工作、组织、环境相匹配理论的有效性支持了这一点。

一、西方领导特质理论的研究

早期的领导特质理论研究的是成功的领导者与他们所具备的特质之间的关系。斯多基尔(R. M. Stogdill,1904—1978)对 1904—1970 年有关领导者素质的研究做了综述(Stogdill,1974),将找到的领导素质分为如下六大类:①身体特征,如体格强壮、精力充沛、充满活力、仪表出众、打扮整洁;②社会背景,包括接受过高等教育和具有良好的社会地位;③智慧和才能,如拥有过人的智慧、具备专业知识和技能;④性格,如自信、支配、进取、独立、自制、创造;⑤工作特点,如渴望获得成就、责任感强、有事业心和以工作为荣;⑥社会技能,如善于交际、有行政能力和能够与人合作。

在排除了身体特质与成功的领导无关之后,领导特质理论家们认为某种心理或情感方面的特质与领导也存在某种关系。文献中常提及的领导特质包括智力、远见、明确、灵活、想象力强、道德、胆大、风度好、精力充沛、知识渊博。

二、中国领导特质理论的研究

古代对国家栋梁之材的选贤标准体现在荀子所提倡的"全、尽、粹"和唐太宗所主张的"德行学识"并重。根据荀子的思想,"全"是指人的知识、才智和品质要完全、全面;"尽"是指人的知识、才智和品质要得到彻底、极度的发展;"粹"是指人的知识、才智和品质纯而不杂、精而不乱(林秉贤,2004)。

从 20 世纪 90 年代开始,我国学者开始对我国领导人才的特质进行概括和实证研究,他们大多采用卡特尔 16PF、CPI、"大五"人格、EPQ、MBTI 等个性测量工具或者自编的个性测量工具进行研究。沈俊英(2016)认为优秀领导的特质主要表现在有思想、有实招、有情怀、有风格和有后劲。马庆霞和李铮（2013）用创新性、稳定性、社会性、进取性、领导性、包容性、计划性、敏感性、自信心、果断性、责任心和掩饰性共12项要素对党政机关和企事业单位领导进行测评，发现领导者的人格特质存在年龄、性别、职级等方面的差异。于米（2015）对中国央企高管进行人格测评后发现，央企高管在人格特质、与人沟通及团队领导方面的共性有：①基于实感，获取信息；②处理信息，思考为先；③判断感知，有组织、有纪律；④人际关系管理，表达多于欲求。

例证 9-2

王石的军人特质

万科集团总经理王石于1968年参军，1973年从部队转业。1993年，万科做出放弃多元化的决定，现在成为真正意义上的单一业务的房地产集团，并且只专注于开发居民住宅地产，完成了集团战略专业化的调整。而万科能够成功，离不开王石自身军人特质对企业的影响。首先是坚强的毅力。王石面对万科转型的重重困难时并没有放弃，而是顶住各方面的压力，始终将成为房地产行业的领跑者作为万科的目标，使万科成功地完成了从多元化到专业化的转型。其次是谋略思维。王石放弃其他盈利行业、实行专业发展房地产行业的战略使许多人难以理解。分析中国市场经济不难发现，房地产行业必将成为中国经济发展的主要支柱之一，企业必须集中优势资源，在行业中形成竞争优势，才能在市场中立足，这说明王石当时的选择是正确的。最后是团队意识，万科的成功是一个团队的成功。王石将培养专业化、有激情、有创造力的团队作为万科创立和发展的一个重要使命。每年春节假期结束前两天，二级公司老总和总部高层管理人员就会汇聚到一起，就公司的发展战略和管理客体进行探讨和研究。万科始终相信只有团队才能帮助万科获得成功。（余凤，2011）

三、女性领导

瑞信研究院于2019年发布的 *CS Gender 3000* 报告显示，全球女性高管比例为17.6%。女性高管比例最高的10个国家中，有7个来自亚太地区，其中菲律宾（34%）、泰国（28%）和澳大利亚/新西兰（25%）一直稳居前三。值得关注的是，印度（8%）、韩国（4%）和日本（3%）的女性高管比例名列8至10名。中国大陆企业中，女性高管比例从2016年的15.8%下降到了2019年的15.2%。同时，董事会女性成员占比为11.0%，相比2010年的10.1%只提高了不到一个百分点。可见，在我国女性领导者仍然很少。因此，组织如何培养女性走向领导岗位是一个比较迫切地需要解决的问题。

性别不同，相应地，领导风格也会存在差异，有部分学者对男女领导风格的差异进行了研究。陈许亚和张丽华（2010）认为，传统的领导行为带有明显的"阳性化"色彩，即渴望竞争、遵从等级权威、能理智地分析和解决问题。与此不同，女性领导者更倾向于采用一种"阴性"的领导模式，其特点是协商、授权、关怀、与下属交流和沟通。李成彦、王重鸣和蒋强（2012）对于两性领导风格差异的原因进行了研究，他们以女性创业者为研究对象,认为影响领导风格的并不是个体的性别本身,而是其对性别角色的认定。不同性别角色认定的女性创业者在领导风格上存在差异,女性化者多采用高关怀的方式,而男性化者则多采用高定规的方式。

例证 9-3

"铁娘子"的柔情

董明珠是格力电器董事长兼总裁,她被媒体称为"铁娘子",但是"铁娘子"也有对员工柔情的一面。以下为董明珠为员工发过的福利。

(1)向员工公开私人手机号码。格力的八万名员工都知道她的手机号,因此,员工们可以随时向她反馈,就连司机没有车用的时候也可以发信息给她。

(2)解决员工住房问题。2017年2月,董明珠表示在未来的几年中要让所有格力的员工享受到两房一厅,而且由她来出钱,只要员工不走人,当他们退休的时候,房子就属于员工本人。早在2005年,格力电器就出资2亿元建立了员工生活区——康乐园一期。该园区的建筑面积达12万平方米以上,可容纳员工10 000多人。而在2014年,占地面积近4万平方米、斥资4亿元的康乐园二期工程也已经投入使用。

(3)年终奖发奖金、送手机。格力电器2016年的员工年终奖包括实物奖励和资金奖励,实物奖励之一就是格力手机。"我们先给员工涨1 000块钱工资,年终发年终奖时再送一个手机,有什么不可以呢?有什么值得大惊小怪的?"

(4)给员工家属人文关怀。一个三十多岁的格力员工不幸患病,当时在海外出差的董明珠得知这个消息后,立马打电话给该员工的领导,要求他请中国最好的专家去治疗,结果员工被诊断为脑死亡。董明珠后来又请了一位最高职位的医生为该员工进行诊断,但结果还是脑死亡。按照国家规定,工伤死亡顶多给员工赔偿个二三十万就解决问题了,而格力给员工家属的赔偿补助高达一百二十多万元,还为这位去世员工的弟弟安排了工作。

(案例来源:AI 财经社. 董明珠对格力员工有多好?除高温补贴,还送房送手机 [EB/OL]. [2017-08-08]. http:// testshipei.qq. com/cmsid/20170808A0107800.)

四、领导的道德

近年来,领导的道德问题越来越受到研究者的关注,领导道德缺失的根源在于:①个人思想深处遗留的封建社会"官本位""家天下"的陈腐观念使一些领导者的道德行为得不到有效的规范,从而对员工产生了重大的负面影响。②市场经济的趋利性使一些领导的人生观和价值观发生畸变,经受不住金钱和美色的诱惑。③一些领导放松了自己的道德修养标准,世界观和道德观发生扭曲,经受不住名誉和地位的考验促使个人私欲膨胀,进一步加剧了道德缺失(李森,2013)。

领导有效性应当强调手段和目的的统一性,但在实践中这种统一性经常被打破。通用电气公司的前总裁杰克·韦尔奇被认为是富有成效的领导者,他为股东们带来了很好的回报，但每年的《财富》杂志都会将他列为最令人憎恨和被人责骂的 CEO 之一。通过建设高强度工作的公司文化，比尔·盖茨成功地领导微软成为主导软件行业的公司，但微软的公司文化要求员工长时间工作，使得那些想平衡工作和个人生活的人感到无法忍受。中国人历来重视领导者的道德问题，特别强调"德才兼备"。普通百姓对那些刚正不阿、大公无私、秉公办事的清官倍加称赞，而对欺压百姓的贪官污吏则讽刺鞭挞、深恶痛绝，这种观念至今仍深深地影响着现代人的思想。若一个领导者的道德修养很差，尽管他很有才能，也很难得到人们的好感和支持。中国现行的对领导干部的选拔和考核标准都非常强调道德的重要性。如何考查一个人的道德以及了解其道德发展变化的规律，如何按照"德才兼备"的原则选拔领导，以及如何依法领导、对领导加强监督，这些是中国领导科学在新时期的重要研究课题。

五、信任是有效领导的基石

奥利可夫和托藤（Orlikoff & Totten, 1999）认为，信任包括 7 个方面的内容：①承诺（Commitment）；②熟悉（Familiarity）；③个人责任感（Personal Responsibility）；④完整性（Integrity）；⑤言行一致（Consistency）；⑥沟通（Communication）；⑦原谅与和好（Forgiveness and Reconciliation）。所谓诚信领导，就是领导者在领导过程中能够表现出诚实守信、言行一致、表里如一、诚恳负责的品质或行为，从而有利于团体实现组织目标。信任被认为是有效领导的基石，《高效工作的七种习惯》的作者可威（S. R. Covey）认为，信任就如向"情感银行"（Emotional Bank）投资（Covey, 2003）。更有学者认为，信任是企业竞争优势的一部分。信任如此重要，那么领导应当如何建立下属对自己的信任呢？表 9-3 第 2 列列出了建立信任的 12 条建议，第 3 列则列出了破坏信任的 12 种做法。

表 9-3　建立信任与破坏信任的做法

序　号	建立信任的做法	破坏信任的做法
1	及时传递信息	控制或隐瞒信息
2	致力于建立建设性关系	远离价值和原则，关注容易产生问题的细节
3	不要隐藏计划	隐藏真实目标和意图
4	尊重并认可他人对关系的贡献	把交往关系看作是输或赢的关系
5	不要刻意隐藏自己的弱点	刻意隐藏自己的短处
6	明确对下属的要求和期望	不与下属分享自己的要求和期望
7	关系比牵扯到的个人更重要	我的就是我的，你的则可商量
8	要有长远的目光	把交往看作是交易
9	创造协同	强调劳动分工和过去

续表

序　号	建立信任的做法	破坏信任的做法
10	更好地理解自己和他人	孤立自我，通过他人工作
11	认识到并非关系的任何方面都是成功的	让人知道你有其他选择或潜在的伙伴
12	将问题看作是机遇	不计代价地保护自我

例证 9-4

王石：领导不宜管太多

2016 年，万科中西部区域媒体工作会上，时任万科董事会主席的王石发表了讲话。他表示，领导除了要勇于承担责任外，还应该对下属给予充分的信任，让下属充分发挥自己的主观能动性。王石还指出，现实中，很多公司都不需要董事长或创始人事事指挥，但是这些领导或创始人就是舍不得放手，总是习惯性地发号施令。"一个发展得很成熟的企业已经不需要董事长或创始人管得太多，管得太多反而发展不好。"为此他举例说，万科的一个合作伙伴被他邀请到剑桥大学参加赛艇培训，要耽搁四个星期。起初这位老板担心坚持不下去，因为企业有很多事情丢不开。但四个星期下来，企业发展得很好，超出了他本人的预期。王石对员工的信任也有利于员工培养自信心，使他们能够不断进步。

（资料来源：王石：做的正是体现社会责任　企业管理中领导不宜管得太多[EB/OL].[2016-11-21]. https://finance.sina.cn/chanjing/gl/2016-11-21/detail-ifxxwrwk1536645.d.html.）

六、幽默作为领导的一般特质

对工作场所的幽默研究可追溯到 20 世纪 50 年代中期（陈国海，2005），近年来，专家学者们对这方面研究的兴趣有增无减，包括《领导科学》《人力资源开发》《决策》等商业期刊都刊登有此类研究文章。幽默是每个领导者、管理者必备的主要魅力之一，善用幽默的管理者比古板严肃的管理者更有领导魅力。很多成功领导者的实例都表明，通过幽默使自己的形象更人性化是使下属与自己齐心合作的关键（江华，周媔，2016）。幽默是需要领导认知和寻求的力量，这种力量源于人类文化，具体表现于人际关系、个体心理等方面（刘文娟，彭君，2012）。在领导活动中，领导者主要可以在以下情境中展现幽默的力量：展现魅力，增强亲和力；激励下属，鼓舞士气；化解尴尬，融洽关系；淡化矛盾，消除误会（苏洁，2008）。

领导特质理论家把幽默看作领导的重要特质，显然幽默不是第一位或首要的特质，也并非所有的特质理论家都承认幽默是领导必须具备的特质，但幽默可归结为领导的一般特质。伯德（Bird，1940）总结了早期所做的研究，发现在众多的特质里面，一致性比较高的只有四项，即智力、主动、幽默感与外向。

CA 公司、美国西南航空公司等企业均在领导和组织文化上奉行幽默的实践中收到了良好的效果（笑天，2001；张小平，2000）。最近，美国宾州大学管理学系发现，管理绩效最好的是加拿大某大金融机构，而其领导特色之一就是善用幽默。宾州大学管理学系副教授索西可表示，管理阶层带来的智性激扬应该包含幽默、有趣，甚至滑稽，这些要素和创造力的关系非常密切。

例证 9-5

沃尔玛公司自上而下的幽默

如果雇主与经理表现出幽默并鼓励工作时享受乐趣的话，员工就会对工作持有更积极的态度，沃尔玛在这一方面做得很成功。创办人山姆和他的高级主管都非常懂得幽默，只要是能令大家开心的事，他们都会很高兴地去做。

例如，1984 年，山姆与当时的高级主管格拉斯打赌说当年的税前净利润不会超过营业额的 8%，但最后超过了。为此，山姆穿着奇装异服在华尔街上跳呼拉舞，并被记者刊登在报纸上，还特别注明他是沃尔玛公司的董事长。又如，1987 年，该公司副董事长查理·塞尔夫在一次周六例会上打赌说该年 12 月份的营业额会超过 13 亿美元，结果输了，他不得不穿着粉红色裤子，戴着金色假发，骑着白马，在本顿威尔闹市区招摇过市。还有一次，山姆俱乐部的员工和当时的总裁格拉斯说要送他一件猪皮大衣，结果在销售竞赛的足球赛后，送了格拉斯一只活猪，意为连皮带肉一起送给他。在沃尔玛，高级主管遭受员工愚弄的事是相当常见的，山姆认为这也是公司文化的一部分，它使公司上下级更加贴近，沟通变得更加容易。（鲁钟鸣，2004）

第三节 领导行为理论

领导行为理论在于了解有效领导者的行为是否具有独特之处。领导行为理论的提出为领导者培训提供了广阔的天地，通过对具体行为的培训，可培养出大量的有效领导者。

一、俄亥俄州立大学的研究

最全面且应用较广泛的行为理论是于 1945 年由俄亥俄州立大学的斯多基尔和沙特尔提出的领导行为理论。通过收集大量的下属对领导行为的描述，他们将领导行为分为两个维度，分别称为结构维度和关怀维度。

结构维度（Initiating Structure）是指领导者更愿意界定和建构自己与下属的角色，以达成组织目标。它包括设立工作、工作关系和目标的行为。高结构特点的领导者会向小组成员分派具体工作，要求员工保持一定的绩效标准，并强调工作的最后期限。

关怀维度（Consideration Structure）是指领导者尊重和关心下属的看法和情感，更愿意建立相互信任的工作关系。高关怀特点的领导者会帮助下属解决个人问题，友善而平易近人，公平地对待每一个下属，并对下属的生活、健康、地位和满意度等问题十分关心。

以此为基础而进行的大量研究发现，高结构—高关怀的领导者常常比其他三种类型的领导者（即高结构—低关怀、低结构—高关怀、低结构—低关怀）更能使下属取得高工作绩效和高满意度，但并非总能产生效果。

二、密执安大学的研究

与俄亥俄州立大学的研究同一时期，密执安大学调查研究中心也进行了类似的研究。密执安大学的研究者也将领导行为划分为两个维度，称为员工导向和生产导向。员工导向领导（Employee-oriented Leader）领导重视人际关系，他们总会考虑到下属的需要并承认人与人之间的不同；相反，生产导向领导（Production-oriented Leader）更强调工作的技术或任务事项，主要关心群体任务的完成情况，并把群体成员看作是达成目标的手段（Likert，1961）。

密执安大学研究者的结论肯定了员工导向领导者的有效性。该结论认为，员工导向的领导者与群体的高生产率和高工作满意度成正相关；而生产导向的领导者则往往与低群体生产率和低工作满意度联系在一起。

三、管理方格理论

管理方格理论（Management Grid Theory）是研究企业的领导方式及其有效性的理论，是由美国得克萨斯大学的行为科学家罗伯特·布莱克（Robert R. Blake）和简·莫顿（Jane S. Mouton）在《管理方格》一书中提出的（Blake & Mouton，1964）。这种理论倡导用方格图表示和研究领导方式。布莱克和莫顿认为，在企业管理的领导工作中往往会出现一些极端的方式，或者以生产为中心，或者以人为中心，或者以 X 理论为依据而强调监督，或者以 Y 理论为依据而强调相信人。为避免趋于极端、克服以往各种领导方式理论中的"非此即彼"的绝对化观点，他们指出：在对生产关心的领导方式和对人关心的领导方式之间，可以有使两者在不同程度上互相结合的多种领导方式。为此，他们针对企业中的领导方式问题提出了管理方格法，设计了一张纵轴和横轴各九等分的方格图，纵轴和横轴分别表示企业领导者对人和对生产的关心程度。第 1 格表示关心程度最低，第 9 格表示关心程度最高。全图总共 81 个小方格，分别表示"对生产的关心"和"对人的关心"这两个基本因素以不同比例结合的领导方式，如图 9-1 所示。

图 9-1 管理方格图

管理方格图中，1.1 定向表示贫乏的管理，对生产和人的关心程度都很低；9.1 定向表示任务管理，重点抓生产任务，不大注意人的因素；1.9 定向表示所谓的俱乐部式管理，重点在于关心人，企业充满轻松友好的气氛，不大关心生产任务；5.5 定向表示中间式或不上不下式管理，既不偏重于关心生产，也不偏重于关心人，完成任务不突出；9.9 定向表示理想型管理，对生产和对人都很关心，能将组织的目标和个人的需要最理想、最有效地结合起来。

布莱克和莫顿认为,9.9定向方式表明,在对生产的关心和对人的关心这两个因素之间,并没有必然的冲突。通过对自由选择、积极参与、相互信任、开放的沟通、目标和目的、冲突的解决办法、个人责任、评论、工作活动九个方面的比较,他们认为,9.9定向方式最有利于企业的绩效。因此,企业领导者宜客观地分析企业内外的各种情况,把自己的领导方式改造成9.9理想型管理方式,以达到最高的效率。

布莱克和莫顿还根据自己任职的组织的发展经验,使用领导方格理论对管理人员进行了培训,总结出了向9.9管理方式发展的6个阶段的方格训练。

阶段1:方格研讨会。在为期一周的会议上,参与者应用问卷或案例分析自己的管理风格,并学习解决问题的团队方法。

阶段2:团队工作发展。管理人员将在两个不同的群体中做团队发展工作,这两个群体分别是由上司组成的群体和由下属组成的群体。此时,组织发展顾问常会促进团队建设工作,如进行班组建设,以健全的协作文化取代陈旧的传统、先例和过去的实践,建立优秀的目标,增强个人在职位行为中的客观性。

阶段3:群际发展。改善群际关系的措施包括:①每人准备一份有关实际的工作关系与理想的工作关系的书面报告;②每个群体汇总自己的关于实际与理想工作关系的认识;③两个群体会面并比较各自的认识;④双方共同开发新型的工作关系。

阶段4:设计理想的战略组织模型。由高级主管共同开发战略组织模型,其内容主要包括:①对组织财务目标最差、最优的清晰界定;②对组织活动的性质、特征的明确界定;③对市场与顾客的范围、特征的清晰界定;④合理的组织结构;⑤决策的基本政策;⑥实现增长的方法等。以战略组织模型作为公司的基本纲领和日常运作的基础。

阶段5:执行理想的战略模型。研究现有组织,找出目前营运方法与理想战略模型的营运方法的差距,明确企业应该在哪些方面进行改进,设计出如何改进的目标模式,在向理想战略模型转变的同时使企业正常运转。布莱克和莫顿认为,通过这样的努力,可以使企业逐步改进现有管理模式中的缺点,逐步进步到9.9管理定向模式上。

阶段6:系统评估。实现组织战略目标的最后一步是系统地检查组织在完成目标过程中的进步。由于沟通和计划不善是组织成功的最大障碍,因此,评估过程在方格训练中十分重要。

四、PM理论和CPM理论

(一)PM理论

PM理论由日本学者三隅二不二在20世纪60年代初提出。所谓PM,是指团体机能,任何一个团体都具有两种机能:一种是指团体的目标达成机能,也指工作绩效,简称P(Performance);另一种是指维持强化团体的机能,也指团体维系,简称M(Maintenance)。

P包括计划性和压力等因素。为了完成团体目标,不仅要求领导者有周密可行的计划和较强的组织能力,而且要求对下级严格规定完成任务的期限,制定规章制度和各级职责范围,对执行情况进行检查。

P机能所造成的压力会使下级产生紧张感，甚至引起上下级的对抗，而M机能的作用就在于通过对下级的关怀体贴，消解人际关系中不必要的紧张感，缓和工作中所产生的对立和抗争，对下级进行激励支持，给下级以发言和表达意见的机会，激发员工的自主性，增强成员之间的友好和相互依存性，满足部下的需求，以维护组织的正常运营，保证组织目标的实现。

PM理论认为，领导者的作用在于执行这两种机能，其行为均需包括这两种机能。如果以P为横坐标，M为纵坐标，并在P和M坐标的中点各画一条平行线，就可划分出PM（两者兼备型）、Pm（执行任务型）、Mp（机体维持型）、pm（两者俱无型）四种领导类型，如图9-2所示。一般来说，PM型组织生产量高，对工会和公司的信赖度也高，凝聚力最强，效果最好；Pm型、Mp型居中；pm型最差。但从事单调无意义的工作时，Mp型的效果最差。

（二）CPM理论

凌文辁等（1987）在PM理论的基础上提出了CPM理论。该理论认为，领导行为应包括工作绩效P（Performance）、团体维系M（Maintenance）和个人品德C（Character and Moral）。C因素起着一种模范表率的作用，通过角色认同和内化作用，可以激发被领导者的内在工作动机，使其努力地去实现组织目标。榜样的力量是无穷的，领导者的模范表率行为对被领导者来说是一种无声的命令，其影响力往往胜于命令、指挥、控制和监督（高日光，王碧英，凌文辁，2006）。可以这样认为，C机能对P、M机能起着一种增幅放大的作用，CPM模式中C、P、M三者的机能如图9-3所示。

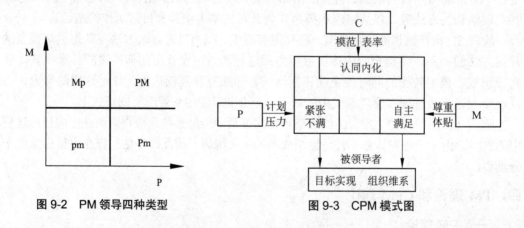

图9-2 PM领导四种类型　　　　图9-3 CPM模式图

第四节　领导权变理论

领导权变理论认为，要找到一个适合于任何组织、工作、任务和下属的领导者特质或领导行为是不切合实际的，要根据具体情况来确定有效的领导类型和方式。领导的有效性是领导者、被领导者、环境的函数。

一、菲德勒权变理论

美国学者菲德勒（F. E. Fiedler）于20世纪60年代初提出了"有效领导者的权变模式"理论，简称菲德勒权变理论（Fiedler, 1967）。菲德勒认为，领导风格是影响领导效果的关键因素之一。每个领导者的领导风格由其人格特征所决定，因而是相对稳定的，可以用"最不受欢迎的同事"问卷（Least-Preferred-Coworker，LPC；见本章末尾心理测试9-1）作为测量工具加以鉴别，高LPC分数的领导者类型为关系取向型领导，而低LPC分数的领导者类型为工作取向型领导。

菲德勒认为，有效的领导行为依赖于情境对领导者是否有利。情境的有利程度由下面3种因素所决定。

（1）领导者与下属的关系。关系好坏是指领导者受其团体成员喜爱、信任、乐意服从的程度。

（2）工作结构。工作结构以是否明确为指标，其内容包括每位成员是否了解工作所需要的条件是什么；是否有实现目标的多种途径；是否有独特的处理问题的正确解决方案；是否清楚决策的正确性。

（3）领导者的职权。职权以强弱为指标，主要指领导者的职位有多少权力，有无雇用、辞退、奖惩下属的权力，任职期限有多长，是否得到上级的支持等。

在上述3种情境因素中，领导者与下属的关系最为重要。这3种情境因素相互组合构成8种情境类型，如表9-4所示。

表9-4 八种情境类型

情 境	1	2	3	4	5	6	7	8
领导者与下属的关系	好	好	好	好	差	差	差	差
工作结构	明确	明确	不明确	不明确	明确	明确	不明确	不明确
领导者的职权	强	弱	强	弱	强	弱	强	弱
有利程度	最为有利	比较有利	比较有利	中等有利	中等有利	不太有利	不太有利	最为不利

研究表明，工作取向型领导在最为有利和最为不利的情境（情境1、8）中的领导效果较好，关系取向型领导在中等有利的情境（如情境4、5）中最能发挥领导效率。

二、领导行为连续体理论

坦南鲍姆（R. Tannenbaum）和施米特（W. H. Schmidt）于1958年提出了领导行为连续体理论。他们认为，经理们在决定何种行为（领导作风）最适合处理某一问题时常常遇到困难。为了使人们从决策的角度深刻认识领导作风的意义，他们提出了如下连续体模型。

领导风格与领导者运用权威的程度、下属在做决策时享有的自由度有关。在连续体的最左端表示的领导行为是专制的领导；在连续体的最右端表示的是将决策权授予下属的民主型的领导。在管理工作中，领导者使用的权威和下属拥有的自由度之间是一方扩大、另一方缩小的关系。在高度专制和高度民主的领导风格之间，坦南鲍姆和施米特划分出了7种主要的领导模式（见图9-4）。

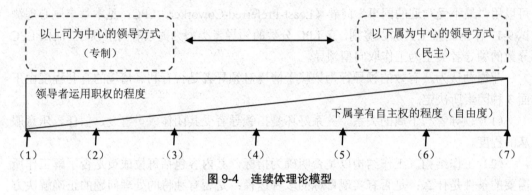

图 9-4　连续体理论模型

（1）领导做出决策并宣布实施。在这种模式中，领导者确定一个问题并考虑各种可供选择的方案，从中选择一种，然后向下属宣布执行，不给下属直接参与决策的机会。

（2）领导者说服下属执行决策。这一模式中，领导者同样承担确认问题和做出决策的责任，但他不是简单地宣布实施这个决策，而是认识到下属可能会存在反对意见，于是试图通过阐明这个决策可能给下属带来的利益来说服下属接受这个决策，消除下属的反对意见。

（3）领导者提出计划并征求下属的意见。在这种模式中，领导者提出了一个决策并希望下属接受这个决策，他向下属提出一个有关自己的计划的详细说明并允许下属提出问题。

（4）领导者提出可修改的计划。在这种模式中，下属可以对决策发挥某些影响作用，但确认和分析问题的主动权仍在领导者手中。

（5）领导者提出问题，征求意见做决策。这种模式中，领导者的主动作用体现在确定问题，下属的作用在于提出各种解决的方案。最后，领导者从自己和下属所提出的解决方案中选择一种他认为最好的解决方案。

（6）领导者界定问题范围，下属集体做出决策。该模式中，领导者的工作是弄清所要解决的问题，并对下属提出做决策的条件和要求，下属按照领导者界定的问题范围进行决策。

（7）领导者允许下属在上司规定的范围内发挥作用。如果领导者参加了决策的过程，他应力图使自己与团队中的其他成员处于平等的地位，并事先声明遵守团体所做出的任何决策。

在上述各种模式中，坦南鲍姆和施米特认为，不能抽象地认为哪一种模式一定是好的、哪一种模式一定是差的，成功的领导者应该是在一定的具体条件下，善于考虑各种因素的影响、采取最恰当行动的人。通常，管理者在决定采用哪种领导模式时要考虑以下 3 个方面的因素。

（1）管理者的特征，包括管理者的背景、教育、知识、经验、价值观、目标和期望等。

（2）员工的特征，包括员工的背景、教育、知识、经验、价值观、目标和期望等。

（3）环境的要求，包括环境的大小、复杂程度、目标、结构和组织氛围、技术、时间压力和工作的本质等。

根据以上这些因素，如果下属有独立做出决定并承担责任的愿望和要求，能够理解所规定的目标和任务并有能力承担这些任务，领导者就应给予下属较大的自主权力；反之，领导者就不会把权力授予下属。

坦南鲍姆和施米特的领导行为连续体理论对管理工作的启示表现在以下几个方面。

首先，一个成功的管理者必须能够敏锐地认识到在某一个特定时刻影响他们行动的种种因素，准确地理解自己，理解自己所领导的群体中的成员，理解所处的组织环境和社会环境。

其次，一个成功的领导者必须能够认识和确定自己的行为方式，即如果需要发号施令，他便能发号施令；如果需要员工参与和行使自主权，他就能够为员工提供这样的机会。

该理论的贡献在于指出了成功的领导者应该在多数情况下能够评估各种影响环境的因素和条件，并根据这些条件和因素来确定自己的领导方式和采取相应的行动。

例证 9-6

松下幸之助的领导风格变化

松下公司的创始人松下幸之助先生作为领导者，在公司脱离了生存问题进入发展期时转变了自己的领导风格，从初创期"笃信佛教"的家族式领导风格逐步走向强化企业命运共同体建设，以"纲领、信条、七大精神"为基础，这样的领导风格在管理系统中起到了不可多得的正面作用。同时，该领导风格把培养人才作为重点，强调将普通人培训为有才能的人。20 世纪 30 年代，松下公司步入成熟期，其内部的管理体系得以确立，而松下幸之助先生的领导风格再次转变，其积极成分构成了松下公司整体管理氛围的骨架，使其完全脱离了家族亲情式领导力风格。随着企业规模的扩大，家族股权降到了 3% 以下，并确立了"自主自立的个人""建立培养专家型人才"和以"成果主义"为核心的人事制度，并配以适应经营环境变化的组织体制，领导力风格最终平稳地完全过渡到制度化，更加适应企业在未来的发展。（麦肯纳利，2008）

三、领导生命周期理论

心理学家科曼（Karman，1966）将工作与关系两个领导行为维度与下属的成熟度结合起来，提出了领导生命周期理论（Life Cycle Theory of Leadership）。赫西（P. Hersey）和布兰查德（K. H. Blanchard）于 1976 年发展了该理论，提出了"情境领导理论"（Situational Leadership Theory）。领导生命周期理论认为，领导类型应该适应组织成员的成熟度。这里所指的成熟主要是指心理成熟。成熟度是指成就动机、承担责任的意愿（包括愿望、热情、信心）和能力（包括学识、技能和经验等），表 9-5 列出了成员不成熟和成熟的表现。随着组织成员由不成熟趋于成熟,领导行为应按以下四个步骤推移:高工作、低关系→高工作、高关系→低工作、高关系→低工作、低关系;相应的四种领导方式依次是:命令型→说服型→参与型→授权型,如图 9-5 所示。

表 9-5 成员不成熟和成熟的表现

不成熟的表现	成熟的表现
消极	积极
依赖	独立
有限的行为	多样的行为
对工作的兴趣淡薄	对工作的兴趣浓厚
目光短浅	目光长远
低的、从属的职位	高的、显要的职位
缺乏自知之明的	自我意识强的

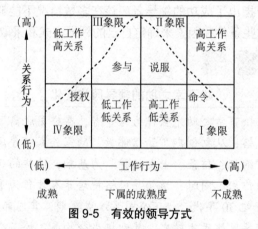

图 9-5 有效的领导方式

由图 9-5 可以看出,当下属很不成熟时,采用高工作、低关系的命令型领导方式最有效;当下属不太成熟时,采用高工作、高关系的说服型领导方式最合适;当下属比较成熟时,采用低工作、高关系的参与型领导方式最有效;当下属的成熟度相当高时,采用低工作、低关系的授权型领导方式最合适。

四、道路—目标领导理论

1971 年,加拿大学者豪斯(R. J. House)把期望理论与俄亥俄州立大学的领导行为理论结合起来,发展出了道路—目标领导理论(Path-goal Theories of Leadership)。豪斯等人认为,领导是激励下属的过程,领导者的责任就是通过明确指出如何实现工作目标的途径来帮助下属并为下属扫清通向目标的各种障碍,从而使下属能够顺利达到目标。

根据道路—目标领导理论,领导者要想激励下属,必须做到:①使下属认识到实现目标后所能获得的利益;②提高下属对实现目标的期望值,明确下属的工作内容和要求,帮助下属掌握实现目标的方法，使其明确通向目标的途径；③使下属的需要在实现目标的过程中得到满足，刺激他们的工作动机。为此，领导者必须根据下属的情况和环境的特点，采用不同的领导方式。以下是一些具体情境和相适应的领导方式的例子。

例子①：外控型下属（指依赖性比较强的人）对命令型领导比较满意。

例子②：内控型下属（指相信自己能掌握命运的人）对参与型领导比较满意。

例子③：对经验比较丰富或能力比较强的下属，授权型领导比较适合。

例子④：对经验不足或能力比较差的下属，命令型领导比较适合。

例子⑤：在工作性质和任务不明确，下属不知如何去做、压力较大时，命令型领导比较适合。

例子⑥：在工作性质和任务比较明确，下属知道如何去做时，说服型领导比较适合。

例子⑦：当群体成员内部存在激烈的冲突时，命令型领导可能比较有效。

例子⑧：组织中的正式权力关系越明确、越官僚化，领导者越应表现出说服型行为，降低命令型行为。

第五节　领导理论的新发展和应用

近年来，领导理论又有了新发展，主要包括领导—成员交换理论、领导替代模型等。在具体实施领导的过程中，要学会选择与领导者、下属、任务、环境相适应的领导方式。

一、领导—成员交换理论

领导—成员交换理论（Leader-Member Exchange Theory）由乔治·格里恩（George Graen）提出（Liden & Graen, 1980）。该理论认为，由于时间压力，领导者与下属中的少部分人会建立起特殊关系，这些下属成为圈内人。一般地，领导倾向于将个人特点（如年龄、性别、态度）与自己相似，有能力、性格外向的下属选为圈内人。由于受到信任，这部分人会得到领导更多的关照，更可能享有特权，得到的绩效评估等级也更高，离职率更低，对领导更满意。而其他下属则成为圈外人，他们占用领导的时间较少，获得满意的奖励的机会也较少。该理论认为，当领导者与某个下属进行相互作用的初期，领导者就已暗自将其划入圈内或圈外，并且这种关系是相对固定不变的。

二、领导替代模型

科尔和杰迈尔（Kerr & Jermier, 1977）创立的领导替代模型（Substitutes for Leadership）认为，在有些情景下，领导过程可能不会对下属产生影响，或者这种影响会被其他因素替代，使领导过程失去作用的变量被称作"中和"因素。例如，下属对领导者提供的报酬漠不关心会使领导者运用报酬影响下属的方法失效；领导与下属之间的物理空间距离过远容易导致下属没有太多的机会接受领导的指令与命令等。科尔等人还发现，许多"替代"因素将使领导变得可有可无。例如，员工的能力强、经验丰富、知识面广；工作任务明确、工作内容有趣并具有挑战性；工作团队凝聚力强、组织结构明晰（如标准化、正规化水平高）。表9-6列举出了领导的一些中和因素和替代因素。

表 9-6 领导的中和因素与替代因素

因　　素	说服型领导	命令型领导
1. 下属特征		
（1）经验与训练	替代	
（2）职业化	替代	替代
（3）对组织报酬漠不关心	中和	中和
2. 任务特征		
（1）任务明确	替代	
（2）反馈直接	替代	
（3）工作任务挑战性强	替代	
3. 组织特征		
（1）团队有凝聚力	替代	替代
（2）领导缺乏权力	中和	中和
（3）标准化与正规化	替代	
（4）组织缺乏灵活性	中和	
（5）领导与下属空间距离远	中和	中和

三、交易型领导与变革型领导

交易型领导者（Transactional Leader）通过明确角色和任务要求来指导和激励下属为完成既定目标而工作，根据下属表现的恰当性对下属加以奖励或约束。前文中的大多数理论，如俄亥俄州立大学的研究、菲德勒的权变模型、道路—目标理论等所谈的都是交易型领导者。

变革型领导者（Transformational Leader；Tichy & Devanna，1986）鼓励下属专注于组织的利益而非自身利益，并能够对下属产生深远而不同寻常的影响。表 9-7 描述了交易型领导者与变革型领导者各自的特点。交易型领导与变革型领导的分歧在于交易型领导者既未将员工的需求个人化，也不关注其个人成长，前者的特征是强调"交易"，后者的特征是强调"改变"。交易型领导者通过与员工的交易而获得合作，并监督这种交易关系；而变革型领导者以魅力和预测性沟通为基础，在实现愿景的同时使个体在工作能力、道德水平上得到提升和自我完善。

表 9-7 交易型领导者与变革型领导者的特征

交易型领导者	变革型领导者
• 权变奖励：遵循努力与奖励相互交换原则，良好的绩效是获得奖励的前提，承认员工的成就 • 通过例外管理（主动）：监督、发现不符合规范与不标准的行为，并予以改正 • 通过例外管理（被动）：等待偏差、错误出现后才进行干预，采取正确的行动 • 自由放任：放弃责任，回避决策	• 领导魅力：榜样，牺牲自我，言行一致，高道德标准 • 感召力：为下属工作提供意义和挑战，热情乐观，使下属预见不同的未来，通过言行激励下属 • 智力激发：提出假设，重新定义问题，用新视角和新方法处理老问题；从不公开批评下属的过失；对事不对人 • 个性化关怀：把下属当作一个完整的人，而不是仅当作雇员看待，平等对待每一个人，并根据其不同情况给予培训、指导和建议

通用电气公司前任总裁杰克·韦尔奇就是名副其实的变革型领导，曾国藩（张抒，陈国权，2004）则是典型的交易型领导。有些领导虽具备变革型领导的某些特征，但并

非变革型领导,有些也可能是变态的变革型领导,希特勒、墨索里尼就是这样的例子。就变革型领导而言,领导魅力和智力激发对额外努力、对领导的满意度和领导者有效性具有正面的影响,个性化关怀对额外努力具有正面的影响(李超平,时勘,2003)。

四、公仆型领导

公仆型领导以员工为导向,他们关心员工并把服务员工和帮助员工成长和发展放在第一位(Parris & Peachey, 2013; van Direndonck, 2011),在此基础上使员工变得更为"健康、明智和自由"。

在员工创造力受到组织高度重视的今天,这种领导方式变得尤为重要。一方面,提高自身的创造力水平是员工自我成长和发展的一个重要方面,由于公仆型领导会关心并帮助员工实现自我成长,所以公仆型领导会帮助员工提升创造水平;另一方面,公仆型领导关心员工,会积极地给员工授权,鼓励员工进行自我决策,他们持有很高的道德准则,能让员工明白所做工作的价值和重要性,可以在员工情绪低落时予以情绪抚慰,这些行为在某种程度上会激发起员工的内在工作动机,从而使其表现出更高的创造力水平(林钰莹,许灏颖,王震,2015)。

例证 9-7

张瑞敏的梦

海尔最初的技术是从德国利勃海尔引进的,后来当人们问利勃海尔的老板,张瑞敏为什么能够后来居上时,他非常简单地回答道:"因为海尔有个梦,而我们没有。"什么是"梦"?梦就是梦想、就是理想、就是远大的抱负。张瑞敏的这个梦就是"敬业报国",就是"振兴中华"。有了这个理想,就有了远大的目标,就有了不断提升的高标准;有了这个理想,就有了激情,就有了不竭的动力;有了这个理想,就有了顽强的意志,就有了克服困难的勇气;有了这个理想,就有了处理各种矛盾的标尺,就有了良好的内外环境。(艾丰,2004)

五、E-领导

E-商业(E-business)是指通过信息媒介进行买卖和办公(前台和后台),以此为导向或动力的现代商业。全球商业变化的动力经由20世纪70年代的石油禁运和贸易不平衡,80年代的敌意收购、裁员和私有化,90年代的流程再造和ERP变革,到了21世纪的E-商业。作为推进变革的领导必须适应这种变化,与E-商业相适应的领导方式称为E-领导(E-leadership)。E-领导面临的问题包括如何利用知识管理策略和信息技术,快速有效地将新的信息注入组织;如何带领跨功能团队将远景付诸实践;如何创建快速和高效的组织;如何领导新型员工(如知识型员工、在家工作的员工)以及多元化员工;如何留住人才;如何克服组织变革的阻力。

奇思乐(Kissler, 2001)总结出E-领导应该具备以下特征:
(1)乐于面对复杂性、模糊性和不确定性;

(2) 为实现目标，愿意无私奉献；
(3) 强烈反思，包括自己的失败；
(4) 隐藏对懈怠和官僚的过分憎恶；
(5) 非常好奇和终身学习；
(6) 经常大胆而又理性地冒险；
(7) 因心中价值和不可动摇的信念而信心百倍；
(8) 能够培养和留住人才；
(9) 善于建立和领导组织外围的人际网络。

六、对新型员工和新生代员工的领导

（一）对新型员工的领导

在知识经济时代中，知识成为最重要的经营资源。维持知识经济发展动力的是掌握知识的员工，即知识员工，他们成为当前新型员工群体的重要组成部分。知识员工最早由彼得·德鲁克（1956）提出，他将其定义为"利用知识或信息工作的人"。知识员工自身工作的特殊性使得对这一群体的领导也面临新的挑战。具体来说，知识员工的特性表现在知识员工的流动性、工作环境的不确定性、成果的无形性三个方面。因此，对知识型员工的领导需要做到：①承认知识型员工的进步，激发其潜能和热情；②处置绩效不佳的员工，以免知识型员工受到牵连；③听取知识型员工的内心想法，及时调整工作目标；④帮助知识型员工发现问题，吸取经验，防止问题恶化。

除知识型员工外，新型员工还包括另外两种群体：一种是劳务派遣员工。企业发展到一定规模之后会选择将非核心员工外包给劳务公司，这部分员工与劳务公司签订劳务合同，但是向用人单位提供劳务，这种员工群体被称为劳务派遣员工。劳务派遣员工的人事关系虽然不在用人单位，但是在用人单位工作期间，用人单位的领导该如何对这部分新型员工实施有效领导也是一个值得探讨的课题。另一种新型员工指的是具有法律效应的自然人。我国法律规定，自然人也属于商业活动的主体，能与企业签订合作协议，这样，企业领导和该自然人之间就存在一种新型关系，即自然人只需按合同要求提供劳务，并不作为企业员工。如今，以个人名义与企业签订合作协议的自由职业者越来越多，企业领导该如何在没有劳务合同的情况下对其进行影响，提高其劳务产出质量成为急需企业领导和管理学界思考解决的重要课题之一。

（二）对新生代员工的领导

新生代员工是指 1990 年以后出生的员工，一般我们习惯将其称之为"90 后"。与老一代员工相比，他们具有如下特点：①自我意识非常强烈，敢于冒险以打破现状；②懂得把握住机会，能够敏锐地观察到社会规则；③不循规蹈矩，有较强的自主性、创新性和兴趣导向性。与前辈相比，"90 后"表现出了鲜明的性格特征，但这也使其存在一定缺点，如自尊心较强、责任心较弱、缺乏团队意识等。尽管"90 后"员工存在着不足之处，但随着时间的流逝以及其自我技能的提升和知识的沉淀，他们终将成为企业的主导力量。

因此，企业内部管理人员需要对与"90后"员工之间的关系进行及时的调节，使他们尽快成长为企业的中坚力量（朱思其，2018）。

例证 9-8

立华彩印：用心管理"90后"

成立于1996年的立华彩印，如今已是拥有昆山遂宁两个工厂、一千八百多名员工、年产值超过四亿元的中国印刷百强企业。

立华彩印针对"90后"员工有很多特殊的管理模式，首先会给他们提供一定的上升通道，让员工觉得工作比较有希望。为此，公司会组织一些培训，同时提倡绩效改善率，就是鼓励员工在工作中发现问题，然后提出改善方案。经过实际检测后，如果员工确实为公司节省了费用，就会按比例得到现金奖励，同时这也会记录到该员工的档案中去，对他以后的升迁和工资调整都有很大的帮助。其次，每个月，管理层都会找几个员工代表做访谈，倾听员工的心声。例如，以往在吃饭时间，因员工人数多，时常会出现员工因排队时间长而耽误休息时间的情况，经过员工反映之后，该企业将员工分4批，每15分钟一批进食堂用餐，问题由此得到了解决。

此外，立华彩印还会组织一些兴趣班，每个月定期举行活动，如拔河比赛、羽毛球比赛、篮球友谊赛……这些集体活动既能提高员工的参与度和热情，也能提高年轻人的工作积极性。（王晓莎，2014）

七、领导方式的选择

领导者的领导方式对领导有效性有着重要影响。按以任务为中心和以关系为中心两个维度，可将领导方式划分为四种，即影响型（高任务、高关系）、指导型（高任务、低关系）、合作型（低任务、高关系）、授权型（低任务、低关系），如图9-6所示。其中，影响型和指导型可归为集权型领导方式，合作型和授权型可归为民主型领导方式。关于在组织中采用何种领导方式最有效并无一定的规则，应该根据实际情况灵活调整，一般来说可以根据下述五种情况进行调整。

图9-6 四种领导方式

（一）情况是否紧急

情况越是紧急（如危机处理），或者完成任务的急迫程度越高，越应采用集权型领导方式（影响型和指导型），但实际上也并不尽然。如果任务复杂，非集体智慧不能解决，那就需要采用民主型领导方式，情况紧急程度与领导方式的选择如图9-7所示。

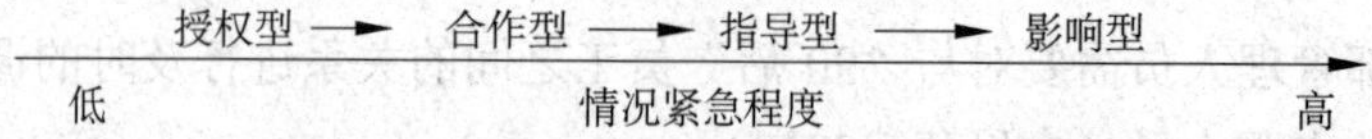

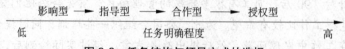

图 9-7 情况紧急程度与领导方式的选择

（二）任务是什么

任务越复杂、越重要、越有难度，或者任务比较明确，越应采用民主型领导方式（合作型和授权型），这样可以集中集体智慧，增强集体战胜困难的意志力，增强预测事态变动的准确性，任务结构与领导方式的选择如图 9-8 所示。

图 9-8 任务结构与领导方式的选择

（三）领导的能力

一般而言，领导的能力越低，越应采取民主型领导方式（合作型和授权型）；领导的能力越高，越应采取集权型领导方式（影响型和指导型）。当领导处于低动机、低能力的情况下，所谓的授权型领导实质上是变相的放任型领导，领导的能力与领导方式的选择如图 9-9 所示。

图 9-9 领导的能力与领导方式的选择

（四）下属的能力

针对能力水平或任务目标的理解和熟悉程度比较高的下属，宜采取民主型领导方式（授权型和合作型），这样可以充分调动下属的工作积极性，使其有效地完成任务。对于那些能力较低或习惯被领导的下属，宜采用集权型领导方式（影响型和指导型），然后再逐步向民主型领导方式转变，下属的能力和领导方式的选择如图 9-10 所示。

图 9-10 下属的能力与领导方式的选择

(五) 民族文化

民族文化会影响领导方式的选择，同时，领导方式的选择也需要考虑多元化员工所具有的不同民族文化。影响型和指导型领导方式适合于高权力距离的文化，如阿拉伯世界、远东地区、拉丁美洲、亚洲的一些国家和地区。合作型和授权型领导方式适合于低权力距离的文化，如挪威、芬兰、丹麦、美国、加拿大和瑞典等国家。在高个人主义的国家适合采用交易型领导方法，在高集体主义的国家则适合采用变革型领导方法，这样才可以收获更好的结果。在进行跨文化领导风格选择时，首先需要考虑国家和民族的个人主义和集体主义倾向，参考文化背景采取合适的领导风格（崔明哲，吴维库，金占明，2010）。

 本章小结

- 领导是指领导者对下属施加影响以完成他们的目标和任务的过程，它与管理具有一定的区别。
- 领导理论的发展经历了特质理论、行为理论和权变理论三个阶段。
- 领导特质理论经历了由传统的领导特质理论向现代的领导特质理论的转变。传统的领导特质理论认为，领导者的素质是与生俱来的，而现代的领导特质理论认为领导者的大多数素质是在实践中培养和养成的。
- 领导行为理论在于了解有效领导者的行为是否具有独特之处。俄亥俄州立大学的斯多基尔和沙特尔发现，领导行为可分为结构维度和关怀维度；密执安大学的研究者也将领导行为划分为两个维度，称为员工导向和生产导向；管理方格理论将领导行为分为对生产的关心和对人的关心两个基本因素，并以这两个因素的不同比例结合呈现不同的管理风格。
- 领导权变理论认为，要找到一个适合于任何组织、工作、任务和下属的领导者特质或领导行为是不切合实际的，要根据具体情况来确定有效的领导类型和方式。领导的有效性是领导者、被领导者、环境的函数。
- 近年来，领导理论又有了新发展，主要包括领导—成员交换理论、领导替代模型等。

 案例分析

华为总裁任正非的特质

《走出华为》折射出任正非特殊的领导方式，《华为的冬天》透露出任正非贯穿始终的危机意识，《我的父亲母亲》述说着任正非的至孝至忠。这就是任正非，一个"毛泽东"式的、典型的中国企业的领导，一个变革型领导，一个以自己的人生准则感性地影响员工，同时又异常重视科学管理的理性领导者。（张玉清，2009）

一、能力

1. 学习能力

任正非的学习能力相当出众，这突出表现在他在求学期间自学了三门外语、在从军期间做出了大量技术发明创造并两次填补了国家空白。这种学习能力在华为创立初期显得尤为重要。华为的定位是自主研发，作为创立者的任正非，不可避免地需要学习一些IT业的最新技术，了解当时全球IT产业的发展状况，以此为基础才有可能做到深谋远虑，确定华为的战略方向。以今天华为的发展情况来看，任正非的学习能力毋庸置疑。

2. 战略眼光

企业的发展方向有赖于一个具有战略眼光的领导者，任正非在这一点上也是合格的。华为专攻通信网络设备的选择使它得以持续发展，乃至在国际市场上占得一席之地，继而建设3G网络。华为得以稳扎稳打地发展，应该说是任正非在市场变化过程中独具战略眼光的功劳。

3. 发现缺点的能力

这是有效领导者必备的能力之一。在一个看似运转良好的企业中，在获益几十亿元、飞速发展的光环下，要能够发现企业的短板，这需要冷静分析和自我批评精神。任正非在这一点上做得很好，他每年为员工敲警钟、提示缺点，同时指出改进的方向，从而让企业获得继续发展的动力。

4. 人际交往能力

领导者通过沟通向下属传递自己的目标并使下属愿意追随自己为目标奋斗，这反映出领导者的人际交往能力。任正非通过"危机管理"和个人魅力使下属认同自己的目标、跟随自己，通过严格的制度、严厉的批评和慈爱的关怀让员工坚定信念，当然，不自私的品质也让他的员工无怨无悔地为华为效力。

二、人格

1. 孝敬

《我的父亲母亲》中任正非的真情流露震撼人心，作为长子，在与父母同甘共苦的日子里，他继承了父母为人的原则，因袭了父母的优秀品质，对父母的感恩之情更是在他心中生根发芽。孝敬本身与领导并无很大关系，但这种品质却可增加领导者的人格魅力，从中流露出的浓浓的人情味会让领导者变得可敬。

2. 低调

任正非的低调或许与他早年的生活经历有关。他的父母在"文化大革命"时遭受打压，他自己在部队时也因政治成分问题而得不到应得的奖励，久而久之使其养成了低调的性格。任正非个人的低调随着他对华为的领导，渗透成为华为的低调文化。有很多媒体记者抱怨任正非总是不接受采访，有点不近人情，而任正非却回应道："我知道自己的缺点并不比优点少，并不是所谓的刻意低调。这些年华为有一点成绩，是在全体员工的团结努力以及在核心管理团队的集体领导下取得的。只是整个管理团队都很谦虚，于是就把一些荣誉虚拟地加到了我的头上。"

3. 危机感

任正非的危机意识同样根植于早年生活经历，三年自然灾害中艰难的生存境遇和"文化大革命"时期承受的精神压力培养出了他的这种危机感，他甚至是有意识地将危机意识应用于华为的管理，由此形成了独特的"危机管理"的领导方式。华为危机管理的基本框架包括五个部分：冬天论、凤凰论、天鹅论、阳伞论和"备胎"论。例如，2019年5月，美国发布对华为的禁令后，华为旗下海思半导体的总裁何庭波便致信员工：多年"备胎"一夜"转正"，今后要科技自立。其实，早在2004年，华为就启动了"备胎计划"，这源于任正非做出的"所有美国先进芯片、操作系统和技术都不可获得"的假设。这是任正非的危机假设，如今看来，华为的"备胎计划"十五年如一日，人才培育和技术创新使其得以在危机爆发时力挽狂澜，助力华为在被"封杀"中立于不败之地（谢科范，刘姿媚，2019）。

4. 坚定执着

任正非的坚定执着是其贯穿始终的品质：大学时能把樊映川的高等数学从头到尾做两遍，这是执着；从军时能排除万难做出那么多的科技创新，这是执着；创立华为时能翻越一个个高潮低谷始终如一，这是执着。对目标、对事业的执着当属有效领导者必备的品质之一，任正非不仅自己做到了，也带动着自己的下属坚定不移地追求华为的不断进步。

5. 责任感

任正非在《我的父亲母亲》中写到："华为不必公示社会，但须'对政府负责，对企业的有效运行负责'。"大而观之，任正非有一种以天下为己任的情怀，无论是效忠军队还是对企业履行责任，都反映了他对国家的责任感。细而观之，日日呕心沥血地为企业操劳，千方百计地保障企业的生存发展，也体现了他对企业、对员工、对自己事业的强烈责任感。

6. 不自私

任正非身上不自私的品质源于三年自然灾害时期其家中严格的分配制度，这种近乎残酷的制度保全了他全家9口人的性命，也在任正非的生命中刻下烙印。也许在他的心中，不自私就等于生存，只有不自私、利益共享、保证每个人都公平地有饭吃，整个集体才能在严酷的环境中得以生存。任正非的这些优秀品质保证了他对华为有效的领导和华为的发展，但华为管理中存在的问题似乎也映射出了任正非的部分人格品质与领导的需要不协调的一面。

7. 过于宽厚

21世纪之初，华为就遭遇了人员过多的压力，甚至可称得上是一次危机。任正非在《华为的冬天》和一年一度的告员工书以及其他文章中无数次他提出裁员的必要性，宣传得人心惶惶，却始终未见实施（《走出华为》）。究其原因，是任正非的宽厚为怀发挥了极大作用。他的不自私和宁可同甘共苦也不丢一兵一卒的信念使得他勒紧裤腰带也不愿赶走员工。

问题讨论：

1. 通过上述案例，你认为任正非具有哪些领导特质？
2. 在任正非的领导特质中，你认为哪一点对他的成功最为重要？

管理游戏

9-1 他的授权方式

形式：8人一组为最佳

时间：30分钟

材料：眼罩4个，20米长的绳子一条

适用对象：全体参加团队建设及领导力训练的学生

目的：

让学员体会及学习，作为一位主管在分派任务时通常犯的错误以及改善的方法。

操作程序：

1. 教师选出一位总经理、一位总经理秘书、一位部门经理，一位部门经理秘书，四位操作人员。
2. 教师把总经理及总经理秘书带到一个看不见的角落而后给他说明游戏规则（参见封底勒口二维码中参考答案部分）。

问题讨论：

1. 作为操作人员，你会怎样评价你的这位主管经理？如果是你，你会怎样来分派任务？
2. 作为部门经理，你对总经理的看法如何？对操作人员在执行过程中看法如何？
3. 作为总经理，你对这项任务的感觉如何？你认为哪方面是可以改善的？（刘永中，金才兵，何乔，2008）

9-2 影视拓展（《亮剑》）

目的：了解团队文化的形成和发展规律

材料：剪接《亮剑》影视李云龙的部分片段

时间：50分钟

问题讨论：

1. 谈谈李云龙的个性特点和独立团的文化特点。
2. 团长李云龙对独立团的文化形成有何影响？谈谈你对"团队文化=老板文化"的理解。

心理测试

9-1 "最不受欢迎的同事"(LPC)分级表

想一想跟你一起共事最难把工作干好的那个人吧。他可以是现在跟你一起工作的人,也可以是你过去认识的人。他未必是你最不喜欢的人,可却是跟他一起最难把事办成的人。请你描述一下他是什么样子的。请利用表 9-8 菲德勒的 LPC 问卷中的 16 对意义截然相反的形容词来描述他。每对形容词间分成 8 个等级,除由这对形容词所代表的两种极端情况外,还有一些中间状态。请圈出最能代表你要描述的那个人真实情况的等级数。

要是你的小计分是 64 分或更高,你就可以算是一位把处理好与人的关系放在首位的领导,小计分是 57 分或更少,你就是一位更重视完成任务的领导。

表 9-8 菲德勒的 LPC 问卷

快乐——	8 7 6 5 4 3 2 1	——不快乐
友善——	8 7 6 5 4 3 2 1	——不友善
拒绝——	1 2 3 4 5 6 7 8	——接纳
有益——	8 7 6 5 4 3 2 1	——无益
冷淡——	1 2 3 4 5 6 7 8	——热情
紧张——	1 2 3 4 5 6 7 8	——轻松
疏远——	1 2 3 4 5 6 7 8	——亲密
冷漠——	1 2 3 4 5 6 7 8	——热心
合作——	8 7 6 5 4 3 2 1	——不合作
助人——	8 7 6 5 4 3 2 1	——敌意
无聊——	1 2 3 4 5 6 7 8	——有趣
好争——	1 2 3 4 5 6 7 8	——融洽
自信——	8 7 6 5 4 3 2 1	——犹豫
高效——	8 7 6 5 4 3 2 1	——低效
郁闷——	1 2 3 4 5 6 7 8	——开朗
开放——	8 7 6 5 4 3 2 1	——防备

9-2 管理风格调查表

这份调查表可以帮助你更加了解自己的管理风格以及对他人的影响。为了解你自己的管理风格,请考虑以下陈述,在最符合自己情况的陈述上打钩。

1.(a)我竭尽全力去维持。
　(b)我很少领导,但会提供帮助。

(c) 我驱动自己和别人。

(d) 我试图维持一个稳定的步骤。

(e) 我竭尽全力，并鼓励他人加入。

2. (a) 我的幽默在他人看来毫无意义。

(b) 我通过我的幽默维持友好的关系，或在疲劳过度时，将注意力从严肃的地方转开。

(c) 我的幽默是尖锐的讽刺。

(d) 我的幽默体现了我自己或我的立场。

(e) 我在适当的场合发挥我的幽默，即使在压力下我也保持幽默感。

3. (a) 通过保持中立，我很少感到不安。

(b) 为了避免产生紧张骚乱，我以温和、友好的方式回应。

(c) 当事情出错时，我通过抗辩来守护和抵制。

(d) 在压力下，我无法确定转向和移往哪一条路以避免压力。

(e) 在情绪要爆发时，我克制自己，虽然我的急躁情绪显而易见。

4. (a) 当发生冲突时，我保持中立或置身事外。

(b) 我试图避免发生冲突，但当它发生时我会设法平息大家的情绪，使人们团结在一起。

(c) 当发生冲突时，我设法制止它并赢得自己的利益。

(d) 当发生冲突时，我设法公正并不失严格，以寻找公平的解决办法。

(e) 当发生冲突时，我设法确定其根本原因并加以解决。

5. (a) 我同意他人的观点、态度和看法，避免倒向任何一边。

(b) 我更喜欢接受他人的意见、态度和观点，而并非强加给他们我自己的观点。

(c) 我维护自己的意见、态度和观点，即使有时会冒犯别人。

(d) 当有与我相左的意见、态度和观点时，我采取互相妥协的办法。

(e) 我听取并寻找和我不同的意见、态度及观点。我虽自信但是对于合理的意见也会改变自己的观点去接受。

6. (a) 我接受他人的决定。

(b) 我注重维持良好的关系。

(c) 我注重做最终的决定。

(d) 我寻找可操作的决定，即使并不完美。

(e) 我注重做出合理的、有创意的、最终能被理解和认同的决定。

7. (a) 工作中我主要关心的是避免风险。

(b) 工作中我注重维持良好的关系。

(c) 无论代价如何都要完成任务，这对我非常重要。

(d) 我喜欢以稳定、平衡的速度工作。

(e) 我鼓励我的团队设立自己的目标。

8. （a）我和别人接触不多。
   （b）我相信，如果别人处在快乐中，他们就会去工作。
   （c）我喜欢制定规则。
   （d）我使程序标准化，以便人们知道该怎么做。
   （e）我让人们对工作的计划、执行和改进负责。
9. （a）我在工作中尽可能只做那些完成任务必定要做的工作。
   （b）我有一个很舒适的工作节奏。
   （c）我主要以结果评判他人。
   （d）我强调工作中的有效交流。
   （e）我表达对他人的信任和期望。
10. （a）我传达信息和要求。
    （b）我注重工作中的融洽关系。
    （c）工作中我只和少数人保持密切关系。
    （d）我喜欢被看作是一个通情达理的人。
    （e）我尽全力提供支持和具有挑战性的反馈，以帮助他人进步。

现在统计你打钩的数量，填入表 9-9。

表 9-9 你的管理风格类型及其相应的打钩数量

管理风格类型	a=1.1	b=1.9	c=9.1	d=5.5	e=9.9
数　　量					

这份问卷是基于布莱克（Blake）和莫顿（Moulton）的"管理方格模型"（The Management Grid）。最高的评分预示了你首选的管理风格。两个相等的最高分意味着你可能依照环境而选择其中一种风格。具体解释见本章第三节第三部分内容。

9-3 领导维度工具

目的：本测验在于了解你的上司、团队领导、教练或跟你关系密切的其他人是偏向于变革型领导类型，还是偏向于交易型领导类型。

指导语：请阅读表 9-10 每一句陈述，并在与你的上司的实际情况相符合的栏内画圈或打钩。你也可以将你的上司替换成其他你熟悉的人，如团队领导、CEO、课程教师或者体育教练。完成记分后全班讨论变革型领导和交易型领导的区别。

表 9-10 领导维度工具

我 的 上 司	强烈同意	同意	中立	不同意	强烈不同意
1. 集中注意非常规、错误、例外以及对我预期的偏差	5	4	3	2	1
2. 忙于强化他的胜任能力形象的言行	5	4	3	2	1

续表

我 的 上 司	强烈同意	同意	中立	不同意	强烈不同意
3. 控制出错需要改进的绩效行为	5	4	3	2	1
4. 是我言行的角色模范	5	4	3	2	1
5. 指出假如我按要求做的话将得到什么	5	4	3	2	1
6. 慢慢向我灌输与他一起是引以为荣的	5	4	3	2	1
7. 对错误仔细地跟进	5	4	3	2	1
8. 可信赖并帮助我克服任何障碍	5	4	3	2	1
9. 告诉我哪些努力和行为将得到奖赏	5	4	3	2	1
10. 使我了解那些我们强烈地共同持有的价值、理想、渴望	5	4	3	2	1
11. 对未达标准的失败很警觉	5	4	3	2	1
12. 激发使命的集体感	5	4	3	2	1
13. 就我按要求做后将得到什么，与我拟订协议	5	4	3	2	1
14. 清晰地表达未来机遇的前景	5	4	3	2	1
15. 谈论对好的工作的特殊奖赏	5	4	3	2	1
16. 乐观地谈论将来	5	4	3	2	1

记分：

交易型领导：单数题号，即 1、3、5、7、9、11、13、15 的分数之和。最高得分是 40。分数越高，说明越倾向于交易型领导。

变革型领导：双数题号，即 2、4、6、8、10、12、14、16 的分数之和。最高得分是 40。分数越高，说明越倾向于变革型领导。（Hartog et al.，1997）

参考文献

[1] 北晨. 用兵法治商——中国最神秘企业家任正非[J]. 科学大观园，2005（11）.

[2] 哈罗德·孔茨，海因茨·韦里克. 管理学：国际化与领导力的视角（精要版）[M]. 马春光，译. 9版. 北京：中国人民大学出版社，2014.

[3] 陈国海，张玲蕙. 管理零距离：感知管理世界[M]. 北京：清华大学出版社，2005.

[4] YUKL G, FALBE C M. Importance of different power sources in downward and lateral relations[J]. Journal of applied psychology, 1991, 76 (3): 416-423.

[5] STOGDILL R M. Handbook of leadership: a survey of theory and research[M]. New York: Free Press, 1974.

[6] 林秉贤. 中国古代管理心理思想[J]. 社会心理科学, 2004, 19（2）: 3-19.

[7] 沈俊英. 优秀领导的特质和问题领导的表象[J]. 宁波通讯, 2016（01）: 55-56.

[8] 马庆霞, 李铮. 领导者人格特质特点分析与研究[J]. 中国人力资源开发, 2013（07）: 59-63.

[9] 于米. 央企高管的领导特质与行为及其启示——基于MBTI与FIRO-B的综合考察[J]. 中国人力资源开发, 2015（20）: 39-45, 84.

[10] 余凤. 军人企业家领导特质研究——以万科集团总经理王石为例[J]. 科教文汇（下旬刊）, 2011（4）: 173-174.

[11] 陈许亚, 张丽华. 女性领导力开发的困境及对策[J]. 领导科学, 2010（34）: 44-46.

[12] 李成彦, 王重鸣, 蒋强. 性别角色认定对领导风格的影响: 以女性创业者为例[J]. 心理科学, 2012（5）.

[13] 李森. 加强企业基层领导干部道德修养浅谈[J]. 广西电业, 2013（10）: 56-57.

[14] COVEY S R. The 7 habits of highly effective people[M]. New York: Simon & Schuster, 2003.

[15] 陈国海. 领导与幽默的关系研究述评[J]. 南方理工大学学报, 2005, 26（5）: 119-120.

[16] 江华, 周媐. 幽默的领导更有魅力[J]. 领导文萃, 2016（13）: 37-39.

[17] 刘文娟, 彭君. 幽默给力与领导借力[J]. 领导科学, 2012（04）: 28-29.

[18] 苏洁. 幽默也是领导力[J]. 决策, 2008（11）: 56-57.

[19] 笑天. 幽默管理[J]. IT经理世界, 2001, 12（20）: 88.

[20] 张小平. 幽默: 企业活力的催化剂[N]. 经济参考报, 2000-04-24.

[21] 鲁钟鸣. 山姆打赌[J]. 经营管理者, 2004（04）: 47.

[22] LIKERT R. New patterns of management[M]. New York: McGraw-Hill Companies, 1961.

[23] BLAKE R R, MOUTON J S. The managerial grid: key orientation for achieving production through people[M]. Houston, Tex.: Gulf Pub. Co., 1964.

[24] 凌文辁, 陈龙, 王登. CPM领导行为评价量表的建构[J]. 心理学报, 1987（02）: 199-207.

[25] 高日光, 王碧英, 凌文辁. 德之根源——领导理论中国化研究及其反思[J]. 科技管理研究, 2006（6）: 144-147.

[26] FIEDER F E. A theory of leadership effectiveness[M]. New York: McGraw-Hill, 1967.

[27] 弗朗西斯·麦肯纳利. 走出松下幸之助[M]. 刘芳, 译. 上海: 东方出版社, 2008.

[28] HOUSE R J. A path goal theory of leadership effectiveness[J]. Administrative science quarterly, 1971 (9), 321-328.

[29] LIDEN R C, GRAEN G. Generalizability of the vertical dyad linkage model of leadership[J]. Academy of management journal, 1980, 23 (3): 451-465.

[30] KERR S, JERMIER J M. Substitutes for leadership: their meaning and measurement [J]. Organizational behavior and human performance, 1977, 22: 375-403.

[31] TICHY N M, DEVANNA M A. The transformational leader[M]. New York: Wiley, 1986.

[32] 张抒,陈国权. 从曾国藩看交易型领导风格[J]. 领导科学,2004（24）：36-37.

[33] PARRIS D L, PEACHEY J W. A systematic literature review of servant leadership theory in organizational contexts[J]. Journal of business ethics, 2013, 113(3): 377-393.

[34] VAN DIERENDONCK D. Servant leadership: a review and synthesis[J]. Journal of management, 2011, 37(4): 1228-1261.

[35] 林钰莹,许灏颖,王震. 公仆型领导对下属创造力的影响：工作动机和领导—下属交换的作用[J]. 中国人力资源开发,2015（11）：50-57.

[36] 艾丰. 海尔三件宝[J]. 招商周刊,2004（52）：23.

[37] KISSLER G D. E-Leadership[J]. Organizational dynamics, 2001, 30 (2): 121-133.

[38] 彼得·德鲁克. 知识管理[M]. 杨开峰,译. 北京：中国人民大学出版社,1999.

[39] 朱思萁. 90后新生代员工的员工关系管理[J]. 智库时代,2018（43）：12-13+15.

[40] 王晓莎. 立华彩印：用心管理90后[J]. 印刷经理人,2014（02）：37-38.

[41] 崔明哲,吴维库,金占明. 领导风格、民族文化与组织承诺之间的关系研究[J]. 科学学与科学技术管理,2010,31（12）：178-185.

[42] 张玉清. 特质理论视角下的任正非[J]. 经营管理者,2009（9）：168.

[43] 谢科范,刘姿媚. 华为危机管理五论[J]. 中国发展观察,2019（21）：49-52+39.

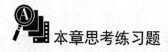

本章思考练习题

思考练习题　　　讨论辩论题

第十章
组织文化

学习目标

学完本章后，你应该能够：
1. 了解组织文化的概念；
2. 了解组织文化的结构和类型；
3. 掌握组织文化的作用；
4. 掌握组织社会化过程；
5. 掌握组织文化建设的方法；
6. 了解组织公民行为的概念和作用。

引例

在西南航空——"员工第一"

在美国西南航空公司的组织文化中，"员工第一"的信念对于激发员工的工作积极性起着至关重要的作用。公司董事长 Herb Kelleher 认为，信奉"顾客第一"的企业的老板是最有可能背叛员工的。美国西南航空认为，公司所拥有的最大财富就是公司的员工和他们所创造的文化，人是管理中第一位的因素，要让员工享受快乐，使其成为热爱和关心工作的"真正"的员工。"在美国西南航空，我们宁愿让公司充满爱，而不是敬畏。""不仅仅是一项工作，而是一项事业"，从这一系列口号中可以看出美国西南航空公司组织文化的特质。该公司在员工培训中强调员工应该"承担责任，做主人翁""畅所欲言"，在组织文化中真正引导员工形成一种主人翁意识，让其认为公司的发展也就是个人的发展，促使员工愉快地投入到工作中去。（刘亚洲，2012）

引例中，美国西南航空公司"员工第一"的文化极大地激励了员工。可见，每个组织都有自身的组织文化，而且组织文化对员工和企业的发展至关重要。领导对组织文化的形成和发展起到重要的影响，更有学者认为组织文化就是老板文化。组织文化是现代企业管理的一项重要内容。组织文化主要表现为一个组织中所有成员所共享并传承给组织新成员的一整套价值观念、共同信念、共同目标和行为准则。它代表了组织中约定俗成的和可感知的内容。本章将介绍组织文化及其类型,探讨它的作用以及如何塑造良好的组织文化。

第一节 组织文化概述

组织文化由组织的愿景、目标和价值观念、礼仪和仪式、英雄人物、故事、语言等要素构成。组织文化的影响因素主要包括社会文化背景、组织创业者和领导者的素质、组织成员的素质。

一、组织文化的含义

组织文化是指组织成员的共同价值观体系为组织所有的成员所接纳,成为组织的一种群体意识,表现一个组织中所有成员所共享并传承给组织新成员的一整套价值观念、共同信念、共同目标和行为准则。组织文化是在企业的长期经营发展过程中逐步形成的,具有组织的经营特色,是能够推动组织可持续发展的群体行为规范。它包括企业精神、经营思想、价值观、道德规范、行为规范、管理制度、历史传统、英雄故事、产品外观、企业形象等内容。

例证 10-1

幸福碧桂园,以文化铸就品牌

碧桂园十分注重自身企业文化建设,将"对人好"的企业精神落实到关心员工的点滴之中。碧桂园不仅开展了"未来项目经理""领导力发展项目"等完善而优质的培训来帮助员工提高专业技能和管理水平,还成立了员工扶助基金会,对有困难的员工家庭伸出援助之手。为了传递"感恩、责任、幸福"的企业文化,展示员工风采,丰富员工生活,碧桂园还启动了"印象碧桂园"员工摄影书画大赛,总奖金累计超过 100 000 元。幸福碧桂园离不开每一个员工的辛勤建设,镜头留影,丹青做伴,员工摄影书画大赛不仅是个人展示的平台,更是全体碧桂园人对集团成立 20 周年的献礼。如此温馨和谐的企业环境必然催生出高素质的人才和高品质的服务,企业与员工间的良性互动不仅能带来双赢,更使顾客和业主体验到了碧桂园的人性化与体贴。

(案例来源:幸福碧桂园,以文化铸就品牌[EB/OL].[2012-06-07]. http://www.suizhouren.com/read.php?tid=7231.)

二、组织文化的结构

组织文化的结构是指组织文化中各种内容和形式之间的层次关系。如果把组织文化体系看成是一个由内向外辐射的球形体,并将其逐级解剖,组织文化大致上可以划分为三个层次:表层文化、中层文化和深层文化。

(一)表层文化

表层文化又称实体文化,是指具体、直观、外在化、形式化的组织文化的结构,它由企业员工创造的产品和各种物资设施等所构成。作为组织文化系统的重要组成部分，组织的表层文化通常包括厂容厂貌、产品样式和包装、设备特色、建筑风格、厂旗、厂服、厂标、厂歌、纪念品、纪念建筑、文化娱乐设施等。

组织表层的物质文化是对组织和员工的理想、价值观、精神面貌的具体反映，它集中体现了组织在社会上的外在形象。

例证 10-2

松下的公司歌曲

在美国，日本松下公司（http://www.panasonic.com/flash.html）是第一家有公司歌曲的企业。该公司的信条是只有通过每个员工的协力和合作才能实现进步和发展，因此，它通过公司歌曲向员工灌输公司的精神价值观：工业报国，光明正大，团结一致，奋斗向上，礼貌谦让，适应形势，感恩报德。该公司的一位高级管理人员说："这在西方人看来可能是愚蠢的，但在每天早晨八点钟时，好像我们已经融为一体了。"（姜磊，1994）

（二）中层文化

中层文化又称制度文化，是指组织内部的各种规章制度、行为习惯、经营风格、行为规范、员工修养以及组织内部的一些特殊典礼、仪式、风俗等。这些内容以固定或者不固定的方式为组织所有的员工在工作中所遵守。

（三）深层文化

深层文化又称精神文化，是指组织在生产经营活动过程中形成的具有组织特征的文化观念和意识形态。深层文化是凌驾于组织文化主体（个体与群体）分散的、自主意识之上的，可以脱离表层文化而独立发展的企业经营思想、意识、价值观念的总和。它包括组织精神、组织哲学、价值观念、组织道德、组织风气、组织目标等。精神文化往往是一个组织长期积累和沉淀的结果。

例证 10-3

阿里巴巴创始人马云谈价值观

湖畔大学首次公开阿里巴巴17年创业心法，马云及阿里巴巴合伙人首次回顾创业历程，谈使命、愿景和价值观。关于价值观，马云的原话如下：

"我们招进来这帮人，会问几个问题：我们的使命同不同意？愿景好不好？同意之后再约法三章，我们做事要讲究诚信，讲究客户第一，讲究拥抱变化。价值观是什么？是我们前进路上的操作方法，是创始人或者是第一波人制定的。

"价值观不是虚无缥缈的东西，是需要考核的。文化，是考核出来的。如果你的文化是贴在墙上的，你也不知道怎么考核，全是瞎扯。

"我们十多年来每个季度都考核价值观，把业绩和价值观放在一起考核。每年的年终奖、晋升都要和价值观挂钩。业绩好，价值观不行，是不能被晋升的；你热爱同事，热爱公司，却因为帮助别人没有完成业绩，那也不行。这两个都做好了才行。这是一整套考核机制。

"西方的教堂很有意思，教堂是一个有灵魂的东西，那怎么考核呢？每个礼拜爸爸妈妈都把你带到教堂，坐在那儿听，我们小时候的教育基本上都是靠这种制度进行的。以后你们的公司也要建立很多制度，那么到底制度为重还是文化为重，大家要想明白这个道理。公司内部是制度重要，还是文化重要？一定是文化重要。制度是用来强化文化的。"

（案例来源：马云. 湖畔大学第一课：使命，在生死攸关时发生重大作用 [EB/OL]. [2017-01-05]. http://36kr.com/p/5061179.html 有删减。）

三、组织文化的类型

美国艾莫瑞大学的桑南菲尔德（J. A. Sonnenfeld，1954— ）通过对不同组织结构的研究，提出了一套标签理论（学院型、俱乐部型、棒球队型、堡垒型），用于分析和认识组织文化之间的差异。彼得·圣吉在《第五项修炼》一书中提出了学习型组织的概念（2002）。由此，可将组织文化分为学院型、俱乐部型、棒球队型、堡垒型和学习型五种类型。

（一）学院型

该类型组织喜欢雇用刚刚毕业的大学生，公司为他们提供大量的专门培训，然后指导他们在特定的职能领域内从事各种专业化的工作。IBM公司（http://www.ibm.com）、宝洁公司（http://www.pg.com）、可口可乐公司（http://www.coca-cola.com）就是典型的例子。为应对全球化和客户质量要求的挑战，IBM公司将培训焦点从单纯的知识技能转向与业务需要相联系的特定问题，培训方法也从传统的讲授式转变为行动学习。

例证 10-4

可口可乐公司如何做"氛围感召式"新人培训

凡是曾经或正在可口可乐公司工作的员工可能都会觉得可口可乐公司的培训别具一格。如果你有幸被该公司录取成为一名员工，该公司一般选取公司开重要业务讨论会的这一天叫你来公司报到，然后，总经理（或经理）会在会议之前非常热情地将你向所有的各部门经理（或各位主管）进行隆重推介。这种推介不只是简单地告诉他们你将担任什么工作，而是首先会将你在原来的工作经历中的一些重要或者可圈可点的工作业绩以及个人特长热情洋溢地传达给大家。为使你不过于紧张，一般不会提问题让你来答或者可能还不会让你发言，但会叫主持人或者上台陈述的人尽量多用眼神与你交流，使你得到所有人的尊重，让你觉得自己一进来就是一个重要人物，从而这种氛围会一直萦绕着你，将你紧紧地捆住，不能自拔。（谭长春，2007）

（二）俱乐部型

该类型组织非常重视员工的忠诚感和承诺，在公司资历是关键因素，年龄和工作经验也非常重要，这种公司按照通才型方向培养员工。政府机构、军队、美国贝尔公司（http://www.bellhelicopter.textron.com）和 UPS 公司（http://www.ups.com）就属于这种类型。

例证 10-5

UPS 拴心留人

UPS 的员工保留率保持在 90%。在 UPS，首席执行官吉姆在公司工作了 35 年；负责国际区域业务的高层管理人员一般都在公司工作了 20 年；而在公司工作了 20 年以上的员工则随处可见。究其原因，正是公司的企业文化和独到的人力资源政策留住了员工的心。

UPS 的企业文化是"携手工作就能成功"。这一公司企业文化一是强调了团队精神的重要性，二是促进员工相互帮助、相互信任。不分种族、民族、性别、年龄，只要你是公司的员工，公司就会提供相同的发展机会给你，员工之间是融洽的伙伴关系，有被帮助的需要就会有帮助者出现。为实现公司的企业文化，UPS 设置有各种具体的措施保障。在 UPS，工作时间越久，得到的就越多，UPS 并不喜欢频繁跳槽的员工，同时会给所有员工进步和发展的机会。不断的培训和工作调整，可以使员工们在多方面展现才能，但是如果你总是"这山望着那山高"，就不会把手边的工作干好；享受工作给你带来的乐趣，尽可能把工作干好，下一个工作机遇自然就会降临到你的头上。（张朝霞，刘丽峰，2003）

（三）棒球队型

该类型组织是冒险家和创新者的天堂，组织从不同年龄段和不同工作阅历的人群中寻找合适的人选，根据员工的实际产出情况支付报酬。由于组织一般会给予工作出色的员工以丰厚的报酬、较高的奖励和较大的工作自由度，因此员工的工作积极性发挥得比较好。在会计、法律、投资银行、咨询公司、广告公司、软件发展商等行业和领域，这一类型组织较为普遍。摩根士丹利银行（http://www.morganstanley.com）和瑞士信贷第一波士顿（http://Credit Suisse First Boston；www.csfb.com）就是典型例子。

例证 10-6

摩根士丹利的启示

摩根士丹利仅以 5 万名员工就支撑起了全球超一流的金融服务公司，来自 120 个国家、具有不同文化背景的员工造就了同舟共济的企业文化，"摩根士丹利可以利用在人才、创意及资本方面的优势，帮助客户实现其财务目标"。在这样的自信下，摩根士丹利赚到了大把的钞票，而同时又在所有国际同行及客户中留下一片赞誉，最大限度地满足了客户需求，这样的经营谋略与处世哲学更足以令人称道。（何实，2007）

（四）堡垒型

该类型组织主要将工作重心放在组织的生存方面，这种类型的企业以往大多是学院型、俱乐部型或者棒球队型的，但是现在衰退了，于是希望通过努力来尽量保存自己尚未被销蚀的财产,这种类型的组织缺乏工作保障,但是对于喜欢挑战的人来说,却是令人兴奋的工作氛围。宾馆、石油天然气勘探公司、中国传统的大型零售企业如华联、汉商集团、王府井、第一百货等,均属于这种类型。

(五)学习型

这种类型的组织文化是比较理想的,因为它集中了上述四种类型的优点。英国壳牌石油公司(http://www.shell.com)就是典型例子。

许多企业组织不能完全归为上述五种类型中的一种,有的是一种混合文化,如通用电气(http://www.ge.com),不同的部门有明显不同的文化;苹果电脑公司(http://www.apple.com)的企业文化起初为棒球队型,后变为学院型;中国联想集团公司的企业文化(http://www.lenovo.com.cn)属于棒球队型(管一新,2005)和俱乐部型的混合。

例证 10-7

阿里文化中"雅"与"俗"的混合

阿里的雅文化即武侠的精神,这在阿里巴巴的企业内部是随处可见的。在阿里巴巴的企业内部,大部分员工都会用一个武侠小说人物的名字作为自己的代称,比如马云称自己"风清扬",他有时也会在办公室比画着剑术思考公司的战略,他提倡太极中的静,因此号召公司内部近千名员工学习太极拳,让员工体会太极精神,体会太极"慢"和"静"的精神,强调定、随、舍。在企业中要有战略定位,在发展中要学会变通,随机应变,最重要的是懂得取舍,学会放弃。

俗文化是阿里巴巴企业管理中很大众的一种文化,在阿里巴巴工作的员工会感到企业的生活气息很浓厚,整个企业彰显的文化很"俗",即使是武侠的精神也解释得非常通俗易懂、简单,阿里巴巴的俗文化更贴近生活,更能满足一般人的文化需求,但员工在这些通俗的文化中更能悟出精髓,可促进企业成长。(张思宇,2016)

四、组织文化的影响因素

组织文化的影响因素可以分为组织外部的影响因素和组织内部的影响因素,其中,组织外部的影响因素包括社会文化背景和行业文化背景,而组织内部的影响因素包括组织领导者、组织员工和组织特征(侯瑞芳,2017)。

(一)组织外部的影响因素

任何组织都存在于特定的社会环境中,组织文化是整个社会文化的一部分,在很多方面是一脉相承的。社会主流的价值观、道德取向都直接反映在组织文化的内容中。

1. 社会文化背景

社会文化主要包括民族文化和区域文化两个部分。民族文化对组织发展和组织文化的形成具有深远的影响,如美国崇尚个人英雄主义,而日本更注重集体精神,两个民族的文化差异导致美国企业文化和日本企业文化的明显差异。这种差异和特定的地理环境相关，地理环境作用于人的生产生活方式，并通过生产和生活方式影响到人的气质、习俗和价值观念，形成不同的区域文化。例如，我国北方地区形成的是朴实厚重的山区文化，而南方地区形成的则是轻柔流转的水域文化，沿海开放地区形成的"海派文化"富有开放、精明、创新、竞争和较强的冒险精神等特色，而内陆地区形成的"内陆文化"则具有较为明显的勤勉、讲信用、重人际关系和面子等特征（娄宏毅，2006）。

例证 10-8

BAT三巨头：不看星座看地域

文化基因是企业经营管理的关键，组织流程管理是企业发展的核心，创始人的性格特点则决定了企业的特点，地域文化特色对人的性格特点及其经营管理理念起着决定性的作用。

作为潮汕商人的马化腾和他的同乡、中国前首富黄光裕的经营投资哲学，和华人首富李嘉诚的投资经营理念有颇多相似的地方，都是率性投资、从点出发、进行多元化投资。

晋商典型代表李彦宏和晋商投资理念更是如出一辙，围绕产业链做文章，这一点在《乔家大院》中尤为突出。

作为浙商的代表，马云的经营哲学和投资理念是整合思维，从开始聚起"十八罗汉"到整合几十万的中小卖家上淘宝，运用的全部是整合思维。

从上述这几个人背后的商业环境和其创造的企业文化可以看出：地域文化对企业经营管理起着决定性作用。

（案例来源：冀勇庆. BAT三巨头：不看星座看地域[EB/OL]. [2013-08-13]. http://www.tmtpost.com/55921.html.）

2. 行业文化背景

行业文化对于企业文化的形成也是有很重要的影响作用。研究表明，拥有不同价值观的买家会做出不同的购买行为。企业要想锁定目标消费群体，必须培养内含相应价值观的组织文化。汽车业的宝马和夏利品牌就分别塑造了不同的价值观，宝马的目标市场是高收入顾客群，因此，它着力塑造一种强调制造质量、卓越承诺和良好声誉及开发利用能力的价值观，而夏利的目标市场是强调实用、可靠、低成本和守时的顾客群，因此，它的文化中强调低成本的价值观（娄宏毅，2006）。

（二）企业内部的影响因素

很多企业的类型、规模以及所处环境都大致相似，然而所形成的企业文化却是截然不同的，由此可见，企业文化的形成还受到企业内部环境的影响。

1. 组织领导者

组织领导者作为组织文化的源头、为组织发展指明方向的决策者，其最核心、最重要的任务就是改变和创造组织文化。组织创业者或者现行的领导者的创业理念、经营策略、行事作风、工作态度、管理模式，甚至包括其个人性格特征，都会对企业文化的形成具有相当重要的影响。组织领导者的风格形成了相应的组织文化类型，并通过各种形式得以延续和流传。一种优秀的组织文化背后，一定有一位或众多位出色的领导者。

2. 组织员工

员工作为组织的重要组成部分，对组织文化的形成发挥着不可估量的作用。进入公司之前，每位员工都有着自身坚守的价值观或者信念，进入公司之后经历了组织文化的熏陶，大部分员工能够融入新的组织文化中，但还是有小部分员工保留了自己的观念和思想，这种亚文化有可能会扰乱组织秩序，但也有可能进一步发展成为新的组织文化。

例证 10-9

联想集团组织文化的变化

联想集团创始人柳传志本身的性格、军人的做事风格、思维模式和价值观形成了主基调为严谨、高效、务实、集体主义和目标导向且相当强大的联想文化，这种文化在联想前期的飞速发展阶段与崛起时期扮演着至关重要的角色。在杨元庆执掌联想后，由于战略导向的改变，联想由生产型企业向服务型企业转变，提出"科技的联想、服务的联想和国际的联想"的战略，并开始在强大的联想文化里引入亲情文化。此外，联想还在企业文化里突出了社会责任，支持公益事业发展，积极创造条件，鼓励更多的员工投身志愿者活动，为社会奉献才智和爱心。（尹生，2004）

3. 组织特征

组织文化也会受到组织特征的影响，如组织的规模和复杂性等。大型组织往往倾向于高度的专业化和非个人化。复杂的组织往往会雇用更多的专业人员和专家，这会改变问题解决的一般方式。另外，大型和复杂组织还会制定出更多的规定和程序。

例证 10-10

狼性文化和羊性文化

狼性企业文化具有团结协作精神、机智灵敏、竞争意识均较强的特点。以空调产品生产、销售及售后服务为一体的珠海格力电器股份有限公司连续9年被美国《财富》杂志评为"中国企业100强的上市公司"。无论是产品的销量，还是市场的占有率格力都名列前茅。格力电器领导者的强势充分体现了狼性企业文化中"头狼"的领导能力。董明珠董事长充分地展现了对市场机遇的灵敏捕捉能力并对市场竞争的灵活性特点把握得淋漓尽致。格力电器在董明珠的领导下，闯过重重困难，形成了格力电器特有的模式，将格力打造成了一个服从领导的、有秩序的团队。

羊性企业文化是将温顺、奉献、和谐等特征植入到企业文化当中。成立于1962年的沃尔玛百货有限公司以"帮顾客节省每一分钱"为宗旨，始终坚持以"服务胜人一等、员工与众不同"的原则面对客户，以一站式的购物理念，将企业扩张为世界性的连锁企业。在中国，沃尔玛坚持向贫困地区希望工程等慈善机构累计捐款达两千万元，同时向有需要的、有困难的地方伸出援助之手。沃尔玛依靠着这种爱心，树立了良好的企业形象。以消费者为中心的羊性企业文化,采取稳扎稳打的战略方式,从而在消费者中形成良好的口碑,与其他企业相互合作,以得到长期稳定的利益为目标。沃尔玛现位居《财富》杂志世界五百强企业之首。(姜悦,2015)

五、组织文化的构成要素

为了准确地识别和解释组织文化的内容,需要进一步对组织文化的某些构成要素进行分析和推断。这些组织文化的要素可以被研究但很难准确地对其进行定义,一家公司的颁奖典礼和另一家公司相同,却可能会有不同的意义。组织文化中典型、重要、可观测的构成要素包括经营目标和价值观、文化礼仪和仪式、英雄人物、故事、语言等。

(一)组织的经营目标和价值观

组织的价值观是一个组织的共同思想和信念的集成,也是组织文化的核心。古往今来,成功的企业均有被所有员工认同和接受并且能够履行的组织价值观。一个组织的价值观是在多年的经营活动过程中逐步形成的。组织的价值观一旦形成,组织的员工们就会将其直接体现在自己的具体工作行为中,成为他们自身价值体系的一部分。此时,员工一方面在为组织工作,另一方面也在为自己的理想、价值观的实现而努力,从而产生一种成就感。

例证 10-11

美团的价值观金字塔

以客户为中心、团队合作、拥抱变化、诚信、敬业、勤俭、学习成长,美团的这七条价值观构成了一个金字塔,我们都知道修建金字塔并不是一件容易的事情,价值观的落地相比修建金字塔,只会更难,不会更容易,所以在"金字塔"海报上有一句话,这也是被很多美团人信奉的一句话:"坚持做正确的事,而不是容易的事"。正因为坚持做正确的事情,美团才能一路走到现在,坚持做正确的事情,美团才会在这条平凡之路上继续走下去。

(案例来源:美团官网:https://tech.meituan.com/)

(二)文化礼仪和仪式

礼仪和仪式是组织文化的重要表征。在组织中经常使用的仪式有四种类型,即进阶、增进、复兴和整合,如表10-1所示。进阶仪式有利于员工向新的社会角色转化。增进仪式会使员工产生更强的社会认同感并提高自身的地位。复兴仪式反映了那些改善组织功效的训练和发展活动。整合仪式产生了员工之间共同的纽带和良好情感,增进了员工对组织的认同。这些礼仪和仪式可以被高层管理者用来强化组织的重要文化价值观。

表 10-1 组织礼仪的类型及其社会后果

礼仪的类型	示 例	预 期 效 果
进阶	入伍及基本训练	社会角色和地位的转化

续表

礼仪的类型	示 例	预期效果
增进	年终的颁奖晚会	增加社会认同感
复兴	组织发展活动	改善组织功能
整合	春节晚会	产生对组织的共同感

组织礼仪

在一家大银行里,能被选为主管被雇员视为成功职业生涯中的重要事件。一系列的活动将伴随着雇员向银行主管的晋升过程而发生,包括通知晋升的特殊方式、第一次把新主管带到官员就餐室就餐,在通知公布后由新官员出资举办周末餐饮会。这些属于进阶仪式。

MaryKay化妆品公司(http://www.marykay.com)举办精心安排的颁奖典礼,把金质和钻石别针、毛皮、粉色卡迪拉克汽车颁发给成果优异的销售顾问,他们中间最成功的顾问由公司管理人员以类似于娱乐界向被提名者颁奖的方式介绍出场。这是一种增进仪式。

麦当劳公司(http://www.mcdonalds.com)每年都要在全美国范围内进行竞赛来决定谁是全国最优秀的汉堡包烤制团队,这项比赛鼓励了麦当劳所有的连锁店重新检查制作汉堡包的每个细节。颁奖仪式是高度可见的,其价值在于向全体员工传递注重汉堡包质量的麦当劳价值。这是一种复兴仪式。

沃尔玛公司的口号

如果让沃尔玛的员工解释本公司的企业文化,他们最先提到的就是喊口号,喊口号确实已经成为沃尔玛百货企业文化的主要特征,其最具代表性的口号是:

"我们是最棒的!"

这个口号是怎么产生的呢?公司创办人山姆·沃尔顿(Sam Walton,1918—1992)有一年访问韩国一家网球生产厂,发现该厂工人每天早上都集合起来喊公司的口号并一起做早操。山姆·沃尔顿对此印象深刻,回到公司就拟定了一套口号。直到今天,传承经久且最能激励员工的、使用频次最高的两句口号是:

"我们是最棒的!"

"谁是第一?""顾客永远第一!"

"我们是最棒的!"虽然只是一句口号,它的内容却使沃尔玛百货的经理和员工之间建立起了平等、团结的感受,并把它变成了每一个员工最经常做的事情——保持高昂的工作情绪,做好每一个平凡的操作;同时他们还会在心里告诉自己,每天全世界有超过130万的同仁也至少要欢呼一次这个口号。(梦樵求解,2008)

（三）英雄人物

每一个组织都有自己的英雄人物，组织的英雄人物可以是组织的创始人或者领导人，也可以是工作出色的员工。作为组织的杰出代表，英雄人物通常拥有超乎常人的经营智慧和能力，成为组织文化的旗帜，其一举一动、思想乃至语言均被组织奉为至理名言，其个人被赋予组织行动的判断力，具有裁决他人行动的权威性。

例证 10-14

沃尔玛精神

无论人们到哪一个沃尔玛连锁店，都会发现其强烈的文化特色——"要为顾客提供比满意更满意的服务"。另外，只要顾客提出要求，店员就必须在当天满足顾客，这就是沃尔玛著名的"太阳下山"规则。沃尔玛公司还有一个著名的"三米原则"，即沃尔玛公司要求员工无论何时，只要顾客出现在三米距离范围内，员工必须微笑地看着顾客的眼睛，对顾客露出"八颗牙齿"。（周艳琼，2002）

（四）故事

每一个组织都有自己的故事，故事的内容大多是与组织的创业者、重大经营事件联系在一起的。通过适当的故事表达可以起到一般思想工作所无法取代的作用，同时也可以为贯彻组织的有关措施提供一定的解释和支持。

组织内的许多故事是关于那些符合公司文化标准和价值观的榜样化、偶像式的公司英雄人物的。其中，一些故事被认为是传奇故事，因为这些事件是历史故事，而且可能加入了一些虚构的细节。另一些故事是神话，这些神话与组织的价值观和信念是一致的，但并没有事实根据。故事可以使公司的基本价值观保持长久活力，并且为全体员工提供一种共享的理念。

例证 10-15

海尔砸冰箱：质量意识

1985年，青岛电冰箱总厂生产的瑞雪牌电冰箱（海尔的前身）在一次质量检查时被发现有76台不合格，按照当时的销售行情，这些电冰箱稍加维修便可出售。但是，厂长张瑞敏当即决定，在全厂职工面前，将76台电冰箱全部砸毁。当时，一台冰箱价值800多元，而职工每月平均工资只有40元，一台冰箱几乎等于一个工人两年的工资。当时职工们纷纷建议：便宜处理给工人。

张瑞敏对员工说："如果便宜处理给你们，就等于告诉大家可以生产这种带有缺陷的冰箱。今天是76台，明天就可能是760台、7 600台……因此，必须解决这个问题。"

于是，张瑞敏决定砸毁这76台冰箱，而且由责任者自己砸毁。很多职工在砸毁冰箱时都流下了眼泪，平时浪费了多少产品，没有人心痛，但亲手砸毁冰箱时，职工感受到了很大的损失，都觉得痛心疾首。通过这种非常有震撼力的场面，张瑞敏改变了职工对质量标准的看法。（何跃清，2005）

（五）语言

语言是企业成员用来相互表达和传递意思的口头或书面符号，也是传递价值观的重要工具。这里的语言作为企业文化的一个载体，不同于一般意义上的交流语言，它指的是企业内部广泛存在的各种隐语、口号、标语和其他特殊用语等。这些语言，既可以口口相传，也可落实为书面材料。大多数具有强势文化的企业都有很多富有特色的语言。

例证 10-16

阿里巴巴的语言

阿里巴巴的公司文化中有一条为"快乐工作、认真生活"，该公司认为好的工作状态应该是令人感到喜悦的，而独特的"校园文化"则是帮助阿里巴巴营造轻松的工作氛围的利器。在阿里巴巴内部，同事之间、上下级之间都像同学一样相称，在这里，因兴趣"扎堆"在一起的"同学"不计其数，而且不乏各领域的专家：吉他派、读书派、摄影派、天文派、太极派、登山派……

此外，在职工平均年龄只有26岁的淘宝网内部，每位职工都有"花名"，如"郭靖""乔峰""令狐冲""风清扬"等，每到举办派对时，他们会根据自己的花名参加各大帮派的活动，在这期间没有隶属关系，只为夺取"天下第一帮"。这样的"侠气"在公司里随处可见，如"光明顶""桃花岛"是开会、会客的地方，"舞林大会"是淘宝周年庆活动的名字。（鲍茹萍，2017）

第二节　组织文化的作用

组织文化在一个组织中发挥着重要的作用，主要表现在如下五个方面：激励功能、凝聚功能、导向功能、规范功能以及协调功能。

一、组织文化的激励功能

组织文化的激励作用是指组织文化本身所具有的通过各组成要素来激发员工动机与潜在能力的作用，它属于精神激励的范畴。组织文化之所以能够对员工产生激励作用，其主要原因是：①优良的组织文化能够为员工提供一个良好的组织环境。如果一个组织拥有良好的组织文化，那么它内部的人际环境就会比较和谐。员工能够以良好的心态进行工作，各种纠纷比较少，工作绩效自然会提高。②优良的组织文化能够满足员工的精神需求，调动员工的精神力量，使他们产生归属感、自尊感和成就感，从而充分挖掘他们的巨大潜力，有效地激发出企业内部各部门和所有员工的积极性。

例证 10-17

沃尔玛的员工都是与众不同的

沃尔玛信奉这样一个理念："沃尔玛的员工都是与众不同的。"沃尔玛公司将这句经典信条印在员工的工作牌上,以提升员工的自信心和自豪感,从而激励员工忠于本职工作,全心全意为顾客服务。同时,该公司十分注重对员工的精神鼓励,各个购物中心和公司总部的大厅、宣传栏会经常张贴公司优秀员工的照片。沃尔玛的管理人员常常走出办公室与员工直接沟通、交流,并及时处理现场问题,这就是沃尔玛公司所倡导的"走动式管理"。管理人员的办公室虽然有门,但门长期敞开着,以便让员工随时交流。沃尔玛在管理上较少运用批评和处罚手段,运用得最多的是激励。沃尔玛还利用业余时间在公司总部和各个商场举办各种形式的培训班,此外还成立了培养高级管理人员的学校——山姆·沃尔顿学院。总之,以人为本的理念让员工感到沃尔玛是一个团结的大家庭,充满了愉快、平等、上进的氛围。(李庚,2014)

二、组织文化的凝聚功能

组织文化是一种"软性"的协调力和黏合剂,能够形成巨大的向心力和凝聚力。组织文化以大量微妙的方式来沟通组织内部人们的思想,使组织成员在统一的思想和价值观指导下,产生对作为组织成员的身份感和使命感,产生对组织目标、道德规范、行为准则、经营观念等的认同感。同时,在组织氛围的作用下,使组织成员通过自身的感受,产生对于本职工作的自豪感和对组织的归属感,使组织成员乐于参与组织的事务,发挥各自的潜能,为实现组织目标做出贡献。因此,出色的组织文化所营造的人文环境对员工的吸引力,是其他吸引物无法比拟的,它打动的是员工的心。正所谓"留人先留心",建立一支长期稳定的、有战斗力、有凝聚力的团队,必须依靠组织文化战略来支撑。

例证 10-18

宜家通过平等理念和人性化管理留住人才

宜家的创始人英格瓦·坎普拉德(Ingvar Kamprad)痛恨任何形式的等级制度。巡视商店时,他鼓励大家直呼其名,以示他和大家是平等的。在宜家,经理对员工不称"员工",而称"同事",以体现"宜家人人都是重要的"的平等理念。

宜家不鼓励员工加班,因为他们认为员工工作与生活的平衡对公司很重要。公司鼓励员工在工作上提出挑战,即便偶然失误也不会受到处罚。在这样一种文化氛围里,员工们快乐地工作,并享受着工作的快乐。

正因为宜家能够充分重视人,合理使用人,精心培养人,全面开发人,有效激励人,所以宜家的员工流失率是比较低的。比如,美国西雅图的宜家店,员工的流失率为25%,而据2001年零售联盟的调查,美国专卖店平均员工流失率为78.4%。(智百,2010)

三、组织文化的导向功能

组织文化作为员工的共同价值观念,一旦形成就会产生一种思维定式,必然对员工具有强烈的感召力,这种感召力能将员工逐步引导到组织的目标上去。组织提倡什么,抑制什么,员工的注意力也就转向什么。这种功能往往在组织文化形成的初期就已经存在,并长期地引导员工为实现组织的目标而努力。

当组织文化在整个组织内部成为一种强势文化以后，其对于员工的影响力也就越来越大，组织文化通过一系列管理行为来体现，如企业战略目标的透明性、内部分配机制的公平性等，均能反映一个企业所倡导的价值观，其员工的行为也就越发自然。

例证 10-19

玫琳凯的"金科玉律"

"你愿意别人怎样对待你，你就怎样对待别人。"这是玫琳凯公司的"金科玉律"，也是其每一个领导在做人事管理工作时的行为准则。

公平待人意味着玫琳凯的管理人员要给予美容师相同的支持、培训，给予其充分发挥个人才能的空间，公司的组织结构也为提升业绩突出的美容师提供充分的空间。领导人员并没有权力决定下级美容师的升迁，公司制定了美容师升迁的绩效标准，这就像一把标准尺，用来衡量美容师是否达到可以晋升的某个标准，而不是由管理人员的主观意志来决定。（谢爱丽，周广华，2010）

四、组织文化的规范功能

在一种特定的组织文化氛围中，组织文化可以起到有效的规范功能。组织文化的规范功能主要体现在如下 3 个方面：①组织文化能够规范、统一组织的外部形象；②组织文化能够规范公司的组织制度，让员工行为规范化；③可以让组织的全体员工产生一致的精神信仰，把个人和组织的发展目标进行有效的结合。组织文化的规范功能是通过员工自身感受而产生的认同心理过程实现的，它不同于外部的强制机制，组织文化通过员工的内省，使其产生一种自律意识，从而自觉遵守组织管理的各种规定，如厂规、厂纪等。自律意识相比强制机制的优势在于员工是心甘情愿地接受无形的、非正式的和不成文的行为准则，自觉地接受组织文化的规范和约束，并按照价值观念的指导进行自我管理和控制。

例证 10-20

IBM 电脑帝国的企业文化

IBM 是具有明确原则和坚定信念的公司，这些原则和信念似乎很简单、很平常，但正是这些简单、平常的原则和信念构成了 IBM 特有的企业文化。

老托马斯·沃森在 1914 年创办 IBM 公司时设立过"行为准则"。正如每一位有野心的企业家一样，他希望自己的公司财源滚滚，同时也希望能够借此反映出他个人的价值观。因此，他把这些价值观标准写出来，作为公司的基石，任何为他工作的人都明白公司的要求是什么。

老沃森的信条在其儿子掌权的时代得以发扬光大，小托马斯·沃森在 1956 年任 IBM 公司的总裁，对于老沃森所规定的"行为准则"，由总裁至收发室，没有一个人不知晓，比如：①必须尊重个人；②必须尽可能地给予顾客最好的服务；③必须追求优异的工作表现。（小淇，2009）

五、组织文化的协调功能

组织文化的协调功能是指组织文化可以强化组织成员之间的合作、信任和团结，培养亲近感、信任感和归属感，从而促进组织内部各个部门之间、个体与个体之间、个体与群体之间、群体与组织之间、员工与组织之间的有机配合。

例证 10-21

松下的玻璃式经营法

由被誉为"经营之神"的松下幸之助创造的玻璃式经营法的本意就是在管理上要像玻璃那样透明，即目标公开，经营状况公开，财务状况也要公开。

松下幸之助在公司只有七八名员工的时候，就开始公开公司的盈亏状况：他每个月都和公司的会计结算盈亏，然后把结果向员工公开发表。这种做法激励了员工的士气，公司的业绩越来越高。当经营得好的时候，松下把喜讯带给员工，让大家分享成功的欢乐；经营得不好的时候，他也如实地把所有的信息都讲出来，依靠大家的力量共渡难关。这种传统在松下幸之助去世后延续至今，公司负责人把公司的账目向松下产业工会负责人公开。工会的负责人看过账目，彻底了解公司的运营状况以后，自然不会提出无理要求。如此一来，劳资双方当然比较容易由相互信任而建立起和谐的关系。（王成荣，2008）

第三节 塑造完善的组织文化

美国的商业圆桌会议（由 250 家大公司的高级管理人员组成的协会）公布的报告讨论了其 100 家成员公司中组织文化的实践问题，这些公司包括施乐、波音（http://www.boeing.com）和惠普公司等。在被调查的公司中，人们一致认为，影响组织高层决策的最重要的因素是高层管理者在提供承诺、领导和组织价值观等方面扮演的角色。CEO 和其他高级管理者必须认同特定的组织价值观，并且在提出和更新这些价值观方面给予组织不断的领导。组织文化的价值观可以以多种方式沟通，组织的高层领导要负责创造和维持影响每一个成员的日常生活伦理行为的文化氛围。

对于处于发展中的组织来说，如何创造良好的组织文化，如何保持已经取得的文化建设的成果，如何优化或更新本组织的文化以适应变化的环境的挑战等问题是人们最为关心的。

一、加强企业家的培养

随着对现代企业经营活动认识的逐步深入，我们越来越意识到企业经营活动的优劣主要取决于企业是否拥有一定数量和水平的企业家队伍。而一个企业能否在竞争激烈的市场中立于不败之地，主要是考查现有管理者培养下一代企业家队伍的成效。在创业初期，创始人往往不受传统习惯做法和思想的束缚，而且新组建的企业一般规模较小，这使得创始人能够用自己的思想和意识去直接影响其他成员。

企业家在自身的创业和管理活动中的原动力主要来自如下 4 个方面：①企业家在崇尚创新和创业的环境中更容易产生，如广东潮汕地区、浙江温州地区、香港地区崇尚个人独立创业，因此当地企业家成长和发展得很快；②父母的支持对于后代的企业家倾向具有重要的影响；③企业家通常都有自己崇拜和试图模仿的偶像；④企业家以前的创业经历。

企业家之所以在企业管理中取得高效率的成就是因为他们摆脱了传统管理的各种束缚，企业家和传统的管理者在工作动机、时间的未来取向、管理方式、冒险倾向以及对待失败和错误的观念等方面存在明显的区别，如表 10-2 所示。

表 10-2 企业家与传统管理者的比较

项　　目	传统管理者	企　业　家
工作动机	晋升、传统的公司奖赏	独立性、创新机会、财务收益
时间的未来取向	实现短期目标	实现 5~10 年的企业成长
管理方式	授权和监督	直接参与
冒风险倾向	低	高
对待失败和错误的观念	避免	接受

企业家自身的形象对企业的整体形象会产生重要影响，企业家的形象直接代表和反映其所领导的企业的形象。因此，企业家有必要关注自身形象。微型计算机销量世界第一的戴尔公司（http://www.dell.com）的创始人麦克尔·戴尔具有很强的进取心和自制力，且富有竞争精神，而这些特点也正是戴尔公司留给人们的印象。

组织的高层管理人员对组织文化的影响同样不可低估，这是因为高层管理者往往通过自己的所作所为，将企业精神、价值观和行为准则等渗透到组织中去。因此，组织要注重对企业家的培养和企业家精神的培育。如果企业在前期的发展过程中，尚未产生很有影响力的企业家，或是新组建的公司，那么通过如下 3 种途径可获得与培养高层管理者：①企业家通过自我学习、探索，完善和超越自我来实现，目前很多企业家通过参加 EMBA 培训等方式提高自身素质正是这方面的体现；②组织为企业家的成长创造良好的环境和条件，包括在职培训、职务轮换、挑战性的工作等；③通过招聘的方式面向社会招纳英才，目前国内许多公司开始面向全国甚至全世界招揽精英管理人才。

张瑞敏和海尔文化

张瑞敏是一位喜欢哲学的企业家。在哲学和宗教方面，他似乎是一位儒家式人物，因为他视发展海尔、振兴民族工业为己任。在北京大学演讲时，他曾对大学生们说"如果民族工业都支撑不住的话，海尔愿做最后一个倒下的。"这话大有"风萧萧兮易水寒，壮士一去兮不复返"的感觉，给人以"扶大厦之将倾"的大丈夫一般的气概。

他给海尔浇灌的是"海尔是海"，具有吸纳百川的博大胸怀和永不停息的奋斗精神；他向员工传递的是"赛马不相马"，将公司建成一个情深似海的大家庭，让每个人都有一种归属感，深化工作的意义并增添生活的价值；他对顾客的宗旨是"真诚到永远"，没有最好，只有更好，顾客幸福就是海尔的幸福。海尔响亮的名字远传五洲四海，洁白晶莹的骄子飞向世界。从"铁锤定乾坤"到"海尔·中国造"，张瑞敏带领海尔艰难而稳定地从无到有、从弱到强，对海尔的起死回生可谓功不可没。如果没有这位儒雅而有意志，能很好地经营企业又不完全陷入金钱陷阱中的企业家，海尔的历史可能会改写，张瑞敏没有愧对海尔人的期望。（彭烨，2004）

二、改善组织内外部环境

组织文化的外壳物质文化设施一旦设定就不会轻易变动，并能反映设定者的价值观、文化品位、艺术修养以及一定的文化价值。它主要包括企业容貌、劳动环境和生活娱乐设施三个方面。

1. 企业容貌

企业容貌是企业文明的一种标志和象征。从厂房的建筑造型、色彩装饰到空间结构布局，从环境整洁度到各种物品的安排是否井然有序，都能反映出一个企业的管理水平和风格，体现企业文化的个性特点以及企业领导人的文化品位。

2. 劳动环境

劳动环境包括办公室布置、生产流水线顺序、色彩、照明、设备安排、保险装置等。一个优化的环境不仅能够提高生产效率，保证劳动安全，而且还能够相应地提高员工的劳动兴趣，激发员工对企业的忠诚和责任。

3. 生活娱乐设施

生活娱乐设施指文娱场所、体育设施、图书馆、职工培训中心、食堂等。生活娱乐设施的建设既应与职工需求相一致，也要与企业价值观和精神相一致。美化企业员工的生活娱乐环境能够使职工感到如大家庭般的和谐和温暖，增强企业的凝聚力。

例证 10-23

Facebook 办公室

在 2011 年 BusinessInsider 评选出的美国 25 家最适宜工作的科技公司中，Facebook 夺取了第一位的宝座，成为科技界最佳雇主，原本的典范 Google 被超越了。Facebook 的胜出得益于其所拥有的美味的食品、轻松的工作环境、充满活力的工作氛围，以及科技员工都渴望的零办公室政治。2010 年，Facebook 的员工们从之前位于加州硅谷的小办公室搬入了新总部大厦。这座大厦之前是一个实验室和高科技工艺生产厂房，占地 1.4 万平方米，位于帕洛阿尔托斯坦福研究园内，可供来自该市 10 个不同地区的 700 多员工同时工作，设施齐全完善。Facebook 新办公大楼内部由著名空间设计工作室"Studio+a"设计。设计师花费了大量时间来采访 Facebook 的员工，以尽可能地了解他们想要什么，怎么设计才会令他们有更好的工作体验、工作更有效率。由于不同部门的需求不同，大楼内的各小工作间展示出了各部门的独特风格。（小猪，2011）

三、提高组织的产品文化内涵

组织的产品文化是组织文化中的基本物质文化内容。作为组织文化的载体，产品通常被理解为具有价值和使用价值的物品，然而产品结构及产品外观的美学成分也可体现出企业的文化特色。

组织的产品文化内涵的涉及面很广，但大体可以概括为以下10个方面：①组织产品一般分为实质层、形式层和扩展层三个层次；②企业产品构成的要素、零件与部件的整合方式与系统结构（主要指其物理结构）；③企业产品所具有的物理、化学、生物等性状与功能；④企业生产经营产品的造型、综合观感、包装、商标等方面的选择、组合与特色；⑤企业产品结构、产品系列的现状、未来和特征；⑥企业产品投入—产出状况、成本控制手段与特色；⑦企业产品开发和创新的能力、潜力、方向与方式；⑧企业产品成长周期（或生命周期）的形成、保持和利用；⑨企业产品的物质技术前提和工艺基础；⑩企业产品生产与消费的生态与环境影响。

日本的东芝公司、索尼公司和丰田公司，美国的 IBM 公司、惠普公司，德国的大众汽车公司，它们都只有一种中心产品或中心产品线、一个中心市场、一种中心技术。所有这些大公司全都有着一种明确的使命、一项重点，在一个领域中具有一种特长、一种市场，而且基本上是一条产品线。在英国，那些成功的公司甚至把这一点视为企业经营的制胜之道。

组织产品个性文化能否形成，一方面涉及企业的常规经营管理，另一方面又涉及组织经营的战略规划和战略管理。如果说产品质量是组织的生命线，产品在价格、品种、造型、包装、牌子等方面的优势则是组织生产经营的基本。产品的开发创新、产品的生态性质、产品的生命周期会对企业经营、发展的未来产生影响，而企业产品生产经营过程中的成本控制、企业的产品结构与系列的建立和完善、企业产品的技术基础则直接影响着企业的日常经营。

事实上，不论经济环境、社会环境发生怎样的变动，始终坚持和维护企业已有的优良产品文化，并不断地把它发扬光大是企业经营得以成功并立于不败之地的基本条件之一。

例证 10-24

iPhone 的魅力

自从苹果公司首席执行官史蒂夫·乔布斯在 2007 年 1 月 9 日宣布推出 iPhone 系列手机，目前，iPhone 的四款产品虽仅占全球手机市场份额的 5.6%，利润却是全球手机市场利润总额的近 2/3，如此强大的吸金能力着实令人敬佩。在中国，价格 4 900 元左右的 iPhone 4 在手机市场出现断货的情况已不少见，手上拿着 iPhone 4 早已经是富裕的象征。在美国，有一半的美国人在选择智能手机时会倾向于 iPhone；在英国，甚至有一位男子为了买到最新一代 iPhone 而提前一个多月在苹果零售店门口搭帐篷排队。

iPhone 有个杀手锏，叫 App Store。简单地说，它是一个内置于 iPhone 的下载软件程序。你只需轻轻点击就可以在 App Store 下载你所喜爱的程序，有些软件需要付费，但付费方式极为简单：你只需将 App Store 与你的银行卡绑定，即可实现轻松下载。凭借着如此便捷的软件下载方式和 App Store 中高质量的软件，iPhone 一下子成为全球最受欢迎的智能手机。软件开发者们可以为 iPhone 研发软件，再提交苹果审核后最终放到 App Store 上供用户下载。如果下载收费，利润由苹果与应用开发商以 3∶7 分成，这不仅让那些优秀的软件开发商们赚得盆满钵满，更使得苹果公司从中赚取了相当大的一笔收入。

和 App Store 类似，iTunes 只是把 App Store 的应用程序换成了歌曲和专辑，却建造了属于苹果的音乐帝国，也使得众多的歌手有了一种更酷的赚钱方式。他们在 iTunes 上销售自己的专辑和单曲，每首歌下载支付 0.9 美元，既宣传了歌曲又赚到了钱，一举两得。iTunes 用户也只需在手指的轻触之间完成歌曲的购买。与此同时，iTunes 也为歌曲数字化和正版化做出了贡献，让我们看到了未来歌曲的营销模式。

iPhone 以它创新的技术和经营模式引领着手机的潮流和时尚的方向，让我们期待未来更加完美的 iPhone 吧。（至秦，2011）

四、培育优良的组织精神

组织精神是区别于物质、财富或经济价值观的组织观念体系的核心。组织精神是组织的员工群体在长期生产经营中形成的一种信念和追求，是组织基于自身的性质、任务、宗旨、时代要求和发展方向，为使组织获得更大的发展，经过长期精心培育而逐步形成的。换言之，组织精神是隐藏于组织经营思想和管理哲学之后并构成它们强有力支撑的组织最基本的信念或者信仰体系。事实上，组织的主要文化现象、文化特征、文化创新均是以组织精神为源泉，而组织的可持续发展也是以此为核心得到实现的。组织精神是组织价值观的外化表现，它用简洁的语言表现出组织在一切行为和观念中的主导意识，体现了群体的价值取向。

由于企业精神是某个特定组织的精神，它应该在本组织的特定条件下创设并形成，反映本组织的追求和一定的精神面貌。组织精神应有其个性特征，而不是千篇一律。

例证 10-25

中石油的企业精神

中石油集团企业精神：爱国、创业、求实、奉献。
爱国：爱岗敬业，产业报国，持续发展，为增强综合国力做贡献。
创业：艰苦奋斗，锐意进取，创业永恒，始终不渝地追求一流。
求实：讲求科学，实事求是，"三老四严"，不断提高管理水平和科技水平。
奉献：职工奉献企业，企业回报社会、回报客户、回报职工、回报投资者。
（本案例源于网络并经作者加工整理。）

中国的一些著名企业集团也提出了自己的组织精神口号，如青岛海尔集团根据电器行业售后服务质量这个顾客最为关心的问题，提出"真诚到永远"的企业精神，使顾客无后顾之忧而乐于购买其产品。

组织精神需要用简明而寓意丰富深刻的语言来表述，这种表述要符合以下 5 点要求：①具有组织个性；②符合时代与民族特点；③体现组织价值观；④寓意深刻；⑤便于记忆与宣传。

企业精神形成之后，不能停留在口号上，而应让企业的每一位员工去了解、接受和履行。通常可采取以下 4 种方法。

（1）强化灌输法。如日本松下集团的员工每天早上上班前都要站在厂门口背诵反映企业价值观的司训，企业也可以通过培训班的方式向员工讲解企业精神。

（2）领导引导法。企业领导要将企业精神外化为日常行为，引导和感染员工。如遇到困难，就要用企业价值观去鼓励大家知难而进；员工间发生了矛盾，就要用企业精神去化解；员工犯了错误，就用企业精神去帮助其改正和克服。

（3）触目可见法。把企业精神印在企业简介中，印在信封上，挂在办公室里，刻在建筑物上，使员工触目可见，形成一种企业精神无时不在、无处不在的感觉。

（4）文化宣传法。举办各种文化娱乐活动或大型的社会文化活动，如赞助文艺晚会、体育比赛、向灾区捐款、扶贫救弱，支持希望工程等，以这些方式向全社会宣传企业的精神。把企业社会责任作为新时期企业文化整合和再造的重要内容已成为国际企业文化发展的趋势。

五、建设稳定的组织制度文化

组织的制度文化是企业制度演进、企业制度规范、企业制度内容、企业制度运转、企业制度创新等的统称。现代企业组织制度是企业为了有效地整合资源，以便达到企业既定目标而规定的上下左右的领导与协调关系。如果把企业视为一个生物有机体的话，那么企业组织机构就是这个有机体的骨骼。企业组织机构的构建除了受到领导体制的影响外，还要受到企业环境、企业目标、企业生产技术以及企业职工的思想文化素质的约束和影响。

企业制度文化体系是企业全部制度文化子系统或子集的有机集合。企业制度文化的具体方面或种类很多，但集中起来可以概括为五大子文化系统：①企业财产制度文化；②企业决策制度文化；③企业组织制度文化；④企业人事制度文化；⑤企业财会制度文化。这五大子系统之间存在着有机的内在联系，并在此基础上共同构成企业制度文化体系。

至于领导结构和领导制度，虽然它们反映了企业生产经营和管理要求，但依然会在具体的构造中反映出企业价值观、企业精神的内涵。德国企业的领导结构与其他国家企业的领导结构不同，德国企业在总经理之上设有管理委员会，作为企业最高的日常领导机构，管理委员会成员中有三分之一由工人组成，这一领导结构是德国企业在长期发展中形成的，也反映出了德国文化和德国企业的价值观。

例证 10-26

TCL 与阿尔卡特的并购案

2004年4月26日,TCL宣布已经与法国阿尔卡特正式签订了"股份认购协议",双方将组建一家合资企业T&A从事手机及相关产品和服务的研发、生产及销售。这是中国在全球范围内首次整合国际大公司的手机业务。

最初,双方对合资企业的运营抱有很多期待,并设立了宏大的目标。双方预期此次合作不仅将大大控制整体研发成本,同时可以更快速地推出创新产品和尖端产品,并提出了将采取"技术创新"和"开源节流"两大策略,以实现双方在交叉期销售、采购、生产及研发领域的四大协同效应。

然而,当合资公司T&A开始运营之后,双方的文化冲突就显现出来了,无论是合作目标还是决策方式、管理制度、销售策略及员工待遇方面,双方都存在难以跨越的文化价值差距。TCL面对双方的文化差距或冲突,完全无力化解企业文化整合这道难题,而且越整合越糟糕,导致合资公司的经营状况迅速恶化,主要体现在以下几方面。

(1) 并购后的亏损日益严重。2004年第四季度,合资公司T&A就出现了3 000万欧元的巨额亏损,2005年第一季度的亏损更严重,超过了TCL在彩电领域的合资企业TTE的亏损。

(2) 并购后,人才大量流失。经营状况严重恶化,作为这次并购案的主要决策人和操盘手,万明坚难辞其咎,于2004年12月20日宣布因健康原因辞职,这在当时引起了极大的震动,而且更严重的是,他的一些老部下也相继选择离开TCL。

(3) 并购后的合资企业解体。由于T&A难以经营下去,2005年5月17日,在香港上市的TCL发布公告,正式宣布TCL将以换股形式收购阿尔卡特持有合资公司的45%的股份。(吴定祥,2010)

企业管理方针与制度是指现代企业为达到企业目标,在生产经营管理活动中制定的各种带有强制性义务并能保障一定权利的规定和条例,具体包括人力资源管理、生产管理、经营、分配等方面的一切规章制度。企业管理制度是帮助企业实现目标的有力手段,它是企业员工应该遵守的行为准则,能够使员工个人的生产经营活动符合企业要求。然而,企业管理制度并不是统一的,每个企业的管理制度都会因其生产领域、产品结构、生产工艺、技术特点、市场状况、员工素质等不同而不同。由于企业管理制度的特性以及规范性,实施时间一长便会使员工养成一定的行为习惯,这本身对员工行为就起到了一种很好的引导作用。

例证 10-27

丰田的合理化建议制度

丰田公司实施的是一种全民皆兵的合理化建议制度,而不是单兵作战。该公司领导认为员工是促成产品改善的主要力量,故鼓励全体员工不断地提出建议。这项举措可以充分地调动全体人员共同思考、共同参与来改善生产活动及其效果，公司的高层也有机会倾听到一些底层的呼声，使高层的决策能够照顾到广大的基层员工，形成强大的向心力和凝聚力。在这种气氛下，丰田的每一个员工都会积极地为企业的健康发展献计献策，他们每年都会提出几百万条合理化建议，这些建议的实施和应用给丰田注入了强大的创造力，使丰田企业能够健康快速地以几何级数发展，成为全球汽车业的巨无霸。（郑立鹏，2000）

成功企业的文化，尤其是制度文化的最大特点就是把企业员工的价值放在重要的地位，从充分尊重、信赖、依靠、激励他们的角度和原则出发，把通常的硬性制度加以软化，使那些刚性的制度富有弹性，让强制和外在约束变成自觉和自主管理，变防范、制裁为充分信赖和不断激励。由于成功企业在最高境界、最高层次上展开其制度文化，因而它们的制度文化的根本法宝就是无形的精神力量，就是具有充分弹性的自我升华、自主管理。

企业制度文化一方面要保持其必要的、充分的刚性，从而保证企业文化共同体从总体上协调好其与外界大环境的关系，保证其在生存空间里能够长期地存续，保证企业员工对企业制度文化认同的简洁性和对它的信赖感，另一方面也要发挥其弹性文化的作用，充分体现其弹性，从而使企业具有足够的应变能力，可以灵活地、迅速地通过制度规范的更新和制度文化自身所具有的弹力来及时、有效地调整各种必要的关系，只有这样才能使企业制度文化既有坚实可靠的基础，又有足够的灵活性和创新活力。成熟的、优秀的企业文化都有一个共同的特点，那就是在其制度规范的形成和贯彻中既要坚定不移、毫不含糊地坚持自己的基本准则——在那些令人信服的、值得称道的思想原则、精神追求、基本宗旨的规范形成和贯彻上表现出十足的不可更改性，同时也要对各种新观念、新潮流、新情况保持足够的敏感性和应变能力。

六、组织社会化过程

（一）组织社会化过程的含义

由于组织内的新员工很难马上熟悉并适应组织文化的要求，因此，组织中总会出现新员工干扰组织已有的价值观念和工作习惯的情形。组织社会化过程是指个体学习组织的价值观、基本准则和必要的行为，并使组织允许其作为组织的一名成员而参与活动的过程。例如，日本三洋公司的新员工必须经过5个月的强化训练，即在公司集体宿舍与其他员工一起生活，以迅速学会三洋公司的工作方式。

（二）影响新员工组织社会化的因素

影响新员工组织社会化的因素很多，主要有**组织能够控制的因素**与**组织不能控制的因素**两大类。

1. 组织能够控制的因素

组织能够控制的因素主要包括如下5个：①管理层对社会化的认识；②对新员工的招聘面试；③正式的新员工定向培训；④各种工作培训；⑤组织的监督。

2. 组织不能控制的因素

组织不能控制的因素主要包括如下 4 个：①新员工的个性；②员工对企业的第一印象；③其他员工给新员工留下的印象；④新员工个人需要的满足。

（三）组织社会化过程对组织的意义

组织社会化过程对组织的意义主要包括以下 5 个方面（胡君辰，1997）。

1. 有利于企业长盛不衰

市场竞争日趋激烈，一个有效的组织社会化过程有助于提高企业的凝聚力，使企业立于不败之地。

2. 有利于提高企业的生产效率

由于组织社会化过程有助于新员工融入组织，迅速成为一名合格的员工，因此也有利于提高企业的生产效率。

3. 有利于降低企业员工的流动率

随着时代的发展，员工的忠诚度日益减弱，而组织社会化过程是减少企业员工流动率的一种有效手段。

4. 有利于满足员工的心理需求

员工（特别是新员工）对工作环境存在一定的焦虑，甚至恐惧，而组织社会化过程可以帮助员工克服一些消极的情绪，满足其各种心理需求。

5. 有利于员工的职业发展

在组织内部，对于员工晋升一般要经过哪些途径和步骤应该是有明确的规章制度的，而组织社会化过程可以使员工迅速理解企业的文化与各种规章制度，这有利于他们在职业上的成功，可帮助他们迅速成长为企业的骨干。

（四）组织社会化过程的三阶段模型

组织社会化过程主要包括以下 3 个阶段。

1. 原有状态阶段

原有状态阶段即新员工进入组织前的所有学习活动。在这一阶段，每一个员工还带有原先形成的价值观念、工作态度和期望。

2. 碰撞阶段

新员工在进入组织之后，可能会发现自己的期望与现实存在着不一致的地方。如果自己的期望与现实有差异，员工就必须经过组织社会化过程使自己从以前的假设中摆脱出来，代之以另一套期望，即新组织的期望。在极端情况下，新员工可能会对其工作现状感到彻底失望，甚至会辞职，有效的员工甄选过程应该尽量减少这种情况发生的可能性。

3. 调整阶段

通过管理人员的努力，在组织文化正规化、集体化、固定化的影响下，新员工的个性和员工之间的差异就会有可能被抹掉，员工行为的标准化和可预测程度也会越来越高。通过控制新员工的组织社会化过程，管理人员一方面可以造就循规蹈矩的顺从型员工，也可以造就富有创新精神的创造型员工。

例证 10-28

华为公司的服从文化

总部位于深圳市的华为集团公司（http://www.huawei.com.cn）是一家从事通信网络软件和硬件的研究、开发、生产与销售的大型公司，其 2004 年的销售额已达 33 亿美元。华为的发展历史贯穿着总裁任正非的个人理想、对员工的严格要求、企业前进方向。为了实现这一切，需要员工的"服从"。华为招聘的大学生到华为报到后，都要进行包括为期一个月的军事训练在内的长达五个月的严格封闭式培训。负责训练的主教官是优秀的退伍军人，凡是在训练过程中遭到淘汰的员工都将被辞退。员工在这个过程中如同军人一样，树立起对上级命令的绝对服从是天职的意识。在进入岗位后，华为还要不断地给新员工"洗脑"，以至于有人说华为具有将不同的人训练成有相似气质的神秘力量。对此，任正非并不否认——令最自信的企业最自信的就是有改造人的力量。（孙友罡，2005）

（五）组织社会化过程的维度

人们通过各种视角分析过组织社会化过程后，按一系列维度指标将其概念化，这些维度指标突出地揭示了不同的组织是怎样对待该过程的变异的。美国学者范马南提出了组织社会化过程能够促进组织文化形成和变动的 7 个分析维度指标。

1. 群体与个体

针对新员工，企业可以进行个别社会化，如音乐家培养；也可以将员工结合成一定的群体使其接受同样的训练内容，如军队新兵训练。

2. 正式与非正式

该过程被正式化的程度，如培训课程；或者通过由顶头上司、同事施行的学徒制、个人教练等加以非正式培训的程度。

3. 授权式和集权式

授权式即假设新员工的素质和资格足以能够应付工作的要求，因此在评估员工应该具备的资格以后，相应地授予员工一定的工作权力；而集权式则是通过摧毁员工自我个性中的一些不利因素，训练员工的组织观念。

4. 有序性和随意性

有序性是指组织通过设计一定的角色模式来训练和鼓励新进员工，如学徒或辅导课程；随意性是指组织故意不提供角色模范的程度，如在"不是下沉就是游泳"类型的培训中，新成员被期待想出自己的解决办法。

5. 顺序性和非顺序性

该过程是指指导新成员的不同方法构成的程度，如通过一系列审慎的步骤和角色完成新员工的组织社会化过程；或者开放式的，即从来不让新成员预测到下面将出现哪一个组织角色。

6. 固定和可变动

这是指培训过程的每个阶段有无固定时间表的程度，如在军事学院、新兵训练中心或轮训课程中，通常都有固定的时间表；而开放式的，如在典型的晋升系统中，直到人们"准备好了"之前，他们都不会被提升到下一个阶段。

7. 锦标赛和达标赛

在锦标赛中，每个阶段都是一次淘汰，即谁输谁退出该轮赛事；而在达标赛中，人们建立自己的成绩记录和打破平均纪录。

第四节 组织公民行为

员工自愿做出的、没有任何正式的规定强制他们这样做的一些行为被称为组织公民行为，这些行为的总和的累积效应将为组织带来有益的结果。因此，组织要对员工的组织公民行为进行适当的教育、鼓励、支持、引导和管理。

一、组织公民行为的概念、特点和维度

（一）组织公民行为的概念和特点

组织公民行为是在组织正式的薪酬体系中尚未得到明确的或直接的确认，但就整体而言有益于组织整体运转成效的行为的总和（Organ，1988）。它具有如下 3 个方面的主要特点。

1. 自愿自发

自愿自发是指员工的行为超越角色规范，员工主动自发地为组织负担一些分外的事情。组织公民行为不是由员工的角色或工作描述所强制性要求的，通常员工不做出这样的行为也不会受到惩罚。

2. 在组织中正式的报酬系统中未被明确规定

员工在工作职责范围内的任务上的出色表现不算组织公民行为，这是因为这些行为能够通过正式的报酬系统进行直接、明确的汇报。组织公民行为并非得不到组织的回报，一个员工成熟稳定地表现出某些组织公民行为会留给上司或同事深刻的印象，从而会影响其加薪或晋升，但是这种回报得不到正式劳动合同、政策、程序等的保证，因此是一种具有可能性和不确定性的回报。

3. 行为总和的累积效应

虽然单独的、一次性的组织公民行为对组织的整体绩效很难产生较大的影响，但是单个员工的组织公民行为的跨时间累积或者多个员工的组织公民行为的累积将明显有助于提升组织的整体绩效。因此，单个组织公民行为的影响可能微不足道，但是这些行为的总和却可以产生很大的作用，这就是行为总和的累积效应。

(二）组织公民行为的维度

组织公民行为具有多维的结构（罗明亮，2007）。Organ 提出了组织公民行为的五因素模型：①助人行为，指自发地帮助同事、预防和解决与工作相关问题的行为；②公民道德，指员工作为组织中的一个"公民"应有的道德行为，包括对组织的工作感兴趣、节约组织资源、保护组织财产、愿意参加组织的各项活动、参与组织战略计划的制订、监控来自环境的威胁和机会等；③文明礼貌，指对别人表示尊重的礼貌举动；④运动员精神，指员工在非理想化的工作环境中毫无怨言、仍然保持积极的态度、为了组织的利益而坚守岗位的一种意愿行为；⑤责任意识，指严肃认真、尽心尽力地对待工作的行为。

樊景立等人（Farh, Early & Lin, 1997）认为中国文化背景下组织公民行为可划分为 10 个维度：①对组织的认同；②对同事的利他行为；③责任意识；④维护人际和谐；⑤维护组织资源；⑥自我教育；⑦通过自学增加自身的知识和技能；⑧参加社会公益活动；⑨保持环境卫生；⑩表达意见。他们并没有发现 Organ 描述的另外两个维度（即文明礼貌和运动员精神），却发现了有着中国文化渊源的两个维度（维护人际和谐和维护组织资源），体现了组织公民行为的文化独特性。他们还将组织公民行为的多种表现形式按照其发生的不同层面构建成了一个多圆环状模型，如图 10-1 所示。

图 10-1 组织公民行为的多圆环状模型

二、组织公民行为的作用

组织公民行为对组织的重要性日益显著。由于组织公民行为充当了组织运行的"润滑剂"，减少了组织各个"部件"运行时的相互摩擦，从而促进整个组织的效率的提高（Podsakoff, Ahearne & Mackenzie, 1997）。Podsakoff 等人将组织公民行为对组织有效运行的作用总结为以下 5 个方面。

（1）作为组织运行的润滑剂，组织公民行为有助于减少人际矛盾和冲突。例如，利他和助人行为就起到了这方面的作用，通过主动为他人提供方便，帮助他人，维护人际和谐,从而保证了工作关系的顺畅。

(2)自愿合作行为能够使组织更有效地利用资源,优化资源结构,降低资源投入成本,减少不必要的资源争夺,特别是能够更有效地利用稀缺资源,使之利用途径更符合生产的目的,减少对纯粹基于维护功能的有限资源的需求,将其投入到各种生产活动中去。

(3)能够促进同事和管理者的生产效率的提高。例如,通过帮助有困难的同事可以提高同事的生产力,组织公民行为中的人际促进和工作奉献可以支持士气,鼓励合作精神,有利于关系绩效的提高;员工主动承担工作减少了管理者在工作分配方面耗费的不必要的精力,从而使管理者的精力能够放在更重要的事情上;员工积极为工作献计献策,更有利于管理者工作的开展。此外,员工在任何时候,包括组织面临困难和危机的时候,都能够全身心地投入,这样使得员工的工作绩效具有一定的稳定性。但也有研究表明,帮助行为与工作绩效成负相关(Podsakoff,Ahearne & Mackenzie,1997)。

(4)能够有效地协调团队成员与工作群体之间的活动。组织公民行为就是员工能够从组织的大局出发考虑问题,懂得如何有效地协调组织中的群体利益和个体利益。

(5)能够创建良好的企业文化,增强组织吸引和留住优秀人才的能力。员工做出较多组织公民行为的环境是一个员工互相合作、互相支持,气氛愉快的环境,这样的环境对员工具有非常好的吸引力。

三、组织公民行为的影响因素

影响组织公民行为的因素主要包括个体特征、家庭环境、工作特征、组织特征、领导特征(罗明亮,2007)。

1. 个体特征

与其他年龄段相比较,25岁以下员工在组织公民行为方面表现得更多、更积极。个体的责任意识对一些组织公民行为具有预测作用。

2. 家庭环境

家庭环境对员工的行为表现、组织的绩效和发展都会产生直接或间接的影响。由于一个人的工作成就和家庭密不可分,所以要让员工在工作中得到快乐,并且快乐地工作,在社会中做个好公民,在单位中做个好职工,在家庭中做个好成员。这种相互影响是显而易见的,在心理学中被称为行为的溢出。当家庭氛围紧张时,可能不利于员工产生组织公民行为,而愉悦的家庭氛围则可能有利于组织公民行为的产生。

3. 工作特征

任务重要性、任务反馈、提供内在满意感与组织公民行为之间存在正向关系;工作任务的重复单调性与组织公民行为之间存在负向关系。

4. 组织特征

国有企业员工比民营企业员工更频繁地表现出组织公民行为;组织凝聚力与组织公民行为之间存在正向关系;员工感知到工作情景中具有符合社会期望的价值观以及激励性的工作特性与组织公民行为之间存在正向关系;组织公正性、管理人员的支持与组织公民行为之间存在正向关系。

5. 领导特征

支持型领导、变革型领导特征与组织公民行为之间存在正向关系；领导—下属交换与组织公民行为之间具有正向关系；员工的社会交换意识是组织支持感知与组织公民行为之间以及领导—下属交换与组织公民行为之间的调节变量。领导者的模范作用对下属的组织公民行为表现也具有积极的促进作用。

微软企业文化的扭转

比尔·盖茨和史蒂夫·鲍尔默先后领导微软期间，微软仿佛陷入了一场没有硝烟的战争——高管、团队和员工之间充斥着内部竞争。员工之间因年度考核而陷入内斗，这种考核制度受到了员工的广泛批评。有人认为，正是这种内斗使微软的竞争方向发生偏离——21世纪初，苹果、谷歌等巨头崛起，而微软却错失了许多商机。萨提亚·纳德拉于2014年担任CEO后，越来越多的旧员工重返微软，他们发现公司已与昔日有很大的不同。过去的微软十分注重产品进展，让员工感到筋疲力尽，旧式的员工考核制度更在无形间挑起了内斗。但纳德拉担任CEO后，撤销了备受诟病的考核制度，力推合作型企业文化。他在微软中推行"一个微软"理念：不再强调个人成就，而是强调团队合作。团队之间应该携手合作，各自的工作成果应该分享，对员工的评价不应仅仅看个人的工作业绩，也要看员工的工作成果如何为他人所用。员工们不应再像过去那样，总试图证明自己是"这个房间中最聪明的人"，而是注重自己帮助别人做了什么，和别人一起做了什么，这也是新的考核制度。萨提亚·纳德拉也被Comparably网站评选为2018年年度最佳CEO。

（资料来源：太平洋电脑网：https://www.pconline.com.cn/）

本章小结

- 组织文化主要表现为一个组织中所有成员所共享并传承给组织新成员的一整套价值观念、共同信念、共同目标和行为准则。
- 组织文化可以划分为三个层次：表层文化、中层文化、深层文化。
- 组织文化分为学院型、俱乐部型、棒球队型、堡垒型和学习型五种类型。
- 组织文化的影响因素主要包括组织外部的影响因素和组织内部的影响因素，其中，组织外部的影响因素包括社会文化背景和行业文化背景，组织内部的影响因素包括组织领导者、组织员工和组织特征。
- 组织文化的构成要素主要包括经营目标和价值观、文化礼仪和仪式、英雄人物、故事、语言。
- 组织文化在一个组织中发挥着重要的作用，主要有如下五种功能：（1）激励功能；（2）凝聚功能；（3）导向功能；（4）规范功能；（5）协调功能。

- 塑造完善的组织文化主要包括加强企业家的培养、改善组织内外部环境、提高组织的产品文化内涵、培育优良的组织精神、建设稳定的组织制度文化以及组织社会化过程等方面。
- 组织社会化过程主要包括3个阶段:(1)原有状态阶段;(2)碰撞阶段;(3)调整阶段。
- 组织公民行为是在组织正式的薪酬体系中尚未得到明确的或直接的确认,但就整体而言有益于组织整体运转成效的行为的总和。
- 中国文化背景下组织公民行为可划分为10个维度:(1)对组织的认同;(2)对同事的利他行为;(3)责任意识;(4)维护人际和谐;(5)维护组织资源;(6)自我教育;(7)通过自学增加自身的知识和技能;(8)参加社会公益活动;(9)保持环境卫生;(10)表达意见。
- 影响组织公民行为的因素主要包括个体特征、家庭环境、工作特征、组织特征、领导特征。

案例分析

华为的企业文化建设

华为在企业成长过程中不断适应内外环境的变化,形成了自己独特的"狼性文化""床垫文化""军事文化""质量文化""不穿红舞鞋文化"等"基因",尽管其表现形式不断变化,但其一贯秉持的核心价值观——"以客户为中心,以奋斗者为本,长期坚持艰苦奋斗"却从未改变过。在建设组织文化的过程中,华为通过以下四点保证了企业文化的"落地生根":一是通过上下讨论达成共识,让企业文化内化于心;二是通过战略制定、宣传培训,让企业文化外化于行;三是通过制度建设,让企业文化固化于制;四是长期坚持,始终如一。

(一)通过上下讨论达成共识,让企业文化内化于心

华为的企业文化建设始于1995年。当时,公司的文化处于"春秋战国"时期,对于公司的发展方向,大家各有主意,不得要领。在任正非的带领下,华为试图对其早期朴素的"狼性文化""床垫文化""军事文化""学习型文化"进行系统总结和提炼,从而形成全体华为人的共识。1995年9月,华为公司发起了以"华为兴亡,我的责任"为题的企业文化大讨论。1996年3月,华为邀请多名人大教授成立了华为基本法起草小组。通过高层管理者和专家组的多次交流、思想碰撞和深入挖掘,全公司员工无数次的大讨论,华为上上下下经历了一次思想上的洗礼。三年的起草过程是华为中高层充分沟通、达成共识的过程,是对参与讨论的全体员工进行灌输,使之认同信仰的过程。华为从制定《华为基本法》过程中所得到的,甚至比《华为基本法》本身更多。出台《华为基本法》并不是华为企业文化建设的结束,而是开始。在持续贯彻《华为基本法》的同时,华为又适应市场环境的变化及后来流程的变革,不断对它进行修改,每次修改都不是文字上的条条框框,而是思想上的大碰撞。每次企业文化表述的调整,都是华为全体员工"不断

"折腾"的过程，不断达成共识的过程，也是他们不断将企业文化内化于心的过程。

2008年，距《华为基本法》颁布实行整整十年之后，华为公司再次调整核心价值观的表述，在其内部论坛"心声社区"开设了"公司核心价值观讨论区"。借用"同一个世界，同一个梦想"的奥运标语，这个板块的维护者——公司核心价值观整理工作小组提出了"同一华为，同一愿景"的口号，倡议所有华为人参与这场"分享与创造的讨论"。经过当时近九万名华为员工的多轮讨论和思想交锋，在最后提交的探讨文案中，华为的EMT（Executive Management Team，经营管理团队）将公司核心价值观提炼为"艰苦奋斗，自我批判，团队合作，至诚守信，成就客户，开放进取"24个字，并逐一加以说明和阐释。

（二）通过战略制定、宣传培训，让企业文化外化于行

历时三年，《华为基本法》出台，共6章103条，长达16 000多字，包括华为的核心价值观和一般管理政策，规定了华为的基本组织目标和管理原则，是华为所有制度的起源。《华为基本法》为"确立企业处理内部矛盾关系的基本法则，确立明确的企业共同语言系统即核心价值观，以及指导华为未来成长与发展的基本经营政策与管理规则"提供了依据。《华为基本法》是华为人日常行为的指导原则，它使华为的基本理念看得见、摸得着、做得到。

华为的企业文化得到了华为培训体系的强大支持。华为大学素有IT界"黄埔军校"的盛誉，其培养的员工在为华为创造出"爆炸式"高速成长奇迹的同时，也成为通信业各大企业争相追逐的对象。学校为企业文化建设制定了专门的培训方案。在培训中，华为使用诸如《优秀客户经理模型》等自己编写的教材，提供一些优秀的客户服务故事，从实际案例中提炼出思想，传递以客户需求为导向的企业文化。华为有着浓厚的军事文化，培训则是形成和强化这种军事文化的最佳手段。以华为素有"魔鬼训练"之称的岗前培训来说，招聘的大学生到华为报到后，立即就进入包括为期一个月的军事训练在内的五个月严格封闭式培训，负责训练的主教官是中央警卫团的退役教官，训练标准严格按照正规部队的要求，在训练过程中遭到淘汰的学员将被退回学校，经过几轮筛选幸存下来的人才能正式进入华为。最后"生存"下来的人都有种获得"新生"的感觉，此时，华为的军事文化已渗入了他们的血液中。此外，军队文化还渗透于华为的普通培训和学习中，如公司号召员工齐唱《团结就是力量》《中国人民解放军进行曲》等革命歌曲。这种战斗激情的灌输对员工工作热情的长久保持影响很大。

华为的学习型文化也同样得到了培训的支持。在无时无刻不处于激烈竞争的通信行业里，员工如果没有强大的学习能力，就一定会惨遭淘汰。培训是学习型企业的必备要素，华为为各类员工设计的培训，针对性强、体系健全。另外，华为还以岗位轮换的方式促进员工的相互学习交流。

（三）通过制度建设，让企业文化固化于制

没有制度规范企业内人和物的行为方式，企业文化就会失去载体和支撑，流于形式。基于"以客户为中心"的核心理念，通过制度建设，华为的企业文化得到了实实在在的落实。华为的经营管理团队专门设有战略与客户常务委员会，确保客户需求驱动公司的

整体战略及实施。通过建立战略与市场体系，专注于对客户需求的理解、分析，并基于客户需求确定产品投资计划和开发计划；明确贴近客户的组织是公司的"领导阶级"，是推动公司流程优化和组织改进的原动力。

基于客户需求的产品投资开发决策：华为公司将投资决策建立在对多渠道收集的大量市场需求的分析和理解的基础上，以此来确定是否投资以及投资的节奏。已立项的产品在开发过程的各阶段，也要基于需求来决定继续开发或停止或加快或放缓。

基于客户需求的产品开发过程：在华为公司，任何一项产品一旦立项就成立由市场、开发、服务、制造、财务、采购和质量人员组成的团队，通过这些部门的提前介入，在产品开发过程中全面把控客户所关注的质量、成本、可服务性、可用性及可制造性。

基于客户需求的人力资源及干部管理：在华为公司，为客户服务蕴涵在干部、员工的招聘、选拔、培训教育和考核评价之中，强化对客户服务贡献的关注。坚持提拔"眼睛盯着客户，屁股对着老板"的员工，坚决淘汰"眼睛盯着老板，屁股对着客户"的干部。

在华为的价值设计中，遵循不让奋斗者吃亏的逻辑，具体表现为：创业初期的"工者有其股"；1997年前后的薪资水平向西方公司看齐；今天的"利出一孔"分配原则。华为总裁任正非在公司2012年年报寄语中表示，"华为从最高层到所有的骨干层的全部收入，只能来源于华为的工资、奖励、分红及其他"，不允许有其他额外的收入，进而从组织上、制度上落实"以客户为中心，以奋斗者为本，长期坚持艰苦奋斗"的核心理念。

（四）长期坚持，始终如一

"以客户为中心"并非华为独创，管理大师彼得·德鲁克认为，企业的目的就是"创造顾客"，"客户就是上帝"几乎是所有西方公司的口号。然而，在全球化的技术崇拜和资本崇拜浪潮中，能够始终坚持这一理念的企业并不多。

王安电脑公司、摩托罗拉、朗讯科技、北方电讯、AT&T等公司，或为技术或为资本的诱惑而倒下。华为之所以没有成为其中一员，其重要原因之一就是远离资本力量与尖端技术的诱惑，不拜资本、不拜技术，始终清醒和坚定地贯彻"以客户需求为导向"这一商务常识，"用有限的资源做有限的事情，把华为所有的资源聚焦在核心战略上"。

迄今为止，尽管有过冲动，但华为从未做过一寸的商业地产，从未参与过资本运作，从未涉足通信制造以外的其他产业。华为二十五年仅做一件事——"通信制造"，华为的这一做法被形象地叫作"不穿红舞鞋"。在任正非眼里，电讯产品之外的利润就像红舞鞋，虽然很诱人，但是企业穿上它就脱不了，只能在它的带动下不停地舞蹈，直至死亡。因此任正非以此告诫下属要经受住其他领域丰厚利润的诱惑，不要穿"红舞鞋"，要专注于公司的现有领域。坚持"利出一孔"，由谷歌提供数字"洪水"，华为"聚焦于提供承载大流量、大数据的大管道"。要抵挡商机或投机的巨大诱惑需要极大的定力，需要压抑个人和企业内部的各种躁动和冲动，单靠最高领导，没有整个领导层和全体华为人对企业核心价值观的强烈认同，没有全体员工的心理契约，是无法实现的。（冯敏，宋彩萍，张晓霞，2013）

问题讨论：

1. 公司在建设组织文化过程中，如何保证组织文化的"落地生根"？
2. 组织文化应如何适应时代的发展？

管理游戏

10-1 巨人脚步

目的：使学生明白团队或组织的口号越简单越好

形式：集体参与

时间：10分钟

道具：无

场地：不限

游戏程序：

1. 所有的学生分成若干组。
2. 不同的小组设计自己的行动口号，一起行走并大声呼喊自己的口号。
3. 选择观察员对各小组的统一性、一致性程度进行评分。
4. 讨论为什么某小组会获得第一名。

10-2 影视拓展（《士兵突击》）

目的：连队（团队）文化

人数：不限

时间：50分钟

材料：剪接《士兵突击》影视钢七连的连队文化的部分片段

回顾与分享：

（1）钢七连的连队文化有何特点？
（2）谈谈钢七连的连队文化对每个战士有何影响。

心理测试

10-1 公司文化偏好量表

目的：该测验用于帮助你认识与你的个人价值观和假设最为接近的公司文化。

指导语：认真阅读表10-3的每一对陈述，在每一对陈述中圈出当中一个你喜欢在其中工作的组织。每个人做完后记分，然后全班集中讨论应聘者与组织的主流价值观相匹配的重要性。

表 10-3　公司文化偏好量表

我喜欢在某组织工作：

1a. 员工在团队中工作得很好	或者	1b. 它生产（或提供）高声誉的产品（或服务）
2a. 高层管理维持工作场所的秩序	或者	2b. 组织聆听顾客的意见并对他们的要求快速地做出反应
3a. 员工受到公平对待	或者	3b. 员工一直寻求办法提高工作效率
4a. 员工很快适应新工作要求	或者	4b. 公司领导努力工作以便让员工保持快乐
5a. 高层管理人员接受其他员工所没有的特殊津贴	或者	5b. 组织达到绩效目标时员工都很自豪
6a. 员工表现最好则报酬最高	或者	6b. 高层管理人员受到尊重
7a. 每个人准时完成工作	或者	7b. 组织处于行业变革的前沿
8a. 员工接受帮助以克服个人问题	或者	8b. 员工遵守公司规定
9a. 在市场上总是尝试新点子	或者	9b. 为了顶峰绩效，期望大家投入110%
10a. 快速地从市场中获益	或者	10b. 员工总是被告知组织中正在发生的事情
11a. 能够对竞争威胁快速地做出反应	或者	11b. 大部分决策由高层管理人员做出
12a. 管理使得各种事情处于控制和掌握之中	或者	12b. 员工相互关心

记分：

所圈的题号给"1"分，未圈的项目给"0"分。然后将各子量表的相应题号的分数相加，各子量表的分数介于0~6。子量表的分数越高，说明你在该子量表代表的公司文化下工作感到越舒适。

（1）控制文化：题号 2a，5a，6b，8b，11b，12a 分数之和。
（2）绩效文化：题号 1b，3b，5b，6a，7a，9b 分数之和。
（3）关系文化：题号 1a，3a，4b，8a，10b，12b 分数之和。
（4）反应文化：题号 2b，4a，7b，9a，10a，11a 分数之和。

解释：

上述四种文化可以在许多组织中存在，但它们仅代表诸多组织文化价值的四种。同样地，必须记住这些文化没有好坏之分，在不同的情境下每种文化都是有效的。

（1）控制文化：该文化重视高层管理人员领导组织的作用，其目标是使每个员工按步就班，并处于控制之下。

（2）绩效文化：该文化重视个人和组织绩效，并致力于提高组织效率和效果。

（3）关系文化：该文化重视教养和人性。它把开放沟通、公平、团队工作以及分享当作是组织生活的重要组成部分。

（4）反应文化：该文化重视组织与外部环境保持协调的能力，包括竞争以及认识到新的机遇。（McShane，2001）

问题讨论：

1. 列举出每种公司文化相对应的一些组织。
2. 根据你的公司文化偏好，谈谈你的就业组织意向。如果两者有所冲突，那么应该如何调适？

10-2 组织文化调查表

这份问卷可以帮助你辨识你的组织文化——你所在组织（单位/学校）中的做事方式和现有的心态。它的基础是"文化网络"：凝聚组织的六类成分（莎拉·库克，2004）。请独自完成这份调查表，再和组织中其他人的回答进行比较。

然后，在你的文化中能够帮助你实现组织目标的元素上打钩，在妨碍组织实现目标的文化元素上打叉。

然后和你的同事或同学讨论克服这些障碍的办法，以改进你的组织文化。

成分一：仪式

仪式是不断重复的活动和行为，以至于它们成为共同的习惯。你组织内部的仪式有哪些？举例说明。

仪　式	是帮助，还是障碍	变 革 行 动

成分二：传说

在你的组织中有什么故事是传奇性的？比如，关于过去有什么说法？哪些人被谈起？在你的组织中谁是英雄？有哪些成功或失败的故事？

传　说	是帮助，还是障碍	变 革 行 动

成分三：庆典

什么仪式是公开举行的？庆祝什么？有什么奖励是针对整个组织的？

庆　　典	是帮助，还是障碍	变 革 行 动

成分四：标识

看看你组织中的标识，比如饭堂、舞厅、设备、工作/学习场所、停车场、名称。举例说明。

标　　识	是帮助，还是障碍	变 革 行 动

成分五：权力

谁在你的组织中掌权，正式的和非正式的？你怎样才有资格掌权？在组织中权力的透明度如何？谁从权力中获利？

权　　力	是帮助，还是障碍	变 革 行 动

成分六：系统

描述你的组织系统。比如，什么是组织中的交流系统，正式的以及非正式的？什么系统用于解决顾客或学生需求？

系　　统	是帮助，还是障碍	变 革 行 动

 **参考文献**

[1] FARH J L, EARLEY P C, LIN S C. Impetus for action: a cultural analysis of justice and organizational citizenship behavior in chinese society[J]. Administrative science quarterly, 1997, 42 (3): 421-444.

[2] ORGAN D W. Organizational citizenship behavior: the good soldier syndrome[M]. Lexington, Mass.: Lexington Books, 1988.

[3] PODSAKOFF P M, AHEARNE M, MACKENZIE S B. Organizational citizenship behavior and the quantity and quality of work group performance[J]. Journal of applied psychology, 1997 (82): 262-270.

[4] 鲍茹萍．阿里巴巴的企业文化研究[J]．纳税，2017（02）：108-113．

[5] 彼得·圣吉．第五项修炼[M]．郭进隆，译．上海：上海三联书店，2002．

[6] 冯敏，宋彩萍，张晓霞．"落地生根"的企业文化才是真正的企业文化——以华为企业文化为例[J]．生产力研究，2013（09）：153-155．

[7] 管一新．联想创新型企业文化[J]．企业改革与管理，2005（2）：49-50．

[8] 何实．摩根士丹利的启示[J]．现代商业银行，2007（4）．

[9] 何跃清．小问题大管理[M]．北京：地震出版社，2005．

[10] 侯瑞芳．企业文化形成过程影响因素浅析[J]．经营管理者，2017（09）：277．

[11] 胡君辰．管理心理学[M]．上海：东方出版中心，1997．

[12] 姜磊．松下电器的海外经营[J]．投资北京，1994（7）：37-38．

[13] 姜悦，朴光赫．企业文化中狼性羊性对比分析[J]．中小企业管理与科技（下旬刊），2015（4）：1-2．

[14] 李庚．沃尔玛：赢在企业文化[J]．中外企业文化，2014（10）：52-53．

[15] 刘亚洲．餐巾纸上的伟大公司[J]．东方企业文化，2012（1）：49-50．

[16] 娄宏毅．企业文化的影响因素及制度化建设[J]．商场现代化，2006（34）：276-277．

[17] 罗明亮．组织公民行为研究理论与实证[M]．北京：经济管理出版社，2007．

[18] 梦樵求解．口号的力量[J]．企业科技与发展，2008（17）：1．

[19] 彭烨．企业家在企业文化中的角色[J]．化工管理，2004（5）：35．

[20] 孙友罡．存在与悖论——华为企业文化冷思考[J]．企业管理，2005（06）：16-21．

[21] 谭长春．可口可乐公司如何做"氛围感召式"新人培训[N]．中国图书商报，2007-06-29．

[22] 王成荣．企业文化教程[M]．北京：中国人民大学出版社，2008．

[23] 吴定祥．企业文化整合：跨国并购中的一道难题——TCL收购阿尔卡特失败案例分析[J]．对外经贸实务，2010（05）：68-70．

[24] 谢爱丽，周广华．"玫琳凯"的领导艺术[J]．经贸导刊，2003（6）：38-39．

[25] 小淇．IBM的绩效管理[J]．中国质量技术监督，2009（10）：74-75．

[26] 许维维. 组织文化类型对组织公民行为的影响研究[D]. 大连：大连理工大学，2006.

[27] 小猪. Facebook 办公室[J]. 创业家，2011（7）：16-19.

[28] 佚名. 松下的企业文化[J]. 上海微型计算机，2000（34）：22.

[29] 尹生. 柳传志就是联想文化[J]. 公司，2004（4）：41-45.

[30] 智百. 宜家是一种家居文化[J]. 企业文化，2010（11）：35-38.

[31] 张朝霞，刘丽峰. 企业拴心留人 ABC——UPS 留住员工的秘诀解读[J]. 人才瞭望，2003（9）：6.

[32] 郑立鹏. 丰田管理方式[J]. 经营与管理，2000（11）：30-32.

[33] 至秦. iPhone 的魅力[J]. 信息化建设，2011（9）：49.

[34] 张思宇. 阿里巴巴的企业文化研究[J]. 商业故事，2016(9).

[35] 周艳琼，白木. 沃尔顿与他的沃尔玛帝国[J]. 国际人才交流，2002（2）：24-27.

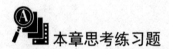

本章思考练习题

思考练习题

第十一章
组织变革与组织发展

学习目标

学完本章后,你应该能够:
1. 掌握组织变革的概念;
2. 了解组织变革过程的勒温模式和科特模式;
3. 了解组织变革的方式;
4. 掌握组织变革的力场分析方法;
5. 掌握组织发展的概念;
6. 掌握组织发展的干预技术。

引例

永辉超市的合伙人制

永辉超市结合企业实际,探讨实行:一线员工合伙制和专业买手股权激励,取得了较好的企业激励效果。

1. 一线员工合伙

永辉合伙人制度的精髓:总部与经营单位(合伙人代表)根据历史数据和销售预测制定一个业绩标准,如果实际经营业绩超过了设立标准,增量部分的利润按照比例在总部和合伙人之间进行分配。永辉一般是以门店或柜组为经营单位的,它们代表基层员工参与合伙人计划,与总部讨论至关重要的业绩标准与考核,超过业绩标准的增量部分利润会拿出来按照合伙人的相关制度进行分红:或三七,或四六,或二八。店长拿到分红之后就会根据其门店岗位的贡献度进行二次分配,最终使得分红机制照顾到每一位基层员工。

在合伙制下,企业的放权不只这些,对于部门、柜台、品类等人员招聘、解雇都是由员工组的所有成员决定的。这一切都将永辉的一线员工绑在了一起,大家是一个团体,而不是单独的个体,这极大地降低了企业的管理成本,员工的流失率也显著降低。

2. 专业买手股权激励

在一线员工中，企业还有一些具有专才的重要一线员工，对于永辉来说，其中最重要的是和生鲜相关的部分。在合伙制基础上，永辉对这些专才买手们进行了更进一步的利益分享——股权激励。买手就是永辉超市在供应链底端的代理人，对于买手来说，经过多年的探索，他们对于当地的菜品非常熟悉。

由于买手们熟悉村镇的情况，对菜品的各种特征了如指掌，他们的工作非常容易开展，但这也容易导致买手们被其他企业所觊觎、被更高的薪水挖走。因此，永辉面临的最重要的问题就是保证买手团队的稳定性。对于买手团队，永辉做的不仅仅是建立合伙人制度，还将合伙人制度推上了一个新台阶，通过合伙人制向买手们发放股权激励，借此将他们稳固在企业的周围，这也是一种"更高级的合伙制"。

（案例来源：买手实行股权激励 因"店"制宜的永辉合伙制[EB/OL]. [2016-01-28]. http://www.huaxia.com/tslj/flsj/ls/2016/01/4711334.html.）

引例说明为了应对激烈的市场竞争，留住优秀人才，企业必须进行组织结构等方面的变革。现代市场经济中，从持续改进、企业再造战略联盟到虚拟制造、外包策略、缩小规模，甚至于裁员并购、兼并重组等，无不牵涉到各种各样、程度不一的组织变革。是创新变革还是慢性死亡？这是 21 世纪全球企业家共同面临的选择。面对纷繁复杂、变幻莫测、竞争激烈，不确定性和不安定感日益加剧的 21 世纪，企业唯一的生存法则就是创新与变革。

第一节 组织变革概述

组织只有在变革中才能求得生存和发展。组织变革需要有具体的目标，在一定的组织变革理论和模型指导下，以达到预期的目标。

一、组织变革的概念

组织变革（Organizational Change，OC）是组织为了提高效率，改变现有状态并朝预期状态不断前进而进行的一系列活动（珍妮弗·M. 乔治，加雷思·R. 琼斯，2010）。当组织原有的稳定和平衡不能适应形势变化的要求，就要通过变革来打破它们，但打破原有的稳定和平衡本身不是目的，目的是建立适应新形势的新的稳定和平衡。狭义的组织变革是指组织根据外部环境的变化和内部情况的变化及时地改变自己内在的正式结构，以适应客观发展的需要。广义的组织变革还包括行为变革和技术变革。

二、组织变革的目标

组织变革始于确定一个符合 SMART 原则的组织变革目标。SMART 意指 Specific（详细具体）、Measurable（可以衡量）、Achievable（可以实现）、Relevant（与变革行为密切相关）、Time-limited（期望时间内能实现）。

在互联网时代,先进的技术正在改造传统的商业模式,更多新型的商业模式正在涌现。组织在新的环境下面临诸多不适应,迫切需要进行组织模式变革。组织变革主要围绕以下5个目标进行。

1. 高效率

效率始终是组织运行的重要目标。在变革的关键时期,企业对外部顾客、客户、市场的变化敏感、快速地反应尤为重要。企业组织必须始终保持高度的敏感度,特别是在本身面对诸多问题的环境下,更要首先保障内部组织的运行,以高效的内部组织运转来面对外部市场。

2. 低成本

组织成本问题往往是隐形的、难以计量的,可以综合反映组织运行问题。企业管理者必须高度重视组织运行的成本问题,这需要管理者具有宏观视角和系统把控、统筹把握的能力。管理者需要结合企业实际,把握住问题的关键点,以有效的关键点掌控、突破组织运行问题。

3. 无边界

在互联网环境下,企业面对丰富的线上资源、外部资源,必须要走出局限于企业内部、传统渠道寻找资源的模式。互联网正在创造的生态模式、共享模式、整合模式、平台模式、SaaS(Software-as-a-Service,软件即服务)模式等正在颠覆许多传统的商业模式。新的互联网商业模式的思维基点就是无边界,打破传统企业的自我封闭的概念。在新的环境下,企业必须审慎考虑企业模式的重构问题。

4. 倒三角

传统的中心化、科层制的管理模式造成企业的官僚体制、官本位体制,这与当前时期企业特别需要具备的快速反应机制及新生代员工的理念严重背离,企业要尽快打破以上级为中心的科层制、中心化的管理模式,建立以顾客为中心、以客户为中心、以市场为中心、以员工为中心的"倒三角"组织模式。管理者的工作重心是激发下层组织的活力和创造力。

5. 网状化

网状化组织是当前企业组织变革的重要趋向。网状组织是一种超横向一体化的组织,是扁平式组织的进一步深化,它把扁平式组织的上层完全去掉,取而代之的是虚拟总部,柔性的、灵活的虚拟组织应运而生。网状化组织有利于企业内部分工合作,也有利于借用外力和整合外部资源。海尔企业耗费多年才完成由传统企业向互联网企业组织的转变,变传统的自我封闭到开放的互联网节点,颠覆科层制为网状组织(鲍跃忠,2017)。

例证 11-1

SARS成就了京东:网状组织发展

"京东多媒体"是成立于1998年的小公司,它用四年多的时间成为全国最大的光磁销售商。2003年,京东多媒体已经开到12家店。雄心勃勃的刘强东,在当年年初就已经规划好要把门店数量开到18家。然而，突如其来的非典让刘强东的扩张之梦成为泡影。非典时期，京东多媒体面临着破产的绝境。

一天中午，一个经理提议在网上卖东西，刘强东一听，觉得很好，立马去开通了宽带，开始每天泡在网上，看看能不能通过网络推销出去一些产品。

万事开头难，起初他们并不知道通过什么途径在网上推销商品。后来刘强东在当时北京CD圈成员都喜欢逛的一个名叫CDbest的bbs帖子上发帖，一个版主跟帖说："这家公司我知道，是我认识的唯一一家不卖假光盘的公司。"

这位版主是论坛的创始人，在论坛很有影响力，就因为他这一句话，京东一下子就有了21个客户——这是京东历史上第一批电商客户。

这批生意让刘强东看到了一个新的生意模式，他坚信，中国将迎来电子商务的大爆发，于是他决定自己开一个电商网站。

2003年年底，刘强东力排众议，关闭了占净利润90%的线下业务，全心全意做网站。后来，京东发展为力抗阿里的中国第二大电商公司。

（案例来源：17年前非典时，京东、携程、新东方死而后生[EB/OL]. [2020-01-31]. https://tech.sina.com.cn/csj/2020-01-31/doc-iimxyqvy9384573.shtml.）

三、组织变革的理论

组织变革理论的形成有其社会背景。第二次世界大战后，特别是近二三十年来，人类社会的组织面临着国际上政治、经济、社会、文化等方面的巨大变化。就企业组织而言，其面临的具体变化有：①知识经济特征日益突出；②信息技术迅速发展；③经济全球化趋势不断加强；④市场环境发生深刻变化（朱传杰，2014）。上述剧烈的形势变化要求企业组织在经营管理工作和组织结构方面必须适时地进行变革和创新。因此，关于组织变革的理论也应运而生。关于组织变革的理论主要有系统理论、权变理论、行为理论和组织再构造理论。

例证 11-2

"环保风暴"常态化，橱柜企业变革势在必行

2016年，中央环保督察联合地区整治环保乱象。11月28日至12月11日，五区共出动执法人员11 865人次，检查企业5 323家；督促整改企业637家，行政处罚立案68宗，关停企业793家，罚款348万元。

2016年年底至2017年，迫于强大的环保打击力度，大批企业被迫停产甚至关门，直接导致企业的产品成本上涨，产品交货期延迟。纸箱包装关停、不锈钢关停、抛光关停……只要手续未完善的、有污染的，全关停！上游供应商一直处于不稳定状态，这种情况下渠道货源收紧，断货后的新一轮涨价风波或再次袭来，而涨价将带来的一系列影响还未可知。

总的来说，此次受影响的大多为规模较小的企业，它们的备货期较短、议价能力低，应对突发涨价几乎束手无策。

对于橱柜企业而言，该如何应对号称"史上最严厉"的环保打击力度？

中小橱柜企业的处境将越来越难，一方面是成本上涨、融资难、环保重压，另一方面是市场抢夺战更加激烈。不少企业都感受到了"强者更强、弱者更弱"的两极化发展趋势，大型企业的创新研发、资金等转型升级的实力都令中小企业望尘莫及，中小型传统橱柜制造企业的日子越来越难。

环保节能减排是整个大环境发展必经的路途，无论是政府督查部门的不留情面，还是橱柜企业在利益驱使下的"要钱不要命"，其发展的核心都是企业可持续发展模式。从长远角度来看，在环保整治风暴下能够存活下来的企业，在自身的规划布局上必定要进行转变，加强品牌建设，努力打造自身的核心竞争力。

（案例来源："环保风暴"常态化　橱柜企业变革势在必行[EB/OL]. [2017-03-07]. http://www.chinachugui.com/ news/2017/0307/170307152292.shtml.）

（一）系统理论

系统理论是将人类的社会组织看作是一个开放的、有机的和动态的系统。企业组织是社会的子系统，它要从社会中输入其所需的原材料、资金、能源、劳动力和信息等资源，又要有产品或服务输出。在输入和输出之间，要经过生产、技术、组织结构以及认识等各分系统的转换过程。组织变革的指导思想：对这些系统中的任何一个分系统的改变都会造成其他有关分系统甚至整个系统的改变，而改变原动力往往要追溯至人的行为和人际关系。因此，系统理论认为，典型的组织变革计划是通过改变职工的态度、价值观念和信息交流，使他们自己认识到推行组织变革的必要性并参与实现组织的变革。

企业组织作为一个系统，一般说来它又由三个子系统所组成，即技术系统、管理和行政系统以及文化系统。这三个子系统相互作用，制约着人的行为和相互的关系，影响着企业组织经营活动的最终成果。

（二）权变理论

权变理论认为，在组织管理中没有一成不变、普遍适用的、最好的管理理论和方法。管理关系和行为应以环境情况作为中介变量。作为一个企业组织，要充分发挥管理的有效性，就要不断地分析组织的特殊情况，包括组织内人的心理情境的变化等，要有的放矢地使管理与具体的情境相适应，即不断地进行组织变革。

（三）行为理论

行为理论认为，企业组织中的人的行为是组织行为和个人行为相互作用的结果。企业组织能够影响和控制人们的行为，同时，不同的组织结构可以产生不同的行为风格和价值取向。与此同时，还要改变管理人员的认知方式，以及他们考虑和解决组织问题的方法。

（四）组织再构造理论

组织再构造理论认为，市场的需求是企业组织行为的准则和目的，技术的高速发展使企业组织最大限度地满足顾客的需求成为可能，技术的发展和变化会影响到企业组织的各个方面，其中包括重新建立企业的组织结构。近几十年来，高新技术的大量涌现进一步促进了管理思想向系统化方向发展,管理体制向"集团制"方向发展,同时迫使企业的组织结构做出相应的变革。而组织结构将牵涉到在管理责任、方法、信息交往和传递等方面的根本改变,而不只是对现有的组织结构安排的简单微调。

例证 11-3

京瓷公司"阿米巴"经营分析

稻盛和夫创建京瓷时只有28人,从新产品开发到生产、销售的各个环节都由他一人负责。但是5年后,当企业发展到100人,甚至200人时,他却开始感到力不从心。苦恼之余来了灵感,他想到了《西游记》里的孙悟空。当孙悟空在遭受妖魔重兵围困时,只要拔毛一吹,就能"分身"出许多小孙悟空。那么,企业经营者能否也"分身"出许多小经营者呢?既然我一个人能够管理100名员工,而一些中层人员只能管理二三十人,为什么不把公司分解成若干小集体呢?何不放权给这些小集体让他们自己管理呢?这样的思考,让稻盛和夫联想起在鹿儿岛大学学习的阿米巴。

所谓"阿米巴"(Amoeba)又称变形虫,变形虫最大的特性是能够随外界环境的变化而变化,不断地进行自我调整来适应所面临的生存环境。"阿米巴"经营中的"阿米巴"指的是在工厂、车间中形成的最小基层组织,也就是最小的工作单位,可以是一个部门、一条生产线、一个班组甚至是一个员工。每个人都从属于自己的"阿米巴"小组,每个"阿米巴"小组平均由十几个人组成。每个"阿米巴"小组只负责一道工序,它们是一个个独立的利润中心,就像一个个中小企业那样活动,虽然需要经过上司的同意,但是经营计划、实绩管理、劳务管理等所有经营上的事情都由他们自行运作,即每个"阿米巴"小组都集生产、会计、经营于一体。(关晓云,2011)

四、组织变革的诊断

对于组织在什么时候才应该开始进行组织变革,田成杰(2011)认为,当组织具有以下特征时,就必须进行变革:

(1) 管理层级增加;
(2) 经常谈论"跨部门工作";
(3) 过多的人参加过多的会议;
(4) 人浮于事;
(5) 协调者及助理存在的必要性;
(6) 太多"蜻蜓点水"式的工作。

例证 11-4

联想收购 IBM 全球 PC 业务

从1997年起,联想就在中国乃至亚洲PC市场保持领先地位。2001年开始,联想开始走多元化战略,发展互联网技术,同时发展手机和数字电视业务,然而截止到并购前,能够确保盈利的业务仍然是 PC 业务。同时，联想集团发展国际化策略时也严重受挫，不得不关闭了在欧洲的所有办事处。由此，联想开始思考将集团的发展中心重新回归到 PC 业务上来。然而，2004 年，在中国台式电脑销量比 2003 年同期上涨 39%的时候，联想的 PC 业务销售额却在不断下滑，在这个时候，并购 IBM 的全球 PC 业务部无疑能够帮助联想发展海外市场，实现联想的国际化。在 20 世纪 80 年代，IBM 曾一直在 PC 市场中占有垄断地位，而从 90 年代开始，IBM 已转型成为专注为企业集团提供 IT 服务的企业，而个人计算机业务成为 IBM 生产与销售领域的附属业务。IBM 2003 年的年报数据表明，其 PC 业务亏损达 2.5 亿美元，并且在过去两三年间连续亏损。此时，将 PC 业务部分离出来，能够保证一定程度上的延续和控制成为 IBM 希望解决的问题。所以，此次联想收购 IBM 全球 PC 业务对联想进入国际 PC 领先品牌行列创造了机遇。（孔玲玲，2010）

准确地诊断组织问题是组织变革的基础。在组织变革之前应该进行有效的组织诊断。组织诊断的内容主要包括：

（1）确定应变革的问题，如是否改变员工的工作态度、工作行为、组织的工作程序等；

（2）确定进行变革的准备状态、实施能力，估计组织内人员对变革的态度、激励的程度，以及进行变革所具备的资源；

（3）鉴定变革专业人员的能力；

（4）确定过渡性变革策略和目标。

组织问题可以通过问卷、访谈或者从实地观察中获得，也可从组织中的各类记录中收集，上述信息收集方法往往被联合使用，信息收集过程的特点在于它提高了对组织变革需求的了解程度。

五、组织变革过程的模式

要有计划地实行组织变革，必须按照科学的变革程序办事。国外许多学者对组织变革过程提出了不同的模式，其中包括勒温模式、沙因模式、科特模式、唐纳利模式、罗斯维尔模式、梅耶模式、高丝模式和休哈特模式（王崴等，2010）。这里介绍勒温模式（黄培伦，2001）和科特模式（Kotter，1996）。

（一）组织变革过程的勒温模式

心理学家勒温（Lewin，1890—1947）是有计划变革理论的创始人。他特别重视组织变革过程中的人的心理机制，"解冻—移动—再冻"就是他针对组织成员的心理态度和行为而提出的变革三阶段。勒温认为，组织变革由以下三个阶段组成。

第一阶段：解冻——创造变革的动力。创造变革的动力是一个包括三种特定机制的复杂过程，这三种机制都必须发挥作用，使组织的成员受到激励，从而否定目前的行为或态度。

机制 1：必须确定地否定目前的行为或态度，或者在一段时间内不再强化或稳定。

机制2：这种否定必须建立足够的、能产生变革的迫切感。

机制3：通过减少变革的障碍或减少对失败的恐惧感来创造心理上的安全感。

这一阶段特别要注意收集有关令人不满的现状资料，与其他组织做比较，请外部专家来证明变革的必要性。这一阶段的主要目的在于减少保持组织行为与现状的力量。有时，通过引入信息以显示员工期望的行为和当前显现的行为之间的差异，可以使解冻得以完成。

第二阶段：移动，又称变革——指明改变的方向，实施变革，使成员形成新的态度和行为。第二阶段通过两种机制来完成。

机制1：对角色模型的认同，即学习一种新的观点或确立一种新的态度的最有效的方法，就是观看其他人是如何做的，并以这些人作为自己形成新态度或新行为的榜样。

机制2：从客观实际出发，对多种信息加以选择，并在复杂的环境中筛选出有关自己特殊问题的信息。

这一阶段要特别注意事先向成员提供有关变革的情报资料，鼓励成员参与变革计划的拟定，提供对变革问题的咨询，与成员协商谈判变革所引起问题的解决办法。这一阶段将组织行为提高到了新的水平，它包括通过组织结构和过程的变革来发展新的行为、价值观和态度。

第三阶段：再冻——稳定变革。当改革措施顺利进行后，还要采取种种手段不断强化新的心态、行为规范和行为方式，使之巩固并持久化。这个阶段也要通过两个机制来完成。

机制1：让成员有机会来检验新的态度和行为是否符合自己的具体情况。成员一开始对角色模型的认同可能很低，应当用鼓励的办法使这种认同保持持久。

机制2：让成员有机会检验与他有重要关系的其他人是否接受和肯定新的态度。通过群体成员彼此强化新的态度和行为，个人的新态度和新行为可以保持得更持久些。

这一阶段特别要注意系统地收集变革获得成功的客观证据，并把这些信息及时地提供给变革的参与者，注意使参与变革的成员在物质需求和社会需求上得到变革带来的利益，这将使组织行为在新的平衡状态下稳定下来。

（二）组织变革过程的科特模式

科特（1996）从领导的角度出发，提出了组织变革的八步骤模型。他认为，组织变革由以下8个步骤组成：①建立危机意识；②组建强有力的领导团队；③创建愿景；④与成员就愿景进行广泛沟通；⑤授权他人按愿景行事；⑥规划短期目标并创建短期成果；⑦巩固成果并深化变革；⑧新方法制度化。

该模型重点强调高层领导者对于组织变革的推动作用。科特认为，领导者在组织变革中应通过制定愿景作为组织变革的蓝图，有效增强组织成员对变革的接受度和认同感，从而提高变革的成功率。事实上，这8个步骤可以分为三个阶段：①、②步是解冻的过程，第③~⑥步是变革的具体实施过程，⑦、⑧步是再冻的过程，因此科特模式可以看作是对勒温的组织变革三阶段的具体化和延伸。

在中国国有企业的成功组织变革过程中，领导者的特质与行为呈现出了与西方不同的特色。在解冻阶段，领导者不仅需要具有危机意识、对政治敏感，还要善于学习、开明进取；在变革阶段，领导者要具有设立目标、促进愿景共享的能力，决策过程中要奉行"先民主，后集中"的民主集中制；在再冻阶段，领导者需要具有不满足于现状、精益求精的精神，还要能够将企业最高领导者的终极价值观转化为企业的管理模式，落实到企业文化理念中（王崴等，2010）。

六、组织变革的方式

采取什么样的方式进行组织变革，这是有计划变革过程中所要注意解决的基本问题。下面介绍格雷纳模式和莱维特模式，前者着眼于变革的过程，后者着眼于变革的对象。

（一）格雷纳模式

格雷纳（Creiner）依据组织内"权力分配丛集"来区分变革的方式，将其分为单方的权力、分享的权力和授权的权力。

1. 单方的权力

单方的权力是指组织的领导者依靠职位的权力及权威，单方面提出变革，主要有如下3种不同的方式。

（1）凭借命令：由上级单方面宣布变革，传达至基层组织及职工。

（2）更换人员：在与下级无磋商的情况下，以其他人代替一个或更多职位上的人员，借以增进组织绩效。

（3）调整结构：通过改变组织的层级、部门等正式结构来影响组织成员的行为及绩效。

2. 分享的权力

分享的权力是指领导者在组织变革阶段，仍然注重职权和地位运用，并注意行使权力的主动与分享，主要有如下两种变革方式。

（1）群体决策：组织成员参与选择预先由上级所拟定的多种变革方案。

（2）群体解决问题：经由群体讨论的方法来确定组织存在的问题并提出解决问题的方法。

3. 授权的权力

授权的权力是指领导者在变革阶段将变革的权力移交给下级主持变革，主要有如下两种方式。

（1）案例讨论：鼓励成员对变革案例提出自己的看法与分析，并研究可取的变革方案。

（2）敏感性训练：强调人际关系的相互了解，提高成员个体的自觉性，从而达到增进组织绩效的目的。

（二）莱维特模式

莱维特认为，组织是一个多变量的系统，其中任何一个变量发生变化，其他变量也将发生相应的变化。在有计划的组织变革过程中，相互间起显著作用的四个变量为结构、任务、技术、人员，它们是相互依赖的。组织变革可以通过改变其中任意或改变几个综合变量来进行。在莱维特构想的基础上，一般将组织变革归纳为如下3种方式。

1. 以组织结构为重点的变革方式

结构的改变，也就是对组织成员及领导者所担负的责任和相互关系进行调整，包括划分和合并新的部门、协调各部门工作、调整管理幅度和管理层次、重新制定工作绩效的标准、订立新的规章制度等。组织结构的变革是完成组织变革任务的一种最直接和最基本的方式，一般见效快，可以使组织发生根本性改变。

2. 以工作任务和技术为重点的变革方式

这种方式主要是对组织部门、层次、工作任务进行重新组合，改变原有的工作流程；更新完成工作和任务的技术工具，改变解决问题的机制和研究解决问题的方法，以及采用这种新方法的程序。工作任务和技术是可以独立的，但变革工作任务势必要与变革应用于工作的技术工具结合起来。这种变革方式主要包括工作扩大化、工作丰富化和自治群体。

3. 以人为重点的变革方式

以人为重点的变革主要是知识的变革、态度的变革、个人行为的变革以及整个群体行为的变革。这种变革方式通常包括人员更新、改变激励的机制、素质的更新等内容。

关于结合变革的权力方式，美国学者达夫特（Daft，2008）认为，在组织变革过程中，应该认识到组织变革有两种不同的类型：①管理变革，主要属于组织自身的结构变革，包括组织结构重组、管理控制系统、小型化等，它涉及管理环境中的各种资源组合、人力资源管理、竞争战略等方面，管理变革主要采用自上而下的变革方式，以适应组织外部环境的变化；②技术变革，主要内容为从原材料向组织产品或服务的转化，涉及管理环境中的顾客关系管理和技术部分，技术变革主要采用授予员工较大自主权进行自下而上的变革方式。

针对管理变革和技术变革的研究表明，机械式组织结构比较适合经常性管理变革，而有机式组织结构则比较适合技术变革。组织变革的二元核心模式如表11-1所示。

表 11-1 组织变革的二元核心模式

变 革 内 容	管 理 变 革	技 术 变 革
变革的权力方式	自上而下	自下而上
变革的主要内容	组织战略、小型化等	生产技术、工作流程、新产品开发
最佳组织结构	机械式	有机式

例证 11-5
美国国际航空公司的战略变革

美国各航空公司之间曾一度展开过激烈的价格战，导致行业整体利润率下降。但不久后，美国国际航空公司就开始变革，率先跳出恶性价格战的怪圈，通过实行旅客旅程累计积分打折的"贵宾卡"计划，革命性地改变了乘客与航空公司的关系；与此同时，这家聪明的公司马不停蹄地加大了对航空系统计算机设备的投资，不断加高了其他公司进入航空行业的技术壁垒。等到其他公司反应过来时，美国国际航空公司已经牢牢笼络了一大批"忠实乘客"，在竞争中超出了对手一大截。（马作宽，2009）

第二节 组织变革的力场分析

通过勒温的力场分析法，能够有效地分析变革的动力和阻力，找出变革的突破口。通过增加变革的动力，减少个人和组织在变革中的阻力，尽量促使组织变革的成功。

一、勒温的力场分析法

力场分析法是由勒温创造的考查变革过程的一种方法，这种方法已经证明对注重行动的管理人员非常有用，主要用以分析变革的动力和阻力，找出变革的突破口。

勒温的基本观点是：改革不是一种静止的状态，而是相反方向作用的各种力量的一种能动的均衡状态。对于一项变革，企业中存在着两种力量：一种是动力，即有利于变革实现的力量，它能引发一种变化，或使变化持续下去；另一种是阻力，它扼制了变革的发生或继续进行。当这两种力量对等时，就会达到平衡。

当变革遇到阻力时，如果用强硬的态度压制，可能会一时平息，但阻力因素会积聚力量，卷土重来。力场分析法就是列出变革的动力、阻力因素，按其程度排序，然后采取相应策略，或增加动力，或减少阻力，使变革顺利进行。

在实践中，一般采用减少阻力的策略，因为增加动力会增加紧张感，再者，当引发变革的动力消失时，相应的变革也会失去，企业又恢复到解冻状态。因此，推动变革的最好办法是保持动力、减少阻力，当动力无法维持时，紧张会消除，但不会引起任何变化。

力场分析法的程序如下：
（1）寻找问题；
（2）分析问题，列出动力及阻力因素，并按强弱程度排序，同时注意，变革的动力、阻力的数目不必相等，因两者的影响力不一定相同，有时候，一项阻力能抵消多项动力；
（3）制定变革策略，针对其中两至三项阻力因素，找出减少阻力的办法，具体考虑：谁去做，做什么，可行性及成本—效益。

例证 11-6 是勒温在第二次世界大战期间亲自进行力场分析的一个例子。由此可见，力场分析法对于分析和解决改革措施中所出现的矛盾提供了很好的解决途径。

例证 11-6

女工戴防护眼镜

第二次世界大战期间，勒温碰到这样一件事：某工厂要求全体女工戴防护眼镜，以保护眼睛，认为员工应与公司合作，按照规定办事，但是遭到了抵制。他经过调查研究，分析了两个方面的因素。勒温认为，为了提高生产力，推进某项改革，可通过如下 3 个途径来实现：①提高驱动力；②降低遏制力；③同时提高驱动力和降低遏制力。

于是，勒温逐个地分析了反对因素，并采取了以下几项措施。

（1）对第一个反对因素（嫌戴上眼镜太重），经过了解，只要花 5 美分就能调换一种比较轻又舒适的镜架，企业领导同意这笔开支，于是问题解决了。

（2）对第二个反对因素（戴了不美观），他让每个女工自己设计美观合适的眼镜式样，并开展了竞赛，引起了大家的兴趣，有了新的式样，问题也解决了。

（3）至于第三个反对因素（这类事应由自己决定），随着（1）、（2）的解决，该问题也得到了解决。这样，女工对公司的规定从消极和反对变为积极地支持。（郑称德，2008）

用力场分析法来理解变革过程有两个好处：①管理者和员工被要求分析目前的情境，当个体变得有能力诊断变革压力和阻力后，他能够更好地理解变革情境的相关方面；②力场分析法强调能够改变和不能够改变的因素，人们考虑与他们基本不能控制的力量有关的行动是典型的浪费时间，当个体和团队集中于他们能够部分控制的力量时，则改变情境的可能性就增加了。

当然，仔细分析情境并不能保证变革成功。例如，有控制力的人们有一种自然倾向，那就是，增加情境中的变革压力以产生他们希望的变革。增加变革压力可能导致很快地完成变革，但也可能导致高成本：对个人和团体的强大压力可产生使组织混乱的冲突。进行必需的变革的最有效方法是识别出存在的变革阻力，集中力量消除阻力或尽可能地降低阻力。

二、组织变革的压力和动力

组织变革的压力和动力主要体现在以下三个方面。

（一）社会环境的变化

随着社会环境和人们心理的变化，组织外部环境对组织的要求越来越高，也越来越严格。20 世纪 70 年代以来，西方发达国家产生了环境污染问题，随后社会对企业的作用重新进行了认识。人们对企业的认识已经从提供工业产品满足社会需要的角度转移到企业不仅要提供社会所需要的产品，而且企业的经营活动要符合社会效益的要求。于是企业的功能必须重新设计，社会责任已经成为每一个组织管理者必须要考虑的首要问题，而经济效益反而成为次要的问题。

1. 顾客需求的不断变化

随着科学技术的进步、社会生活水平的提高，消费者和顾客的需求水平、需求结构、价值观与生活方式、审美观等都发生了一系列的变化。工业 4.0 时代，人与人、人与厂商可以实现低成本无缝连接，从而使消费者的个性需求被放大，消费者越来越偏好个性化的商品。但个性化产品通常是多品种、少数量，这就需要制造企业能够实现迅速、小批量的生产。因此，生产制造企业必须应对这种顾客需求变化，及时地进行调整和变革，以满足顾客的需求。只有这样才能在激烈的市场竞争中占据主动和有利地位。

例证 11-7

尚品宅配：深度个性化定制打造真实的家具"试穿"效果

尚品宅配旗下新居网的第三代线下体验馆超过一千五百平方米，乍看下，它与其他的家居店展示区并无很大区别，那是什么让这个远离商圈闹市、藏身办公大厦的尚品宅配门店实现了单店年销售额近两亿元的成绩呢？尚品宅配独特的 C2B 模式，即根据消费者的需求进行深度定制服务，是其中一个重要原因。

作为定制家具品牌，尚品宅配个性化定制的深度前所未有。尚品宅配根据顾客的身材和喜好，进行从款式设计到构造尺寸的全方位个性定制，而其具有的高度智能化的生产加工控制系统也能满足消费者个性化定制所产生的特殊尺寸与构造板材的切削加工需求。同时，尚品宅配通过其强大的 3D 设计软件及云端设计资源整合能力，让消费者不仅能在设计端体验到单个的产品，还能体验整体家居设计。这最大限度地减轻了消费者对于家具与家装设计不搭配的忧虑。将用户体验照顾得无微不至，无怪乎尚品宅配能创造辉煌的销售业绩。

（案例来源：尚品宅配：深度个性化定制 打造真实的家具"试穿"效果[EB/OL].[2014-11-20]. http://www.dzwww.com/xinwen/guoneixinwen/201411/t20141120_11402205.htm.）

2. 科学技术的不断进步

随着现代科学技术的不断进步，机械化、自动化和智能化对于组织管理产生了广泛的影响，对组织结构、体制、群体管理和社会心理系统等提出了变革的要求，因此成为组织变革的推动力。机械化、自动化、人工智能以及物联网将重新构建劳动生态系统，原本灵活、分散、即时的劳动力可以适应快速的业务再造，而组织和人才将采取自动化流程应对技术的瞬息万变和更新换代，从而在不确定环境下达到长期目标和灵活性之间的平衡（肖儒风，2016）。同时，机械化、自动化和人工智能能够替代中层管理者，承担常规性工作，中级管理层人员削减已然是未来企业组织变革的趋势之一。

信息技术对个体、团队和组织有着极其深刻的影响（俞文钊，2015）。信息技术对组织的影响包括如下 5 个方面：①几乎可以改变公司的所有方面，包括结构、产品、市场和过程；②增加无形资产的价值，如知识、能力和培训；③使公司民主化，因为员工获得了更多的信息，能够和公司里的每个人交谈；④增加工作柔性，允许更多人在家里工作，在路上工作，或在适合他们的任何时间工作；⑤允许公司将其全球运作融为一体，在世界范围内每天 24 小时工作。

3. 新的管理理论、方法和技术的大量涌现

第二次世界大战以后，科学技术不断进步、军事技术逐渐扩散，同时，大量的军事技术人才开始由军队进入民用事业领域，这一切都给世界经济发展带来了新的活力。特别是 20 世纪 60 年代以后，新的管理理论、方法和技术不断地涌现，这些新的管理理论、方法和技术的引入使企业组织发生了变革，其中包括现代运作管理技术、学习型组织、人力资源绩效管理、物流技术、阿米巴经营、员工援助计划等。

4. 经济下行压力

当前我国经济面临着前所未有的严峻形势。从经济总体看，GDP 增速进一步下滑，2019 年三季度单季增速放缓至 6.0%，低于 2018 年三季度同比增速 0.5 个百分点，也是自 2018 年一季度以来连续 6 个季度处于下行通道。分领域看，无论是从投资、消费、进出口数据来观察，还是从企业盈利、创业、就业等数据来分析，经济已经进入下行通道。虽然 2019 年的 GDP 增速为 6.1%，GDP 总值为 990 865 亿元，但 2020 年年初我国受"新型冠状病毒"疫情影响，经济损失惨重，2020 年的 GDP 增速是否还能够保持 6.1%还是个未知数。旅游、餐饮、航空等行业受到的直接影响和损失巨大，不少企业都在思考着如何渡过难关、生存下去。

（二）工作生活质量的变化

工作生活质量是组织成员通过他们在组织中的工作经历来满足自身需求的程度，并且对工作组织而言是一个过程，它使得组织内各级别的员工能够主动地、积极地参与组织环境的营造，组织模式的塑造，以及组织成果的创造。这个过程有两个目标：改善员工工作生活质量，提高员工绩效水平，进而提升组织效率（马丽，姚垚，2016）。如今，组织最高管理阶层、组织工作成员，甚至政府有关管理部门越来越重视提高工作生活质量，同时更进一步地提出了如何进行组织变革的规划设计。随着社会经济的发展和进步，工作岗位上的工作生活质量正在不断地提高和改善。随着新生代员工队伍的不断发展和壮大，这一群体已经进入就业高峰期，并日渐成为企业的主力军和社会财富的主要创造者。他们生活在信息丰富和网络发达的环境中，善于接受新鲜事物和新的观念，追求更高的工作生活质量。

（三）劳动力素质的变化和提高

20 世纪 80 年代以来，我国劳动力和劳动力素质发生了巨大变化，具体表现为在以下几个方面。

（1）1985—2017 年，全国劳动力人口的平均受教育程度从 6.2 年上升到了 10.2 年，其中城镇从 8.2 年上升到了 11.1 年，乡村从 5.6 年上升到了 9.0 年。同期，全国劳动力人口中大专及以上受教育程度人口占比从 1.3%上升到了 17.6%，其中城镇从 4.7%上升到了 26.7%，乡村从 0.2%上升到了 5.5%（中央财经大学，2019）。

（2）21 世纪以来，由于我国劳动力素质的提高，一大批外资企业和中外企业在中国大力开设工厂，这给我国的税收和外汇收入贡献了不小的力量。一些大型跨国企业甚至把公司总部搬到了中国，这正是因为我国的经济发展迅速、劳动力素质明显提高。

（3）改革开放后，党和政府为了提高劳动力素质，结合我国的基本国情采取了很多措施，劳动力素质得到了很大提高，特别是在产业化集群方面，劳动力素质贡献巨大。

随着经济全球化和产业集群化的迅猛发展，我国市场上涌现了各种新产品、新产业，各种新型的科学技术及一些商业、贸易手段不断升级，使零售业、工商业、金融业等行业朝着现代化的方向迈进。

（4）随着经济改革的不断深入，出现了许多新的多样化生活方式和价值观念，人们对就业和生活的观念也在不断地发生变化。劳动力不再单一地追求高薪酬，而更加注重生活和工作的平衡。劳动力在企业之间的流动性正在加大。

（5）我国加入WTO以后，国内的人才政策及发展环境吸引了越来越多的外籍人士来我国工作，因此员工队伍的多元化导致了管理思想和方式的多元化。同时，由劳动力素质提高而增加的外汇收入额吸引过来的外资达到了历史的高峰。

三、组织变革的阻力

现代管理者的主要问题是如何适应不断变化的环境对管理的影响。成功管理者的成功之处就在于他们能够不断地探索出既能适应外部环境的变化又能在一定程度上预测和积极地影响外部环境的组织结构。虽然组织变革已经具备了一定的动力，但并不是说，组织就可以顺利地进行变革了，很多组织在变革中都遇到了阻力，这些阻力主要包括组织内个体对变革的阻力以及组织对变革的阻力两个方面。

（一）组织内个体对变革的阻力

组织内个体对变革的阻力如图11-1所示。

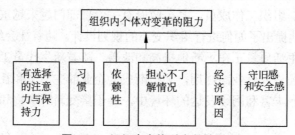

图11-1 组织内个体对变革的阻力

1. 有选择的注意力与保持力

对自己的注意力和保持力进行选择是大多数人处世的一种看法。一个人一旦确定了自己的态度后，便不愿意随意对新事物做深入客观的了解。如果新事物不能基本符合人们原有的观点，他们便很容易对变革产生抵制态度。

2. 习惯

人们在长期的工作和生产活动中，对外界环境的刺激做出条件反应往往会形成一种习惯性的力量。我们每天需要做出大量的决策，为了解决复杂性的问题，人们往往以习惯方式做出习惯化或者模式化的反应。不仅如此，习惯一旦形成就可以成为人们获取满足的来源。

3. 依赖性

任何人在其成长过程中都依赖他人来满足自身的基本需要,因而就会在思想上受到他人的价值观念、生活和工作态度、理想信念的影响。假如个体没有在其成长过程中培养出一种独立的人格或品格,培养出自我尊重的价值观念,他对社会和他人的依赖就可能成为组织和社会变革的阻力。

4. 担心不了解情况

变革是新事物,总有一些不确定因素,当一个人还不清楚了解变革的目的、机制和潜在的结果时,他很可能对变革忧心忡忡,宁愿维持原有的状况。组织成员担心经过组织变革以后将会面临不熟悉的情况,这一点在组织进行管理架构的调整时往往表现得比较明显。

5. 经济原因

经济原因是指组织内个体担心组织变革会减少其在经济上的直接收入或间接收入。

6. 守旧感和安全感

变革往往使成员暂时处于不稳定的状态之中,带来某种程度安全感的丧失。变革过程中,人们往往会寻找一些办法来保持所谓的安全感,这种安全感往往又与以往的传统有很大的关系。

例证 11-8

惠普变革的阻力——人们的怀疑

2002年5月3日,惠普正式宣布完成对康柏的兼并,成立"新惠普",该案成为IT史上最大的兼并案,交易金额高达190亿美元。惠普在并购康柏之后,新惠普HPQ一直进行着持续的改革——战略转型。在变革初期,惠普公司CEO卡莉·菲奥莉娜主导的变革不断遭遇来自华尔街投资者、市场以及惠普内部中高层管理者的质疑和挑战,彷徨和挫折感的情绪不断在惠普蔓延,侵蚀着惠普变革的动力。包括惠普创始人威廉·休利特和大卫·帕加德的家族成员在内,反对者从一开始就对变革计划进行了严厉的批评,一度还以多种方式阻止变革的发生,其中威廉·休利特的儿子甚至还不惜重金以刊登整版广告的方式大肆抨击与康柏的合并计划。无论是当时还是现在,众多的批评者认为,并购康柏导致惠普利润率最高的打印机及成像业务所带来的收益被进一步摊薄。卡莉与董事会的裂痕由此被摆上了前台。终于,2005年春天惠普公司董事会宣布,在任近六年的公司主席兼首席执行官卡莉·菲奥莉娜离职。(马作宽,2009)

(二)组织对变革的阻力

任何组织一旦形成或组成以后就不再愿意进行任何变革和创新,这是因为:第一,生产正规化的企业,其生产分工往往很细,而且配合紧密,这时进行任何变革都将会打破原有的生产秩序,因此,组织可能会采用非常强烈的措施来阻碍变革的发生;第二,组织变革经常会影响到诸多既得利益,或者触犯组织在某一时期建立起来的并且已经为大家接受的地区性权力或决策权限。组织对变革的阻力如图11-2所示。

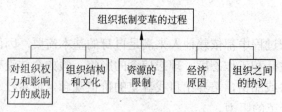

图 11-2 组织对变革的阻力

1. 对组织权力和影响的威胁

组织权力的来源之一就是对资源的控制，如果组织变革削弱了这一权力，组织就会阻碍变革的发生。

2. 组织结构和文化

组织有其固有的机制以保持其稳定性，组织结构对组织内各项工作进行了明确的规定。大多数组织的权力都掌握在拥有重要信息的人手里，任何人只要掌握了这些信息就可以利用它来控制别人。

3. 资源的限制

组织变革需要组织拥有资本、技术、胜任的员工、上级主管部门的支持等众多要素，很多组织由于缺乏资源，原来设想的变革无法实现。

4. 经济原因

组织变革总是需要有一定的人力、财力、物力投入，经济基础脆弱的组织对变革的承受力也弱。

5. 组织之间的协议

组织之间的协议通常给人们规定了道义上、法律上的责任，这种协议可以约束人们的行为。如终身雇佣制度、新劳动合同法以及政府的干预，都使裁员难以进行。

例证 11-9

董明珠的"造车梦"被碾碎

珠海银隆是一家专门从事纯电动汽车、混合动力汽车、增程式电动车驱动系统总成等的高科技企业，该公司正式进军新能源汽车产业是在 2008 年。珠海银隆于 2015 年 6 月、2016 年 2 月进行了两轮融资，不到一年时间内，共获得数十亿元人民币的注资。

2016 年 2 月 22 日，格力宣布因筹划重大事项而停牌。3 月 7 日，格力披露，拟向珠海银隆的全体股东发行股份，收购其持有的珠海银隆 100%股权，并计划向含员工持股计划在内的不超过 10 名特定投资者发行股份配套募集资金。随后，格力一直停牌，多次延后发布收购珠海银隆预案的时间。

经过近半年的漫长停牌期后，2016 年 8 月 19 日，格力电器连发 35 条公告，宣布以 130 亿元作价收购珠海银隆 100%的股权。但该收购方案一亮相便遭到了众多中小股东的反对，最终在 10 月 28 日举行的第一次临时股东大会上被拦了下来。

董明珠的"造车梦"渐行渐远，继中小股东否决了格力电器的重组配套融资方案之后,重组标的珠海银隆又以一纸告知函碾碎了这个梦。

11月16日晚,格力电器发布公告称,公司在当天收到珠海银隆发出的书面告知函,被告知调整后的交易方案未能通过珠海银隆股东会的审议,珠海银隆基于表决结果决定终止本次交易。鉴于此,格力电器决定终止筹划发行股份购买资产事宜。格力电器股票将于11月17日开市起复牌。

(案例来源:格力终止收购银隆,以退为进还是真放弃?[EB/OL].[2016-11-18]. https://tech.qq.com/a/20161118/009003.htm.)

四、积极克服组织变革的阻力

克服组织变革的阻力包括以下六种主要方法。

(一)运用力场分析方法,减缓组织变革的阻力

美国心理学家勒温认为,对组织变革中的阻力要采取"力场分析法",即将组织内部支持变革和反对变革的所有因素进行分类,比较其强弱,通过增强支持因素、削弱反对因素,推进变革。

勒温认为,对于一项变革,组织中存在着两种力量:一种是推动力,是指有利于组织变革实现的力量,它能够引发一种变化或者使组织变革继续下去;另一种是抑制力,是指阻止或者降低变革的力量。当这两种力量相等时,就会达到平衡。

为了提高劳动生产率,或者推进某项变革,可以通过几个途径解决:增强推动力,降低抑制力,或者同时提高推动力和降低抑制力。

勒温指出,其他一些重要因素在克服变革阻力的过程中也发挥作用。例如,研究表明成功地处理变革的方法通常包括以下3种。

(1)移情和支持。明白如何让员工了解到变革是有用的,它有助于识别出那些受变革困扰的人和理解他们存在的问题的性质。当员工感到那些管理变革对他们的问题开放时,他们会更愿意提供信息。这种开放性,反过来也有助于建立合作性的问题解决方式,帮助克服变革障碍。

(2)沟通。当人们对结果不能确定时,更有可能抗拒变革。有效沟通能够降低流言蜚语和无根据的恐惧。充分的信息有助于员工准备好变革。

(3)参与和卷入。或许克服变革阻力唯一的有效手段是让员工直接参与计划和实施变革。参与的员工更乐于承担义务去实施计划好的变革,相比没有参与的员工,他们的工作更有保障。

(二)培育创新的组织文化

组织变革受到组织文化的强烈制约,只有切实在组织中形成勇于改革、创新的组织文化,并渗透到每个成员的内心,才能使组织变革行为更为坚定、持久。

(三)合理安排组织变革的进程

首先,要选择变革的合适时机。在不同的时机或时间段推行改革,变革的动力和阻

力可能会产生一定程度的变化。因此,要选择动力增加、阻力降低的时机进行变革。

其次,由于组织变革需要一定的时间来完成,因此适当地安排变革推行的时间就显得非常重要。一般地,组织的管理者往往低估了充分实行组织变革所需要的时间,也没有认识到组织中大部分工作是密切相关的。组织的员工之间、员工与上级之间的合作关系需要相当长的时间才能建立起来。因此,管理部门和管理者都要清楚地懂得人际关系将会影响组织变革的速度,否则,即使推行了变革,今后还会需要更多的时间和精力解决以前遗留的问题。

(四)积极开展思想教育工作

组织在变革的过程中应该开展大量的沟通工作,通过思想教育活动帮助员工充分了解组织变革的动因。如果员工能够了解有关事实,组织变革的阻力将会在一定程度上消除或减弱。教育活动可以采用个别交谈、小组研讨、动员大会等形式。

(五)加深员工参与组织变革的程度

员工对于事件参与的程度越高,就越容易承担相应的责任。个体一般很难抵制由自己参与做出的决策,组织可以在做出变革决策之前,让持反对意见的人士参与到决策过程中,这样一方面可以吸收员工的智慧,另一方面也可以减少组织变革过程中的思想阻力,有利于变革的顺利进行。

(六)正确运用群体动力

运用"变革的群体动力学"可以推动组织变革,主要是指利用群体来改变个体或者群体本身行为,从而在群体内部形成强烈的归属感,树立起群体的威望,影响群体成员的价值观、态度和工作行为,使得群体成员理解组织信息沟通的重要性。运用群体动力的具体办法包括:①加强群体凝聚力;②增强组织归属感;③借助个人的威信;④促进认知的一致性。

例证 11-10

碧桂园升级版"合伙人计划"

继 2012 年推出"成就共享"的激励计划之后,为加速冲刺业绩的碧桂园又推出了名为"同心共享"的升级版合伙人计划。从 2014 年 10 月起,碧桂园所有新获取的项目均采取跟投机制,即项目经过内部审批定案后,集团投资占比 85%以上,员工可跟投不高于 15%的股权比例,共同组成项目合资公司。

新版合伙人制规定,除了集团董事、副总裁、中心负责人及区域总裁、项目经理需要对项目强制跟投外,其他员工在不超过投资上限的前提下也可自愿参与项目跟投,其中,区域总裁、项目经理等仅需投资自己区域的项目,占比不高于 10%,集团员工可投资所有项目,但占比不高于 5%。

在回报机制上,当项目获得正现金流后,利润就可分配,所得利润可用于投资下一个项目,也可交给集团公司有偿使用;项目盈利时,可进行分红;但如果项目出现亏损,参与者不可退出。值得注意的是，在项目投资期间，参与者进出自由。

"在该制度设计下，核心管理班子成了项目公司股东，可以强化买地、设计、成本控制、销售及间接费用控制的全过程管理力度，符合现代企业管理机制，分工合作，职责清楚，衔接流畅，有利于稳定员工队伍。"碧桂园人士表示，实行该制度之后，集团总部的管理将进一步简化，会腾出更多的时间关注战略、产业升级、流程再造、信息化建设等内容，"架构趋于扁平化，管理效率会得到提高"。

（案例来源：欲破规模瓶颈，碧桂园推升级版"合伙人计划"[EB/OL]. [2014-12-27]. http://finance.ifeng.com/a/20141227/13388971_0.shtml.）

第三节　组织发展概述

组织变革与组织发展有着十分密切的关系，组织发展可以看成实现有效组织变革的手段。那么，组织发展到底是什么？它有什么特征及目标？组织发展的实行流程是怎样的？本节将逐一给予探讨。

一、组织发展的概念

组织发展（Organizational Development，OD）是组织的自我更新和开发，它是组织应付外界环境变化的产物，它将外界压力转化为组织内部的应变力及解决问题能力，以改善组织效能（Rothwell, et al, 2001）。狭义的组织发展是指以行为科学研究和理论为基础，有计划、系统性地促成组织成员行为的变革。广义的组织发展还包括结构变革和技术变革。

组织发展具有以下8个特征：①变革是有计划的、长期的，包括整个组织的各阶层；②注重群体和组织的过程，而不是在任务部分；③工作小组是组织发展工作的基本单元；④强调工作群体的协作；⑤采用行动研究模型；⑥有变革专业人员的参与；⑦必须得到最高层领导的支持；⑧目标在于开发组织解决实际问题的潜力，而不是亲自去解决或提建议。

可见，组织变革与组织发展两者狭义有别，广义相通，统称组织变革与发展（OC & OD）。本书一般采用它们狭义的定义，但谈到它们的共性问题时则采用广义的定义。与组织变革与发展密切相关的另一个概念是组织创新（Organizational Innovation），这是指运用多种技能和组织资源，创造出所在行业或市场上全新的思路、产品或服务（王重鸣，2001）。

二、组织发展的目标

贝克哈特认为，从组织发展的观点研究管理问题，主要应该考虑三个方面，即解决问题、决策和沟通。因此，他认为组织发展的具体目标包括：①组织的发展战略应有所变化；②改变组织中不适应要求的工作风格和方法；③管理者要适应新的组织功能；④积极解决个体与群体之间的冲突；⑤切实改正组织管理结构上的缺陷；⑥提倡目标管理，按照计划要求改善管理工作。

通过以上具体目标的实现，进而达到组织发展的主要目标，使得一个组织能够成为有效的组织。组织发展的主要目标有：①促使企业的组织结构和组织任务相配合；②不断解决管理中的问题；③提高企业的组织创新能力。

三、组织发展的特征

组织发展是提高全体员工积极性和自觉性的手段，也是提高组织效率的有效途径。组织发展有五个显著的基本特征（罗倩文等，2015）。

（一）组织发展包含深层次的变革，包含高度的价值导向

组织发展意味着需要深层次和长期性的组织变革。许多企业为了获取新的竞争优势，计划在组织文化的层次实施新的组织变革，这就需要采用组织发展模型与方法。由于组织发展涉及人员、群体和组织文化，这里包含着明显的价值导向，特别应注重合作协调而不是冲突对抗，强调自我监控而不是规章控制，鼓励民主参与管理而不是集权管理。

（二）组织发展是一个诊断—改进周期

组织发展的思路是对企业进行"多层诊断""全面配方""行动干预"和"监控评价"，从而形成积极健康的诊断—改进周期。因此，组织发展强调基于研究与实践的结合。组织发展的一个显著特征是把组织发展思路和方法建立在充分的诊断、裁剪和实践验证的基础之上。组织发展的关键部分之一就是学习和解决问题，这也是组织发展的一个重要基础。

（三）组织发展是一个渐进过程

组织发展活动既有一定的目标，也是一个连贯的不断变化的动态过程，其重要基础与特点是：强调各部分的相互联系和相互依存。在组织发展中，企业组织中的各种管理与经营事件不是孤立的而是相互关联的；一个部门或一方面所进行的组织发展，必然影响其他部门或方面的进程。因此，应从整个组织系统出发进行组织发展，既要考虑各部分的工作，又要从整个系统出发协调各部分的活动，并调节其与外界的关系。组织发展着重于过程的改进，既要解决当前存在的问题，又要通过有效沟通、问题解决、参与决策、冲突处理、权力分享和生涯设计等过程，学习新的知识和技能，解决相互之间存在的问题，明确群体和组织的目标，实现组织发展的总体目标。

（四）组织发展是以有计划的再教育手段实现变革的策略

组织发展不只是关于知识和信息等方面的变革，而更重要的是在态度、价值观念、技能、人际关系和文化气氛等管理心理各方面的更新。组织发展理论认为，通过组织发展的再教育，可以使干部员工抛弃不适应于形势发展的旧规范，建立新的行为规范，并且使行为规范建立在干部员工的态度和价值体系优化的基础之上，从而实现组织的战略目的。

（五）组织发展具有明确的目标与计划性

组织发展活动是订立和实施发展目标与计划的过程，且需要设计各种培训学习活动来提高目标设置和战略规划的能力。大量的研究表明，明确、具体、中等难度的目标更能够激发工作动机和提高工作效能。目标订立与目标管理活动不但能够最大限度地利用企业的各种资源，发挥人和技术这两个方面的潜力，还能产生高质量的发展计划，提高长期的责任感和义务感。因此，组织发展的一个重要方面就是让组织设立长远学习目标和掌握工作计划技能，包括制订指标和计划、按照预定目标确定具体的工作程序以及决策技能等。

四、组织发展的工作流程

组织发展的工作流程包括进入与签约、组织诊断、设计与执行干预措施、评估干预效果四个阶段。

（一）进入与签约

进入与签约是组织发展过程的第一阶段，内容涉及界定组织问题的性质，建立良好的合作关系。组织发展过程通常始于某一组织的成员和组织发展专家进行接触，希望专家能够帮助其解决组织遇到的问题。组织成员可以是管理者，也可以是普通员工。组织发展专家通常是外部顾问，亦可以是内部专业人员。双方能否建立组织发展合作关系，涉及的主要问题包括：①理清楚组织的问题；②确定相关人员；③选择组织发展专家。双方达成合作意向后，一般要签订书面合同。合同的内容应包括双方的权利和义务、项目完成的时间以及应注意的事项等。

（二）组织诊断

组织诊断是指评估组织当前的状况，为制定组织的变革措施提供必要信息的过程。组织诊断一般包括如下 3 种类型：①组织水平诊断，指对整个组织、大型组织的分部或战略经营单位的诊断，内容涉及组织战略和结构的设计；②群体水平诊断，指对部门、小群体或团队的诊断，③个体水平诊断，是指对个体的工作或职位的诊断。

搜集、分析和反馈诊断信息是组织诊断的三个中心环节。搜集信息的方法主要有问卷、访谈、观察、查阅二手资料等。资料分析技术包括定性分析和定量分析两种类型。信息的有效反馈既有赖于反馈内容，也有赖于反馈过程。

（三）设计与执行干预措施

干预措施是一套旨在提高组织有效性的、有计划的行动或事件。有效的干预措施包括：①建立在关于组织运作的有效信息的技术上；②能够带来预想结果；③能够提高组织成员管理变革的能力。干预措施主要可分为如下 4 种：①人类过程干预；②技术结构干预；③人力资源管理干预；④战略干预。

（四）评估干预效果

评估组织发展干预效果涉及判断干预是否按计划执行以及是否取得了预期结果，比如评估在提高员工满意度和组织绩效方面的效果。越来越多的管理者要求对组织发展干预进行严格的评估以决定是否继续投资于组织变革项目。

例证 11-11

雅芳的变革

雅芳是一个上门销售的化妆品公司，成立于1886年。2000年的时候，雅芳公司在全世界拥有300万名销售员，但是上门销售在现在的网络时代，尤其是75%的美国妇女开始朝九晚五地工作的今天依然有效吗？在销售额持续下滑多年以后，雅芳公司意识到变革势在必行。

在2000年的时候雅芳任命钟彬娴为首席执行官，她也是雅芳历史上首位女性CEO，对她来说，变革根深蒂固的传统是一项艰巨的任务。21世纪初，钟彬娴从宣传网络销售开始了雅芳的变革。2003年，雅芳开设的新部门Mark开始经营一条新的生产线，专门设计面向年轻市场需求的化妆品。到2004年，雅芳在世界各地拥有390万销售人员。根据雅芳发布的财务报表，其销售份额在世界范围急速剧增，业务范围延伸到化妆品、肥皂、护发、珠宝和其他产品。（乔治，琼斯，2010）

第四节 组织发展干预技术

组织发展干预技术可分为人类过程干预技术、技术结构干预技术、人力资源管理干预技术和战略干预技术四种类型。

一、人类过程干预技术

人类过程干预技术主要包括T小组、过程咨询、第三方干预、团队建设、组织面临会议、群际关系干预、大群体干预、方格训练、目标管理和调查反馈10种。

（一）T小组

T小组又叫敏感性训练（Sensitivity Training），它是开发时间最早的组织发展干预技术。它通过面对面的小组互动，使参加者深入地了解和认识自己及他人的情感和意见，增强自我意识和认知能力，提高对人际互动的敏感性。

T小组通常由10～15个陌生人组成，由专业培训师主持，通过实验学习共同探索群体动力、领导和人际关系。大致可以分为以下步骤：①不规定正式的讨论议程，参加训练的人员自由讨论，相互启发，增进了解；②主持训练的管理人员坦率地谈出自己的看法，就学员的行为做出反馈；③增进人际关系，相互学习，促进新的合作行为；④据工作中的情景和问题，巩固学习效果。

（二）过程咨询

过程咨询是一种帮助组织成员提高沟通、人际关系、决策、领导、群体动力等过程的通用模型。它主要通过群体内部或者群体与咨询顾问之间的有效交流与工作过程而进行，从而帮助诊断和解决组织发展过程中所面临的重要问题。

过程咨询通常分为以下 6 个步骤：①最初接触，委托人与顾问交换意见，介绍存在的问题；②签订协议，达成一致意见；③选择咨询的背景和方法；④收集资料、进行诊断；⑤进行咨询干预；⑥结束咨询、撤离。

（三）第三方干预

第三方干预着重解决组织中发生的人际冲突。这是一种有效的方法，因为在发生冲突的双方之间加入一个第三方因素时，冲突必然会有所缓和或转移。

根据人际冲突的循环模式（Cyclical Model），冲突解决包括4种策略：①通过对引发冲突的原因的了解，阻止冲突的出现；②限制冲突的形成；③帮助冲突各方正确处理冲突；④根除引发冲突的根本原因。

（四）团队建设

团队建设是指一系列旨在改善团队完成任务的方式，提高团队成员人际交往与问题解决能力的有计划的活动。团队是指目标协调、职能整合的班组、工作部门及群体。团队建设即班组建设或班组发展，其目的是以群体成员的相互作用来协调群体工作的步调与规范，提高群体的工作效率。组织由永久性的和临时性的团队组成，因此团队建设是改善团队工作和任务完成情况的一种有效途径。团队建设一般分为 4 个步骤：①预备活动；②诊断活动；③团队参与；④顾问促进。

例证 11-12

维尔康公司团队建设实践

维尔康公司在管理实践中注重团队的建设，提出了感恩、善念、包容、快乐，打造真诚和谐团队的理念，注重培育团队文化，更新员工的知识技能，提高团队的整体素质。

维尔康公司在团队建设方面有以下几种具体做法。

1. 建立团队建设架构

建立公司人力资源库，储备筛选人才，由"关键少数"成员组建公司的技术核心——"明天工作室"，作为高层团队；以各制造部主任组成战略流程团队；以各个实验室、班组专业人员组成行动团队。

2. 发挥企业文化要素在员工团队建设中的作用

首先要尊重人，所有成员在人格上平等，公司旨在营造和谐、富有激情的工作环境，使之成为员工发挥创造力的平台，鼓励员工创新；强调信息和知识融合，团队成员只有掌握团队活动的信息和必备的知识，才能充分发挥聪明才智。

3. 注重对团队建设者和领导者的素质要求

团队建设中还应重视团队人员的特点，充分发挥其特长，并且根据需要，有的放矢地开展管理教育、培训等以提高团队的整体素质。

4. 员工团队建设必须紧扣业务工作

维尔康的"明天工作室"作为公司的"参谋部",紧紧围绕生产过程中的工艺、设备、能耗、质量等问题进行深入细致的研究,不断改革创新。

5. 有效沟通、理顺内部关系,增强团队凝聚力

设法加强企业内部的沟通管理,同时增强企业的凝聚力和竞争力。

6. 有效激励,强化团队成员的工作动力

通过向各团队成员合理授权,激励员工出色地完成各项工作。

(高嗣奇,2012)

(五)组织面临会议

组织面临会议是一种动员整个组织的人力资源去识别问题、制定行动方案的干预技术。该技术主要适用于组织遭遇压力、困境或危机的时候。

组织面临会议一般有9个步骤:①召集有关人员参加会议(5~15人,代表各职能部门),识别面临的主要问题;②分组讨论组织存在的问题;③持续1~2个小时的讨论,要求坦诚公开,避免相互指责;④各小组汇报讨论情况,报告发现的问题及相应的对策;⑤问题汇总,进行分类;⑥针对每类问题组成一个小组;⑦小组讨论、分析各自的问题,并制定解决方案;⑧所有小组汇报所制订的行动计划;⑨制定解决问题的时间表,定期进行检查。

(六)群际关系干预

群际关系干预技术包括微缩群体和群际冲突解决两类。

1. 微缩群体

微缩群体是指由若干与问题有关的有代表性的个体组成的群体,它常被用来解决沟通和种族关系问题。使用微缩群体解决问题的步骤为:①识别问题;②组成群体;③提供群体训练;④解决问题;⑤解散群体。

2. 群际冲突解决

群际冲突解决的一个基本策略是消除彼此的误解,改进群际关系,具体包括10个步骤:①聘请外部组织发展顾问;②确定见面的时间和地点;③顾问向群体提出三个问题,即我们群体有何主要特征?另一群体有何主要特征?对方将会如何描述我们?④两群体分别写下以上三个问题的答案;⑤群体代表宣读三个问题的答案;⑥双方听完宣读,一般会发现对方对自己有误解;⑦顾问分析对方对自己的看法有误解的原因;⑧群体相互指出对方对自己的误解之处;⑨群体共同制定改善双方关系、解决分歧的方案;⑩安排后续会议,检查行动方案的执行情况,发现新出现的问题。

(七)大群体干预

大群体干预的关键特征是有100名以上的组织成员参加为期2~4天的大会。会上,成员们共同识别与解决整个组织面临的问题、设计组织管理的新方法或提出组织未来的

新方向等。大群体干预主要有 3 个步骤：①筹备大群体会议；②召集会议；③追踪会议结果。

（八）方格训练

布莱克和莫顿使用领导方格培训管理人员，创立了方格训练。其具体内容见第九章第三节。

（九）目标管理

在组织发展中，目标管理是一个重要内容。目标管理也可简写为 MBO（Management By Object）。它是从目标论发展起来的，通过设置和实施具体的、中等难度目标的过程，提高员工的积极性和工作效率，其参加者已由早先的只限于管理人员，发展到可以由工作群体或个人参与。目标管理已成为组织发展的有效手段之一。目标管理一般有以下 4 个步骤：①管理部门提出总体目标；②各部门订立目标；③订立个人目标；④定期评价结果。

（十）调查反馈

调查反馈是以数据为基础的一种组织发展和改革方法，它实际上是对调查法和"行动研究"的综合应用，通常要在外来咨询专家和企业工作人员的配合下进行。这种方法主要有以下步骤：①收集和分析数据（收集解决问题的意见和方法）；②小组讨论（讨论调查反馈结果）；③过程分析（诊断存在的问题，制订解决问题的行动计划）。

二、技术结构干预技术

常用的技术结构干预技术包括结构设计、裁员、平行结构、高投入组织、全面质量管理和社会技术系统六种。

（一）结构设计

传统的组织结构包括职能结构、分部结构、矩阵结构和网络结构等，近些年全球流行的是基于过程的结构。基于过程的结构是围绕组织核心过程，如产品开发、销售、顾客服务等，形成跨职能工作团队，它把生产一种产品或提供一种服务的所有相关职能集中起来，由"过程所有者"统一管理。

基于过程的结构层次很少，高层主管的人数不多，消除了许多部门和层次之间的边界，使得管理成本大大降低。基于过程的组织一般具有以下几方面的特征：①过程驱动；②工作变化；③团队基础；④顾客导向；⑤团队报酬。

（二）裁员

裁员是一种旨在减少组织规模和员工数量的组织发展干预技术。裁员的主要方式有通过解雇、提前退休等方式减少员工人数，或通过外包、并购等方式减少部门或层次数目。裁员一般包括 4 个必要步骤：①弄清楚组织战略；②选择裁员方式；③执行变革；④做好思想工作。

例证 11-13　松下的电视生产外包

2012 年 6 月上任的津贺一宏社长面对着松下史上最高的经营赤字以及严重的财务困境，毅然决然地打出了"结构改革"大旗——去电视化，即放弃等离子技术，从 B2C 转向 B2B。

电视机业务一直是松下的支柱，特别是等离子技术曾占据垄断优势，松下更一度被称为"等离子之父"。然而，面对液晶面板的冲击，等离子面临淘汰，这种战略失误是导致松下产生巨额亏损的主因之一。"去电视化"不是取消该业务，而是削减成本，将企业资源集中到具有更高附加值的产品上，从而实现扭亏为盈。

2015 年 2 月 2 日，松下日本总部正式宣布于当月月底终止山东松下电子信息有限公司的电视机生产事业，这标志着松下停止了中国的电视机生产制造。松下打算将生产外包，但会继续在中国销售松下电器品牌的超薄型电视机。松下表示将生产制造外包是为了增强超薄型电视机事业整体的收益能力，同时谋求在该市场中提高影响力从而扩大销售。

（案例来源：松下式变革：将零散产品外包，扩大住宅汽车业务[EB/OL]. [2014-09-18]. http://web.cnwnews.com/ html/biz/cn_qynm/gsxx/20140918/649432.html.）

（三）平行结构

平行结构是员工投入活动的一种方式。员工投入试图促进组织成员参与对组织绩效和员工幸福有重大影响的各类决策，它涉及 4 个方面的内容：①权力；②信息；③知识与技能；④报酬。

一般来说，平行结构包括一个执行委员会和数个小群体，执行委员会提供指导，小群体提出建议。平行结构要求所有信息渠道公开、畅通，管理者和员工不用正式渠道就能直接沟通；所有人员在附属结构中工作，并可从正式结构中得到任何人的帮助；但最终决策是在正式结构中做出的。其运作包括 6 个步骤：①确定目的和范围；②成立执行委员会；③与组织成员沟通；④成立问题解决小组；⑤提供问题解决建议；⑥执行和评估变革。

平行结构的主要形式有劳资合作项目和质量小组。

（四）高投入组织

高投入组织具有以下 9 个方面的特征：①扁平、精干的组织结构：团队结构、劳资委员会等结构形式为员工参与决策创造了条件；②工作设计：员工的工作具有多样、自主、反馈及时等特征；③开放信息系统：为员工和团队提供参与所需的信息，绩效目标和指标也由员工参与设置以增加完成的动机和信心；④事业制度：提供各种咨询、信息帮助员工选择事业路径，以促进员工的事业发展；⑤选拔：招聘员工时提供真实的有关职位的信息，团队成员将参与选拔过程以发现合适人员；⑥培训：员工将获得参与决策所必需的知识与技能；⑦报酬制度：实行技能工资、收益分成、弹性福利等报酬制度，以提高员工的绩效；⑧人事政策：努力提高雇员的稳定性以增加员工的组织承诺；⑨物质布局：物质设计支持团队结构、减少地位差异以促进员工参与。

（五）全面质量管理

全面质量管理（Total Quality Management, TQM）强调组织的所有成员、所有部门都应重视和追求顾客所需要的卓越的产品质量和服务质量。其实施需要注意 5 个关键性步骤：①高级主管的长期承诺；②培训质量控制方法；③开展质量改进项目；④测量进步；⑤奖励员工。

（六）社会技术系统

在组织发展中，应该把社会与技术这两个方面的协调作为重要的任务，以便使组织在技术、组织结构和社会相互作用诸方面达到最佳的配合。人们在完成任务时涉及两个部分：一个是社会部分，指执行任务的人及人际关系；另一个是技术部分，是指完成任务的工具、技术和方法。前者遵循生物和心理规律，后者遵循机械和物理规律。

社会技术系统理论可用于工作设计，其来源于两个方面的理论和实践：①科学管理学和工业工程学的研究，注重改善物理环境和提高工效方面；②管理心理学的研究，关注群体动力，员工间关系和个体需求及才能的发挥。

例证 11-14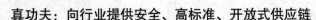

真功夫：向行业提供安全、高标准、开放式供应链

在真功夫 25 周年的战略发布会上，总裁潘宇海对外公布了纵向一体化的战略，表示将在产业上尝试多元化战略。日前，在"拒绝不安心，我有高品质"交流会上，真功夫食品安全负责人邓怀宇表示："2017 年，真功夫供应链将不仅服务集团自身，还会走出去，更多地服务其他餐饮企业，提供从原料生产到配送一体化的专业服务，打造餐饮行业的供应链平台。"

邓怀宇透露，真功夫已经形成了包括原料精选、过程监控、成品检测、三温储运、可追溯体系五个环节在内的食安体系，在运行维护上每年的花费不低于 800 万元，其原辅料、半成品及成品都按照科学的物料编码方法，分门别类地建立了独立的编号，实现了整条供应链中各个物料的双向溯源。

对于快餐业而言，自身高消费频次和低消费价格的特性让成本成为最敏感的一个因素，这会不会成为同行使用真功夫供应链的最大瓶颈？对于这一点，真功夫首席形象官陈敏很有自信："我们提供专业服务，不一定就意味着成本增加，要看他们愿意为产品品质的提升而付出多少，起码不用花资源自建供应链。"

2017 年，真功夫的华南、华东、华北三大后勤中心及调料中心将率先对外开放，为其他餐饮企业提供从原料生产到配送的一体化服务。真功夫新总部大楼已经定址南沙，预计明年可以投入使用。2018 年，真功夫华南区中央厨房也将迁到南沙，建成新的供应链中心。

（资料来源：真功夫持续深化快餐业变革[EB/OL]. [2016-11-29]. http://www.gznsnews.com/index.php?a=show&c= index&catid=21&id=14078&m=content.）

三、人力资源管理干预技术

人力资源管理干预技术主要包括目标设置、绩效评估、报酬制度、事业发展、劳动力多样化和员工援助计划六种。

（一）目标设置

具体内容参见第五章第二节"三、洛克的目标设置理论"部分。

（二）绩效评估

绩效评估是一种正式的员工评估制度，它通过系统的原理和方法来评定和测量员工在职务上的工作行为和工作成果。其主要目的为：①为员工晋升、降职、调职和离职提供依据；②组织对员工的绩效考评反馈；③对员工和团队对组织的贡献进行评估；④为员工的薪酬决策制定提供依据；⑤对招聘选择和工作分配的决策进行评估；⑥了解员工和团队的培训和教育需要；⑦对培训和员工职业生涯规划效果进行评估；⑧为工作计划、预算评估和人力资源规划提供信息。绩效评估方法包括等级评价法、目标考评法、序列比较法、相对比较法、小组评价法、重要事件法、评语法、强制比例法、情景模拟法和综合法。

（三）报酬制度

报酬制度是指调整劳动关系而使劳动者得到各种报酬的法律规范。报酬不仅是引起人们行为的诱因，且是满足个体需要的物质基础，因此，公平、合理的报酬结构对于激发员工的工作积极性至关重要。

（四）事业发展

事业发展是帮助员工实现事业目标与规划的活动，以此来确保员工的行为服务于组织目标。事业规划则是员工在各事业阶段选择职业、组织和职位的过程。员工的事业阶段一般分为：建立、发展、维持和退出。

事业发展主要有10个干预技术：①真实工作概述；②工作路径；③绩效反馈与教练；④评价中心；⑤导师；⑥开发培训；⑦工作、生活平衡计划；⑧工作轮换和挑战性分派；⑨双事业调节；⑩分期退休。

（五）劳动力多样化

由于劳动力的构成越来越多样化，组织需要重新设计自己的人力资源系统以处理员工在宗教信仰、价值观念、需要、偏爱、期望和生活方式等方面的差异。针对劳动力在年龄、性别、性向、残疾、宗教信仰、价值观念、文化等方面的变化，组织应设计和运用相应的干预措施，如消除性别、残疾人等方面的歧视，提供公平的就业机会。

(六)员工援助计划

有关员工援助计划的内容见第十二章第二节"员工援助计划"。

例证 11-15

通用电气的扁平化变革之路

20世纪90年代后期,杰克·韦尔奇被称为"全球第一CEO"。1981年,当他执掌通用电气时,公司机构臃肿、等级森严、反应迟钝,正走下坡路。杰克·韦尔奇对企业内部的扁平化进行了改造,将管理层次从8层精简到3层。在薪酬体系改造上,他将工资层级从29个级别调整到5个粗线条的级别,这也是扁平化的改革;当然,砍掉25%的企业,削减了10多万份工作,将350个经营单位裁减合并成13个主要的业务部门,则更是大手笔的企业扁平化改造。(马作宽,2009)

四、战略干预技术

常用的战略干预技术包括开放系统规划、整合战略的变革、跨组织发展、自我设计变革战略和组织学习五种。

(一)开放系统规划

开放系统规划一般由高级主管实施,他们常用2~3天的会议时间来分析环境变化并考虑应对措施。组织发展专家帮助他们建立相互信任的关系,让他们分享对环境的不同看法和意见。开放系统规划主要有以下步骤:①评估每一个外部群体;②决定组织应对每一个外部群体的期望和要求;③确定组织的核心使命;④假设环境和组织不会发生变化和均发生变化,分别描述对环境的未来期望,分别指出组织采取的反应;⑤比较现在与未来的环境期望,制订今后的行动计划。

(二)整合战略的变革

整合战略的变革强调组织战略必须和组织设计一起变革以应对环境的威胁,提高组织的有效性。整合战略变革的步骤包括进行战略分析(组织环境、战略与组织的匹配、组织绩效)、确定战略选择(制定新战略、设计新组织)、制订战略变革计划(变革的方法、步骤)和执行战略变革计划(激发动机、分配组员、克服抵制、提供反馈)。

(三)跨组织发展

跨组织发展旨在帮助组织制定与其他组织之间的合作战略,如合资、战略联盟等。跨组织发展的实行阶段包括识别(识别潜在的跨组织系统)、会议(面对面商谈合作,求同存异,达成一致意见)、组织(组建跨组织系统)和评价(定期评价跨组织运作情况)阶段。

(四)自我设计变革战略

自我设计变革战略设计改变组织的各个方面(如结构、人力资源、技术等)并使其支持组织战略,同时注意提高组织自身的变革能力。这就要求领导推动变革顺利实施,一般包括以下步骤:①在组织中制造变革势在必行的压力;②建立指导组织变革的团队;③确定组织变革的愿景;④组织内部的有效沟通;⑤充分授权;⑥创造组织变革的短期成效;⑦继续推进变革;⑧巩固变革成果。

(五)组织学习

组织学习是指旨在帮助各类组织开发、使用各种知识以持续提高组织有效性的变革过程。组织学习能使组织比竞争对手更快速、更有效地获得与使用各种知识,取得竞争优势。其学习方式可划分为单环学习、双环学习和三环学习。单环学习是将组织运作的结果与组织的策略和行为联系起来,并对策略和行为进行修正,使组织绩效保持在组织规范与目标规定的范围内;双环学习,即重新评价组织目标的本质、价值和基本假设;三环学习,指的是组织应该学习如何学习,这是最深层次的学习。

例证 11-16

MIT 组织学习研究中心与企业的合作

在福特,每个新车型的产生都由一个跨部门的开发小组负责,该小组由汽车工程师、财务管理人员、市场营销人员等组成。新车生产的全过程,包括概念车的推出和实际产品的推广。为了缩短新型车推出的周期、减少开发成本和提高质量,福特与 OLC 合作,进行组织学习的推广和效果研究。经过教育与动员,福特公司从若干个新车型开发小组中选出一个志愿的试验组,在他们新车开发的同时进行组织学习的培训。

组织学习的训练是通过一系列活动进行的。最初是一些课程、访谈和会议交流,提高了大家对学习的兴趣。在接下来的八个月中,一名 MIT 的研究人员和几名研究生、与开发小组的成员每月共同工作 1~2 天。在这八个月中,开发小组的成员学习到了更多的能够增强小组成员之间沟通和互相学习的工具和技巧。(陈国权,马萌,2000)

 **本章小结**

- 组织变革是组织为了提高效率,改变现有状态并朝预期状态不断前进而进行的一系列活动。
- 关于组织变革与发展的理论主要有:系统理论、权变理论、行为理论和组织再构造理论。
- 勒温提出的组织变革的三个阶段是:解冻—移动—再冻。
- 科特提出的组织变革的 8 个步骤是:①建立危机意识;②组建强有力的领导团队;③创建愿景;④与成员就愿景进行广泛沟通;⑤授权他人按愿景行事;⑥规划短期目标并创造短期成果;⑦巩固成果并深化变革;⑧新方法制度化。
- 克服组织变革的阻力包括以下六种主要方法:运用力场分析方法,减缓组织变革的阻力;培育创新的组织文化;合理安排组织变革的进程;积极开展思想教育工作;加深员工参与组织变革的程度;正确运用群体动力。

第十一章　组织变革与组织发展

- 组织发展是组织的自我更新和开发，它是组织应付外界环境变化的产物，它将外界压力转化为组织内部的应变力及解决问题能力，以改善组织效能。
- 组织发展的特征主要有：组织发展包含深层次的变革，包含高度的价值导向；组织发展是一个诊断—改进周期；组织发展是一个渐进过程；组织发展是以有计划的再教育手段实现变革的策略；组织发展具有明确的目标与计划性。
- 组织发展的工作流程包括进入与签约、组织诊断、设计与执行干预措施、评估干预效果四个阶段。
- 组织发展干预措施可分为人类过程干预、技术结构干预、人力资源管理干预和战略干预四种类型。
- 人类过程干预技术主要包括T小组、过程咨询、第三方干预、团队建设、组织面临会议、群际关系干预、大群体干预、方格训练、目标管理和调查反馈10种。
- 常用的技术结构干预技术包括结构设计、裁员、平行结构、高投入组织、全面质量管理和社会技术系统六种。
- 人力资源管理干预技术主要包括目标设置、绩效评估、报酬制度、事业发展、劳动力多样化和员工援助计划六种。
- 常用的战略干预技术包括开放系统规划、整合战略的变革、跨组织发展、自我设计变革战略和组织学习五种。

案例分析

海尔的组织变革之路

1984—1998年，海尔分别处于名牌战略（1984—1991）和多元化战略（1992—1998）阶段。前一阶段的目标是聚焦冰箱，7年只做一个产品，打造名牌；后一阶段，扬帆多元化，将产品扩展到洗衣机、冷柜、空调和白色彩电等。

1996年，由于原有工厂制组织模式存在"大一统而不够灵活"的问题，海尔启动了事业部制改革，1997年又采取"细胞分裂"的方式进行组织模式整改。这一阶段，海尔意识到事业部制有一定的效果，但存在"一放就乱，一收就死"的固有问题，企业组织改革仍在探索中。

1998—2005年是海尔的国际化战略阶段。1998—2005年是海尔实施市场链机制的第一阶段和第二阶段。其中，2000年，正式推出内部市场制的阶段让海尔重塑了市场关系，内部市场制形成。同时，海尔尝试推动"人人成为经营者"的做法，但最终以失败告终。

2006—2012年是海尔的全球战略阶段。海尔采用内部市场化"人单合一"全球化发展策略。这一时期，海尔的战略发展进入了新的高度。

2012年12月，海尔发布网络化战略，正式进入互联网时代，全面对接互联网。平台式的海尔开始开放：一边是开放的用户交互，另一边是开放的资源涌入。用户方面，打造"虚实交互平台"；资源方面，打造"开放式创新平台"。

这条改造之路也的确艰辛，截至2014年年底，海尔集团只有20%左右实现了小微化，共成立了 212 家小微公司。这些刚刚成立一年甚至更短时间的"小微"们,只有少数几个从无到有的"创业小微"拿到了风投,其他"转型小微"大都还处于艰难摸索阶段。

海尔集团董事局主席、首席执行官张瑞敏已经为这条平台化模式设计好了下一步。未来,海尔将聚焦创建两大平台:投资驱动平台和用户付薪平台。对于平台主和小微公司、小微成员,平台为小微们提供资金、资源、机制和文化等支持;员工们不再直接由企业发工资,而是与用户交互,通过给用户创造价值获取薪酬。

(案例来源:深度好文:海尔的科层改造和组织转型的狂想曲[EB/OL]. [2015-04-17]. http://www.ghrlib.com/ hrm/12205.)

问题讨论:

1. 海尔组织变革的压力和动力有哪些?
2. 海尔组织变革过程中遇到的阻力有哪些?你认为海尔接下来要如何实施变革才能提高变革成功率?

管理游戏

11-1 变　　化

变化是世间万物的常态,静止只是相对的,流水不腐,户枢不蠹。一个企业只有不断地变化才能适应不断变化的外在环境,做到与时俱进。

参与人数: 集体参与

时间: 30 分钟

场地: 室内

道具: 两个瓶子,气球

应用: 解释企业管理内涵,激励人们积极进取

游戏规则和程序:

1. 教师首先拿出来一个圆鼓鼓的气球,然后再拿出一个开口很小的瓶子,然后问大家有没有什么办法将这个气球装在这个瓶子里面,但是注意不能将气球弄破。
2. 大家可能会想出各种各样的方法将气球塞到瓶子里面去。
3. 教师现在请一个人上来用这个瓶子做出五个动作,什么动作都可以,但不能重复。
4. 请参与者再做五个,但不要与刚才做过的重复。这样一直重复下去。
5. 教师从包里拿出一个开口很大的瓶子放在台上,指着那个装着球的瓶子说:"谁能把它放到这个新瓶子里去?"

问题讨论:

1. 如果你没有解答出这个问题,想想是为什么?是什么阻碍了你思想的发展?
2. 看似简单的游戏揭示了什么样的道理?

心理测试

11-1 变革容忍度量表

目的：本测试在于帮助你了解人们对变革的容忍程度的不同。

指导语：阅读表 11-2 中的每个陈述，并圈出与你的实际看法最为接近的栏。

表 11-2 变革容忍度量表

每个陈述在多大程度上描述了你的情况？在你同意水平的相应栏内画圈或打钩	完全同意	一般同意	稍微同意	中立	稍微不同意	一般不同意	完全不同意
1. 不能给出明确答案的专家很可能是知之不多	1	2	3	4	5	6	7
2. 我喜欢在国外待上一段时间	7	6	5	4	3	2	1
3. 像问题得不到解决这样的事是不存在的	1	2	3	4	5	6	7
4. 按日程生活的人们很可能错过大多数生活的事情	7	6	5	4	3	2	1
5. 一份好工作是指一个人总是清楚地知道做什么以及怎样做	1	2	3	4	5	6	7
6. 处理复杂问题比简单问题更有趣	7	6	5	4	3	2	1
7. 从长远来看，处理小而简单的问题比大而复杂的问题会做得更多	1	2	3	4	5	6	7
8. 最有趣和有鼓动性的人常常是那些不在乎与众不同和具有原创精神者	7	6	5	4	3	2	1
9. 我们习惯于对新鲜事物表现出兴趣	1	2	3	4	5	6	7
10. 坚持是或否答案的人正是不了解事物复杂性的表现	7	6	5	4	3	2	1
11. 过着平静和有规律生活的人有许多事情很值得庆幸	1	2	3	4	5	6	7
12. 我们的许多重要决策是在信息不足的情况下做出的	7	6	5	4	3	2	1
13. 我喜欢参加那些大多数人我都认识的社交活动，而不喜欢参加那些大多数人我都不认识的社交活动	1	2	3	4	5	6	7
14. 那些布置模糊作业的教师或导师让我的主动性和创造力得到发挥	7	6	5	4	3	2	1
15. 大家越早获得相似价值观和理想越好	1	2	3	4	5	6	7
16. 让你用自己的方式看问题的教师是好教师	7	6	5	4	3	2	1

（Budner，1962）

记分：将你画圈或打钩相应栏中的数字全部相加起来即为你的得分。得分越高，说明你对不确定性或变革的容忍力越强。

 参考文献

[1] BUDNER S. Intolerance of ambiguity as a personality variable[J]. Journal of personality, 1962 (30): 29-50.

[2] KOTTER J P. Leading change[M]. Boston: Harvard Business School Press, 1996.

[3] 鲍跃忠．互联网时期，企业组织变革十大目标[J]．时代经贸，2017（08）：65-67．

[4] 关晓云．京瓷公司"阿米巴"经营分析[A]．Proceedings of the 2011 International Conference on Education Science and Management Engineering (part3)[C].Scientific Research Publishing、Capital University of Economics and Business, China，Hohai University, China, Jiangxi University of Finance and Economics, China, Shanghai Second Polytechnic University, 2011: 4.

[5] 黄培伦．组织行为学[M]．广州：华南理工大学出版社，2001．

[6] 孔玲玲．横向并购的组织变革比较——以联想和惠普为例[D]．北京：北京工商大学，2010．

[7] 理查德·达夫特．组织理论与设计精要[M]．李维安，译．北京：机械工业出版社，2002．

[8] 马丽，姚垚．新生代员工工作生活质量、工作投入与工作绩效的关系[J]．企业经济，2016（03）：99-104．

[9] 中央财经大学．中国人力资本报告 2019[R]．人力资本与劳动经济研究中心，2019．

[10] 马作宽．组织变革[M]．北京：中国经济出版社，2009．

[11] 威廉·J．罗思韦尔．组织发展的实践[M]．吕峰，张静梅，译．天津：南开大学出版社，2001．

[12] 罗倩文等．组织行为学[M]．重庆：西南师范大学出版社，2015．

[13] 田成杰．需进行组织变革的六个征兆[EB/OL]．(2011-08-07)．http://www.chinavalue.net/Management/Blog/2011-8-7/812775.aspx.

[14] 王崴，芦青，宋继文．组织变革不同阶段的领导风格特点——我国国有大型企业的多案例分析[J]．管理学家（学术版），2010（5）：3-15．

[15] 王重鸣．管理心理学[M]．北京：人民教育出版社，2001．

[16] 肖儒风．不久的将来，推动组织变革的是这5种基本力量和4种工作模式[EB/OL]．（2016-08-11）．http://www.managershare.com/post/283914.

[17] 俞文钊．管理心理学[M]．5版．大连：东北财经大学出版社，2015．

[18] 珍妮弗·M．乔治，加雷思·R．琼斯．组织行为学[M]．于欣，章文光，等，译．5版．北京：北京大学出版社，2010．

[19] 高嗣奇. 浅议团队建设——以维尔康公司团队建设实践为例[J]. 河北企业，2012（05）：38.

[20] 郑称德. 商业组织与过程[M]. 北京：机械工业出版社，2008.

[21] 朱传杰. 环境变化与当代企业组织变革[J]. 合作经济与科技，2014（11）：72-74.

[22] 陈国权，马萌. 组织学习——现状与展望[J]. 中国管理科学，2000（01）：66-74.

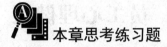 本章思考练习题

思考练习题

第十二章
员工心理健康

 学习目标

学完本章后,你应该能够:
1. 掌握心理健康的概念和标准;
2. 掌握员工心理保健的方法;
3. 掌握员工援助计划的内容和实施方法;
4. 了解员工心理咨询。

引例

富士康员工跳楼事件

从 2010 年 1 月 23 日起至 5 月 26 日,深圳富士康集团连续发生的 13 起跳楼事件让我们心痛扼腕。"富士康事件"中自杀者的年龄几乎都在 19~24 岁。根据埃里克森心理社会期发展论,18~25 岁是自我意识形成和发展的最重要时期,也是青少年向成人转变的过渡期,人们在这时期最容易产生自我意识和自我认同的危机。心理学家勒温则将此年龄阶段的个体称为"边缘人",指出其特点是缺乏安定感,容易神经过敏和处于紧张状态,他们常常靠自己的文化来对抗成年人的主流文化,以取得某种安定感。富士康的这些自杀者都是属于新生代打工族的"80 后"甚至"90 后",他们一般思维活跃,人生道路较为平坦,阅历也比较简单,他们在心理上的一个特征就是自我排斥。他们怀着梦想参加工作后,发现理想与现实的差距巨大,认为自己没有达到社会、父母、自我的期望而产生压力,往往会产生否定自己、压抑自我积极性、拒绝接纳自我的心理倾向,尤其是面对乏味枯燥的工作环境、情感挫折和重大事件时,他们很容易出现情绪消沉、孤僻、抑郁、焦虑等心理问题,进而产生过激行为,酿成生命的悲剧。(李连杰,2010)

引例告诉我们:为了避免类似恶性事件的发生,企业需要重视员工的心理健康及其维护,应采取必要的危机干预措施对恶性事件加以防范。

第一节 员工心理保健

随着社会进步和生活水平的提高，人们越来越关心自己的身心健康。企业员工也不例外，必须学会缓解压力、管理情绪、应对挫折、提升工作生活品质的方法，积极地进行自我心态的调节，维护心理健康。

一、心理健康的概念

人是生理与心理的统一体，生理素质和心理素质决定了人的健康程度和发展水平。世界卫生组织（WHO）对健康的定义是：健康不仅仅指身体不虚弱或没有疾病，而必须是个体在身体上、心理上和社会适应上均保持良好的状态。1986年，世界心理卫生协会在年会上发出宣言，健康还要包括良好的道德品质。由健康的定义以及现代生物—心理—社会健康模式可以推知，心理健康就是指一个人的生理、心理与社会处于相互协调的和谐状态。

根据各方面的研究结果，总结归纳起来，评判一个人心理健康状况良好一般包括以下6个方面（陈国海，许国彬，肖沛雄，2005）。

1. 智力正常

智力是人们利用经验、知识和阅历解决问题的综合性能力，主要包括观察力、记忆力、思维能力、想象能力与实践活动能力。一般将人的智力分为超常、正常和低下三个等级。正常智力水平是人们生活、学习、工作、劳动的最基本的心理条件。

2. 情绪稳定与心情愉快

情绪稳定与心情愉快是心理健康的重要标志，它表明一个人的中枢神经系统处于相对平衡的状态，意味着机体功能的协调。它包括情绪的反应强度和引起情绪的刺激强度相适应，反应时间随着引起情绪的客观情境的转移而有所变化，反应的特点与年龄阶段相适应。

3. 行为协调统一

一个心理健康的人，其行为受意识支配，思想与行为是统一协调的，在行动中一般有明确的目的性和较高的自觉性，并有自我控制能力。

4. 自我意识客观

自我意识是关于自我以及自我与外界关系的认知。客观的自我评价和自我接纳是既不贬低也不高估自己的能力，而且能够接受自己的缺点。适度的自信心、自尊心和自制力，一定的社会责任感和义务感是心理健康的表现。

5. 人际关系和谐

人生活在社会中，就要善于与人友好相处，人的安全、归属、爱和尊重等多种需要的满足都是靠良好的人际关系来维持的,因此才能获得心理上的慰藉、支持和激励或者给予他人关爱,体谅他人。具有和谐持久的人际关系是心理健康的一个重要特征。

6. 社会适应良好

人生活在纷繁复杂、变化多端的大千世界里,在一生中会遇到多种环境及变化,因此,一个人应当具有良好的适应能力,积极处理自己遇到的问题,接受应该承担的责任,一有可能就塑造好的环境,一有需要就根据环境调整自己,为自己树立现实的目标。能够积极有效地面对和应付周围环境的要求和变化,这也是心理健康的标志之一。

例证 12-1

广州外资员工的心理健康状况

对广州市经济开发区两家外资企业的员工进行心理健康状况测评后发现:参与测评的员工中,具有中度及以上心理问题、需要心理干预的员工达7.1%,员工的躯体化症状、抑郁、焦虑、敌对、恐怖、精神病性等消极情绪水平都比全国平均水平要高。这说明:外资企业员工中存在心理问题的现象比较普遍,心理健康水平偏低,心理健康状况整体上不容乐观。这可能是由于外资企业对国际经济形势变化的敏感度比国内企业更高,要求应对经济形势变化的速度更快;同时,这也与外资企业对员工管理得更严格,工作节奏快有关。研究还发现,随着学历的增高,广州外企员工的心理健康水平呈现下降趋势,这可能与学历越高的员工,心理预期与实际情况差距越大有关。为维护员工的心理健康,员工需要掌握缓解压力、管理情绪、应对挫折、提升工作生活品质的方法。(张知光等,2011)

二、员工心理保健

员工心理保健主要包括缓解压力、管理情绪、应对挫折、提升生活品质。

(一)缓解压力

任何需要去适应的情境都会构成压力或应激。在急剧变化的现代社会,面对市场竞争的加剧,企业员工的工作负荷也随之不断增大,心理压力成倍增加,员工面对来自工作、家庭和社会变革等的种种压力,常常出现内心矛盾和冲突,产生不适应感、焦虑感、压抑感等消极心理体验,甚至产生心理障碍、损害身心,导致严重的后果。世界卫生组织在2019年发布的关于工作场所的精神卫生的报道中显示:全球估计有2.64亿人患有抑郁症,这是导致残疾的主要原因之一,其中许多人还患有焦虑症。世卫组织最近的一项研究发现,从生产力损失角度估计,抑郁症和焦虑症每年给全球经济造成1万亿美元的损失(世界卫生组织,2019)。根据美国国家职业卫生健康局统计,已有将近一半以上的美国大企业为员工提供了相关的压力管理课程。譬如,6%的公司利用午休时间提供按摩服务,且有60%的员工在其中得到了精神放松。员工压力管理有利于减轻员工过重的心理压力,保持适度的、最佳的压力,从而使员工提高工作效率,进而提高整个组织的绩效,增加利润。

1. 正视压力

在一定的压力下工作和生活,也许是现代和未来生活的一个重要特征。生活中如果没有压力或压力不足,人们不管在生理、心理方面,还是在社会方面,都无法适当地成长,使得人们百无聊赖,缺乏斗志。如果工作缺乏压力,人们就难以保持适当的效率。适当的压力可以产生强大的动力,压力层次与身心健康的关系如图12-1所示。关于应激和绩效关系的研究结果证实,在最适合的应激水平,人们的操作水平(绩效)才能达到最高点。但是,如果压力太大,积极的激发力就会被疲惫所取代,人们会逐渐觉得难以对付。长期过度的压力负荷会造成精疲力竭和最终的崩溃。过度的压力也会影响工作效率,使问题频繁出现,如焦虑、失眠、烦躁、效率下降等。

国外对压力与健康关系的理论模型中,最著名的是福克曼和拉扎拉斯的压力应对模型(Folkman, 1984),如图12-2所示。该模型认为,是人们对压力的评定而不是压力本身引发了压力反应或后果。该模型的基本假设是:当人们遭受压力时,首先会对压力做出评定,然后根据评定做出情绪或行为上的不同反应。如果把压力解释为积极的,就会产生积极情绪;如果认为压力是对身体或心理的威胁,就会产生消极情绪。接着,人们会根据评定来思考如何开发自身的应对能力,以减少压力事件带来的危险、破坏或损失后果。压力知觉和应对反应是压力事件及其潜在后果的重要中介变量,其他的中介变量还有A型行为、控制感以及社会支持等。

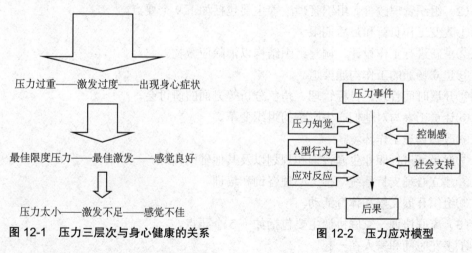

图 12-1 压力三层次与身心健康的关系　　　图 12-2 压力应对模型

2. 探求压力来源,进行压力管理

美国心理学家 Lazarus 等人从日常生活琐事层面对普通人的压力来源进行了调查和分析(Lazarus, et al, 1985)。结果表明,在日常生活中成为生活压力的琐碎事件可归纳为家庭支出、工作职业、身心健康、时间分配、生活环境和生活保障六个方面。这六个方面相互联系和渗透,有的压力是多个方面共同作用产生的,因此,在探求员工心理压力来源时,有时无法确切地指出问题出自哪个具体方面。我们大致从个人、组织管理和家庭三个因素探讨了员工心理压力的来源,侧重点在组织管理因素上,如表12-1所示。

表 12-1 员工心理压力的来源

个 人 因 素	组织管理因素	家 庭 因 素
1. 追求完美，期望过高 2. 缺乏安全感 3. 总是不断地变换角色 4. 与人沟通得不够 5. 学习新课程的紧迫性 6. 外部表现与内心想法相矛盾	1. 工作繁重和各种不现实的最后期限 2. 指令太多，干扰太多 3. 工作分配与酬劳不合理 4. 缺乏提升的机会，工作前景不明朗 5. 与上司和同事有冲突 6. 组织决策和管理缺乏民主性 7. 恶劣的工作条件（噪声、空间和设备等方面）	1. 缺乏情感支持 2. 所背负的责任太多 3. 与家人缺乏沟通 4. 被认为无所不能 5. 工作时间以外，太多工作事务侵犯私人生活

找出压力来源后，就可以着手修正或消除应激物，制订压力管理计划，该计划通常包括以下3个方面的内容。

(1) 个体心理调节。个体心理调节主要包括如下6个要点。

①消除错误的认知方式（如对完美的过分追求等）。

②进行事前计划和时间管理。

③寻求外界的心理帮助（如亲友支持、心理咨询等）并帮助他人。

④发展健康的兴趣或爱好。

⑤制订具体的健身计划并实践。

⑥学习放松技术。

(2) 组织管理改善。组织管理改善主要包括如下9个要点。

①改变工作负荷和最后期限。

②重新进行工作设计、调整组织结构以消除应激物。

③建立畅通的工作沟通渠道。

④开展时间管理、目标管理、角色分析等方面的研讨会。

⑤让员工参与对他们产生影响的组织变革。

⑥改善物理工作环境。

⑦对员工进行职业生涯咨询和规划以及其他辅助训练。

⑧建立心理支持系统，推广心理咨询和培训。

⑨组织开展文娱和体育活动。

(3) 家庭协调。家庭协调主要包括如下5个要点。

①多花时间和家人在一起。

②进行有效的沟通。

③真诚地向家人表达感情并养成习惯。

④营造相互理解、温暖的家庭氛围。

⑤将工作和家庭区分开，并采取措施使之平衡。

学会管理压力是相当重要的，因为一旦承认压力，并学会管理它，便能使压力朝对个体有利的方向发展。"向压力要动力"不仅仅是一种愿望，而且完全可以通过科学的手段实现这个目标。

3. 学会幽默应对

幽默是精神健康的调节剂。它是一种高尚、成熟的心理防卫机制,是人们面临困境时减轻精神和心理压力的方法之一。越来越多的企业意识到笑声的神奇作用,并已将其纳入企业发展的研究项目之中。如今,在成千上万家充满活力的企业里,都能看到幽默和笑声不断的雇员。这些"内部小丑"正好成为应对变化和不确定因素的生命线,你赋予他们自由的笑声,他们就带给你健康的工作环境,同时还能带动其他成员团结一心,使整个集体拧成一股绳,共同面对险境。如果企业员工在生活和工作中学会运用幽默,就能轻松自如地应对压力。那么,怎样培养幽默感呢?

第一,要领会幽默的内在含义。幽默包括滑稽、讽刺、喜剧、相声、小品、笑话、双关语、歇后语、动漫等一切让人发笑的要素。要多用健康、积极的幽默(如善意并被接受的玩笑),少用有害、消极的幽默(如恶意的讽刺和贬低)。

第二,扩大知识面。幽默是智慧的一种表现,它必须建立在丰富的知识基础上。一个人只有具有审时度势的能力和广博的知识,才能做到谈资丰富、妙言成趣,从而展示幽默的艺术。

第三,面临困境也能够保持乐观、开朗的态度。幽默是一种宽容豁达精神的体现,要学会善于体谅他人。乐观与幽默是亲密的朋友,生活中要尝试着发现事物的光明面,积极面对挫折。

第四,要有意识地提高观察事物的能力,培养机智、敏捷的反应能力。只有迅速地捕捉到事物的本质,加以恰当的比喻、诙谐的语言,才能使人们产生轻松的感觉。

例证 12-2

美国企业的幽默管理

对于将幽默运用到工作管理中,美国企业界已有多年的经验,其实施手段简单的有创建"幽默室"或提供宽松的工作机制(如鼓励员工用幽默手法书写备忘录或员工通信录),更进一层的则是聘用专职幽默顾问。华盛顿大酒店曾在纽约为其2 000名员工建造了1间有4个活动场所的"幽默房",其中图书室收藏有各种幽默书籍、光盘、录像带、录音带;会议厅里布置了卓别林等幽默大师的剧照;玩具房内有各种供员工宣泄压力的器具,这些幽默房受到了酒店员工的普遍欢迎。AT&T、IBM等公司则雇用了幽默顾问,这些举措能使员工保持乐观积极的工作状态,企业也能更好地提升创造力和凝聚力。(沈健,胡洁敏,2006)

(二)管理情绪

情绪和情感是人类重要的心理活动形式。它们不仅对个体其他的心理和行为活动起着影响和调节作用,而且对社会交往和适应具有交流和协调功能。良好的情绪不仅使人精神振奋,有助于提高效率,而且对个体身心的健康发展起着积极的促进作用;而不良的情绪则使人精神萎靡,危害身心的正常发展。在工作中,员工的情绪也会失去控制,导致其做出损害自身利益和公司利益的事。因此,企业组织管理部门要重视员工的情绪管理，努力使员工保持良好的心情，这样才能提高工作的效率。

1. 改变认知角度

心理学家认为，发生的事件本身不是导致情绪障碍的原因，人们对所发生的事件所持的看法、解释、信念才是引起人的情绪和反应的直接原因。

20世纪50年代，美国心理学家艾利斯在美国创立了合理情绪疗法，该疗法的理论依据是ABC理论。在ABC理论模式中，A是指诱发性事件；B是指个体在遇到诱发性事件之后相应而生的信念，即个体对这一事件的看法、解释和评价；C是指特定情景下，个体的情绪及行为的结果。通常人们会认为，人的情绪的行为反应是直接由诱发性事件A引起的，即A引起了C。ABC理论则指出，诱发性事件A只是引起情绪及行为反应的间接原因，而B，即人们对诱发性事件所持的信念、看法、解释才是引起人的情绪及行为反应的更直接的原因。比如，两个员工一起在公司的餐厅吃饭，他们的经理从餐桌旁走过，两人都向经理微笑示意，但对方没有与他们打招呼，径直走了过去。这两个人中的一个对此是这样想的："他可能正在想别的事情，没有注意到我们。即使是看到我们而没理睬，也可能有什么特殊的原因。"而另一个人却可能有不同的想法："是不是上次顶撞了他一句，他就故意不理我了？下一步他可能就要给我'穿小鞋'了。"这两种不同的想法就会导致两种不同的情绪和行为反应。前者可能觉得无所谓，该干什么仍继续干自己的；而后者可能忧心忡忡，以致无法冷静下来干好自己的工作。从这个简单的例子中可以看出，人的情绪及行为反应与人们对事物的观念和认识有直接关系。

合理、积极的信念会引起人们对事物恰当的、适度的情绪和行为反应；而不合理、消极的信念则往往会导致不适当的情绪和行为反应。当人们坚持某些不合理的信念，长期处于不良的情绪状态之中时，最终将导致情绪障碍的产生。以下是3种典型的不合理信念。

（1）绝对化要求。绝对化要求是指人们以自己的意愿为出发点，对某一事物怀有认为其必定会发生或不会发生的信念。它通常与"必须""应该"这类字眼连在一起。比如，"我必须表现良好，并受到某个重要人物的赏识""这项工作应该是很容易的""我不应该求人帮助"等。

（2）过分概括化。这是一种以偏概全、以一概十的不合理思维方式的表现。就好像以一本书的封面好看与否来判定其内容的好坏一样。过分概括化一方面表现为人们对其自身的不合理的评价，人们以自己做的某一件事或某几件事的结果来评价自己整个人、评价自己作为人的价值，其结果常常会导致自责自罪、自卑自弃的心理及焦虑和抑郁情绪的产生。过分概括化另一个方面表现为对他人的不合理评价，即别人稍有差错就认为他很坏、一无是处，这会导致一味地责备他人，以致产生敌意和愤怒等情绪。

（3）糟糕至极。这种不合理信念会使个体认为发生了某事情会非常可怕，是灾难性的，以至于使个体产生极端不良的情绪体验，如陷入耻辱、自责、焦虑、悲观、抑郁的恶性循环之中而难以自拔。

因此，要想改变人的情绪和反应，就要改变人们对所发生的事件所持的看法、解释，调整其所持有的不合理信念，改变认知角度，从而避免不良情绪的产生，保持良好的心境。

2. 学会放松训练

放松技巧是通过逐渐松弛全身各部位的肌肉组织，使全身上下消除紧张的一种控制应激、促进健康的技术。放松训练简便易行，不需要花很多时间学习。它对于应付紧张、焦虑、不安、气愤的情绪与情境非常有用，可以帮助人们振作精神，恢复体力，消除疲劳，稳定情绪。放松技巧有很多，如呼吸放松法、肌肉放松法、想象放松法、音乐放松法等。这里给大家介绍一种有效的呼吸方式——腹式呼吸。

一般来说，人们在感到焦虑、紧张或惊恐时，往往会呼吸急促。这是一种无用呼吸，而且它极有可能会形成一种很难打破的习惯，产生恶性循环，即感到焦虑、紧张或惊恐—呼吸急促—产生焦虑感、紧张感或惊慌感—呼吸过急—感到更加焦虑、紧张或惊慌，而腹式呼吸是一种可以有效缓解紧张或焦虑的呼吸方法。

首先，尽量让自己坐得舒服。让双手放松，不要交叉双手，这会妨碍到呼吸。一定要感到脖子是放松的，可以闭上眼睛（如果这样感到更放松的话）。然后，轻轻地从鼻孔吸气，再轻轻地呼出。以这个放松的方式呼吸数次，确保气流的运动只发生在胸脯的下部（腹部区域）。要检查做得是否正确，可以把一只手放在胸前，另一只手放在腹部，感觉气流的运动。如果从腹部呼吸，胸脯的上部应是放松和静止的。

其次，保持呼气的时间比吸气时间稍长。在下次吸气之前，稍微屏一下气。不要着急，体会一下平静的感觉。继续从腹部轻轻地、慢慢地呼吸，有意识地体会气流的运动，直到感到完全放松。逐渐地，它会自动完成，不用去想它。

操练腹式呼吸的地方与时间不限，可以是坐车时、重要的测试前、艰难的会议中等。

VR 技术在放松训练上的应用

曾有学者使用虚拟环境对 75 名广泛性焦虑障碍患者进行了研究。实验者将被试者随机分为 VR 组、非 VR 组和 WL 组。其中，VR 组被试者在实验者的指导下使用虚拟环境和视听材料进行放松；非 VR 组被试者使用和 VR 组一样的视听材料，但缺少虚拟环境；而 WL 组被试者则不接受任何实验处理。在干预结束后的第 6 个月和第 12 个月，实验者对患者进行了两次随访。结果发现，VR 组的患者比非 VR 组的更能够轻松有效地使用放松技术，而且在治疗过程中患者体验到的沉浸感对治疗效果也有显著的促进作用。作为一种新的心理治疗手段，虚拟现实疗法有着较大优势。VR 技术可以增加患者和虚拟环境的互动，更好地缓解患者的紧张情绪，提高患者参与的积极性，防止阻抗的出现。虚拟现实疗法除了能治疗心理疾病，对正常人群的压力管理和情绪放松也有积极的干预效果。（杨勇涛，张忠秋，2015）

3. 发泄不良情绪

生活中，每个人都有可能产生一些不良情绪，如愤怒、郁闷、焦虑、消沉甚至绝望。

这些情绪反应其实是人体内的一种自我保护机制，是人在面对威胁时身体做出的一种本能反应。从心理健康的角度讲，发泄不但是消除心中不快的极为有效的手段，还可以减轻精神疲劳，有助于使个体变得轻松愉快，有利于其精力充沛地投入到工作中。但是，发泄不良情绪要注意选择恰当的方式，否则就可能导致令人不快的后果，甚至会使事情更糟。下面介绍发泄不良情绪的9种方法。

（1）进行剧烈运动或进行一次长途步行。

（2）到一个隐蔽的地方，你跺脚、尖叫、大吼、狂喊都没有人会听到。

（3）大哭一场。

（4）捶坐垫或枕头，拧一条毛巾或类似物品，然后再用它猛击墙壁。

（5）找一个信得过的朋友，描述或表演令你生气的那个场景，倾诉出想说的一切。

（6）在说出任何话前先低声数到10，这有助于你冷静，以免说错话。

（7）将一张空椅子放在面前，假装惹火你的那个人正坐在你的对面，把你对那个人的感觉发泄出来。

（8）找一个你信得过的朋友，将心中的委屈、压抑、担心、焦虑统统说出来。

（9）把愤怒或羞于启齿的事件写下来，然后毁掉。

4. 掌握情绪劳动策略

Hochschild 最早提出情绪劳动的概念，并把情绪劳动（Emotional Labor/Work）界定为"管理好情绪以创造公众可以观察到的面部和肢体表情"（Hochschild, 1983）。简单地说，情绪劳动是指员工根据组织制定的情绪行为管理目标所进行的情绪调节行为。员工怎么调节自己的情绪行为呢？Zapf 提出了4种调节策略：①自然表现。这种调节不需要意志努力，是人的自然反应。②表层行为。这是指员工尽量调节自己的表情以表现组织所要求的情绪，而内心的感受并不发生改变。③深层行为。这是指为了按照组织制定的情绪进入角色，员工尽量去体验必须产生的情绪。在这种情况下，员工的表情行为是发自内心的。④蓄意失调行为。这是指员工满足了制定的情绪行为要求，表达出了适当行为，但员工的内心情绪感受却保持独立（Zapf, 2002）。

（三）应对挫折

挫折是指人们在有目的的活动中，遇到无法克服或自以为无法克服的障碍或干扰时，因需要或动机不能得到满足而产生的消极反应。挫折的产生一般应具备以下4个条件：①个体有具体的目标和实现目标的动机；②个体有达到目标的行动和手段；③有挫折的情境发生；④个体知觉到实现目标的行为受到了阻碍并产生相应的情绪和行为反应，如焦虑、愤怒、沮丧、攻击或躲避等。

挫折会引发种种不利于工作的消极因素和消极行为，会直接影响到员工的工作积极性能否被充分调动，间接影响着组织的效率及员工的生活质量，因此，管理者要充分重视员工的挫折应对情况。

1. 挫折的来源

在现实生活中，由于主客观因素的限制，个体往往会遇到"恶者不能避，好者不能取,恨者不能除,爱者不能得"等各种不如意的事情。凡是预期目的没有达到都会引起个体的挫折,但挫折仅仅在超出个体的挫折忍受力时才以挫折感的形式表现出来。不同的人,挫折忍受力的强弱也不相同,它和个人的生理忍受力、动机的强烈程度、受挫折的经历以及对挫折的认知和预见等方面有关。美国心理学家Holmes等人曾通过调查研究和测试,选定了43项生活事件,按其给人造成的挫折感强弱排列,各项评分标准LCU(Life Change Unit,生活事件单位)以虽有压力但无伤害的生活事件——"结婚"为中点,给50分,编成了生活事件与挫折感量表(Holmes & Rahe, 1967),如表12-2所示。根据表中所列的生活事件可以发现,在日常生活中,人们随时随地都可能遇到挫折情境,并会因此产生不同程度的挫折感。

表12-2 生活事件与挫折感量表

顺 序	生 活 事 件	LCU	顺 序	生 活 事 件	LCU
1	配偶死亡	100	23	儿女离家	29
2	离婚	73	24	司法纠纷	29
3	夫妻分居	65	25	个人有杰出的成就	28
4	坐牢	63	26	配偶开始或停止工作	26
5	亲人死亡	63	27	入学或毕业	26
6	个人受伤或生病	53	28	生活状况改变	25
7	结婚	50	29	个人习惯改变	24
8	解雇	47	30	和上级有矛盾	23
9	复婚	45	31	工作环境、时间的改变	20
10	退休	45	32	搬家	20
11	家人患病	44	33	转学或换学校	20
12	怀孕	40	34	改变娱乐方式	19
13	性生活问题	39	35	改变宗教活动	19
14	家庭增加新成员	39	36	改变社交活动	18
15	工作调动	39	37	少量借贷	17
16	经济状况改变	38	38	睡眠习惯改变	16
17	好友死亡	37	39	家庭成员聚会	15
18	职业性质改变	36	40	饮食习惯改变	15
19	夫妻不和睦	35	41	放假	13
20	贷款超过一年净收入	31	42	过圣诞节	12
21	抵押或贷款到期	30	43	轻微违法	11
22	工作职责改变	29			

2. 挫折的心理防御机制

在遭遇挫折、冲突和严重的生活事件时,人们都有一种摆脱困境、减轻不安、稳定情绪、重新达到心理平衡的倾向,总会有意无意地运用心理防卫方式。这种心理防卫方式又称挫折防御机制,它是指个体在经受挫折后,保持情绪平衡和稳定的心理机能。

由于个人的个性特征、生活态度及所面对的情境不同，每个人所使用的防御机制也有差异，常见的自我防御机制有以下 8 种。

（1）合理化。合理化又称为"文饰"，指既定目标未达到时，人们寻找各种理由或值得原谅的借口来替自己辩护或争取社会认可。合理化有以下 3 种常见的形式：①酸葡萄心理。吃不到的葡萄是酸的，得不到的东西就是坏的，达不到的目标就说是不喜欢达到或本来就没想达到的。②甜柠檬心理。得到柠檬就说柠檬是甜的，夸大既得东西的好处，缩小其不足之处，以减轻得不到自己原先想得到的东西的失望与痛苦心理。③援例。这是指引用某些事实为依据，试图使自己不合理的行为合理化、不合法的行为合法化，以从面临的困境中解脱，减轻自己因过失而产生的内心焦虑和愧疚感。这些理由都不是真实的理由，而且往往不合逻辑，有悖常理，但个体却能以此安慰自己，从而得到心理上的安慰和平衡。

（2）压抑。压抑是指一个人在受到挫折之后，用意志的力量压制住愤怒、焦虑的情绪反应，或者在不知不觉中把意识所不能接受的使人感到困扰或痛苦的思想、欲望、体验等自动地压抑到无意识中或通过延期来满足，使自我避免痛苦，保持心境的安宁。压抑比较常见，虽然能够使个体暂时减轻焦虑和获得安全感，但按捺住内在的情绪纷扰，久而久之可能使人变得性情暴躁或孤僻、沉默，甚至形成心理疾病，对身心危害较大。

（3）投射。投射指个体以自己的想法、感受去推想别人也是如此，把自己的过失行为或内心存在的不良动机和思想观念转移到别人身上，以此来减轻自己的内疚和焦虑，化解自己的心理困境，即所谓的"以小人之心度君子之腹"。一个对领导有成见的人，可能会散布消息称领导对自己有成见，有意刁难自己。

（4）补偿。补偿指个体在追求目标、理想的过程中受挫后，改变活动方向，以别的目标代替原来受阻的目标，以新的活动方式代替原来的活动方式，以弥补因失败而丧失的自尊和自信，减轻挫折造成的痛苦，起到"失之东隅，收之桑榆"的目的。

（5）认同。认同指当一个人在生活中无法获得成就感时，就把别人具有的、令自己感到羡慕的品质加在自己头上，或是将自己比拟成其他成功的人，借以在心理上分享他人的成就感，提高自己的信心和声望，从而消除自身因挫折而产生的痛苦。例如，在生活中，有的人遭遇挫折之后，通过想象自己崇拜的英雄或偶像的形象来鞭策和激励自己，帮助自己走出心理困境。

（6）幽默。当一个人遇到挫折、处境尴尬时，用幽默来化解困境，摆脱失衡状态，也是一种积极的心理防御机制。

（7）反向。反向又称"矫枉过正"现象。个体为了防止自认为不好的动机外露，于是以相反的行为取而代之，这种内有动机与外在行为不一致的现象，称为反向。它实际上也是对个体的冲动和欲望进行压抑的一种心理表现。比如，内心过于自卑者则常常过分地炫耀、抬高自己。

（8）升华。将遭遇的失败导向比较崇高的方向，转移理想到另一份更有价值的事业上去，使其具有建设性并有利于本人和社会时，便是升华。比如，歌德失恋后写出脍炙人口的世界文学名著——《少年维特之烦恼》；司马迁遭受凌辱，身陷囹圄，却以《史记》

传世。升华可以使原来的欲望得到间接宣泄而消除焦虑感,还可以使个体获得成功的满足,因此它是一种非常积极的心理防御机制。

3. 应对挫折的方法

挫折不可避免,企业员工总会因心理受挫而出现降低工作积极性、怠工、士气低落、缺勤、闹事等现象,甚至酿成罢工、自杀等事故。面对挫折,员工应该如何去应对,企业管理者又该如何帮助员工进行挫折心理调适,降低负面影响,从而提高工作效率,这是值得重视并付诸实践的一个问题。

克斯和夫格森结合应对的两种功能(针对问题和针对情绪)和两种形式(认知和行为),提出了较为全面和具体的挫折应对方法(Cox & Ferguson,1991),如图12-3所示。

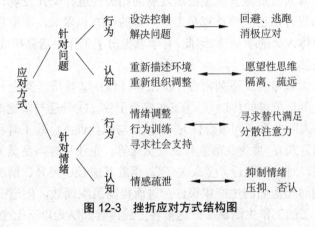

图12-3 挫折应对方式结构图

(1)针对问题的应对方法。行为方面要设法控制和解决问题。比如,正确归因,学会升华或替代;找出并排除造成挫折的根源;创造条件,改变挫折产生的情境;改善组织管理等,而不是回避、逃跑,消极应对。认知方面则要加强引导,提高认识,变换视角和出发点,正确对待挫折。比如,重新描述环境、重新组织调整认知、吸取经验教训等。

(2)针对情绪的应对方法。人的情绪和心理活动有关。当人遇到挫折时,心理上会产生一种自我保护的需求,目的是使人减轻痛苦和不安,从而达到心理平衡,这种心理活动又称为心理防御机制。心理防御机制分为两种:一种是健康的防御机制,如替换目标、幽默化解、榜样效应等;另一种则是消极的心理机制,如自欺欺人、选择遗忘、怨天尤人等。在遭遇挫折时,健康的防御机制可以缓解压力、减轻负担,帮助员工勇敢地面对和解决挫折。而消极的心理机制则会起到反作用。企业可组织员工进行挫折教育,引导员工正视情绪,进行情感发泄,而不要否认、压抑情绪,从而帮助员工改善受挫心境,疏通心理障碍,建立良好的心理防御机制。

在挫折教育中,良好的心理咨询主要可以采用以下3种方法(方鸿志,陈馨仪,2016)。

(1)幽默交流法。管理者要创造出良好和谐的氛围,与员工建立友好的关系,并用幽默风趣的语言缓解员工的压力,利用轻松和谐、畅所欲言的气氛使员工将心中的苦闷和遭受的挫折都释放出来。

(2)替换目标法。替换目标是指当个体因为目标确立得过大或者不切实际而遭遇挫折时，管理者应当鼓励个体放弃大而不实的目标，并且帮助个体树立一个切实可行的目标。比如，当员工在遇到工作或学习挫折后，因为不能放弃目标而形成不良心理时，管理者可通过"重整旗鼓"将其目标调整到其能适应的程度，并通过"合理化效应"合理地解释不满意的结果。

（3）榜样效应法。榜样的力量是无穷的，榜样效应法是指员工遭遇挫折时，管理者可以引用他人成功的经验，以增强员工获得成功的信心，以咨询对象崇拜的榜样来鼓励其不断前进、不断努力。

（四）提升工作生活品质

有的学者通过对人力资源管理及组织发展的相关性进行研究发现，组织的目的不应该只是追求绩效的提升，也应该重视员工所共有的心态和需求，即重视员工的满意度，甚至是增进组织全体人员的幸福感，因此，有学者提出了工作生活品质（Quality of Working Life，QWL）的概念。

工作生活品质大致包含了下列内容：①工作环境；②薪资、奖金与福利（个人生活适应困扰的申诉及劳资争议的协助）；③工作安全卫生；④升迁与前途发展；⑤休闲、社交活动；⑥沟通和人际关系（同事合作）；⑦教育与职业训练；⑧工时和工作量；⑨上司的领导方式（管理方式）；⑩企业形象与企业文化等。企业只有满足员工的需求，提高员工的工作生活品质，对员工进行"全人关怀"，帮助其成长、提升，增加员工的快乐感受及向心力，才能调动起他们的生产积极性，进而提高组织绩效，创造出更多的财富。至于企业如何改善员工的工作生活品质，这里将上述内容归纳为以下七个方面来谈。

1. 良好的工作环境

员工对整体工作环境的满意度对工作绩效有着明显的正面影响。良好的工作环境除了能够提高工作效率外，更能创造出良好的工作气氛，凝聚员工向心力，使员工即使在较大压力下也能保持健康平衡的状态，进而提高工作效率，达到组织和谐的目标。

良好的工作环境包含两个层面的内容：一是指硬件环境，如人性化的办公设施；安全和卫生的工作条件，防止意外发生及职业病伤害等；二是指工作氛围，比如，营造宽松、和谐的人际关系；协调合作、相互帮助的工作氛围。组织的各项管理功能，如计划、领导、组织、人事、控制等都无法离开沟通，沟通被视为维系人际和谐的最基本的要素，也是保证组织能够持续成长的原动力，因此良好的工作环境还应包括顺畅、有效的沟通这一要素。

2. 完善的薪资、奖金与福利制度

合理、科学的工资报酬福利体系保障了组织中员工队伍的稳定。为提升工作绩效并善用人力资源，企业组织应制定完善的薪资、奖金与福利制度，力求在提供良好的可持续平台的基础上形成劳资双方对奋斗目标的一致认同，使人员的发展与组织发展紧密配合，实现企业与员工的共同发展。员工福利是社会和组织保障的一部分，是对工资报酬的补充或延续。它主要包括社会福利保险制度、医疗保障制度、退休制度、上下班制度、请休假制度、教育训练制度以及各项补助等。完善的薪资、奖金与福利制度亦是满足员工安全心理需求和使员工心理产生安全感的一个重要因素。

3. 休息娱乐需要的满足

没有好的休息,就没有好的工作。从日常工作来讲,员工有三个方面的需求:工作需求、休息娱乐的需求和学习发展的需求。而休息娱乐的需求往往发生在8小时以外,由于它看似不在工作管理范畴以内,故常常会被忽略。事实上,工作以外的休息和娱乐生活往往会影响8小时之内员工工作的质量和效益,8小时之外的企业文化生活是为提高8小时之内的工作能力和情感服务的。因此,要让员工处在一个工作、生活、娱乐相结合的环境中,在工作之余,公司应该提供相应的环境和设施,举办相关的社团活动,充分满足员工娱乐和学习的需求。通过8小时之外的文化活动,使员工生活得丰富多彩,身心得以休息、放松,恢复体力和脑力,调节生活。同时,通过企业组织的文化娱乐活动增强员工之间的情感沟通,有意识地培养员工的参与意识、创新精神和团结合作精神,塑造和谐的气氛,鼓舞员工去创造丰富多彩和积极的人生。一些著名的企业不仅有自己的娱乐活动中心、健身中心、休闲度假中心和教育基地,而且还成立了"员工生活管委会",以使员工的生活管理更加规范和全面。

例证 12-4

花旗中国

花旗中国设有形形色色的员工俱乐部与协会,开展了丰富多彩的员工活动,以减轻员工的工作压力,平衡其工作与生活。诸如健身、游泳等体育活动,花旗都会为员工出一半费用。

花旗在许多国家中的员工满意度都非常高,通过花旗"员工之声"全球满意度调查显示,花旗新加坡的员工满意度有时会达到100%。在新加坡,持有花旗员工卡的人可以在遍布全国的商业网点、酒店等获得很大优惠。而实际上,原先花旗新加坡员工的满意度很低,后来花旗新加坡负责人根据调查结果为员工成立了俱乐部,并每年拨出专门费用为员工谋福利,结果每一名员工的兴趣与积极性都被调动了起来。仿效新加坡,花旗中国也成立了自己的员工俱乐部。(搜狐网,2016)

4. 组织的工作与家庭生活的平衡策略

任何一个职业人只有在工作中因获得了收入和成就感而快乐,在家庭生活中因获得亲密的关系和爱而满足时,才会真正感受到人生的完满幸福;企业也会因此获得一个具备潜力、工作积极向上的员工。工作与家庭一旦产生冲突,不但影响个人的家庭生活,也会直接或间接地影响组织绩效。因此,减少工作与家庭的冲突已成为员工增强个人和家庭生活的幸福感,维持个人身心健康,改善个人与组织、个人与家庭之间的关系,以及提高个人价值与组织绩效的重要因素。那么,组织该如何帮助员工找到工作与家庭之间的平衡点?首先,组织必须了解员工在职业生涯各阶段的特点以及家庭生命周期各阶段的需要、工作对家庭生活的影响,然后给予员工适当的帮助,制定有针对性的平衡措施。目前,很多著名公司都推行了具体的平衡方案和措施,以达到提高员工工作生活质量的目的，常见的措施有以下几种。

（1）制订工作与家庭平衡计划。工作与家庭平衡计划是组织帮助员工认识和正确看待家庭与工作之间的关系，调和事业与家庭之间的矛盾，缓解由于工作与家庭关系失衡而给员工造成的压力的计划。其目的就在于帮助员工找到工作与家庭之间的平衡点、顺利完成生活和家庭的职责的措施，如针对孩子和老人的托管福利计划等。花旗银行的"儿童看护计划"和"毕生事业计划"就是其中的典型代表。花旗集团的"毕生事业计划"以帮助每一名花旗员工及其亲人更好地管理每一天的生活为目的。该计划通过一个免费的电话号码或网络提供服务，也有指定的推举人帮助员工解决如养育、照顾小孩，照顾老年人等方面的问题。

（2）开展"家庭日"活动。"家庭日"活动通过安排参观或联谊等机会促进家庭成员对员工工作的认识和理解。企业可以定期或不定期地组织类似的活动，邀请员工的家属到企业参观，展出员工、团队的工作业绩与成就，由此激发员工家属的自豪感，使得家属对亲人的工作有一个全面、及时的认识，赢得家属对员工的理解。同时"家庭日"活动还能加强企业与员工家庭成员之间的沟通，体现企业关爱员工、关爱家庭的宗旨。

（3）弹性工作制。设计和实施适应员工个人和家庭需要的弹性工作制是工作与家庭平衡计划中最有效、最实际的一种方法。弹性工作制是指在完成规定的工作任务或固定的工作时间长度的前提下，员工可以灵活地、自主地选择工作的具体时间，以代替统一、固定的上下班时间的制度。在欧美各国，超过 40%的大公司都采用了弹性工作制；在日本，日立制造所、富士重工业、三菱电机等大型企业也都不同程度地进行了类似的改革。实行弹性工作制，一方面可以使员工灵活地处理个人生活和工作间的关系，更好地安排家庭生活和业余爱好，赢得更多可自由支配的时间；另一方面员工由于感到个人的权益得到了尊重，社交和尊重等高层次的需要得到了满足，因而产生责任感，提高了工作满意度和士气（林媛，2009）。

5. 教育与职业训练的提供

企业要鼓励和关心员工的个人发展，帮助其制订个人发展计划，并及时进行监督和考查。这样做有利于促进组织的发展，使员工有归属感，进而激发其工作积极性和创造性，提高组织效益。在帮助员工制订个人发展计划时，要考虑该计划与组织发展计划的协调性或一致性。唯有如此，人力资源管理部门才能对员工实施有效的帮助和指导，促使个人发展计划的顺利实施并取得成效。具体地说，就是不仅要给员工提供现有工作领域的培训和相关训练课程，强化对员工队伍的管理，不断增加员工的道德素质和业务素质，而且还要为员工的未来发展提升做准备，为员工积极创造进修和交流的机会，提供可以充分展示他们才华的平台，如外语培训、在职进修计划、外派训练、自我发展课程等。此外，不定期地举办各种生活系列讲座、科技人文讲座也可以促进员工工作与生活的均衡发展。

6. 人性化管理方式的实施

人性化管理是现代人力资源管理的必然要求。人性化管理就是指在一个企业组织中，认为作为个体的人在其人格上都是平等的，尊重人性特点，即尊重人本身所具有的生理、心理、行为特点，将其作为人力资源开发与管理的出发点。在组织中，追求企业与个人

"共同参与、共同发展、共同分享"是十分必要的。就员工个体来说,宜不断创新、勇于表现自己,同时积极、民主地和企业分享信息、参与决策,在组织的发展目标中找到自己适当的定位。通用公司、摩托罗拉等许多企业经常举行"解决会议""解决计划""员工大会"等活动,旨在征求所有员工的意见,并尊重员工的思想、心理需求、行为等特点,从而制定、修改人力资源开发与管理制度,形成"人性化"的人员管理制度。人性化管理中的情感因素将会使企业的员工空前团结,形成一个极具战斗力的团队,它不仅可以使员工的喜怒哀乐等情感得到宣泄,而且直接结果是让员工能够静心工作,从而提高工作效率。另外,通过这种情感的纽带,可以将员工的个人价值观与企业的价值观结合起来,让员工与组织为一个共同的目标而努力,从而使员工的努力方向和企业的发展方向达到高度统一。

例证 12-5

海底捞的人本化管理

在海底捞的发展过程中,其基本经营理念是每个服务员都能像老板自己一样用心。一个家庭中,不可能每个人都是家长,但不妨碍大家都对这个家尽可能地做出最大的贡献,因为每个家庭成员的心都在家里。海底捞的员工,住的都是正规住宅,有空调和暖气,可以免费上网,步行20分钟即可到达工作地点。不仅如此,海底捞还雇人给员工宿舍打扫卫生,换洗被单。海底捞还在四川简阳建立了海底捞寄宿学校,为员工解决子女的教育问题。另外,海底捞还想到了员工的父母,每月公司会将优秀员工的一部分奖金直接寄给其在家乡的父母。这样,员工就可以把心放在工作上了。事实上,企业的这一系列行为不是刻意推行创新,只是努力创造让员工满意的工作环境。海底捞的独特管理智慧和企业文化作用的成果使得员工工作时充满激情,结果创新就不断地涌现出来了。如何加强与员工的情感交流与沟通,从而以情感管理为基础实现"人本化管理"?正如董事长张勇所说:"答案很简单,把员工当成家里人。"(胡慧萍,2009)

7. 企业文化的建设

企业作为一个经济组织,其成长与发展永远处于一个动态的发展过程之中,即没有凝滞的组织(Organization),它永远处在形成、组织(Organizing)之中。在这一过程中,企业人力资源的物理状态和心理状态也都处于一个不断流变的过程中。如何保证企业的人力资源长期有效地为企业的发展服务,而不至于随着企业的变动成长而发生人心离散,这既是企业人力资源管理的目标,也是企业文化建设的价值所在。企业文化所包含的价值观念、行为准则等意识形态和物质形态均为该组织成员所共同认可。

企业需要根据自身的实际情况,发挥自己的特色优势,形成自己的企业文化,通过向员工宣传统一的企业价值观、统一的经营宗旨、统一的管理理念,通过公司文化环境的潜移默化,积极引导员工的生活、行为方式和价值信念,使之符合企业的发展目标,并且通过一种文化效应,使员工对企业产生一种认同感,在共同认识的基础上,使企业具有更大的向心力和凝聚力,在企业中创设出一种奋发、进取、和谐、平等的企业氛围和精神,促使员工积极地投身于所从事的事业,为企业创造价值。

第二节　员工援助计划

员工援助计划是由企业组织为其成员设置的一项系统的、长期的服务项目，通过解决员工及其家人的心理和行为等问题，以促进员工个人成长，提高组织绩效，实现组织目标。

一、员工援助计划的概念及发展演变

（一）员工援助计划的概念和特点

员工援助计划（Employee Assistance Program，EAP）是由企业组织出资为员工及其家属设置的一套系统的、长期的福利与支持项目，是心理卫生服务的一种。EAP 根据企业具体情况，通过专业人员对组织进行诊断，提供专业指导、培训和咨询，为企业管理者和员工提供管理以及个人心理帮助的专家解决方案，旨在帮助员工及其家庭成员解决各种职业心理健康问题和行为问题，提高员工在组织中的工作绩效、开发其工作潜能以及改善组织气氛。

EAP 项目的特点是系统性、长期性、保密性。

（1）系统性。企业出资实施的 EAP 项目为系统解决方案，是以全外部或者内外结合的方式，通过员工、管理层、内部 EAP 以及外部 EAP 共同为企业降低管理风险的系统项目。

（2）长期性。企业实施的 EAP 项目是长期福利与支持项目，一旦引入则必须连续为员工提供服务。除非企业出现重大变故，否则项目不会临时终止。

（3）保密性。EAP 项目为员工及管理者提供服务，要求实施服务的机构恪守职业道德的要求，不得向任何人泄露资料，保密例外除外。

（二）员工援助计划在国外的兴起和发展

EAP 于 20 世纪 40 年代起源于欧美国家，最初的对象是二战老兵，随后一些企业注意到员工的一些不良嗜好（比如，过度抽烟、酗酒、吸毒以及其他一些药物滥用问题）会影响到员工和企业的绩效，于是，有的企业出钱聘请了专家帮助员工解决这些个人问题，逐渐建立了互助协会，如匿名戒酒协会（Alcoholics Anonymous，也称为 AA），这是员工援助计划的雏形。

20 世纪 60 年代，由于美国社会变动剧烈，工作压力、家庭暴力、婚姻、法律纠纷等问题也越来越影响到企业员工的情绪和工作表现。一些比较进步的组织采用了 EAP 后，获得了显著的效果。此后企业组织对 EAP 的兴趣更大了，EAP 发展逐渐迈向了专业化和产业化的道路。1971 年，一个最初目的是为了帮助员工解决酗酒等不良行为问题的 EAP 协会在美国洛杉矶成立了，即现在国际 EAP 协会的前身。

2001 年，日本劳务省认定有 143 人过劳死。此后，日本政府开始修改过劳死标准。同时，政府还制定了加班时间与疾患关系图：每月加班 45 小时以内对身体有轻微影响，

超过 100 小时影响就很大了。以上政策出台后,日本公司都开始为减少和根除过劳死出招,主要办法包括:①严格控制加班时间;②配备心理医生,让员工随时进行咨询;③增加福利运动设施,修建游泳池、网球室等;④定期给员工做健康检查,以前都是身体检查,后来加上了心理健康检查;⑤部门主管要掌握员工的体检结果,与医生保持联系,调节员工工作量;⑥若有烦恼,员工或其家属可以去"防止过劳死中心"咨询,这种机构遍布日本。

自 20 世纪 80 年代以来,EAP 在欧美发达国家得到了蓬勃的发展和广泛的应用,并日益完善。EAP 认证咨询师的出现开创了 EAP 咨询师这一职业。EAP 被越来越多的企业实践证明是一种行之有效的解决职业心理健康问题的方案,它对企业提高劳动生产率以及形成健康积极的企业文化具有积极有效的作用,已成为现代企业人力资源管理的重要手段。相关资料显示,在 1972 年,世界财富 500 强中有 25%的企业使用了 EAP,截至 1994 年,500 强企业中建立了 EAP 项目的企业达到了 90%以上。1994 年,美国 50 家企业调查显示,引入 EAP 后,员工缺勤率降低 21%,工作事故降低 17%,生产率提高 14%。

(三)员工援助计划在中国的兴起和发展

对于绝大多数的中国企业来说,EAP 是舶来品,是一个比较新的概念。国内最早的 EAP 产生于外资(尤其是美资)企业在中国的分支机构,由于企业在美国总部就有 EAP 的福利,被派驻到中国的员工也要求企业提供 EAP 服务。于是当时美资的 EAP 服务公司就在中国成立了 EAP 分公司,为在中国的美资企业提供 EAP 服务。随后,一些跨国公司如摩托罗拉、惠普、宝洁、金霸王等在中国的分支机构也开始设立 EAP 项目。

随着 EAP 项目优势的凸显,EAP 项目逐渐被国内知名企业采用。2000 年,联想集团客服部引入了国内第一个完整的 EAP 项目。2005 年,中国移动集团客服中心正式导入 EAP 项目。该项目由移动党群部门牵头,作为思想政治工作创新方法获得了企业的认可。EAP 工作在中国移动系统内部获得了蓬勃发展。经过十余年的不懈努力,目前中国移动总部和 31 个省(区、市)公司已经全部开展了 EAP 服务,覆盖员工超过 25 万人,是国内企业实施 EAP 项目的成功典范。2008 年,中石油开始实施 EAP 项目,并成为国内首家实施 EAP 服务项目的央企。2009—2013 年,南方电网、IBM、广汽集团、东风日产、广州地铁、中石油、建设银行、招商银行以及政府窗口部门陆续开始引入 EAP 项目,EAP 项目在国有企业发展迅速。2014—2017 年,阿里巴巴、腾讯、海底捞、绿瘦集团、唯品会等民营企业开始引入 EAP 项目。2018 年,10 部委在《全国社会心理服务体系建设试点工作方案》中提出要将社会心理服务体系建设试点作为推进平安中国、健康中国建设的重要抓手。这说明社会心理健康问题越来越受到国家的重视。EAP 作为先进的心理卫生服务项目,将会在中国企业内得到越来越广泛的应用。

二、EAP 的作用

EAP 的发展历史和实践证明,EAP 不仅能够帮助企业解决具体的、现实的员工心理和个人问题,它还能帮助企业发现和解决问题,改进生产管理,提高生产效率,改善组织气氛和企业文化，对企业具有重要的价值（刘勇，周琳，2007）。EAP 在个体和组织管理两方面发挥作用。

（一）个体方面

EAP 帮助解决的个人问题主要有压力、情绪、人际关系及心理困扰等，具体来说表现在以下 4 个方面。

（1）减轻工作压力，改善工作情绪，预防过激事件的发生，提高工作积极性。
（2）学会有效协调工作与家庭生活的关系，促进家庭和睦，提高心理健康水平。
（3）帮助员工增强自信心，提高适应能力，并且促进沟通和改善人际关系。
（4）掌握解决下属个人心理困扰的实用技术。

（二）组织管理方面

EAP 对企业问题的帮助涉及裁员心理危机、灾难性事件、工作中的公平感、降低意外事故出错率、解决问题员工、减少缺勤率、提升满意度指标、降低离职率、协助进行绩效沟通等多个方面，具体来说主要表现在以下 4 个方面。

（1）建立有效的员工心理管理机制，从而降低缺勤率和病假率，提高留职率，改进生产管理，提高生产效率，降低企业运营成本。
（2）提高组织的公众形象，树立良好企业形象。提高员工士气，增强员工对企业的认同感。
（3）促进各部门、各层次员工之间的沟通，改善组织气氛。
（4）提升管理者的"员工心理管理"技能，实现从传统型管理者向教练型管理者转变。

例证 12-6

福建炼化的"特色 EAP"

2013 年，在中国石化集团公司的规划下，福建炼化公司作为 12 家 EAP 试点单位之一，开始试点 EAP 项目。随着项目的不断改进，福建炼化在实践中将 EAP 逐步拓展为公司特有的组织与员工促进项目。福建炼化 EAP 项目个案咨询主推身心合一的美式专业催眠技术。该技术在失眠、恐惧、减压、辍学、提升孩子学习注意力等方面的效果突出，有效地帮助多名员工和其家人解决了恐惧、焦虑、失眠、压力等各类问题。当个人及家庭的问题得到改善，解决了后顾之忧时，员工自然会把更多精力投入到工作上，更好地做到家庭与工作的平衡。2016 年，福建炼化 EAP 项目个案咨询受到了全公司员工及家属的欢迎，全年共咨询 122 人次，举办活动 4 次，累计 112 人次参加活动，全员参与 EAP 服务率为 7.8%，个案咨询满意度达到 100%。（张春倩，2017）

三、EAP 的内容与实施

（一）EAP 的内容

EAP 的内容主要包括工作环境设计与改善、心理压力应对、沟通和人际关系改善、职业心理健康问题、职业生涯规划、心理危机干预6个方面。

1. 工作环境设计与改善

工作环境设计与改善包括如下两个方面的内容：①改善工作硬环境，即改善工作物理环境、工作条件以及工作场所的设施或辅助工具；②通过变革组织结构、优化工作氛围、建设企业文化、工作轮换等手段改善工作的软环境，在企业内部建立一个舒适安全并具有支持性的工作环境，丰富员工的工作内容，发展和谐的企业文化。

2. 心理压力应对

通过压力管理、挫折应对、情感调节等一系列培训，帮助员工掌握应对压力的基本方法，改善应对方式，提高适应能力。从改变他们对于压力的看法开始，最终改变他们对工作的看法，让他们学会处理压力问题，从而增强他们对于工作压力的承受力。

3. 沟通和人际关系改善

良好的人际关系和交流不但是心理健康的表现，也是人们最基本的心理需求。一方面，通过培养和训练，使员工学会改善人际关系的技巧，提高处理人际关系的能力，建立起心理支持系统；另一方面，帮助组织领导者、管理者引导组织内的人际关系朝着积极的方向发展，包括建立合理的组织结构，创造有利的群体环境和交往气氛，改善和促进上下级之间的沟通和交往，理顺组织成员之间的各种关系，为整个组织建立起系统有效的沟通渠道和沟通网络。

4. 职业心理健康问题

由专业人员采用专业的心理健康评估方法评估员工心理生活质量现状，发现导致问题产生的原因，并提出解决方案或建议，对企业员工的一些具体个人问题，如恋爱、婚姻、家庭、子女教育、个人心理困扰等问题，提供及时有效的咨询、辅导和支持帮助；通过对企业人员进行心理健康调查，根据企业的实际情况和具体要求，为企业举办适于各层次、具有针对性的职业心理健康讲座、咨询、团体辅导（培训）以及搭建专业心理服务网络平台。

5. 职业生涯规划

对个体做出专业的诊断与详尽的评估，然后根据组织的规范，针对个体的具体情况做出合适的个性化设计（包括组织内的职业生涯设计乃至人生的规划），继之以适当地修正与持续地督导，促进个人潜能的充分开发与价值的实现，同时满足组织所要求达成的价值需求。

6. 心理危机干预

当员工的不良嗜好、身心疾患困扰、家庭或婚姻生活失败、降职或解雇、创伤性应激、暴力或自杀倾向等个人问题引发心理危机时，通过个别心理咨询、小组辅导、团体训练等一系列干预方式，帮助员工掌握提高心理素质的基本方法，增强其对心理问题的抵抗力。管理者通过咨询和训练，掌握管理员工心理的技术，能够在员工出现心理困扰、发生心理危机时，及时找到适当的处理方法。

（二）EAP 的组织实施

EAP 的组织实施流程如图 12-4 所示。

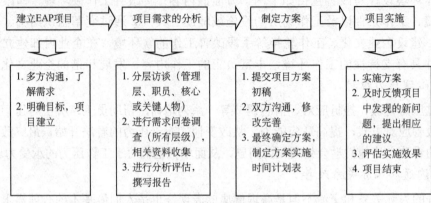

图 12-4　EAP 的组织实施流程

EAP 组织实施的具体过程包括如下 4 个步骤。

1. 建立 EAP 项目

首先要与目标企业的相关部门和员工进行多方面的沟通，初步了解企业的需求，明确 EAP 服务的目标并正式建立项目。

2. 项目需求的分析

首先对管理层、职员、核心或关键人物进行调查访谈并进行需求问卷调查。通过访谈、问卷调查等方式多方面了解企业的不同部门、不同层次的管理者与员工的需求，在系统分析企业员工的心理现状和导致问题产生的原因后，可以对员工进行专业分析评估。

3. 制定方案

提交项目方案的初稿后，双方将做进一步的沟通，修改完善项目方案。在最终确定方案后，制订具体的时间计划表。

4. 项目实施

确定方案后，就可以在企业开展 EAP 项目了。例如，员工心理咨询、员工职业生涯规划等。在实施过程中必须及时发现新问题并提出相应的建议，与企业有关部门进行沟通协调。在 EAP 实施过程中，定期评估项目实施效果也是十分必要的。在整个 EAP 项目实施结束后，就可以完成整个 EAP 流程了。

例证　12-7

联想 EAP 的实施

联想客户服务中心员工因需要直接与客户沟通，承受了较大的心理压力，由此造成员工的流失率居高不下。为了解决这个问题，联想公司客服部邀请了北京师范大学心理系专家学者为联想客服部门的员工进行 EAP 服务。

1. 初级预防——宣传（小册子，电子邮件）

初级预防的目的是减少或消除任何导致职业心理健康问题的因素，建立一个积极的、健康的工作环境。为此，项目组印制了EAP宣传小册子，并散发到各个客服中心站点，同时也定时向全国客服员工个人发送特定的电子邮件。邮件内容除了宣传此次活动，也对一些基本的心理学知识和技巧进行了介绍。初级预防能使员工对自身的心理健康和心理性质逐渐形成重视的态度和科学的认知。

2. 二级预防——培训（管理层，一线员工）

2001年2月，联想对管理层员工进行了"心理健康和交互作用"等专题培训；同年3月份，对联想客户服务部本部中层管理人员进行了"心理健康与人才发展"的专题培训；紧接着，又两次对联想客户服务部本部员工进行了"作为咨询式的管理者——亲情的专业化"培训。这些培训引导员工学习了自我控制、情绪管理、人际沟通、耐挫折能力等有关自我调整的实际技能和技巧，极大地提高了员工的心理健康水平。

3. 三级预防——咨询（线上，线下）

2001年4月，联想开始提供团体咨询服务；2001年4月到6月，项目组为联想客服部所有员工开通了电话咨询热线，聘请国内心理专家担任热线咨询师；2001年6月到7月，项目组为联想客服部北京地区的员工提供了20多人次的个别咨询服务。参与者在充分沟通的基础上，解决了工作中的压力、冲突和自我效能感丧失的问题。（鲍立刚，2008）

第三节 员工心理咨询

在激烈竞争的社会中，企业员工必将承受种种心理压力，产生不同形式和程度的困惑与心理问题，心理健康水平起伏不定。如何给员工进行心理减压，使员工能够正确地处理心理问题，消除种种不良情绪和偏离行为，从而使企业能够化解生产活动中的人际冲突，增强团体凝聚力，激发员工潜能，提高生产效能，这是所有企业关心的问题。心理咨询作为员工心理援助计划的一种重要内容和形式，在企业压力和员工心理问题的管理和干预方面是一种非常重要和有效的途径。

一、心理咨询的概念和特征

心理咨询是指受过专业训练的心理咨询者运用心理学的理论、方法和技巧，通过和咨询对象的商谈、讨论，使其正确地认识自己与环境的关系，改变其态度与行为，帮助和启发咨询对象解决各种心理问题，并使其对社会生活有良好的适应的过程（卫春梅，2013）。心理咨询既是一门科学，又是一门艺术，提高心理咨询者的素质是做好心理咨询的关键。心理咨询主要有以下5个特征。

（1）咨询者——要受过咨询心理学或者哲学的专门训练，一般为博士或具有多年临床实践经验的硕士。但目前我国合格的心理咨询从业人员较为缺乏，无论是数量还是质量，都远远达不到社会的需求。

（2）咨询对象——主要是在日常生活中存在较大压力或有人际关系冲突等问题、需要专家帮助的正常人,所涉及的咨询问题大多是一般性或严重性心理问题,而不是严重的精神障碍问题。但在实际工作中并不能回避患有严重神经症、失眠等身心疾病的来访者。若有人格障碍甚至精神障碍康复前后的患者前来主动要求咨询,通常只能在专业医生同期治疗的前提下,有限度地为其进行心理咨询。

(3)咨询内容——包括有关发展、教育、学习、升学、工作、人际关系、恋爱、婚姻、家庭、生活、医疗、卫生、司法等方面的心理问题。若以心理咨询所要解决的主要问题为维度,可以将心理咨询分为障碍性心理咨询、适应性心理咨询和发展性心理咨询三类。

(4)咨询模式——一为发展性模式,解决健康成长问题,属于心理(素质)教育的范畴;二为适应性模式,解决社会适应问题,属于心理辅导的范畴;三为障碍性(或治疗性)模式,解决心理障碍问题,属于带有心理治疗性质的心理咨询。前两者是学校心理咨询的主要模式,后者是医学心理咨询的主要模式。

(5)咨询目标——帮助来访者解决心理问题、心理困惑和心理障碍,促进来访者的最佳发展,提高来访者的社会适应能力,增进来访者的心身健康。

二、心理咨询的类型

员工心理咨询可依据咨询的目的、对象、途径和对象数量来进行分类。

1. 按咨询的目的来划分

按咨询的目的来划分,心理咨询可分为发展性咨询、适应性咨询和障碍性咨询。

(1)发展性咨询是针对人生成长过程及心理发展中的矛盾和困惑进行的咨询,目的是为了让咨询者更好地认识自己,扬长避短,开发潜能,提高工作和生活质量,追求更完善的发展。

(2)适应性咨询是针对个体与工作、生活环境相互磨合中产生的适应问题所进行的咨询,目的是为了排解咨询者的心理烦忧,减轻其心理压力,提高其解决问题和适应环境的能力。

(3)障碍性咨询针对患有心理疾病、影响了正常的工作和生活的员工,咨询的目的是通过系统的心理治疗和矫治,克服员工的障碍,缓解症状,使其恢复心理平衡。

2. 按咨询的对象来划分

按咨询的对象来划分,心理咨询可分为直接咨询和间接咨询。

(1)直接咨询是由心理咨询人员直接对来访者进行心理咨询。

(2)间接咨询是由心理咨询人员对当事人的亲属或其他人员所反映的当事人的心理问题进行咨询。

3. 按咨询的途径来划分

按咨询的途径来划分,心理咨询可分为门诊咨询、电话咨询、信函咨询、专题咨询、现场咨询和网络咨询等。

(1)门诊咨询是指咨询双方在专业心理咨询机构进行的咨询。门诊咨询能够更深入地为当事人提供有效的帮助,是最基本的心理咨询途径。

（2）电话咨询是指咨询人员通过电话交流的方式对当事人给予劝告、安慰、鼓励或指导，它具有方便、快捷，隐蔽性、保密性强的特点。

（3）信函咨询是指咨询双方通过书信的方式进行咨询。其优点是可以打破空间距离的限制，缺点是能了解的内容有限，进而影响咨询的效果。

（4）专题咨询是指咨询双方针对某类心理问题进行分析、讨论、磋商、矫治。

（5）现场咨询是指由心理咨询人员深入基层或在其他活动现场，为广大当事人提供多方面服务的一种咨询形式。

（6）网络咨询是指建立在网络基础上的，将用户与专家和学科专门知识联系起来的问答式服务。

4. 按咨询对象的数量来划分

按咨询对象的数量来划分，心理咨询可分为个别咨询、团体咨询。

（1）个别咨询是指心理咨询人员和来访者一对一的咨询方式。

（2）团体咨询是由心理咨询人员根据来访者问题的相似性，组成专题小组，通过团体成员的互动解决成员共有心理问题的咨询方式（邱鸿钟，2013）。

三、心理咨询的原则

心理咨询的原则指的是心理咨询人员在工作中必须遵守的基本要求，它是心理咨询师在长期咨询实践中不断认识并逐步积累的宝贵经验。违背心理咨询原则不只是一个单纯的技术或态度问题，而是意味着违反职业道德，甚至会产生民事法律纠纷等严重问题。正确理解、熟悉、践行心理咨询原则是每一个心理咨询师必须具备的职业核心素质（张建峰，斯艳红，2018）。心理咨询主要有以下4个原则。

1. 灵活性原则

灵活性原则是指咨询人员因人、因时、因地制宜，灵活地应用各种咨询理论和工作技术，采用灵活的步骤，来获得最佳的咨询效果。心理咨询的工作技术指的是咨询师在咨询时运用的技术和方法。在咨询过程中，心理咨询师运用适当的工作技术，可以更好地和来访者建立相互信任的关系，从而达成理想的咨询效果。心理咨询中常见的工作技术主要有尊重、热情、真诚、共情、积极关注、倾听等。

2. 精神支持原则

精神支持原则是指心理咨询师在来访者处于沮丧、悲哀、抑郁等消极情绪和心理应激状况时，要给予来访者温暖的关心、赞美、安慰和积极的鼓励，帮助来访者克服心理障碍，树立面对生活困难、挫折和灾难的勇气和信心。

3. 保密性原则

保密性原则既是咨访双方确立相互信任的咨询关系的前提，也是咨询活动得以顺利开展的基础。这一原则要求心理咨询师有责任和义务替来访者保守一切个人的秘密，在没有得到对方同意的时候，不得将对方在咨询场合下的言行随意泄漏给任何人或机关，包括不能在任何场所谈论来访者的隐私；不能向来访者的亲属、朋友、同事、领导等谈及来访者的隐私；除来访者触犯刑律并经公检法机关认定出具证明外，任何机构和个人不得借阅心理咨询档案等。

4. 情感中性原则

情感中性原则是指心理咨询师在咨询中应保持中立的立场，确保心理咨询的客观与公正，不得把私人的情感掺杂进去，要保持冷静的、清醒的头脑。情感中性原则的实质就是咨询员应为来访者创造一种和谐、平等、轻松、安全的氛围，尽最大努力与来访者形成良好的、具有治疗作用的咨访关系，通过这种良好的咨访关系促使来访者充分地展示自己的思想、情感和行为。

四、心理咨询的基本步骤

咨询活动是一个由一连串有序的步骤组成的过程。按照中国咨询师职业资格考试要求，初学心理咨询者最好按照标准的结构化流程来进行实践。无论接诊何种来访者和遇到何种复杂的案例，心理医生都应以不变应万变，按照结构化要素，循序渐进，按部就班地工作。

1. 建立咨询关系

一次心理咨询是否能够成功，能否建立合适的咨访关系往往是关键因素。心理咨询师在咨询过程中的一些形体细节，也影响着咨访关系的建立。在世界心理学界流传得比较广的 SOLER 技术阐明了对心理咨询师在建立和谐的咨访关系过程中的具体要求（张志刚，2008）：①直面来访者。咨询师的坐姿最好能够正面对着来访者。②开放的身姿。咨询师在整个心理咨询的过程中，应该始终保持一种接纳面前来访者的感觉。③适当前倾。假如咨询师的坐姿时不时地适当前倾，将有助于表达对来访者的积极关注。④保持良好的目光接触。⑤自然放松。

2. 收集信息

收集信息是指围绕来访者的求助问题收集来访者的生活背景资料、了解造成来访者心理问题的来龙去脉，这些是评估诊断的依据。这种初期的咨询会谈大多以来访者的叙述为中心，咨询师以倾听为主，并通过一些参与性技术促进来访者的叙述，以达到了解来访者的目的。

收集信息时常用的方法包括以下几种。

（1）填表法。多用于了解来访者的基本情况和家庭情况。

（2）观察法。通过对来访者的言行进行有意识地观察，准确把握来访者的性格特点及情绪变化。观察的主要内容包括来访者的外表和行为、情绪状态、言语和思维特点、人格特征等。

（3）谈话法。这是了解来访者情况的主要方法。在使用谈话法时，心理咨询员要注意对倾听和提问两种技巧的交互运用。

（4）测验法。心理测验能比较客观地显示来访者的各种心理特征，为心理诊断提供更多的可靠资料。此外，还可以使用调查法、作品收集法等（鹿凤山，2005）。

3. 信息分析和判断

咨询师应在信息收集的基础上，根据所掌握的信息认真分析、系统思考、判断来访者的问题的性质、类型、程度、原因等。信息处理的核心就是归纳和分类,以及真实性评估、重要性评估。我国学者一般建议从下面 3 个方面对来访者心理的正常或异常做出判断。

(1) 来访者的心理、行为与环境是否统一。心理、行为符合环境即为正常,否则则为异常。

(2) 心理活动是否完整和协调。知、情、意、行等心理活动完整协调是正常的反应,反之则为异常。

(3) 个性心理特征是否稳定。经常保持稳定者为正常,已经形成的稳定特征突然发生变化,这时应考虑异常问题。比如,一个人的表现一反常态,其行为背后必有原因,那么其在认识、情绪、心理等方面就可能存在问题(鹿凤山,2005)。

4. 确定咨询目标与制定咨询方案

心理咨询目标的确立有着重要的意义,但是在实际工作中,却往往容易被忽视。根据来访者心理问题的性质、类型和严重程度,咨询师应该与来访者共同确立咨询的目标。咨询目标包括具体目标和最终目标,或近期目标与长远目标。咨询目标要符合具体、可行、心理学性质、多层次的要求。咨询目标要与后面的咨询辅导过程和方法相对应。

5. 实施咨询与治疗

咨询双方协商制定了咨询目标和方案之后,就可以开始实施心理咨询或心理治疗了。这是心理咨询中最核心和最重要的实质性阶段,可以说,前面几个环节或阶段都只是为了了解、认识、评估来访者的心理问题或心理障碍,其最终目的都是为了让来访者能做出某些积极的改变。在实施咨询与治疗的阶段,心理咨询师的主要任务是综合运用影响性技术或干预性技术,帮助来访者改变其不适应的认知、情绪或行为反应方式,解除其精神痛苦,改善其心理健康水平或治愈其心理疾病。

五、解雇和离职心理管理

(一) 解雇心理管理

企业变革中的组织结构调整必然会涉及员工分流问题。面对解雇(不同于因为职工个人理由的离职或开除性解雇),员工常常缺乏必要的思想准备,情绪往往会受到影响,造成一定的精神创伤或心理挫折,感到难以承受,甚至会引起诸如离婚、自杀、偷盗、犯罪等社会问题。员工不只会受到裁员本身的影响,更会受到裁员方式的影响,以及公司对待被裁员工方式的影响。如果企业对被裁人员安置不当,没有适当地处理其在裁员过程中产生的心理问题,则会影响留职员工的心态,可能会损伤他们对企业的忠诚度,并有可能使他们对组织的信任和工作的安全感产生怀疑。在企业中进行解雇心理管理,包括裁员心理辅导和失业人员心理调适两个方面的内容。

1. 裁员心理辅导

(1) 裁员沟通。在进行裁员时,组织管理者告知员工的方式是一个重要的问题。通常的做法是由企业管理层做出决定后直接通知被解雇的员工。其实,由于东方人的心理更加敏感和细腻,加上人们在几十年来经济制度下所养成的心理惯性,中国企业的员工一般很难接受被解雇的现实——无论是解雇的或是未被解雇的,因此,如何告诉员工被裁员就显得非常关键。在这个环节当中还要注意裁员的公平性和透明度以及时间、情境的安排等。

(2) 裁员和裁员环境的心理调查、培训和辅导,其中包括裁员执行者的专门培训,解雇通知的时间、地点安排,对员工反应的应对等。另外,要积极关注被解雇员工的家庭经济、个人心理状况和家庭关系等问题,对有需要的员工,企业可联合工会和社会服务机构,适时地提供帮助和咨询。

(3) 顾及留用员工的感受。解雇发生后,企业对留下来的员工要有更多耐心,以便尽快减轻他们的心理压力和对裁员的消极情绪,努力帮助员工重新恢复积极的心态。借助与员工真诚的沟通,向员工解释裁员的目的,假如可以的话,告诉员工企业未来的计划,包括转型、技术引进或其他改进效率的计划,同时,让员工吐露他们对裁员的看法和感受,使他们感受到自己是组织的一部分,进而重建他们对企业的忠诚度,避免因裁员带来的许多负面后果。

(4) 增强员工的心理承受能力。企业要注意培养员工的心理抗挫能力,提高他们的心理承受能力,使他们面对外界环境的变化,工作、生活中的突发事件时,可以泰然处之,从容应对,不至于出现心理创伤和较大的挫折感。

2. 失业人员心理调适

(1) 正视现实,自觉调整认知方式。失业人员由在岗变成了待业,由于社会角色发生了变化,自我价值没有了实现的基础,会产生一些错误的认知,如产生自己无用、无能等想法。要正视自身处境,自觉调整不良认知结构,失业人员失去的是工作,而不是失去了自身的价值。

(2) 调节情绪,及时宣泄不良情绪。失业人员面对职业丧失和经济情况的改变,对新情况往往无所适从,从而产生恐惧、孤独、失落、无助、焦虑等情感。要及时疏导这些不良情绪,通过向亲朋好友倾诉或参加一些活动和运动,进行适度宣泄和调节。

(3) 积极参加一些培训和训练,提高适应能力。培训内容可能包括再就业的技能培训、寻找工作的渠道和技巧、再就业的心理辅导。如此既可将注意力进行合理转移,又可重新整理和提升自己。

(4) 如有需要,可以找一些心理专业人士或相关人员(如心理咨询人员、医生、专家等)进行咨询和沟通。

(5) 寻求社会支持系统的帮助,积极寻找新职业。理清问题后,重新规划个人的职业生涯,为自己拟定一幅蓝图,并积极利用人际网络去推销自己。

(二) 离职心理管理

经济的快速发展使企业间的竞争更加激烈,企业间实力的较量主要集中在人才的比拼上。一个企业的发展必须有高素质的人才做后盾,尤其是新兴的企业。但是,目前,人才的流失现象却异常严重。公司对员工的投资属于软投资,员工的流失会导致公司的人力、财力蒙受损失，甚至会导致企业的运作瘫痪。例如，员工自愿离职不仅会带来一系列的额外费用（如招募、培训费用等）和生产损失，而且会给留下的员工造成一定的心理影响。因此，做好员工入职前、任职时、离职前、离职后的离职心理管理极其重要。

1. 员工入职前的离职心理管理

招聘过程中，招聘负责人要真实清楚地向员工介绍他们比较关注的薪酬福利、工作环境和职业发展等内容，切勿承诺企业不存在或无法实现的条件，要尽可能地让他们正确认识企业的责任和义务。同时，招聘负责人要尽可能地充分了解应聘者的技能、兴趣、应聘动机和对组织的期望等，尽可能地做到人职匹配，使员工建立与组织比较匹配的工作观，预防员工入职后因心理预期得不到满足导致的离职行为。

2. 员工任职时的离职心理管理

员工进入企业后，企业管理者要加强和他们的沟通，促进彼此对相互义务和责任的理解，要通过尊重员工、关心员工、让员工参与公司决策等措施促进员工对企业的感情，增强员工的主人翁意识，获得员工的理解和支持。与此同时，应该尽量让员工了解企业的战略规划和在行业中的竞争位置，在企业遇到困难时，让员工明白企业的困难是暂时的、可解决的，美好的发展前景是会到来的，以此来提高组织的凝聚力。优秀的员工多数希望通过积累工作经验和参加培训来获得更高的技能、实现自我价值，因此，企业要参与员工的职业生涯规划，了解员工在培训、学习、技能等级考试、晋升等方面的想法，积极提供必要的学习和培训机会，完善企业晋升制度，让员工在实现自我价值的过程中提高对企业的认可度和依赖度，培养他们对企业的情感，巩固他们的心理契约，从而防止或减少员工离职倾向。

3. 员工离职前的离职心理管理

员工在离职之前往往会有申诉、降低工作绩效和破坏组织规范的行为，管理者要及时处理员工的申诉，发现员工出现减少工作投入、消极怠工和迟到早退等现象时，不要期待通过减少奖金等惩罚性措施就可以解决问题。企业不能只通过物质奖励激励员工，成本低且效果好的精神激励（荣誉）也能够很好地满足员工的期望，从而防止员工消极行为持续积累造成离职行为。员工产生了离职意向，并不意味着他就会真正离开，组织应以积极、合作、真诚的态度与员工交流，通过双方的沟通和共同努力来解决问题。对通过离职面谈得到的影响雇员离职或使其产生离职意向的因素及时进行管理，对其中的一些弊端努力加以改善，避免再因这些问题导致员工离职。

4. 员工离职后的离职心理管理

如有员工离职，企业应运用一些方法来降低留下员工因为离职者的离开而体验到的角色应激，如心理咨询和辅导、集体心理咨询和培训、企业恳谈会等。企业对留下员工的工作要及时进行认可和肯定，让他们感到自己的工作是有价值的；对留在组织中多年的员工（尤其是对具有较高绩效的员工），应适当改变一下他们的工作环境或增加其工资和奖金；对员工未来的发展做出最佳（不夸张）的承诺等。通过这些方法，建立员工的忠诚度，从而很好地降低员工离职率（杨昌顺，2015）。

例证 12-8

滴滴裁员裁出"幸福感"

滴滴是业界有名的公司，滴滴员工在职时，各方面待遇都很不错，特别是作为互联网企业，滴滴公司加班的时间和次数都不多，加班工资也比较高。2018 年，滴滴全年亏损了 109 亿，为了节约成本，扩大安全合规的投入，提升效率，滴滴不得已决定裁员。2019 年 2 月 15 日，滴滴在 2019 年第一次"在一起"月度全员大会上，公开宣布公司将进行优化减员，裁员比例达 15%，涉及 2 000 人左右。随后滴滴的 HR 对员工进行了一对一约谈，做好了裁员沟通工作。相比于其他互联网公司在背地里搞小动作的做法，滴滴开诚布公的宣布方式和对员工的尊重得到了大部分员工的理解，他们认为滴滴是良心公司，就算裁员也做得光明磊落。根据滴滴员工发布在脉脉上的相关帖子，滴滴的裁员补偿有两个选择：一般为 N+1，离职时间到 3 月底，给被裁员工足足一个月的时间找工作；而如果一周内确认，则是 N+2。而且，N 的部分指的是员工离职前 12 个月总收入的平均数，包含年终奖；同时，未休年假按双倍薪资进行补偿。也就是说，确认被裁的员工所能拿到的补偿金总额=N+1+3 月份工资+年假双倍薪资折现。滴滴员工称，在得知裁员补偿方案之后，大家都希望自己"中奖"，滴滴内部甚至开始疯抢被裁员的资格，有被裁员的员工还声称被裁出了幸福感。（搜狐网，2019）

本章小结

- 健康不仅仅指身体不虚弱或没有疾病，而必须是个体在身体上、心理上和社会适应上均保持良好的状态。
- 员工心理保健主要包括缓解压力、管理情绪、应对挫折、提升工作生活品质。
- 员工援助计划（EAP）是由企业组织出资为员工及其家属设置的一套系统的、长期的福利与支持项目，是心理卫生服务的一种。
- EAP 不仅能够帮助企业解决具体的、现实的员工心理和个人问题，它还能帮助企业发现和解决问题，改进生产管理，提高生产效率，改善组织气氛和企业文化。
- EAP 的内容主要包括工作环境设计与改善、心理压力应对、沟通和人际关系改善、职业心理健康问题、职业生涯规划、心理危机干预 6 个方面。
- EAP 组织实施的具体过程包括以下 4 个步骤：（1）建立 EAP 项目；（2）项目需求的分析；（3）制定方案；（4）项目实施。
- 心理咨询是指受过专业训练的心理咨询者运用心理学的理论、方法和技巧，通过和咨询对象的商谈、讨论，使其正确地认识自己与环境的关系，改变其态度与行为，帮助和启发咨询对象解决各种心理问题，并使其对社会生活有良好的适应的过程。
- 员工不只会受到裁员或离职本身的影响，更会受到裁员或离职方式的影响，以及公司对待被裁员工方式的影响。因此，要特别重视解雇和离职心理管理。

第十二章 员工心理健康

案例分析

广州地铁车务中心 EAP 项目实践

广州地铁车务中心是直接面向乘客提供服务的生产单位，负责向乘客提供安全优质的乘车、客运和票务服务。截至 2016 年，广州地铁有员工 2.3 万人，主要岗位包括车站站务工作人员、司机、调度人员等，基本为轮（倒）班制的工作制度。

（一）员工面临的压力

2019 年，广州地铁线日均客流为 905.71 万人次左右，最高日客运量达 1 156.9 万人次，承担了广州市超过 50%的公交客流运送任务。广州地铁运营里程的不断延伸、客流量大增给员工带来了许多无形的压力。

车站站务员微笑平和地服务乘客，面对无理乘客和特殊乘客（醉酒、怄气、精神异常的乘客）指责、谩骂、人身攻击，甚至动手打人的行为，他们心里非常委屈。在司机和调度等安全压力大的岗位，员工常常担心因自身应变能力不强导致未处理好应急事故而影响地铁运营，造成不好的影响。

员工职业发展过程中存在人际关系不好、工作质量差、长时间得不到晋升等工作压力。车务人员中 50%以上为异地员工，青年员工在广州生活感觉压力较大，现在全国很多城市都在建地铁，一些异地员工困惑自己是否应留在广州地铁继续发展。

车务工作的性质是 24 小时运作，轮班及行业的特殊性导致员工越是节假日越是忙得不可开交，他们难以与家人团聚，生活有时也不规律，同时还要面对亲人对自己工作的不理解、不支持以及身体疾病带来的压力。异地单身员工较多，他们由于上班时间不稳定，难交到异性朋友，婚恋压力大。

（二）广州地铁车务中心 EAP 工作实践

广州地铁车务中心针对员工面临的压力和由此导致的问题，有针对性地开展了 EAP 工作，通过专业的指导、培训和咨询，帮助员工更好地认识自我、调节自我，减少负面情绪的产生，学会控制自己的负面情绪。其 EAP 项目的具体内容包括以下几方面。

（1）提供 24 小时专家咨询热线电话。广州地铁车务中心与专业的心理健康中心合作开通的 24 小时专家咨询热线电话，随时接受员工和其家庭成员的电话咨询，并根据情况进行进一步的心理辅导和治疗。

（2）大型员工 EAP 知识讲座。针对全体员工进行科普讲座及针对性的专题辅导讲座，讲座主题涉及员工最关注的婚恋情感、压力管理、职场人际、身心健康、阳光心态等方面，通过不断地疏导和培训，培养员工的阳光心态，指导员工解决工作与生活中的困扰。

（3）开展 EAP 宣传。通过内部网页、电子邮件、宣传栏、电子杂志、宣传海报、小画册等多种宣传形式，帮助所有的员工了解 EAP、接受 EAP，使员工主动去寻求 EAP 的帮助，关注自己的心理健康，减少负面情绪的影响。

（4）开办基层员工 EAP 工作坊。深入基层，在每个车辆段或正线上开展 EAP 小型工作坊，由 EAP 专员针对员工所普遍关注的问题举行小型互动分享活动，以员工喜闻乐见的方式，营造安全、开放、接纳、相互关爱的气氛，使员工的情感得到抚慰，增强员工的归属感。

（5）员工心理调研。为深入了解各部门存在的心理层面问题，对员工进行身心健康、工作满意度、工作压力、组织承诺、团队效能等方面的调查，并对调查数据进行了统计分析，以便更有针对性地开展EAP服务。

（6）工作场所再设计。根据心理学的特点，通过改进电脑的摆放、工作空间的布置和再设计，营造出轻松、愉悦、健康、安全的办公环境，提升员工对组织的认同感。

（7）班组长成长训练及新员工心理健康培训。EAP配合班组长成长训练，将心理学的人际沟通、员工心理管理、团队建设与融合等课程结合到班组长的成长训练中，提升基层班组长的自我调适能力和对员工的心理管理能力，帮助基层员工应对各种压力。

（8）将EAP融入员工年度度假。倡导新型员工度假方式，在各中心员工年度假期中，加入团体建设和心理拓展、身心保健等内容，带领员工进行趣味性身体活动和心理拓展训练等，从而使员工的度假活动变得更加充实、丰富、有收获。由于身心注入了新的能量，员工变得更加强大，抗压能力也有所提高。

（9）将EAP融入党建工作。广州地铁员工平均年龄为30岁，30岁以下员工占64.5%，员工主要以"80后""90后"为主，传统的思想政治工作很难在他们身上奏效。而EAP通过将管理职能化、工作体系化、服务特色化，疏导了员工的心理困惑，培养和引导员工形成阳光心态。（谢俏，吴建梅，2012）

问题讨论：

1. 广州地铁车务中心的EAP项目主要包括哪些内容？实施这些项目内容可能遇到什么困难？
2. 广州地铁车务中心的EAP项目给企业带来了哪些方面的好处？
3. 广州地铁车务中心的EAP项目对中国地铁服务企业有何启示？

管理游戏

12-1 人类工程

这个游戏要求参与者找出改进工作场所（如学习场所和宿舍）设计的方法，以提高绩效和改善心情。

参与人数： 集体参与

时间： 15分钟

道具： 纸和笔

场地： 不限

应用： 员工健康管理

游戏规则和程序：

1. 提示学生，舒适的工作场所可以提高士气和工作效率。让学生至少写下一项能使人更舒适的对现有工作环境的改进。让一些人一起交流他们的观点。

2．下面是可以在办公室/学习环境中添加的一些简单设施，能制造更舒适的氛围。
（1）电话用头戴送受话器；
（2）个人电脑触控板；
（3）轨迹球鼠标；
（4）人体工程键盘；
（5）振荡式后背按摩器；
（6）屏蔽强光的屏幕；
（7）缓解后背紧张的搁脚板；
（8）桌面下的键盘抽屉；
（9）支撑后背下部的椅子垫枕；
（10）可以放常用物品的文件柜等。

问题讨论：
1．你目前的工作条件/学习环境如何影响你的心情和绩效？
2．你的工作/学习环境可以做哪些改进，从而使你工作/学习得更舒适？
3．你的哪一个建议是最可行的？哪一个是最不可行的？

12-2 把紧张吹跑

你紧张吗？你有压力吗？你是不是会在工作中觉得焦虑和灰心？当你面对难关的时候你会怎么做？下面的游戏会帮你克服这些负面情绪。

参与人数： 集体参与，单独操作
时间： 5~10分钟
场地： 不限
道具： 无
应用： 缓解压力，克服焦虑和负面情绪
游戏规则和程序：
1．教师首先向参与者解释"清肺呼吸"的基本知识：
首先，我们要深深吸气——实际上，我们只是尽力吸入一大口空气。其次，我们要屏住这口气，慢慢地从1数到5。最后，这是精华部分——我们要很慢很慢地把气呼出，直到完全呼尽。这样做将有助于扫除我们体内的紧张。
2．现在示范清肺呼吸，然后让参与者做两三次这样的呼吸。问一下人们对清肺呼吸感觉如何。大多数人将会说他们感觉放松多了。
3．最后我们可以就在日常生活中怎样运用清肺呼吸来克服消极情绪因素展开讨论。

问题讨论：
1．在工作过程中你愿意做清肺呼吸吗？为什么？
2．在什么样的场合下，清肺呼吸对你是有用的？在什么样的场合下，你不愿意进行这样的清肺呼吸？
3．作为压力管理技巧，清肺呼吸的优缺点各是什么？

心理测试

12-1 应对幽默量表

本问卷调查的是有关你表达和感受幽默的方法（陈国海 & Martin，2005）。显而易见，因各人的看法迥异，故这些问题的答案无"对"和"错"之分。下面共有六项陈述。根据你对这些陈述同意或不同意的程度，请在每句开头的空白处，按下列程度等级，选择标示从1～4的数字。

1=完全不同意

2=中等程度不同意

3=中等程度同意

4=完全同意

（　　）1．当我遇到问题时，我往往会失去幽默感。

（　　）2．我经常发现，当我试图从遇到的问题中找到一些趣事时，这些问题则在很大程度上就被缓解了。

（　　）3．当面临紧张局面的时候，我通常会找一些滑稽的事情来说说。

（　　）4．我经常感到，如果我处于非哭即笑的情况下，选择笑会更好。

（　　）5．即使在艰难的时候，我都常常能找到一些东西来说笑一番。

（　　）6．我的经验是，幽默常常是缓解压力的有效方法。

得分：将第2、3、4、5和6题的得分加起来，然后减去第1题的得分，再加上10分，即为总分。对354名中国大学生的初步测试表明，应对幽默量表的内部一致性系数（Cronbach Alpha）为0.70。

解释：总分>25：用幽默处理压力的能力高于平均值。

总分介于19～25：用幽默处理压力的能力处于平均水平。

总分<19：用幽默处理压力的能力低于平均水平。

表12-3是中国大学生常模测试表，供参考。

表12-3　中国大学生常模测试表

分　类	人　数	均　值	方　差
男大学生	124	23.1	2.9
女大学生	230	22.2	3.0
总样本	354	22.5	3.0

注：经t检验，男女幽默应对能力在0.01水平上存在显著差异，男性的幽默应对能力高于女性，也就是说，与女性相比较，男性更多地使用幽默来应对困难、压力和挫折。

12-2 时间压力量表

目的：这个测试的目的在于帮助你了解自己的时间压力水平。

指导语：阅读下面的 10 句陈述并以"是"或"否"作答。

1. 是 否 明年你是否计划减缓工作的进程？
2. 是 否 你是否认为自己是个工作狂？
3. 是 否 当需要更多时间时，你是否倾向于减少睡眠的时间？
4. 是 否 每天结束时，你是否经常感到还有很多事情没有做完？
5. 是 否 你是否为未能花费足够多的时间与家人和朋友在一起而感到不安？
6. 是 否 你是否经常尝试做比自己能够处理完的更多的事情？
7. 是 否 你是否经常陷于日常工作中？
8. 是 否 你是否感到自己不再有玩耍或取乐的时间？
9. 是 否 当时间不够时，你是否常感到有压力？
10. 是 否 你是否喜欢独自花费更多的时间？

记分及解释：将所有回答"是"的项目个数加起来，超过 7 个（含 7 个）者为具有高时间压力者，低于 4 个为具有低时间压力者。

参考文献

[1] COX T, FERGUSON E. Individual differences, stress and coping[M]//COOPER C L, PAYNE R, et al. Personality and Stress: Individual Differences in the Stress Process, Wiley, Chichester, 1991.

[2] FOLKMAN S. Personal control and stress and coping processes: a theoretical analysis[J]. Journal of personality & social psychology, 1984, 46 (4): 839-852.

[3] HOCHSCHILD A R. The managed heart[M]. Berkeley: University of California Press, 1983.

[4] HOLMES T H, RAHE R H. Quantitative study of recall of life events[J]. Journal of psychomatic research, 1967 (11): 215-217.

[5] LAZARUS R S, DELONGIS A, FOLKMAN S, et al. Stress and adaptional measures[J]. American psychologist, July, 1985 (7): 770-779.

[6] ZAPF D. Emotion work and psychological well-being: a review of the literature and some conceptual considerations[J]. Human resource management review, 2002, 12 (2): 237-268.

[7] 鲍立刚. 员工帮助计划的运作[J]. 企业管理，2008（06）：86-88.

[8] 滴滴裁员赔偿方案出炉，有人心酸，有人却裁出"幸福感"[EB/OL].（2019-02-

21）. https://www.sohu.com/a/296134921_120006778.

[9] 陈国海，MARTIN R A. 应对幽默量表在354名中国大学生中的初步测试[J]. 中国心理卫生杂志，2005（5）：307-309.

[10] 陈国海，许国彬，肖沛雄. 大学生心理与训练[M]. 2版. 广州：中山大学出版社，2005.

[11] 方鸿志，陈馨仪. 思想政治教育方法在挫折教育中的应用[J]. 新疆社科论坛，2016(03)：97-100.

[12] 胡慧萍. 企业人本化管理探讨——以海底捞火锅店为例[J]. 经营管理者，2009（22）：104.

[13] 李连杰. 从"富士康事件"看员工自杀心理及其预防[J]. 社会心理科学，2010（8）：82-85.

[14] 林媛. 组织的工作与家庭平衡策略[J]. 合作经济与科技，2009（05）：32-33.

[15] 刘勇，周琳. 现代企业心理与行为创新[M]. 广州：中山大学出版社，2007.

[16] 鹿凤山. 学校心理咨询的具体步骤[J]. 齐齐哈尔医学院学报，2005(08)：917-918.

[17] 邱鸿钟. 咨询心理学[M]. 广州：广东高等教育出版社，2013.

[18] 人性化管理成就了世界500强巨头[EB/OL]. [2016-12-27]. https://www.sohu.com/a/122694588_538097.

[19] 卫春梅. 论哲学咨询与心理咨询之异同[J]. 安徽大学学报（哲学社会科学版），2013，37（05）：46-51.

[20] 沈健，胡洁敏. 当幽默与图书馆擦出火花[J]. 图书馆建设，2006（04）：102-104.

[21] 世界卫生组织[EB/OL]. http://www.who.int/mental_health/in_the_workplace/zh/.

[22] 谢俏，吴建梅. EAP促进思想政治工作开展的实践和探讨[J]. 东方企业文化，2012（16）：142.

[23] 杨昌顺. 企业技术型员工的离职原因和管理对策研究——以心理契约为视角[J]. 领导科学，2015（05）：54-56.

[24] 杨勇涛，张忠秋. 虚拟环境中的知觉动作和心理训练研究[J]. 西安体育学院学报，2015，32（01）：101-115.

[25] 张志刚. 学校心理咨询的五大步骤[J]. 中小学心理健康教育，2008（21）：22-25.

[26] 张知光，丁明，蒲晓霜，等. 广州市239名外资企业员工心理健康状况调查分析[J]. 华南预防医学，2011，37（01）：21-24+28.

[27] 张春倩. 福建炼化：EAP员工帮助计划助企业健康发展[J]. 中国工人，2017（09）：30-31.

[28] 张建峰，斯艳红. 心理咨询的原则与工作技术[J]. 课程教育研究，2018（24）：240-241.

第十二章 员工心理健康

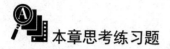

思考练习题	讨论辩论题